Reflexion des Rechts – Beiträge zur responsiven Rechtssoziologie

AF148616

Alfons Bora

Reflexion des Rechts – Beiträge zur responsiven Rechtssoziologie

Soziologische Theorie des Rechts 2

 Springer VS

Alfons Bora
Universität Bielefeld
Bielefeld, Deutschland

ISBN 978-3-658-40786-5   ISBN 978-3-658-40787-2   (eBook)
https://doi.org/10.1007/978-3-658-40787-2

Die Deutsche Nationalbibliothek verzeichnet diese Publikation in der Deutschen Nationalbiblio-grafie; detaillierte bibliografische Daten sind im Internet über http://dnb.d-nb.de abrufbar.

© Der/die Herausgeber bzw. der/die Autor(en), exklusiv lizenziert an Springer Fachmedien Wiesbaden GmbH, ein Teil von Springer Nature 2023
Das Werk einschließlich aller seiner Teile ist urheberrechtlich geschützt. Jede Verwertung, die nicht ausdrücklich vom Urheberrechtsgesetz zugelassen ist, bedarf der vorherigen Zustim-mung des Verlags. Das gilt insbesondere für Vervielfältigungen, Bearbeitungen, Übersetzungen, Mikroverfilmungen und die Einspeicherung und Verarbeitung in elektronischen Systemen.
Die Wiedergabe von allgemein beschreibenden Bezeichnungen, Marken, Unternehmensnamen etc. in diesem Werk bedeutet nicht, dass diese frei durch jedermann benutzt werden dürfen. Die Berechtigung zur Benutzung unterliegt, auch ohne gesonderten Hinweis hierzu, den Regeln des Markenrechts. Die Rechte des jeweiligen Zeicheninhabers sind zu beachten.
Der Verlag, die Autoren und die Herausgeber gehen davon aus, dass die Angaben und Informationen in diesem Werk zum Zeitpunkt der Veröffentlichung vollständig und korrekt sind. Weder der Verlag, noch die Autoren oder die Herausgeber übernehmen, ausdrücklich oder implizit, Gewähr für den Inhalt des Werkes, etwaige Fehler oder Äußerungen. Der Verlag bleibt im Hinblick auf geografi-sche Zuordnungen und Gebietsbezeichnungen in veröffentlichten Karten und Institutionsadressen neutral.

Planung/Lektorat: Cori Antonia Mackrodt
Springer VS ist ein Imprint der eingetragenen Gesellschaft Springer Fachmedien Wiesbaden GmbH und ist ein Teil von Springer Nature.
Die Anschrift der Gesellschaft ist: Abraham-Lincoln-Str. 46, 65189 Wiesbaden, Germany

Inhaltsverzeichnis

Einleitung 1

Das mit den beiden vorliegenden Bänden verfolgte Anliegen einer responsiven Rechtssoziologie weist in die Geschichte des Faches zurück und hat zugleich eine umfassende Perspektive. Im ersten Band „Soziologische Theorie des Rechts. Responsive Rechtssoziologie: Theoriegeschichte in systematischer Absicht" ergaben zunächst wissenschaftssoziologische und -historische Studien das Bild einer sich von der Rechtswissenschaft des neunzehnten Jahrhunderts ausdifferenzierenden und dadurch an Autonomie gewinnenden Soziologie. Wegen dieser Differenz zur Jurisprudenz forcierte die junge Soziologie den Gesichtspunkt autonomer Disziplinbildung. Sie betonte ihren eigenständigen, erfahrungswissenschaftlichen Erkenntnisanspruch und grenzte sich über diesen gegenüber ihrer normwissenschaftlichen Umwelt ab. Diese enthielt keine soziologisch bearbeitbaren Fragestellungen, so wie umgekehrt die Soziologie als Erfahrungswissenschaft sich aller „Werturteile" zu enthalten bestrebt war. Erste Anhaltspunkte für die Vorstellung responsiver Beziehungen zwischen Theorie und Praxis – zu welch letzterer aus dem Blickwinkel der Soziologie die Rechtstheorie zu zählen hätte – fanden sich allerdings bereits bei Max Weber und Theodor Geiger. Beide erkannten jedenfalls die Herausforderung einer autonomen Theoriebildung, die gleichzeitig auf die Zumutung einer gleichfalls Autonomieansprüche erhebenden Umwelt – der Praxis – reagieren wollte. Helmut Schelsky verfolgte in einzelnen Aspekten ein ähnliches Anliegen, wenn er von einer „transzendentalen Theorie der Gesellschaft" sprach. In der weiteren Entwicklung der Rechtssoziologie ist sodann, wie Band 1 gezeigt hat, die Frage der Responsivität über lange Zeit nicht ausdrücklich angesprochen worden. Sie lag vielen tonangebenden soziologischen Theorien von vornherein fern, soweit sie kein Interesse an einer soziologischen Theorie des Rechts entwickelten. Dort wo dies hingegen der Fall war, insbesondere in Niklas Luhmanns Werk, lag aus Gründen der Theoriearchitektur und

© Der/die Autor(en), exklusiv lizenziert an Springer Fachmedien Wiesbaden GmbH, ein Teil von Springer Nature 2023
A. Bora, *Reflexion des Rechts – Beiträge zur responsiven Rechtssoziologie*, https://doi.org/10.1007/978-3-658-40787-2_1

der historischen Konfiguration rechtssoziologischer Reflexionsdiskurse ein anderer Weg näher. Die soziologische Systemtheorie legte zunächst stärkeres Gewicht auf die wissenschaftliche Autonomie der Soziologie als auf die Reflexion in Form eines Praxisdiskurses, in welchem die wissenschaftliche Umwelt auf interne Resonanz hätte stoßen können. Stattdessen verharrt sie bis heute oftmals im Paradigma der bloßen Rezeption soziologischen Wissens durch deren Umwelt, im Konkreten also durch das Recht und die Jurisprudenz. So ist das Programm der responsiven Rechtssoziologie innerhalb der Soziologie weithin unabgeschlossen geblieben. In der Jurisprudenz hingegen verfolgten einzelne Autoren schon früh den Gedanken einer responsiven Dogmatik. Auf dieser Grundlage sind gerade auch in jüngerer Zeit rechtswissenschaftliche Studien entstanden, die heute als Ausdruck einer responsiven Reflexionstheorie für die Rechtssoziologie gelesen werden können. Der Kreis dieser Arbeiten aus der soziologischen Jurisprudenz hat inzwischen einen beachtlichen Umfang erreicht. Die responsive Rechtssoziologie hat ihren Ort, so kann man deshalb festhalten, heute im Wesentlichen außerhalb der Soziologie.

Wenn im hier vorliegenden zweiten Band einige Beiträge zur responsiven Rechtssoziologie aus den vergangenen drei Jahrzehnten noch einmal vorgestellt werden, so sollen damit nicht allein verstreute und bisweilen nicht mehr gut zugängliche eigene Arbeiten neu verfügbar gemacht werden. Darüber hinaus werden ausgewählte Aspekte dessen, was unter responsiver Rechtssoziologie verstanden werden kann, in einen umfassenden Zusammenhang gestellt. Mit Blick auf das übergreifende Theorieprogramm einer responsiven Soziologie des Rechts erfüllen die Kapitel des zweiten Bandes damit eine exemplarische Funktion. Sie ergänzen nicht nur die wissenschaftssoziologischen und theoretischen Überlegungen des ersten Bandes, sondern in gewisser Weise auch die eben erwähnten, eher juristischen Arbeiten und versuchen damit, aus der Binnenperspektive der Soziologie auf das Potenzial responsiver Theorie aufmerksam zu machen.

Mit dem Begriff der Responsivität – das wurde im ersten Band ausführlich dargelegt und soll hier nur kurz in Erinnerung gerufen werden – ist eine Vorstellung von Interdisziplinarität angesprochen, die nicht auf die bloße Rezeption der Soziologie durch die Jurisprudenz hinausläuft. Vielmehr meint Responsivität eine ganz bestimmte, symmetrische Anlage von Interdisziplinarität. Der Begriff setzt einen Beobachter voraus, der Operationen in seiner Umwelt, also im Gegenstandsbereich als Beobachtung seines eigenen Operierens auffasst und von da aus die Strukturen und Mechanismen zu erfassen versucht, über die solche externen Problemlagen und Ansprüche intern relevant werden und die eigene Strukturbildung beeinflussen können (Kaldewey 2015, S. 229). Responsivität meint deshalb mehr als Rezeption, auch mehr als bloße Resonanz, welche rein intern determiniert sein könnte, wie es die soziologische Systemtheorie jedenfalls in Teilen anzunehmen scheint. Über solche, allein auf die Systemautonomie rekurrierende interne Bestimmtheit weist Responsivität hinaus. Der Begriff, so wie er hier verstanden wird, zielt auf ultra-zyklisch verknüpfte Innen- und Außenreferenzen. Damit dementiert er die Grundannahmen der Systemautonomie nicht, lässt aber die Möglichkeit zu, dass die Umwelt intern relevant wird – und dies in zwei Richtungen, wenn man so will, da die Umwelt gleichfalls aus autonomen Systemen besteht, welche auf ihre je eigenen Beobachtungen mit Strukturbildung reagieren. Der erste Band dieser soziologischen Theorie des Rechts mit dem Titel „Responsive Rechtssoziologie: Theoriegeschichte in systematischer Absicht" hatte darzulegen versucht, dass dieses responsive Modell von Interdisziplinarität in der Geschichte der Rechtssoziologie zwar aufscheint, aber über weite Strecken wirkungslos geblieben ist. Insbesondere die soziologische Theorie entwickelt lange keine Theorie des Rechts, die in solcher Weise anschlussfähig wäre. Jüngste wissenschaftssoziologische Innovationen aus dem Bereich der soziologischen Systemtheorie (Kaldewey 2013) haben jedoch die Chance eröffnet, die Konturen einer responsiven Rechtssoziologie innerhalb der Soziologie neu zu skizzieren und für die Frage der spezifisch rechtssoziologischen Interdisziplinarität nutzbar zu machen.

Der erste Band hatte die oben angedeutete historische Entwicklung nachgezeichnet, den Rückzug der Soziologie vom Recht als spezifisches Problem der soziologischen Systemtheorie interpretiert und auf dieser Grundlage einige Grundzüge einer responsiven Rechtssoziologie entwickelt. Der vorliegende zweite Band knüpft aus soziologischer Perspektive daran an. Unter dem Rubrum „Reflexion des Rechts" werden Beiträge zur responsiven Rechtssoziologie auf verschiedenen Themenfeldern vorgestellt. Die Genitiv-Junktion „Reflexion des Rechts" hat, wie die Überlegungen im ersten Band gezeigt haben, in diesem Zusammenhang eine doppelte Bedeutung. Der Genitivus obiectivus meint den Blick der Soziologie auf das Recht, also vor allem eine soziologische Theorie des Rechts, eine Beobachtung mit Relevanz für die Soziologie. Der Genitivus subiectivus macht das Recht zum Akteur und beschreibt Rechtstheorie als Reflexionstheorie des Rechts selbst, Reflexion im Recht also, die dann in einer responsiven interdisziplinären Beziehung als Umwelt der (Rechts-) Soziologie in dieser anschlussfähig wird. „Die Umwelt spricht mit" (Kaldewey 2013), und zwar überall dort, wo rechtswissenschaftliche und im Besonderen rechtstheoretische Relevanzen innerhalb der soziologischen Theorie Resonanz erzeugen.

Bestimmte Themenfelder haben sich, wie die Vorüberlegungen in Band 1 erkennen ließen, im Laufe der Zeit als Kandidaten für eine solche responsive

Rechtssoziologie erwiesen. Einigen von diesen Themenfeldern sind die folgenden Beiträge gewidmet. Sie haben sich nicht als Konsequenz eines reflexionstheoretischen Plans entwickelt, sondern viel eher in einer über die Jahrzehnte anhaltenden Kommunikation soziologischer Arbeiten mit der Jurisprudenz, aus dem Versuch, soziologisch an Fragen anzuknüpfen, die in einer ihrerseits interdisziplinär aufmerksamen Jurisprudenz entstanden und sich – zunächst eher unerwartet – als soziologisch relevant herausstellten. Sie warfen soziologische Fragen auf, wie sich beispielsweise bei der Untersuchung der zunächst rechtspolitisch motivierten Einführung breiter Bürgerbeteiligung in Rechtsverfahren herausstellte (Bora 1999). Diese beruhte – wenn auch oft unbemerkt – auf soziologischen Prämissen und warf theoretische Fragen nach der Reichweite deliberativer (Habermas 1992) oder strukturtheoretischer (Luhmann) Konzepte auf. Das Konzept einer responsiven Rechtssoziologie ist insofern eher aus der Beschäftigung mit diesen Einzelaspekten und aus dem über die Jahre daraus erwachsenen Motiv entstanden, das augenfällige Scheitern der Rechtssoziologie in Deutschland zu verstehen und nach Perspektiven zu suchen, die der Soziologie einen neuen Zugang zum Recht ermöglichen.

Vier Fragenkomplexe gliedern diesen zweiten Band. Das sind zum einen die Themen Regulierung und Governance (Teil I), weiterhin die strukturellen Kopplungen von Recht und Politik sowie von Funktionssystemen und Organisationen, vor allem Verwaltungen (Teil II), dann Fragen der Adressierung, der Inklusion von personalen Adressen in Kommunikationssysteme, der Partizipation und deren teils problematischen Effekten (Teil III) sowie schließlich Konzepte der Verantwortung und Zurechenbarkeit (Teil IV).

Am Ende des ersten Bandes war die systematische Bedeutung dieser Fragenkomplexe angesprochen worden. Sie verbinden reflexionstheoretische Überlegungen mit gegenstandstheoretischen Analysen und unterfüttern diese mit Hinweisen auf andernorts ausführlich publizierte materiale Untersuchungen. Insgesamt soll daraus ersichtlich werden, dass und wie eine reflexionstheoretisch weiter entwickelte soziologische Systemtheorie responsive Fragestellungen herausfordert, die neue Perspektiven auf rechtssoziologische Themen ebenso ermöglichen wie empirische Studien und daran anknüpfend rechtspolitische Überlegungen und Vorschläge. Responsivität, so die mit diesen Beispielen verbundene Hoffnung, vermag dann Rechtsfragen in ihrer soziologischen Relevanz neu sichtbar werden lassen und von daher der (Rechts-) Soziologie die Chance eröffnen, mehr als nur Resonanzdefizite in der Umwelt zu erkennen. Sie kann von dort – aus ihrer Umwelt – Probleme in Gestalt intern relevanter Praxisfragen gewinnen.

Die Überlegungen zum Stichwort „Regulierung, Governance" (Teil I) knüpfen an eine Tradition der Rechtssoziologie an, die bei Schelsky erstmals nach 1945 formuliert und als Ausdruck eines responsiven Programms verstanden wurde, das seinerzeit den Titel „Transzendentale Theorie der Gesellschaft" trug (dazu Band 1, Kap. 4). Es ging damals unter anderem um die Frage, ob Soziologie als Erfahrungswissenschaft Aussagen zu Gestaltung und Planung der Gesellschaft treffen könne, die sich nicht nur, wie Weber postuliert hatte, auf die Prüfung von Mitteln für politisch oder normativ vorgegebene Zwecke beschränkten, sondern die „Grenzen der Ziele" bzw. Zwecke eruieren könne. Insofern hatte Schelsky bereits Ansätze entwickelt, um die soziologische Theorie in responsiver Weise auf normative Problemlagen einzustellen. Wo Luhmann später von der Jurisprudenz „gesellschaftsadäquate Rechtsbegriffe" verlangte, kann man bei Schelsky in gewisser Weise eine Suche nach „rechtsadäquaten soziologischen Begriffen" erkennen. Während die soziologische Systemtheorie sich auf dieses Anliegen über weite Strecken nicht eingelassen hat, haben Gunther Teubner und Helmut Willke mit ihrem berühmten Aufsatz über reflexives Recht (Teubner und Willke 1984) durchaus weitreichende Kontroversen über rechtliche Regulierung angestoßen. Während die Debatte mit dem Aufmerksamkeitsfokus auf dem Begriff der Steuerung zeitweilig vom Thema wegführte und gleichzeitig Luhmann die Enthaltsamkeit der Systemtheorie gegenüber dem ganzen Themenkreis vertrat, verlagerte sich die Diskussion mit dem Topos „Governance" im Laufe der Jahrzehnte vorwiegend in die Politikwissenschaft. Erst in jüngerer Zeit erlebt die Soziologie eine Wiederentdeckung des Themas „Gesellschaftsgestaltung" in der Rechtssoziologie (Paul et al. 2017; Mölders 2021).

Aus der wissenschaftssoziologischen Perspektive auf die Rechtssoziologie zeigt sich dabei in den unterschiedlichen Reflexionstheorien des Rechts ein durchgehender Zusammenhang von Regulierung und Governance (Kap. 2). Dabei lässt sich nachweisen, dass Regulierung als das Kernelement in allen entsprechenden Konzepten fungiert. Der Begriff der Regulierung wird dabei vor allem durch die *Intention des Gestaltens* charakterisiert. In der Vielfalt von Regulierungs- und Governance-Konzepten lassen sich vor diesem analytischen Hintergrund Gemeinsamkeiten ausmachen, die auf die oben skizzierten Anfänge responsiver Rechtssoziologie zurückverweisen. Alle Konzepte lassen ein Grundverständnis von Regulierung als Gestaltungsintention unter Bedingungen polyzentrischer Gesellschaft und autonomer Systeme erkennen. Alle verweisen dabei, gleich ob explizit oder implizit, auf eine zentrale Rolle des Rechts. Regulierungs-, Governance- und Rechtstheorien basieren heute auf einer gesellschaftstheoretischen Grundlage, benutzen ein Konzept intentionaler Veränderung und verweisen zugleich auf die Ubiquität rechtlicher Strukturen. Die begrifflichen und theoriearchitektonischen Grundlinien einer responsiven Rechtssoziologie weisen den soziologischen Weg

zu solchen Konzepten der Gesellschaftsgestaltung. Sie ermöglichen die soziologische Bearbeitung gesellschaftlicher Regulierungsfragen vor dem Hintergrund
einer angemessenen soziologischen Theorie des Rechts.

Das wird vor allem in der Diskussion über sogenannte intermediäre Institutionen im Kontext von Governance deutlich, die auf die Bedeutung des Rechts
für Regulierungs- und Vermittlungsprozesse hinweisen (Kap. 3). Anknüpfend an
die Bedeutung der Regulierung in der Governance wird insbesondere die enge
Beziehung intermediärer Institutionen zum Recht erkennbar. Dieses bildet ein
Reservoir an Strukturen kontrafaktischen Erwartens, derer sich Intermediäre häufig bedienen. Deren Regulierungsleistungen spielen sich gleichsam im Schatten
des Rechts ab.

Trotz der wachsenden Bedeutung hybrider und intermediärer Organisationen
bleibt der Zusammenhang von Governance und Regulierung von systematischer Relevanz. Das zeigt eine Analyse des Aspektes staatlicher Herrschaft
im Gewand der Governance (Kap. 4). Hier wird der regulierende, gestaltende
Aspekt deutlicher, der dann im Lichte rechtssoziologischer Überlegungen seine
Kontur gewinnt. Hinweise auf empirische Studien zur partizipatorischen Gestaltung rechtlich verfasster Verwaltungsverfahren lassen erkennen, dass der völlige
Verzicht auf den Gedanken der (rechtlichen) Regulierung in den Governance-
Theorien die Empirie nicht angemessen berücksichtigt. Das ermöglicht dann weiter gehende, auf die rechtliche Praxis bezogene Vorschläge aus einer theoretisch
gehaltvollen Rechtssoziologie in responsiver Einstellung.

Technische und soziale Innovationen werfen in diesem Zusammenhang besondere Regulierungsfragen auf. Vor dem Hintergrund der Frage nach den Formen
und Folgen rechtlicher Regulierung gesellschaftlicher Innovationen wird damit
vor allem der Begriff der Innovation selbst zur theoretischen Herausforderung
(Kap. 5) Wissenssoziologisch erscheint die Regelung und Gestaltung von Innovationen zunächst als Problem der sozialen Deutung zukünftiger Entwicklungen.
Die Semantik der „Innovation" repräsentiert ein soziales Deutungsmuster, das
spezifisches Zukunftswissen in Gebrauch nimmt. Auf der Basis der soziologischen Systemtheorie wird Wissen als operative Kategorie mit multiplen Referenzen interpretiert. Die Wissenssoziologie spricht dann nicht allein über wahres
Wissen, sondern auch über ganz andere Kategorien wie Recht, Nützlichkeit,
Macht, Schönheit, aber auch über Authentizität, über unspezifische/nichtcodierte
Geltung. Wissensformen sind, mit anderen Worten, so vielfältig wie die sozialen Differenzierungsformen der modernen Gesellschaft. Innovationsregulierung,
verstanden als rechtliche Ermöglichung und Gestaltung des Korridors, in welchem zukünftig Innovationen stattfinden, hat ihrerseits eine wissenssoziologische
Dimension. In Gestalt regulierungstechnischen Wissens werden hier die in den

ersten Kapiteln diskutierten Fragen von Regulierung, Steuerung, Gestaltung erneut sichtbar. Seit den 1970er Jahren haben Formen zivilgesellschaftlicher Partizipation in diese Gestaltungsprozesse Eingang gefunden, vor allem im Technik-, Umwelt- und Sicherheitsrecht – mit nicht intendierten Folgen (Bora 1999). Unterschiedliche Modelle schlagen dabei einen Weg von der Prognose zur Gestaltung in Form expertenbasierter partizipativer Verfahren ein. Hier werden in den empirischen Untersuchungen Aspekte einer „second order normativity" sichtbar, verstanden als Form von Regulierung, die weitere Evolution ermöglicht und eher eine Art mitlaufender Reparatur im Prozess der Implementation von wissenschaftlichen und technologischen Innovationen darstellt. Eine in diesem Sinne *responsive Regulierung* öffnet Lernräume. Sie stattet die Beobachtung von Zukunft mit Kontingenzbewusstsein, mit dem Bewusstsein des Entscheidungsrisikos aus und ermöglicht der Praxis flexible Reaktionen auf die Herausforderungen, die sich in Innovationssprossen stellen.

Dies bedeutet gleichzeitig nicht die Rückkehr zu Steuerungskonzepten, wie sie in den 1960er oder 1970er Jahren noch vertreten wurden. Vielmehr geht es um ein Modell des Regulierens, das selbst in gewisser Weise Responsivität abbildet. Dafür steht die Metapher der „Ökologie der Kontrolle" (Kap. 6). Regulierung beruht immer auch auf einem gewissen Maß an Latenzschutz. Der Bereich des Nichtkontrollierbaren bleibt im Regulieren selbst unthematisch. Die Beschreibung von Operationen als Regulierung im oben entwickelten Verständnis von Operationen, die mit Veränderungsintentionen verbunden sind, ist erfolgreich, wenn und solange Einflussmöglichkeiten auf den zu kontrollierenden Bereich tatsächlich unterstellt werden können, Nichtkontrollierbarkeiten also latent gehalten werden. Das macht verständlich, weshalb Regulierung von der Annahme tatsächlicher Einflussmöglichkeiten im zu regulierenden Bereich abhängig ist, wie kontrafaktisch diese Annahme auch immer sein mag (vgl. noch einmal Kap. 5). Deshalb sind Mechanismen interessant, mit denen dieser Latenzschutz erzeugt wird. Dazu zählen ganz unterschiedliche Vorkehrungen. Im Bereich der Umwelt- und Technikregulierung spielt seit den 1970er Jahren unter anderem die sogenannte Technikfolgenabschätzung und -bewertung (technology assessment) eine prominente Rolle. Sie externalisiert zwar Latenzen aus der rechtlichen Regulierung. Dabei verursacht sie selbst eigene Latenzschutzprobleme, die insbesondere durch breite Inklusion, d. h. die Partizipation tatsächlich oder potenziell Betroffener bearbeitet werden. Diese Inklusionsformen haben eine unmittelbare *soziologische Relevanz*. Sie greifen in der Empirie einige zentrale Behauptungen normativistischer Regulierungstheorie auf. Deren praktische Effekte lassen sich in den genannten Verfahren überprüfen. Man beobachtet hier einen Versuch, die Postulate eines Modells deliberativer Öffentlichkeit in die Rechtswirklichkeit

zu implementieren, verbunden mit hohen Erwartungen an die Integrationsleistungen partizipativer Verfahren. Aus der differenzierungstheoretischen Sichtweise
der soziologischen Systemtheorie sind dagegen eher Schwierigkeiten mit der Partizipation zu erwarten. Die systemtheoretische Analyse belegt damit nicht nur die
Hindernisse, die sich vor diesem Modell auftürmen, sondern bietet zugleich auch
rechtspolitische Antworten *de lege ferenda* (Bora 1999, dort Kap. 8 und 9). Hier
spricht die Umwelt also unmittelbar in der soziologischen Analyse des Rechts
mit. Responsivität entsteht, wo Systemoperationen regelmäßig und verlässlich auf
die Beobachtung von Umweltereignissen eingestellt werden und eben dadurch
wiederum beobachtbare Resonanzen in anderen Systemen auszulösen vermögen.

Die regulierungstheoretischen Studien werfen auch die Frage nach der spezifischen Beschaffenheit von Intersystembeziehungen beziehungsweise nach den
Formen struktureller Kopplung zwischen den an Regulierung und Gestaltung
beteiligten Systemen auf (Teil II). Es geht nicht nur allgemein um die mit dem
Begriff der strukturellen Kopplung verbundenen Phänomene, sondern viel spezifischer um die Bestimmung der Mechanismen solcher Kopplungen und um die
Folgeprobleme, welche in den Kopplungszonen gegenstandstheoretisch erkennbar werden. Reflexionstheoretisch sind diese Phänomene aufs Engste mit Fragen
der Responsivität verknüpft, sobald es um Beziehungen zwischen Wissenschaft,
Recht und Politik geht.

Aus wissenssoziologischer Sicht stellen sich mit den unter dem Stichwort
„governance of knowledge" gefassten Regulierungsansätzen vor allem in der
Wissenschafts- und Technologiepolitik Fragen von unmittelbarer rechtssoziologischer Relevanz. Wissensbezüge zwischen sozialen Systemen sind nicht trivial,
sondern treten als praktische Fragen im Zusammenhang mit Wissensregulierung auf. Aus der reflexionstheoretischen Perspektive weist das Verhältnis von
rechtlicher Regulierung einerseits und wissenschaftlicher Expertise andererseits
dann zwei quasi gegenläufige Formen des Wissensbezugs auf (Kap. 7). Diese
wechselseitige, reziproke Bezugnahme ist möglich, weil Formen *kognitiven und
normativen Wissens auf beiden Seiten* in Erscheinung treten, im Recht wie in der
Wissenschaft. Rechtssoziologisch fruchtbar ist dabei vor allem die These, dass
alle sozialen Systeme über Modi kontrafaktischen Erwartens verfügen, also eine
je spezifische Form von Normativität aufweisen.

Dort wo Wissenschaft zu Technowissenschaft wird, wo die Grenzen zwischen Forschung und Anwendung nicht klar erkennbar sind und Innovationen
die Gestalt Form von Realexperimenten annehmen, sieht sich die Regulierung vor besondere Herausforderungen gestellt (Kap. 8). Präventive Intervention
wird wichtiger, da Grundlagenforschung und Anwendung sich nicht hinreichend
deutlich unterscheiden lassen. Technowissenschaftliche Normativität erweist sich

dabei nicht selten als Kollusion zwischen Recht und Wissenschaft zum Nachteil der Politik. Das zeigt sich besonders deutlich im Falle allinklusiver, partizipatorischer Verfahren. Technowissenschaftliche Normativität kollidiert hierbei mit der durch Partizipation in das rechtlich-administrative Verfahren eingeschleusten politischen Rationalität und neutralisiert diese auf eine politisch verhängnisvolle Weise. Die soziologische Analyse führt hier zu dem Ergebnis, dass die Strategie der breiten Inklusion in Risikoentscheidungsprozesse zum Scheitern verurteilt ist und mit ihr die dahinterstehenden soziologischen Theorieangebote. Differenzierungstheoretische Überlegungen lassen demgegenüber Mechanismen der gegenseitigen Beobachtung und der Responsivität zwischen den verschiedenen sozialen Feldern als praktisch erfolgreicher erscheinen.

Die bis hierhin vorgestellten Überlegungen münden auf der sozialstrukturellen Ebene in die Frage nach den Beziehungen zwischen unterschiedlichen sozialen Systemen. Neben der bereits angesprochenen Rolle der Wissenschaft ist insbesondere die Politik von besonderer Bedeutung für das Recht, zum einen, weil sie sich des Rechts als Steuerungsinstruments bedient und damit rechtssoziologisch zentrale Aspekte berührt, zum anderen, weil Rechtspolitik unmittelbare Auswirkungen auf rechtssoziologische Fragestellungen hat (Kap. 9). Politik und Recht als gesellschaftliche Funktionssysteme stellen sich zwar wechselseitig Leistungen zur Verfügung, lassen sich aber wegen ihrer Systemautonomie nicht unmittelbar füreinander instrumentalisieren. Als Funktionssysteme realisieren sie Formen der strukturellen Kopplung, die auf der Ebene von Organisationen in Gestalt multireferentieller Programmierungen ihren Ausdruck finden. Dabei können Phänomene der „Politisierung" oder der „Verrechtlichung" auftreten. Vor diesem Hintergrund lassen sich bestimmte gesellschaftliche „Steuerungsprobleme" auf der Ebene von Organisationen lokalisieren und angemessen verstehen. Deren adaptive Flexibilität variiert von Fall zu Fall. Insbesondere Verfassungsgerichte sind Organisationen, die in beide Richtungen Referenzen aufbauen und damit strukturelle Kopplungen zwischen Recht und Politik anbieten. Von da aus eröffnen sich erneut Einblicke in den Komplex der gesellschaftlichen Regulierung und in die Rolle, die das Recht dabei spielt. Eine Einflussnahme der Politik auf andere soziale Systeme in ihrer Umwelt mit Beteiligung des Rechts ist vor diesem Hintergrund konzeptionell vorstellbar. Dass dies gelingen kann, hängt unter anderem davon ab, dass Regulierung ihren Latenzbereich, die notwendige Fiktionalität jedes Kontrollierens, schützen kann.

Im Konzept der Responsivität schwingt erkennbar ein systemtheoretisches Komplement für den subjektphilosophischen Begriff der Verantwortung mit – „responsivity" als „responsibility". In einem Modell, das auf die Differenzen von

Recht und Politik abstellt, wird es möglich, „Verantwortung" als Folgenzuschrei-
bung durch Beobachtung der Fremdbeobachtung eigenen Operierens aufzufassen.
Und diese Beobachtung des Unterschiedes von eigenem Operieren und dessen
Wahrnehmung in der Umwelt kann als Aspekt von Responsivität als Reflexion
zweiter Ordnung begriffen werden. Reflexion heißt Beobachtung der jeweiligen
System-Umwelt-Differenz. In responsiven Kopplungen werden in einer zweiten
Reflexionsschleife die Reflexionsleistungen anderer Systeme zum Gegenstand der
Beobachtung und der Programmierung von Systemoperationen. Im Spannungs-
feld von Recht und Politik kann Sensibilität für die Funktionsbedingungen des
je anderen Systems über entsprechende Mechanismen der strukturellen Kopplung
erzeugt werden.

Vor dem Hintergrund einer in der deutschen Rechtssoziologie zeitweilig
geführten – letztlich bis in die Vorkriegszeit zurückreichenden – Debatte über
gesellschaftliche „Verrechtlichung" lässt sich der bereits skizzierte Gedanke organisationaler Multireferentialität noch einmal ausführlicher aufgreifen (Kap. 10).
Überlagerungsprozesse wie Verrechtlichung oder Politisierung in Organisationen
sind, wie am Beispiel öffentlicher Verwaltungsverfahren erkennbar wird, ausdrücklich keine Hinweise auf gesellschaftliche Entdifferenzierung, sondern lassen
sich erst aus differenzierungstheoretischer Perspektive gewinnbringend analysieren. Eine solche differenzierungstheoretische Sichtweise erlangt im Ergebnis
erhebliche rechtspolitische Relevanz. Aus einer die rechtstheoretische Praxis ernst
nehmenden soziologischen Analyse resultieren Überlegungen zur Weiterentwicklung öffentlicher Verwaltungen, mit denen aus der organisationalen Multireferentialität und der daraus resultierenden Problematik von Diskurskollisionen
theoretisch anschlussfähige und zugleich praktisch relevante rechtspolitische
Vorschläge resultieren (insbesondere Bora 1999, dort Kap. 8 und 9).

Diese Überlegungen leiten über zu den Argumenten im Teil III, der sich
mit konkreten Ausprägungen von Multireferentialität befasst, wie sie insbesondere durch bestimmte Formen der Inklusion und der zivilgesellschaftlichen
Partizipation hervorgerufen werden. Hier wird der Gehalt einer responsiven
Rechtssoziologie besonders deutlich, da die Verschränkung gesellschaftstheoretischer und rechtspolitischer Aspekte kaum irgendwo so klar zu Tage tritt wie am
Beispiel der Bürgerbeteiligung in Verwaltungsverfahren und deren begrifflicher
Verankerung in einer integrationstheoretischen, normativ aufgeladenen Soziologie des Rechts. Deren Kritik aus differenzierungstheoretischer Perspektive lässt
nicht nur die soziologischen Implikationen scheinbar marginaler rechtstheoretischer Fragen sichtbar werden, sondern eröffnet zugleich der Soziologie die
Möglichkeit rechtstheoretische und rechtsdogmatische Fragen als soziologisch

relevant zu erkennen und aus rechtssoziologischer Sicht Lösungsvorschläge für die Rechtspolitik zu unterbreiten.

Begrifflicher Ausgangspunkt dieser Überlegungen ist das theoretische Konzept der Inklusion. Dieses meint als ein Baustein soziologischer Theorie – anders als es gewisse sozialpolitische Diskussionen unserer Tage vermuten lassen – nicht die Förderung benachteiligter Menschen. Es bezieht sich auf die viel allgemeinere Frage, ob und ggf. wie Menschen – aber auch Objekte wie Tiere oder Algorithmen – in Kommunikationen auftauchen. Es geht, mit anderen Worten, beim soziologischen Begriff der Inklusion um die Frage der kommunikativen Adressierbarkeit (Kap. 11). In Auseinandersetzung mit soziologischen Integrationstheorien erweist sich die Stärke eines differenzierungs- und kommunikationstheoretischen Inklusionsbegriffs. Anders als manche soziologischen Systemtheoretiker vorschlagen, erscheint es jedoch ratsam, das Konzept der Inklusion allerdings nicht in binärer Form zu verwenden. Vielmehr wird vorgeschlagen, Inklusion in modaler und gradueller Weise zu verstehen. Der Begriff arbeitet, mit anderen Worten, nicht allein mit der Unterscheidung von zugehörig/nicht zugehörig. Viel eher zeigt er jeweils an, *in welcher Hinsicht* jemand als Person in einer Kommunikation adressiert wird. Inklusion operiert nicht strikt binär, sondern erweist sich sogar als ein Steigerungsbegriff, der Graduierungen enthalten kann. Prinzipiell herrscht Vollinklusion aller in die Gesellschaft. Damit ist aber noch nicht gesagt, in welcher Weise ein Funktionssystem in einem spezifischen Kontext Inklusion vollzieht. Diese Graduierung von Inklusion kommt durch Selektionsleistungen der einzelnen Funktionssysteme und vor allem durch verschiedene Differenzierungsebenen zustande. Im Recht setzen beispielsweise auf der Grundlage allgemeiner Inklusionsprinzipien – Menschenrechte, Freiheit, Gleichheit, allgemeine Rechts- und Geschäftsfähigkeit, allgemeine Schulpflicht usw. – funktionssystemspezifisch und ebenenspezifisch differenzierte Modi der Inklusion an. Sie benutzen in erster Linie die Unterscheidung von Leistungs- bzw. Akteurs- und Publikumsrollen, wie sich an empirischen Beispielen zeigen lässt.

Nachdem der Inklusionsbegriff theoretisch dargelegt ist, können auf dieser Grundlage politische Bemühungen um breitere Partizipation zivilgesellschaftlicher Akteure an Rechtsverfahren soziologisch analysiert werden (Kap. 12). Partizipation wird insbesondere in Theorien deliberativer Öffentlichkeit als Problemlösungs-Formel eingesetzt, mit welcher man unterstellten Integrationsbedarf der modernen Gesellschaft reagiert. Empirische Probleme, die sich aus solchen partizipativen Verfahren ergeben, werden vor dem Hintergrund der genannten Theorien als „Pathologien" beschrieben. Demgegenüber versucht eine

soziologisch sachhaltige Analyse, den strukturellen Gründen für die Schwierigkeiten nachzugehen, die sich in bestimmten partizipativen Verfahren einstellen.
Diese Ursachen lassen sich als Folgen einer übergeneralisierten (Voll-) Inklusion – auch Jedermann-Beteiligung genannt – in rollenförmig spezifizierte
Kommunikationen erklären. Partizipation erscheint in diesen Fällen als Problem-
ursache. Politische Postulate nach mehr Beteiligung sind vor diesem Hintergrund
soziologisch begründungsbedürftig. Die soziologische Analyse erlaubt eine differenzierte, eher auf Vergleiche angelegte Bewertung unterschiedlicher Formen und
Verfahren der Partizipation, die situativ angepasst und zweckbezogen eingesetzt
werden können (vgl. dazu vor allem Abels und Bora 2004).

Angesichts solcher empirischer Schwierigkeiten mit den bisherigen Formen
der Öffentlichkeitsbeteiligung ist es ratsam, die Schnittstellen des Rechts zu
Wissenschaft und Politik in Sonderformen wie „Runden Tischen" und Technikfolgenabschätzungen zu untersuchen (Kap. 13). Dieser Gedanke ergibt sich
aus einer risiko- und rechtssoziologischen Perspektive. Zum einen führt eine
gewisse Ökologisierung des Rechtsstaats zu einer steigenden Flexibilität des
Rechts im Hinblick auf seine Programmierungen, welches deswegen nicht
mehr – wie im Fall des Konditionalprogramms – für eine reibungslose Weiterleitung von Risiken, für eine Zurechnungsverschiebung an Politik, Wissenschaft,
Wirtschaft usw. sorgen kann. Andererseits bewirkt eine dadurch mit ausgelöste zunehmende Normbildung im Rechtssystem, wie z. B. eine „reflexive"
Programmierung der rechtlichen Genehmigung neuer Technologien, dass das
Rechtssystem hier selbst zum Zurechnungssubjekt für eventuelle Folgen wird.
Das Risiko, etwa bei Entscheidungen über potenzielle hoch riskante Technologien, liegt darin, durch die der rechtlichen Entscheidung vorhergehende
Selbstprogrammierung (Normbildung) einen Schaden mit zu verursachen und
sich für die getroffene Wahl zwischen verschiedenen Entscheidungsmöglich-
keiten demjenigen gegenüber rechtfertigen zu müssen, der die nachteiligen
Folgen zu tragen hat. Temporalisierung, Normbildung und Prozeduralisierung
des Rechts sind somit Reaktionen auf das Ausbleiben externer Programmierungsleistungen insbesondere in der Politik. Partizipation ist mit Blick auf solche
Problemlagen vor allem ein Mechanismus der Risikodiffusion. Durch Jedermann-
Beteiligung werden Kausalattribution und Verantwortung für nachteilige Folgen
breit gestreut. Dabei läuft das Recht allerdings zugleich auch Gefahr, durch
überbordende, rechtlich nicht verarbeitbare Umweltanforderungen blockiert zu
werden. Die Analyse legt die Gründe dafür offen, dass Öffentlichkeitsbeteiligung im Rechtsverfahren selbst delegitimierende Effekte nach sich zieht, weil
alle Kommunikationen innerhalb eines solchen Verfahrens, die sich am Code
des Rechts orientieren, dazu tendieren, nicht rechtsförmige Umweltansprüche

auszufiltern und vom Entscheidungsprozess fernzuhalten. Partizipative Verfahren stellen somit einen Ausdruck integrationstheoretischer, normative Absichten verfolgender soziologischer Theorie dar. Ihr praktisches Scheitern ist nicht ein Abbild gesellschaftlicher „Pathologie", sondern unmittelbare Folge fehlplatzierter theoretischer Erwartungen. An dieser Stelle werden, mit anderen Worten Praxisprobleme ganz unmittelbar theoretisch relevant. Responsive Rechtssoziologie kann aus theoretischen Reflexionen dann praxisrelevante Vorschläge für die Rechtspolitik machen.

Das gilt, wie in Teil IV erörtert wird, in gleicher Weise auch für Probleme der Adressierbarkeit, die jenseits des Themas der Inklusion angesiedelt sind. Autorschaft, Zurechenbarkeit und Verantwortung sind genuin juristische Konzepte, die allerdings soziologisch unmittelbare Relevanz entfalten (Kap. 14). Das Konzept der Verantwortung, wie es im Recht als normative Figur Verwendung findet, setzt soziale Adressen einer bestimmten Art voraus. In der Rechtstheorie und -dogmatik haben sich für verschiedene Formen solcher Adressen begriffliche Konzepte entwickelt, von der Person über Organisationen und Netzwerke bis hin zu hybriden Regimen. Ob die letztgenannten Formen eine Umstellung der rechtlichen Verantwortungssemantik dort erfordern, wo es um Regulierung durch Recht geht, kann in einer soziologischen Analyse des Verantwortungsbegriffs nicht abschließend beurteilt werden. Allerdings lässt sich zeigen, dass Verantwortung vergleichbar einem geometrischen Fluchtpunkt die kommunikative Konstruktion von Zurechenbarkeit ermöglicht, indem sie einen „letzten", nicht weiter auflösbaren Punkt für kommunikative Adressierungen bietet. Verantwortung erweist sich aus soziologischer Perspektive als kommunikatives Konstrukt. Erst vor diesem Hintergrund stellen sich dann gegebenenfalls Fragen moraltheoretischer Natur, etwa nach Begründungsmöglichkeiten für unterschiedliche Verantwortungsbegriffe. Darin ist Verantwortung – und das schließt wiederum an rechtsdogmatisches Allgemeinwissen an – dem Begriff der Person unmittelbar verwandt. Gunther Teubner hat den juristisch provokanten Vorschlag unterbreitet, Algorithmen als Rechtssubjekte zu verstehen. Die soziologische Rechtstheorie kann diesen rechtstheoretischen Gedanken mit einem theoretischen Konzept aufgreifen, das sowohl in die Rechtswissenschaft als auch in die Soziologie integriert werden kann.

Die Metapher des Fluchtpunktes bezeichnet aus dieser theoretischen Perspektive ein kommunikatives Konstrukt, mit dessen Hilfe Kommunikationssysteme eine komplexe, mehrdimensionale und kontingente Welt gleichsam „zweidimensional" erfassen, so wie die perspektivische Zeichnung, in der die dreidimensionale Welt mit Hilfe von Fluchtpunkten zweidimensional dargestellt wird. Fluchtpunkte generieren Letzt-Adressierbarkeit. Diese ultimative Adressierbarkeit vernichtet Kontingenz. Sie verringert den Komplexitätsabstand zwischen System und Umwelt, indem sie die interne strukturierte Komplexität erhöht. Auf diese Weise können endlose Verweise – etwa in Form von Kausalketten oder Externalisierungen von Verantwortung – unterbunden werden. Das leisten vor allem Begriffe wie Mensch, Person und Subjekt, solange eine autopoietische Rechtstheorie in der Rechtswissenschaft sich noch in statu nascendi befindet. Sobald aber ihre Konturen klar erkennbar werden, kann man in der Rechtstheorie und -dogmatik auf solche Konstrukte verzichten. Im Fall der Computernetze ist dies leicht nachvollziehbar, denn die digitale Welt bietet keine personalen Zurechnungsgrundlagen, auf die das Recht aufbauen könnte. Das Recht schafft sich in diesem Fall eigene Zurechnungsadressen, die sich bei näherer Betrachtung als Fluchtpunkte erweisen. Im Übrigen könnte man annehmen, dass auf der operativen Ebene die Zurechnung an Letzt-Adressen eine ähnliche Lösung von Kommunikationsblockaden bewirkt, wie es Externalisierungen, ultimative Anerkennungsregeln, Grundnormen und Geltungssymbole angesichts drohender Rechtsparadoxien sonst zu tun vermögen. Vor diesem Hintergrund ist es dann auch soziologisch sehr gut nachvollziehbar, wie es dem Recht gelingen kann, autonomen Algorithmen soziale und rechtliche Kommunikations- und Entscheidungsfähigkeit zuzuschreiben und das Mensch-Maschine-Verhältnis als Kommunikation im engeren Sinne zu begreifen.

Soziologie erweist sich dabei als Gesprächspartnerin der Jurisprudenz, nämlich in der Analyse gesellschaftlicher Mechanismen, die eventuell ähnliche Funktionen übernehmen wie die Figur der Verantwortung. Im Vergleich mit funktionalen Äquivalenten, so die zu Grunde liegende Idee, ergeben sich Möglichkeiten, die gesellschaftliche Leistungsfähigkeit des Konzepts der Innovationsverantwortung einzuschätzen (Kap. 15). Verantwortung hat allgemein zwei Zeitbezüge. Das ist zum einen die Vergangenheit, mit Blick auf welche Verantwortung als Rechtfertigung für vergangenes Verhalten relevant wird. Umgekehrt erweist sich im Hinblick auf Zukunft Verantwortung vor allem als Pflicht, für zukünftige zurechenbare Handlungen bzw. Handlungserfolge gegebenenfalls, das heißt im Falle eines Schadenseintritts bei Dritten, Rechenschaft abzulegen, sich zu rechtfertigen oder für die Beseitigung von Folgen einzustehen.

Die letztgenannte prospektive Verantwortung verweist auf die Entscheidungsabhängigkeit zukünftiger Ereignisse. Sobald Zukunft generell als entscheidungserzeugt gesehen werden kann –eine historisch relativ junge und keineswegs selbstverständliche Entwicklung (Koselleck 1979; Hölscher 1999) –, wird die Semantik der Verantwortung ein generalisiertes Medium, in welchem Zurechnungsprobleme zwischen sozialen Systemen hin und her geschoben werden, mit der Folge von temporärer Verantwortungsinflation bzw. komplementär dazu mit deflationärer Angst an anderer Stelle, von der Übernahme von Verantwortung abgeschnitten zu sein. Funktionssysteme haben je spezifische Konstruktionen von Zukunft entwickelt, Modi der Erwartungsbildung und entsprechende Formen der Enttäuschungsverarbeitung, die jeweils auf ihre Zukunftsfähigkeit hin beobachtet und verglichen werden können. Zukunftsfähigkeit kann aus der soziologischen Perspektive aufgefasst werden als die Bedingung der Möglichkeit evolutionär erfolgreichen Operierens in einer komplexen, durch gesellschaftliche Einflüsse selbst dauernd mitveränderten Umwelt. Der Begriff des Lernens gewinnt an dieser Stelle an Bedeutung, da er der Operationalisierung des Kriteriums „evolutionärer Erfolg" dient. Gesellschaftliche Funktionssysteme entwickeln dafür ihre je eigenen Mechanismen, die funktionale Äquivalente füreinander bilden. Der generelle Gesichtspunkt im Umgang mit komplexer Temporalität von Innovationsprozessen liegt nach dieser Sichtweise in dem, was eher vorläufig und noch in suchender Bewegung mit Zukunftsfähigkeit bezeichnet wird. Zukunftsfähigkeit steht für das Vermögen sozialer Systeme, in institutioneller und prozessualer Hinsicht Lernbereitschaft und Lernfähigkeit vorzuhalten.

Auf dem Gebiet des Rechts allgemein, aber auch der rechtlichen Innovationsregulierung knüpfen wir mit diesem Ansatz an eine seit langem geführte Debatte über reflexives und lernendes Recht an. Innovationsverantwortung erweist sich aus der hier eingenommenen Perspektive als einer von vielen denkbaren Modi der Zukunftsorientierung. Daher stechen erst einmal Ähnlichkeiten mit den anderen Formen der sozialen Konstruktion von Zukunft ins Auge. Nicht zuletzt dieser Umstand dämpft mögliche Erwartungen in eine hohe Steuerungsleistung von Verantwortungsattribution. Er führt nach allem, was in den früheren Kapiteln gesagt wurde, jedoch auch nicht zu einem generellen Steuerungspessimismus. Als Instrument der Innovationsregulierung ist Verantwortungsattribution grundsätzlich ebenso erfolgreich oder erfolglos wie ihre funktionalen Äquivalente. Die soziologische Frage kann daher eher sein, in welchen Situationen man sich klugerweise auf Verantwortung beruft. Die Vermutung liegt jedenfalls nahe, dass dieser Rekurs beispielsweise in politischen Kommunikationen vorwiegend eine symbolische Funktion hat.

Im Rahmen der vorgeschlagenen responsiven Rechtssoziologie gewinnt mit Blick auf Zukunftsgestaltung, Gesellschaftssteuerung und ähnliche Problemlagen das Konzept des Lernens erneut an Bedeutung. Nachdem es in den neunzehnhundertsiebziger und -achtziger Jahren die Debatte in der allgemeinen Soziologie wie auch in der Rechtssoziologie stark beeinflusst hatte, könnte auf der Grundlage einer inzwischen wesentlich weiter entwickelten soziologischen Begrifflichkeit (Mölders 2009, 2011) dieses soziologische Lernkonzept der Debatte um die gesellschaftliche Konstruktion von Zukunft neue Impulse verleihen. Lernen könnte aus soziologischer Sicht dann als ein funktionales Äquivalent zu Verantwortung begriffen und im Hinblick auf die Konstruktion von Zukunftsfähigkeit näher analysiert werden.

Auch hierin ist Responsivität als das Bemühen um eine Soziologie des Rechts verkörpert, in welcher rechtliche Relevanzen soziologisch abbildbar und damit anschlussfähig werden. Es handelt sich dabei, wie schon mehrfach betont wurde, nicht um ein Modell der Rezeption von Soziologie durch die Jurisprudenz. Aber auch der umgekehrte Ansatz, rechtswissenschaftliche Problemdefinitionen zur Grundlage der – dann nur als Rechtstatsachenforschung noch möglichen – Soziologie zu machen, wird im Konzept der Responsivität überwunden. An die Stelle unidirektionaler Rezeptionsmodelle tritt der Versuch zu reflektieren, welche Irritationen das eigene Operieren in der Umwelt auslöst und was sich daraus gegebenenfalls an internen Strukturbildungsoptionen ergibt. Rechtstheoretische Fragen werfen dann unmittelbar und als solche soziologische Fragen auf. Soziologische Theorie des Rechts, in der die Umwelt mitsprechen kann, wird so interdisziplinär fruchtbar.

Teil I
Regulierung, Governance

Semantics of Ruling: Reflective Theories of Regulation, Governance, and Law

2

Societal conditions are shaped by both social structures and semantics. The former constitute the givens of social relations and their particular modalities. The latter consist of interpretive patterns, descriptions and explanations, which make social reality meaningful (Luhmann 1989). In the social sciences, the sociology of knowledge has primarily distinguished itself through the study of societal semantics and the constitution of meaning. The following considerations apply a sociology of knowledge perspective to the field of regulatory social activities that pervade the scientific discourses surrounding law, regulation, and governance. In other words, they shed a new light on some questions central to the Sociology of law.

One of the main characteristics of modernity has been the idea that society is a product of shaping activities, which intentionally or unintentionally create social reality. The rise of this particularly modern self-consciousness is closely linked to the differentiation of science and the emergence of empirical sciences in the seventeenth and eighteenth century. Closely related with this upheaval in the understanding of nature is the birth of social sciences such as psychology, sociology and political science. Karl Marx may be referred to as an early and influential protagonist of the idea of man-made social circumstances.

The analysis (and critique) of ideologies as forms of (wrong) knowledge became a characteristic trait of sociology, which emerged alongside the notion of society's fundamental shapeability. Later labelled as sociology of knowledge, this focus on interpretative patterns and structures of meaning became prominent in the works of Max Weber, Karl Mannheim, Peter L. Berger and Thomas Luckmann, or Niklas Luhmann, only to mention a few. Whereas Berger and Luckmann

---

First published in: Paul et al. 2017, pp. 15–37.

© Der/die Autor(en), exklusiv lizenziert an Springer Fachmedien Wiesbaden
Gmbh, ein Teil von Springer Nature 2023
A. Bora, *Reflexion des Rechts – Beiträge zur responsiven Rechtssoziologie*,
https://doi.org/10.1007/978-3-658-40787-2_2

generated seminal insights in the constitutive role of knowledge in everyday life, others like Mannheim, and Luhmann in particular, put additional emphasis on the relevance of scientific concepts (theories), both in the natural and social sciences. The sociology of knowledge departed somewhat from its preoccupation with criticism of ideology and developed into a broad strand of sociological inquiry over time.

In accordance with the last-mentioned thread in the sociology of knowledge, this chapter will be concerned with scientific models and theories representing the idea of "shaping society". The analysis will focus on the period from late twentieth until early twenty-first century—in other words on the decades since about 1970. This choice is founded on the observation that, during that period, theoretical descriptions of shaping society by means of ruling, regulating, or governing—be it in legal or political theory or in sociology—have become increasingly complex and reflective. Therefore, in order to better understand reflective theories of regulation, governance, and law, a closer look should be taken at different concepts of "modes of intentional change". The underlying assumption is that understanding of such semantics will also improve our comprehension of social structures.

The following analysis will focus on scientific concepts, discourses, and models of intentional change looking at regulation, law, and governance. In doing so, I will be referring to these three aspects in the general as reflective theories of intentional change. These are scientific concepts and discourses focused on intentional change and shaping society, but they can certainly also be distinguished as law, regulation, and governance. Such interpretative patterns will be summarized under the general term "reflective theories". This is because they are scientific semantics, which reflect upon a specific societal field or sub-system. They observe societal activities in the language of (social) science and offer a coherent description of the respective field. Such descriptions contribute significantly to the constitution of related social practices. Insofar this assumption holds true, reflective theories and social practice lie on a continuum and mutually influence one another. Reflective theories do not determine practices, but they do, however, illuminate their social meaning and thus add an important aspect to sociological explanation.

My overall argument claims that somehow hidden in the multiplicity and mutual ignorance of various scientific discourses, we can identify a number of convergent trends and common points of reference. In various respects, these commonalities refer to the question of how to conceptualize intentional change under conditions of heterogeneity, hybridity, and fragmentation in social fields.

Against the background of shared references, I suggest that the *exertion of influence*—which can perhaps be labelled as regulation in a broad understanding of the term—is lying at the very heart of all reflective theories. Secondly, the aspect of governmentalities, that is of semantic framings backing—and sometimes even hiding—the ruling character of law, regulation, and governance should be highlighted. Thirdly, both these aspects hint at the relevance of legal structures, which stabilize expectations and thereby provide a basis for structure formation in the complex and fluid field of regulation and governance.

As a result, I will identify at least three dimensions of theoretical commonality between law, regulation, and governance. The first dimension relates to the core structures of social theory, which is the basis of all the theoretical domains discussed above. The second finds expression in the common interest in social influence; all three theoretical fields are characterized by concepts of shaping society. The third, finally, points to the ubiquitous presence of legal structures in the three concepts.

The chapter is structured as follows. Sect. (2.1) briefly recalls the differences between reflective theories in regulation, governance, and law. The apparent divergence of theoretical starting points, basic questions, concepts and theorems will serve as a kind of "null hypothesis". With this in mind, Sect. (2.2) describes and analyses some convergent developments in the three theoretical fields. It will work out a number of theoretical points, which represent a common frame of reference for all perspectives. Sect. (2.3) will then make some preliminary suggestions for further research. Serving as points of orientation in this respect will be the core operation of intentional change, the associated forms of knowledge, and the systematic function of the law.

2.1 Regulation, Governance, Law: Divergent Perspectives in Reflective Theories?

If we take a look at the structures of contemporary science, it becomes obvious that the scientific fields of regulation theory, governance theory, and legal theory are more or less self-contained and closed off from one another. This fact does not primarily correlate with disciplinary boundaries or personal idiosyncrasies—there is, indeed, quite a remarkable amount of interdisciplinary interest and communication between the fields. Rather we observe different theoretical foci and specific questions guiding the respective scientific communities.

Theories of regulation have traditionally been concerned with a dyadic relation between state agencies and private actors (often businesses). This dyadic relation between actors or systems exerting influence on the one hand and others being influenced on the other, has been pervading the scientific debate on regulation since its inception (cf. Stigler 1971; Mitnick 1980; Majone 1996; Coglianese and Kagan 2007; Koop and Lodge 2017). Early definitions usually concentrated on economic actors. For instance, Stigler claimed that "as a rule, regulation is acquired by the industry and is designed and operated primarily for its benefit" (Baldwin et al. 2013, p. 10). Selznick's famous definition of regulation as "the sustained and focused control exercised by a public authority over activities valued by the community" (Selznick 1985, p. 363) correctly emphasized the "public" aspect of regulation and indicated that not each and every act of control can be conceived of as regulation. That being said, Selznick was definitely preoccupied with the idea of control. As I will argue in the next section, this picture is incomplete. There have been various theoretical developments showing a more complex view of regulation. Nevertheless, for the purpose of the current argument, it shall suffice to register that in its nucleus, the concept of regulation bears the notion of a dyadic relation in which state actors intervene in private business. In a comprehensive overview of the theoretical concepts of regulation based on 108 of the most cited articles in six disciplines, Koop and Lodge (2017, p. 11) state that the following definition stands for the mainstream regulation debate: "[R]egulation can be defined as intentional intervention in the activities of a target population, where the intervention is typically direct…and exercised by public-sector actors on the economic activities of private-sector actors". In other words, at their core, theories of regulation are concerned with forms of influence in a two-sided social relation. This dyadic structure relates to the characteristics of the relation, operating on the distinction between an influencing and an influenced side—and not to the number of actors involved, which is often more than two.

Governance theory also focusses on the issue of influence. However, it usually deals with multiple structures, processes and forms of coordination. Governance concepts have emerged as a result of a crisis of interventionist thinking and technocratic models of societal planning in the 1970s. Post-interventionist theories and concepts of pluralist societies have replaced traditional, more rigid concepts of social steering with new ideas of cooperation, negotiation, co-production, hybrid communication, self-regulation and networks. Originating from economics (Coase 1937; Williamson 1975), governance originally focused on "good governance" in organizations. During the last decades, the semantics of "governance" has spread across the political sciences—especially to international relations (e.g. Rosenau and Czempiel 1992; Rosenau 2000) and policy research (e.g. Mayntz 1998). In this tradition governance is understood as a form of statehood, which is mainly characterized by negotiation and co-operation, in contrast to traditionally recognized properties of the democratic national state like hierarchical structures (Héritier 2002; Kooiman 2002; Rosenau 1995; Schuppert and Zürn 2008; Blumenthal 2005).

Whereas theories of regulation focus on direct influence, the concept of governance is much more based upon hybrid procedures and arrangements. However, this conceptual orientation should not conceal the fact that in governance theories, there is also a deep-rooted interest in the phenomenon of influence (cf. Chaps. 2 and 3). What connects regulation and governance theories is the general idea of a profound shapeability of all social phenomena. Governance theories, in other words, focus on forms of social influence like regulations theories do. However, they turn away from the direct and dyadic model of influence in favor of hybrid and multi-level relations. Not least because of this turn, governance theories have often been understood as a historical replacement for regulation theories (Mayntz 2005).

Legal theory strongly contrasts with regulation and governance theories in at least one central aspect. They do not deal with influence in a primary sense, but rather with expectations. Understood as a system of generalized contra-factual expectations—that is expectations that remain stable in spite of deviance from them (Luhmann 1985)—law draws theoretical attention to questions of validity rather than influence. It produces decision-making programs by formulating the conditions under which decisions would be correct, irrespective of empirical behavior. Such behavior will be differentiated along the line of rightful and wrongful activities. This position characterizes more or less all legal theories. It is more visible in positivist approaches (John Austin, Herbert L.A. Hart, Hans Kelsen), which look at law as a system of rules (as Hart argues, for example). The interest in normative validity is, of course, not limited to positivist, or neo-positivist approaches. The same holds true also for critical legal theory (Habermas 1996) and even for de-constructivist theories—think, for instance of Jaques Derrida's "Force de Loi" (Derrida 2005). Moreover, not only legal theory, but also sociological theory has emphasized the aspect of normative validity in contrast to empirical effect of law. In *Economy and Society*, Max Weber very prominently and sharply distinguished judicial and sociological perspectives. Legal reasoning, he claimed, is about "ideal" validity, about the "ought" (Weber 1922, p. 181). From this perspective, law has only normative meaning. It does not refer to what happens empirically and what actors believe to be right. The sociologist of law Theodor Geiger later took this intuition to formulate his theory of normative and empirical validity (Geiger 1964), where he strongly predisposed socio-legal thinking in the following decades. In short, the main orientation of law and legal theory is toward the stabilization of expectations. Any effects of law and its influence on behavior seem to remain remarkably under-determined from this perspective.

Summing up this short recollection of reflective theories in regulation, governance, and law, one could come to the conclusion that their respective fundamental discourses are located worlds apart from each other. Theories of influence on the one hand (regulation and governance) and of normative validity on the other (law); of dyadic intervention here (regulation) and of multilateral coordination there (governance)—the heterogeneity of the theoretical field seems to be overwhelming.

In order to compound this problem further, within each of the fields there is "a lack of shared understanding" (Koop and Lodge 2017, p. 1), blurredness (Pierre and Peters 2000, p. 7), and a "hectic production of new theorems" (Buckel et al. 2006, p. X; my translation). This theoretical state of affairs might well contribute to the above-mentioned mutual closure of the scientific fields. Moreover, it aggravates the difficulty to identify common theoretical ground among the different discourses.

The following section will try to identify commonalities behind the idiosyncrasies that have been sketched out above. It will take a closer look at single theories and will thereby describe some convergent developments that have become visible in the scientific discussions of the last decades. My assumption is that such convergences will help identify some central points in theories of intentional social change, which could help guide further conceptual and theoretical work.

2.2   Theoretical Convergences

The argument in the previous section aimed at highlighting and—for clarification's sake maybe a bit over-emphasizing—the distinctions between the scientific discourses of regulation, governance, and law and their mutual closure. However, I would like to now turn our attention to some long term developments in the three fields. Although these developments result in still different conceptualizations of intentional change in the respective theories, we find a remarkable common theoretical orientation towards a general heterogeneity, hybridity, and fragmentation of social fields. Under these conditions, theories of regulation and governance, which are concerned with the issue of influence, converge in their understanding of the nature of such influence, that is it becomes increasingly complex and reflexive. Legal theories that are primarily occupied with the validity of normative expectations, amplify their attention to question of legal impact and effectiveness, thereby addressing the aspect of influence. In doing so, they are inevitably confronted with external observations and remarks from the social sciences, which have led to an integration of social theories and legal theories. As a result, the three fields *converge* at least in some of their conceptual fundaments. In order to elaborate on this assumption, I will take a closer look at the reflective theories of regulation, governance, and law in the following section.

2.2.1 Regulation Theories

The theoretical perspective of regulation assumes that there are some indicators for a seminal trend in regulation theory towards more complex and indirect models. These indicators will be briefly discussed below.

(a) A first indication of a substantial change within theories of regulation is the fact that at one time, many authors assumed the concept itself to be outdated. Regulation was not considered a concept that travels well (Black 2002, p. 2), which would explain why it increasingly competed with the notion of governance in academic thinking. Over time however, theories of regulation have assimilated with the empirical and theoretical challenges and have even recaptured lost territories. This can be observed in the emergence of the concept of "regulatory state" at the national and particularly the supranational level, as well as the establishment models of global regulatory regimes in the field of trade, food, and climate change. Studies in these fields have re-emphasized the empirical importance of regulation (MacNeil et al. 2002). The promotion of "Better Regulation" in particular distances itself from governance (Paul 2007; Wegrich 2010; Wegrich and Lodge 2012). However, this process did not leave theories of regulation untouched. Rather, concepts such as "reflexive" or "responsive regulation" (e.g. Braithwaite 2011; Baldwin and Black 2007) or "regulatory regimes" (Hood et al. 2001) have modernized the theory of regulation, not only including a broader set of available instruments, but also focusing on broader actor constellations, thus correcting the often-criticized state-centeredness of traditional regulation theory.

(b) There is an overarching development within regulation theory, namely from direct to indirect and complex intervention. The theory of regulation dates back to the late nineteenth century, when over-bureaucratization became subject to political critique as one of the "evils" of regulation. From the 1890s until the 1970s, the command-and-control model of regulation dominated the discussion in order to justify the need of social reforms. The failure of a stee-ring theory that claimed the possibility of direct impact in regulatory relations produced new and creative answers from different positions. The command-and-control model of regulation crisis, which became visible in the discussion of "implementation failure" and in subsequent demands for "de-regulation" (Moran 2002, p. 397), provoked a number of counter-movements. These still dominate discussion. The weakness of the public de-regulation model and pure economic self-regulation also became perceptible in the wake of eco-nomic and financial crises during the last decades. Therefore, concepts of self-regulation were followed by models of differentiated compliance, for example in John Braithwaite's famous picture of the regulatory pyramid, in which the basis of regulation is a broad cultural layer of persuasion and informal warning, norm compliance via institutional dialogue and reflexi-vity, punctuated toward the top by formal enforcement of the law (Ayres and Braithwaite 1992). The picture of the pyramid, although inspiring and instructive, nevertheless conceals the broad variety of fields with very specific regulatory patterns, which do not smoothly fit into the hierarchical structure of the pyramid. The metaphor of the pyramid seems too simple (Scott 2012, pp. 69/70) and as a result, "Regulatory regimes" have become an alternative picture. Scott understands regimes as consisting of firstly norms, standards, and rules; secondly as mechanisms of monitoring and feedback; and thirdly as enforcement (Scott 2012, p. 67). With a similar motive, but arguing from the perspective of citizens acting as "law enforcement agents", Susan Silbey (2011) has coined the term "relational regulation".

(c) As already mentioned above, the interest in indirect forms of influence coinci-des with a profound criticism of early regulation theory's state-centeredness. A significant move in this direction can be seen in an institutional proposal. The idea of the regulatory state (Majone 1996) has gained worldwide pro-minence since the 1990s and has claimed that globalization is eroding the fundament of the "positive" state (Majone 1997), promulgating a new model of the state which represents a kind of "limited government by proxy" (Levi-Faur 2014, p. 601), a concept that is closely related to context regulation (Willke 1987) and reflexive law (Teubner and Willke 1984) in the German debate of the 1980s and 1990s. The regulatory state is understood as "a state that applies and extends rule making, rule monitoring, and rule enforcement either directly or indirectly". (Levi-Faur 2014, p. 207).

There has been some critique of the regulatory state. Levi-Faur (2014) argues, for instance, that the presupposition of a clear distinction between regulation and redistribution as a characteristic of the "positive" state cannot be maintained. Moreover, one could add that Majone's idea of the polymorphic state, where a "morph" is an essential part of a state's activities, seems rather ontological, as if there could be state activities without regulatory components. This is possible with a narrow concept of regulation—a concept that has to a certain extent dominated the UK/US debate—but somehow blurs the view on the broad variety of interventions in social systems. To identify these interventions, it might be helpful to adopt a broader concept of regulation, as was already briefly mentioned in the introduction. In addition, I would argue that Majone focuses very straight forwardly on the state. In the world society, this seems also to be a rather narrow perspective. Recent research in constitutional theory (Teubner 2012; Thornhill 2011; Kjaer 2014a; Neves 2013; Holmes 2013; Viellechner 2013), for instance, shows that beyond states there are many more and different actors intervening and ruling social conditions. Therefore, as was indicated before, it might be appropriate to speak of regimes rather than of states.

(d) A broad understanding of the term regulation also becomes visible in the idea of meta-regulation. Scott (2012) describes meta-regulation as a form of regulation in regulatory regimes, characterized by fragmented sets of participants and a large variety in control. Against this background he suggests a broad concept of regulation, comprising governments, markets, communities and social forces of various kinds as the actors of regulation (p. 62). They conduct their activities in a world of "fragmented governance" (p. 75), where alternative mechanisms of regulation replace the traditional forms of command and control, but also the enforcement pyramid. Speaking about empirical examples, I would understand the European system of chemical control REACH (Führ 2014) or the model of "chemical leasing" that has been suggested some time ago (Jakl et al. 2003) as illustrative cases of meta-regulation. When it comes to the modalities of control, Scott speaks about hierarchy, competition, community, and design. These modalities, as it seems, are not very clearly delineated against each other. Moreover, the presupposition of hierarchies may be a bit problematic in a functionally differentiated society. On the other hand, the core idea of meta-regulation, the concept of regulated self-regulation, fits seamlessly into such a theoretical background. Moreover, it has strong links with reflexive law, and with social constitutionalism: two concepts, which have succeeded steering theory and reflexive law in the realm of jurisprudence.

(e) Within all these changes, last but not least, the *law* has re-gained a conceptual role in regulation theory. For some authors, it is nothing less than a constitutive criterion of regulation, as for instance Coglianes and Kagan demonstrate, who define regulation as "law specifically aimed at preventing misconduct by business and other organizations, and enforced primarily by specialized government agencies" (Coglianese and Kagan 2007, p. XI). With again a slightly different emphasis, Julia Black (1997, 1998a) suggested understanding rules as products of interpretive communities—as discourses, with the law representing only one of many instruments of regulation. Likewise in many theories of regulation, law is—or used to be—regarded as an instrument of regulation. Meanwhile, as will be demonstrated below in the paragraph about legal theory, the legal component in regulatory theory has also acquired a more complex view and is much more related to structural and systemic aspects. Such a move could also be observed rather early in the United States, where the "rights revolution" (Moran 2002, p. 395) between the 1960s and 1980s triggered a shift from an understanding of regulation based on specialized agencies towards a type of "social regulation" (ibid.) based on law and constitution. However, in spite of such overlaps between regulation theory and legal theory, the particular modes of operation of the law still remain more or less invisible in regulatory approaches. For many theories of regulation, the law operates as black box.

A general trend can be identified behind these indicators: As a result of the before-mentioned trends in regulation theory, it is not entirely by coincidence that Baldwin, Cave and Lodge in their introduction to the Oxford Handbook on Regulation describe the term "regulation" as a "moving target", characterized by flexible and even multiple connotations (p. 5), including command and control and manifold instruments of intervention, but also more indirect effects, which may have even been "set up with aims other than regulation" (p. 6).

There is, however, more commonality in the field than it seems at first glance. Koop and Lodge have assembled an empirical and interdisciplinary overview of contemporary regulation concepts. In the multiple worlds of scientific approaches they identify two core definitions of the term. The first, "classical" definition is "essence-based" and names only minimum requirements for regulation, namely "the intentional intervention in the activities of a target population" (10). The second definition, which they call "pattern"-based, adds some criteria to first definition: the before-mentioned intervention "is typically direct—involving binding standard-setting, monitoring, and sanctioning—and exercised by public actors on the economic activities of private-sector actors" (ibid., 11).

Irrespective of the empirical distribution of the two definitions, Koop's and Lodge's article shows that there is a large common ground within the variety of regulation theories. This can easily be seen from the relation between the two definitions. Even if a rather narrow understanding (i.e. the "pattern"-based model *sensu* Koop/Lodge) should prevail in the debate, it's also clear that the broad definition (the "essence"-based model) is included as the *genus proximum*, in contrast to which the former one gains its meaning as *differentia specifica*. In other words, the broad definition is constitutively contained in the more specific one.

This broad understanding is systematically connected with recent development in social theory. Julia Black's approach of hybrid and fragmented regulation (Black 2002) may serve as an example for this interpretation. Against the background of a de-centered understanding of society in general and the state in particular, she dismisses the conventional understanding as command and control as inappropriate for a de-centered, polycontextural society. She suggests the following definition: "regulation is the sustained and focused attempt to alter the behaviour of others according to defined standards or purposes with the intention of producing a broadly identified outcome or outcomes, which may involve mechanisms of standard-setting, information-gathering and behaviour-modification" (p. 20). The idea of regulation as direct intervention has more or less dissolved in a *concept of network regulation by indirect means.*

Black's understanding is located somewhere between Koop's and Kagan's two concepts. If we add the aspect of public interest to Koop's and Kagan's broad concept, we can specify Black's approach slightly in order to avoid the problem that any kind of social influence would have to be called "regulation". Against such a theoretical background, *I suggest understanding societal regulation as any operation of a social system that intentionally aims at deciding, defining, or setting the state of another system (target system, or focal system) with the goal to pursue commonwealth.* The latter term is meant to represent the German word "Gemein-wohl", which covers the semantic field of common welfare, public wealth, public good, or public interest in a broad sense. This specification operates as a confinement or limitation of the definition, which would be merely formal and limitless otherwise. Thereby, in our context, it should become clear that regulation does not refer to the simple control over machines, objects, or persons, but always implies a specific social dimension, namely, the (self-) shaping of society, its sub-systems and organizations. In contrast to the command and control version, the term is not based on de facto control, but rather on the intention to exert influence. In addition, it is broader than a concept of regulation built upon the use of authority (Black 2002). I would consider this concept of regulation as the common conceptual ground in the current debate.

To summarize the line of argument in this sub-section, one can note that theories of regulation have always been focusing on issues of influence and control. They have extensively studied various mechanisms of influence different contexts. These issues are embodied in a core concept of intentional relations between regulating and regulated social units, intentionally oriented toward commonwealth. Theoretical challenges have emerged to theories that were bearing in their nucleus the notion of a dyadic relation, in which state actors intervene in private business. The theories assimilated to the notion of network relations with more complex, non-hierarchical forms of influence, and with multiple actors and levels. Nevertheless, at their core they refer to the dimension of influence, a dimension that can be subsumed under the aspect of rule. Theories of regulation, therefore, appear today as semantics of ruling under complex social conditions.

2.2.2 Theories of Governance

Embedded in a concept of indirect, heterarchical and interconnected modes of ruling, reflective theories of governance have always been occupied with the exertion of influence, even in cases when they do not treat the issue explicitly. Influence, in other words, is at least a hidden agenda of governance. From this perspective, it will be possible to describe convergences with law and regulation.

Indicators are the following: As was already mentioned before, theories of governance literally gained attention in the wake of perceived weaknesses in early regulation theories. In contrast to the older forms of naive cybernetic thinking, governance theories gained a strong attractiveness by re-focusing on three theoretical core elements (cf. Chap. 4). Firstly, the focus on the production of the commonweal somehow weakened in favor of multi-level and multi-actor networks of negotiation between different public and private actors. Secondly, rhizomatic inter-linkages of recursively coordinated actions replaced rather state-centered and linear models of ruling. The third conceptual shift pertains to the instruments of ruling. Whereas the traditional means consisted of law, command, control, allocation of goods, and the provision of infrastructure—at least, in the view of governance theories which we have seen do not fully meet the developments in regulation theory—governance theory focuses much more on hybrid procedures and arrangements.

Within the realm of governance theories, therefore, the turn towards non-hierarchic, poly-contextual, multilevel relations is most obvious and nothing else besides a truism (cf. Kjaer 2014b). It is a constitutive characteristic of such theories that makes them more comprehensive than the early theories of regulation and also more suited to observe structures and processes of influence in a differentiated society.

However, there has always been a second element in the discourse about governance. While theories of governance in the before-mentioned respect are perhaps rather developed and productive, they are at the same time in danger of becoming too vague as a result of forgetting about their regulatory nucleus. They have often been criticized as fuzzy and blurred (Pierre and Peters 2000, p. 7; Offe 2008; Briken and Dröge 2009, p. 122). Detlef Sack (2012, pp. 29 f.), for instance, distinguishes at least eight different usages of the term, which range from practical aspects of social control to scientific observation and description. What is perhaps more interesting is the fact that this theoretical fuzziness arises on a common conceptual ground. Emma Carmel (2017) shows evidence that the concept of governance has passed a carrier quite similar to that of regulation. She identifies a certain over-elasticity of the concept and a broad range of applications associated with manifold and specified definitions, which lead to "an expected and classic failing of the stretched concept" (p. 3). Behind this conceptual heterogeneity, Carmel describes some basic narratives, all of which embed the idea of governance in a historic description of what had been "before governance". Against this pattern, they all use "four key assumptions from liberal political theory" (p. 4), telling the story of lost properties of the state: capacity, autonomy, sovereignty, and authority.

Such relationship between theories of governance and political liberalism can been observed in many empirical examples (Bora and Münte 2012; see also Chap. 4). It seems to be a main characteristic of governance theory. Moreover, we can even speak of a specific amalgamation of social theory and practice connected to concepts of governance. One of the hypotheses of our research is that the practical prominence of governance results from the far reaching social-scientification of the political system. Governance theory, as Carmel (cf. above) also shows, expanded the instruments of control and the sets of actors involved in decision-making, and yet did so all while preserving and even strengthening the idea of controlling and shaping societal conditions.

One may summarize as a general trend that the central interest of governance theories are the structures and processes in which influence is being exercized. In addition, governance theories pay special attention to the actors involved, the forms of co-ordination, negotiation, and decision-making in a world that is being conceived in the form of networks. These scholars are less concerned with the nature of influence and the respective mechanisms. Regulation, therefore, is seen as one task among others in governance. Conceiving regulation as a central aspect of every discourse on governance, some scholars even speak about "regulatory governance" (Schuppert 2010, p. 3; Döhler and Wegrich 2010). Understood in this way, *regulation is a ubiquitous dimension of governance*, the "forgotten", or "hidden" ratio of all operations connected with the term governance. Applying a phrase coined by Schuppert (2010, p. 3), we may call this basic notion of regulation "the beating heart" of governance theory.

The same holds true for the role of law in theories of governance. Law appears as an interconnected structure—a dimension of governance-regimes (Trute et al. 2007). Law is observed as one of many modes of co-ordination and regulation. Interestingly however, governance theories generally do not deal with the question of how these different modes are being coordinated with each other. How are collisions between modes of regulation regulated? Which paradigm or which mode is applied then: competition, power, money, norms? One hypothesis in this respect could be that this meta-coordination in modern governance has something to do with *normative expectations*; that it takes place, in other words, in the *shadow of the law*. Governance theories sometimes seem to disregard the central role of legal rights in the process of regulation. Instead, the restricting and limiting effects of legal formality are emphasized—in Max Weber's words: the "iron cage" of procedural rationality in modern law. In contrast, one can also recall the fact that the formal rationality of the law usually guarantees freedom and subjective rights. Therefore, from the perspective of regulation, legal rules have their defined place, and regulatory means and ends have to be cross-checked against legal provisions. In governance theory, this relation is often less clear.

Altogether, one might say that convergences between the three fields occur most distinctly in theories of governance. Thus in this case, it does not seem appropriate to collect additional indications. What is important to note, on the other hand, is the fact that there is an element of influence even in the most advanced versions of governance theory. The convergence between regulation and governance is two-sided: a rise in complexity and continuity in the basic operation and the exertion of influence.

2.2.3 Legal Theories

I claimed in the first section that legal theory does not primarily deal with influence, but rather with expectations. I would like to add that influence plays at least a complementary role in legal thinking. This role has strongly varied over time and between different legal cultures. Moreover, the semantics of influence are wrapped up in different terms in the context of legal theory. Therefore, it is difficult to isolate the topic unambiguously in reflective theories of law. In the following, some indicators will be identified which suggest that semantic patterns like "effect", "impact", or "legal regulation" introduce the question of influence in theories of legal validity, thereby relating legal theory to regulation and governance. After drawing this connection, I will adduce some trends in legal thinking as evidence for the general hypothesis of theoretical convergence.

In contrast to the theoretical fields of regulation and governance, legal theory has always been widely differentiated into a large number of schools and movements. These different trends are also related to significantly varying legal cultures. In Europe, and particularly in the German speaking countries since the late nineteenth century under the influence of *Begriffsjurisprudenz* (conceptual jurisprudence) and legal positivism, the orientation towards written law has been rather strong. This orientation more or less prevailed in Europe over other approaches such as *Interessenjurisprudenz* (jurisprudence oriented towards social interests, Heck 1914), *Freirechtslehre* (free law school) and sociological jurisprudence (Kantorowicz 1910/11)—the latter gaining more importance only in the second half of the twentieth century. In the American case law, however, legal realism and the orientation towards practical jurisdiction drew the attention towards the expected consequences of judicial sentences very early (Baumgartner 2001). Roscoe Pound held that one of sociological jurisprudence's "characteristic marks" was its consideration for "the working of law rather than its abstract content" (Pound 1927, p. 326). There was a reason for this emphasis on "law in action" rather than "law in the books" in legal theory: the predictability of empirical juridical decisions was at the center of interest, rather than the system of legal terms and concepts. As Justice Holmes famously said: "The prophecies of what the courts will do in fact, and nothing more pretentious, are what I mean by the law" (Holmes 1897, p. 461). Like other prominent judges on the US Supreme Court (for example Cardozo and Brandeis), Holmes represented a perspective in legal theory that introduced societal interests into legal decision-making. From this perspective and in sharp contrast to the before-mentioned trends in continental legal theory, this sort of legal theoretical approach sees the law as "a means not an end" for the realization of social interests (Pound 1907, p. 614). Roscoe Pound coined the term "social engineering" (1923, p. 152), which gained a certain influence in the European socio-legal context, as we will see in the following subsections. In other words, within the tradition of case law and legal realism, the aspect of legal influence has always been prominent.

Such orientation towards empirical effects is not an American speciality alone. Beyond the diversity of legal cultures and schools, there has always been a broad consent in legal theory, philosophy and in constitutional theory that the legitimacy of the law has an intrinsic relation with its empirical effects. The German Constitutional Court (*Bundesverfassungsgericht*), for instance, has stated in several instances that any intervention of the state in subjective rights—via legislation—is only constitutionally acceptable if the chance for empirical realization of the legislatory goal is guaranteed. According to the principle of proportionality, ineffectiveness becomes a problem for normative validity (Bryde 1993). The focus on social interests and on social engineering, which was formative in American legal theory, also bore some fruit in the context of European legal thinking. In theories of continental civil law, with its typical commitment to written law and conditional programming, legal influence takes on significant relevance. Moreover, the relevance and shape of the concept underwent some major changes during the course of the last decades, resulting in remarkable convergences with the before-mentioned reflective theories of regulation and governance.

In Germany, since the beginning of the twentieth century under the impression of the before-mentioned *Interessenjurispruidenz* and *Freirechtslehre* and, most notably, Eugen Ehrlich's sociology of law (Ehrlich 1913), the so-called *Rechtstatsachenforschung* (empirical legal research) occupied a certain niche in legal theory. Although it was always a rather marginal strand in the large field of legal thinking, it has nevertheless become quite visible with protagonists such as Arthur Nußbaum, Ernst O. Hirsch, or Manfred Rehbinder, who established a school in empirical legal research during the course of the twentieth century. An early definition by Nußbaum shows how directly *Rechtstatsachenforschung* and the interest in legal influence are connected. *Rechtstatsachenforschung*, as he said, "means the systematic analysis of the social, political and other empirical conditions, under which legal rules emerge; and additionally the inquiry in the social, political and others effects of those norms." (Nußbaum 1968/1940, p. 67; my translation).

In the late 1960s and early 1970s, an additional characteristic development in Germany combined the before-mentioned approach with social engineering by emphasizing the impact of law. The German word *Rechtswirkungsforschung* (Hof and Lübbe-Wolff 1999) designating this specific trend does not have an exact English translation. In a recent paper, Michael Wrase uses the expression of "impact analysis of legal regulation." (Wrase 2013, p. 3, cf. also Wrase 2019). He describes the development of the field from an instrumentalist and rather state-oriented concept of law. He does so by drawing on the broad stream of implementation research in the seventies of the last century, the increase of private and contractual norm building, regulatory networks and the mobilization of law (Blankenburg 1977), as well as the issue of symbolic use of legislation. This development strongly accelerated during the late 1960s and early 1970s, when the social-liberal coalition under Willy Brandt started a prominent initiative for judicial reforms based on "objective data" in 1969 (Strempel 1998). A number of institutions tackled the task of "rational policy-making", an undertaking heavily based on scientification, which was met by respective discourses in the academic world. Since 1973, the Federal Ministry of Justice operated a department for *Rechtstatsachenforschung*. The Federal Chancellery (*Bundeskanzleramt*) founded a working group for an IT-based survey over the research on implementation and legal impact in the federal ministries. Simultaneously, in many universities, programs for evaluation and testing of legislative activities started, and the idea of Technology Assessment was applied to legal, and respectively, regulatory impact assessment (Böhret and Konzendorf 2004), thereby introducing a strong element of social engineering to the debate.

Although the motive of social engineering has never faded away and is still rather efficacious in theory and practice, we also observe from the side of the sociology of law new theoretical interest in the issue of legal impact (Cottier et al. 2010). In this context, a broader concept of legal impact is applicable, which is not so much oriented towards rational planning and steering, but rather towards regulatory networks in which various societal actors orient their behavior to legal norms. This discussion also takes up the thread of a general theory of action specified as norm oriented action, which was already at the center of the debate in the 1980s. Against this background, legal norms are "a fundamental element of social structures" (Rottleuthner 1987, p. 81.; my transl.), rather than a mere instrument of societal steering. Thus, in this conceptual niche, the theory of legal impact has freed itself from the rather narrow conceptual constraints of its early years to incorporate the notion of more complex relations in regulatory regimes. Still, in the German branch of legal theory called *Rechtswirkungsforschung*, there is a formative focus on impact and influence.

The last-mentioned debates already indicated that while *Rechtstatsachenforschung* and *Rechtswirkungsforschung* are essentially based on a social engineer's position, a more theoretical debate within legal theory gained prominence in the 1980s. It also started from the concept of direct influence and steering, but very quickly changed its basic assumption and model, not only under the impression of empirical failure and political termination of the regulatory approaches (Grimm 1990), but much more because of fundamental theoretical re-orientations. In 1984, Gunther Teubner and Helmut Willke published a now famous article on reflexive law (Teubner and Willke 1984), in which they tried to integrate the idea of shaping society into the new theoretical paradigm of self-regulation and autopoiesis. This paradigm had not only gained significant relevance in sociology (Luhmann 1995a), but also attracted some interest in legal theory (Teubner

1988). Teubner's and Willke's central intuition was that in regulatory processes, the concerned social subsystems engage in mutual co-ordination, whereas the law provides the co-ordinating systems with a basic normative structure called "social constitution" (Teubner and Willke 1984, p. 7).

With this and similar approaches of new sociological jurisprudence, legal impact theory made a significant move from state law to normative orders within and beyond the state. Willke especially elaborated this aspect in an impressive series of monographs and articles (e.g. Willke 1992b, 1995, 1997). The approach was not immune against critical attacks, most of which focused on the question of how one could conceive of successful coordination of perspectives between operationally closed, autopoietic systems (Mölders 2013). Yet, recent advances in systems theoretical approaches on legal regulation have quite satisfactorily dealt with this issue. Teubner addresses the question of external pressure on autopoietic systems mainly in connection with constitutional theory (Teubner 2012). This is mainly because he assumes a circulation of mutual perturbations, a so called "ultra-cycle" (Teubner 1996) to be the precondition of a stable coupling between autopoietic systems. Marc Mölders has, in addition, argued that a certain added value has to be postulated on the side of the regulated (focal system) in order to explain its inclination to observe and to react to external pressure by systemic "self-constraint" (Mölders 2013, p. 19). The art of exerting influence, according to Mölders (2014), consists of designing effective irritations. In his sociology of constitution, Teubner addresses the same point when claiming that constitutions ensure the autonomy of social subsystems on the one hand, but on the other hand limit their excessive growth by regulating the collision between fragmented regimes (Teubner 2012, pp. 63, 128). The limiting function can only be performed when the societal subsystems are confronted with an experience of actual and inevitable crisis (ibid. 129, cf. also Teubner 2020). Whereas old legal theories at this point counted on external intervention or internal self-constitutionalization, the new theory of legal regulation prefers to refer to irritations as leading to self-change (Teubner 2012, p. 134), or the pressure to learn (ibid., p. 146, cf. also Bora 2022).

In summary, the new sociological jurisprudence has yielded a number of pivotal innovations in legal theory. From concepts of steering and direct intervention it re-focused the attention to concepts of reflexive law and irritation design in autonomous systems (cf. Viellechner 2013 on heterarchical law and horizontal constitutional law). Sociological jurisprudence switched from normative command to co-operation, from state law to private and hybrid forms of law (Ladeur 2002). The concept of the sources of law, a central part of legal theory, also changed its focus towards contractual and network sources. Last but not least, sociological jurisprudence repealed the idea of the unity of legal structures in favor of a concept of collision law. Altogether, we observe a shift of interest towards the legal constitutionalization of social influence, which emphasizes the enabling and limitative function of legal norms in hybrid and polycontextural regimes. The main challenge to legal theory in this respect might consist in integrating sociological innovations into the mainstream of legal thinking, which is still characterized by conditional programming and the validity of contra-factual expectations.

However, it is not wrong to postulate that legal theories are interested in the influence of the law. This interest is grounded in aspects of legitimacy and validity. In addition, it meets a strong political interest in technocratic planning and steering. With regard to the theoretical groundwork, the early models of direct intervention have been abandoned in favour of regulated self-regulation, network relations, and hybrid regulatory regimes.

2.2.4 Common Structures in Theories of Regulation, Governance, and Law

This short overview of developments in theories of regulation, governance, and law has unearthed a number of analogies between distinct scientific discourses. These similarities promote the assumption that there are common structures lying beneath the different theoretical manifestations. A reflective theory of regulation, governance, and law should take these commonalities into account.

We could identify at least three aspects of theoretical commonality, as I already mentioned in the beginning. The first (a) relates to the core structures of social theory, which is the basis of all the theoretical domains discussed above. The second (b) finds expression in the common interest in social influence; all three theoretical fields are characterized by concepts of shaping society. The third (c), finally points to the ubiquitous presence of legal structures in the three concepts.

(a) All three narratives share basic assumptions with respect to general social theory. Although they are in their respective ways conclusive and consistent, they nevertheless do not really contradict each other. On the contrary, one could even suggest a historical development "from law, via regulation to governance"—which some authors, indeed, seem to suggest (Mayntz 2005; Jansen 2003; Ladeur 2010, p. 25). What goes against such an account is mainly the observation that all three discourses are contemporary phenomena and do indeed co-exist. Moreover, they share basic assumptions, which have evolved in each of the fields more or less simultaneously. What is salient beyond all differences, in other words, is a very strong similarity in the conceptual development of all three perspectives. Such similarities can be identified in the following evolutionary shifts:

From homogeneity to *heterogeneity*: in theories of law as well as of regulation and governance, the growing heterogeneity of society is a central idea. Concepts of rather homogenous forms of society have been replaced by concepts of legal pluralism, fragmentation, multiplicity of actors, etc.

From unity to *poly-contexturality*: regulation, governance, and law are not assuming a single horizon or system as being relevant for their operations. Their environments are not uniform, neither in politics, nor in law, economy or any other system. Rather, all reflective theories assume concurrency and equal relevance of many horizons of meaning.

From hierarchy to *co-operation*: in all three perspectives, the plurality and multi-modality of modern society is one of the reasons for the failure of hierarchical forms of intervention, which increasingly have been replaced by concepts of co-operation between various kinds of actors, among which the state is only one in a broad variety of social forces.

From mono- to *multi-modality of influence*: in all perspectives, theories are built on the assumption of a large multiplicity of instruments for intervention, e.g. power, money, law, information, public opinion.

From central "steering" to a *decentering of societal functions*: models of a society steered by central societal system (politics) have been replaced by de-centered models of a functionally differentiated society.

From direct to *indirect forms of control*: Concepts of direct intervention in social fields have been replaced by the idea of indirect control, meta-regulation, soft law, reflexive law, reflexive governance, etc. We could with some reason speak of models representing the idea of "ecology of control" (Chap. 5).

These aspects show that theories of law, regulation and governance share general features of social theory, and more specifically speaking, a theory of society. They assume the objects of law, regulation and governance to be moving targets, hybrid, fragmented, idiosyncratic objects that are in a certain sense unruly. Their concepts have undergone a noticeable scientification, resulting in complex theories of reflexive law, reflexive regulation, and reflexive governance.

The theoretical moves listed above are embedded in a general theoretical shift that might be characterized as a shift from first to second order observation—an increase in theoretical reflexivity. In different theories rather ontological models have been replaced—or at least complemented—by a perspective which is oriented towards semantics, discourse, culture. This is a reflective theory, which understands influence as a mode of communication, or as a discourse, rather than as an essentialist quality. In legal theory, reflexiveness has always played an important role; this is characterized in many cases by a strong link to a general theory of society. In the realm of governance and regulation, however, a comprehensive theory still seems to be a desideratum. The individual developments of the three fields also demonstrate the fact that in spite of a broad move towards a more reflexive mode of observation, the fields remain relatively isolated from one another theoretically.

(b) All three theories share the notion of a profound malleability of society; the general idea of ruling societal objects in spite of their unruliness. Contemporary theories in all three fields operate with the concept of a functionally differentiated society, in which autonomous units—such as functional systems, networks, organizations etc.—raise the issue of inter-systems-relations between autonomous entities. Against the background of a theory of societal differentiation, such relations can no longer be conceived of in terms of direct intervention, control, or steering. Such concepts give way to ones such as regulated self-regulation, meta-regulation, or "irritation design", as Marc Mölders (2013) has phrased it. Such a model of inter-system relations between autonomous social systems enables a broad understanding of the general concept of intended influence of a social system on a target system. One may label this common interest in influence and shaping society as a general theory of regulation (cf. Chap. 4), albeit not necessarily a uniform or consistent way.

(c) With regard to the law, influence and respectively regulation may not be seen as a function perhaps, but as a performance. Influence could be conceived of as an effect of the law, stemming from law's central function, that is the stabilization of contra-factual expectations. Recently, the growing interest in a sociology of constitutions has underlined the double performance of the law in the guise of constitutions: that of enabling and limiting the autonomous operation of societal systems. Thereby constitutionalism moderates the idea of a regulatory trilemma (Teubner 1986, 2015), which claims that legal and political regulation is either irrelevant for the regulated system, or has disintegrative effects on the goal system, or on the regulatory system itself. Social constitutionalism transforms this figure into the relation of a normative center (Carvalho 2016), which consists of law and politics. Due to its orientation towards the commonwealth, this center supplies other systems

with the possibility to develop stable expectations, for instance with normative structures. Such constitutional regimes, which transcend the boundaries
of nation-states in a world society, once again demonstrate the regulating
effects of the law. Therefore, the law, at least in the shape of the constitution,
somehow underpins all regulatory activities. Understood as social constitution in a broad sense, it builds—together with politics—the normative center
of modern society, providing societal sub-systems with normative structures.
These structures contribute to the formation and generalization of stable—
contra-factual—expectations, which are a pre-condition for many forms of
exerting influence. Shaping society, therefore, is based to a large extent on
the performance of law.

2.3   Semantics of Ruling: Conclusion and Outlook

As I have mentioned at the beginning, the intention to exert influence for the sake
of shaping society has been underlying the emergence of modernity since its origin. Because it creates increased pressure for justification, it has become a seminal
chance, but also a burden. The dimension of semantics pulls self-descriptions and
interpretive patterns into focus. When looking for semantics regarding the exertion of influence in scientific discourse, we come across semantics of ruling. In
the shape of reflective theories, regulation, governance, and law are manifestations of common intention to shape society. Their commonalities have sometimes
been hidden behind the idiosyncrasies of their specific concepts. These commonalities consist of a number of aspects discussed in the sections above: in short,
influence is the medium of ruling. The form that influence typically takes can
be characterized as regulated self-regulation. According to all of these theories,
exerting influence, or ruling social phenomena, has to be performed in a complex
and hybrid environment and under conditions of operational closure, autonomy of
concerned systems, and fundamental uncertainty about the behavior of the target
system (the ruled). For this reason, the stabilization of expectations becomes a
crucial issue. Regulation, therefore, takes place in the shadow of the law. More
precisely, the law in the form of social constitutions provides for basic structures
and points of reference in all kinds of regulatory relations.

  The added value of sociology of knowledge should have become visible from
the brief accounts on the different theoretical positions. Guiding the analysis of
reflective theories, this focus on the sociology of knowledge helps us understand the reasons for the individual theoretical pathways on the one hand, and on
the other hand, enables us to identify common patterns that had somehow been
veiled.

Moreover, the sociology of knowledge has a second component, namely the interest the social structures making regulatory regimes susceptible to specific interpretive patterns. A fruitful study design with respect to such governmentalities could start with the question of which particular form the central notion of shapeability gains under varying social conditions. The brief account of regulatory concepts in various reflective theories already indicated that there might be categorically distinct notions of shapeability and influence, which explain the various forms in which influence is conceived. A rather technocratic model of social engineering prevailed over some decades, and interpreted society as machinery according to the model of first order cybernetics. Perhaps obvious is the fact that such kind of governmentality was closely connected to a regulatory pattern of command and control. Much less obvious seems to be, however, which patterns of governmentality accompany recent reflective theories. Do advanced reflective theories find any correlation and resonance in their respective fields? Or do we rather experience a mesh of trendy catchwords and rather sublime command-and-control mentality? With this as a consideration, it will be worth studying the interplay between the new semantics of ruling and their enactment in the hybrid regimes and legal orders of world society.

The Shadow of the Law: Intermediary Institutions and the Ruling Part of Governance

3

Intermediary institutions are an interesting topic for the sociology of law, because they function as a bridging concept for the analysis of historically varying forms of institutions. In his recently published article entitled "Towards a sociology of intermediary institutions" (Kjaer 2014b), Poul F. Kjaer has argued that the law might be seen as a decisive factor in understanding intermediary institutions. "The law," as he says, "is both the central medium through which transfers of condensed social components … between social spheres are structured, and it is also the medium charged with responsibility for ensuring that such transfers do not lead to coalescence and de-differentiation." (137) For a sociologist of law, this position marks a very fruitful perspective allowing for comparative analysis of different institutions against the common background of the law. With the following remarks, I would like to supplement Poul F. Kjaer's argument with some empirical observations. In so doing, I will try to shed some light on the relatively strong role of the law, and to indicate that, from a theoretical point of view, it might be an advantage not to forget the aspect of ruling and regulation embedded in all forms of governance. Therefore, I will be mostly concerned with governance—not with corporatist or neo-corporatist institutions. I will take my examples from the inter-dependencies between law, science, technology, medicine, and politics, rather than from the economy. These inter-dependencies will mostly be observed from a nation-state context, due to my limited empirical experience. Wherever possible, I will try to provide indications for the European level.

My argument will have three parts. Firstly, I will argue that the concept of governance somehow neglects an important aspect of societal ruling and will

---

First published in: Hartmann et al. 2015, pp. 141–155.

© Der/die Autor(en), exklusiv lizenziert an Springer Fachmedien Wiesbaden Gmbh, ein Teil von Springer Nature 2023
A. Bora, *Reflexion des Rechts – Beiträge zur responsiven Rechtssoziologie*, https://doi.org/10.1007/978-3-658-40787-2_3

suggest the recollection of the idea of regulation. Secondly, intermediary institutions will be described as strongly building upon the law in performing their dual role of internal and external stabilisation. The positive law serves as a reservoir of semantics and structures, as I will try to show with some examples belonging to different regulatory constellations. Thirdly, I will close with a brief discussion of the findings. In short, they support the assumption that we find traces of law even in the most advances forms of self-regulation in intermediate institutions. Legal forms profoundly influence and shape governance.

3.1   Governance as Regulation

The recollection of the term "regulation" certainly cannot be taken for granted in contemporary theoretical debate. Therefore, it may be allowed briefly to elaborate an argument which supports the proposition of a slight theoretical and terminological re-orientation. Originally, the term "governance", in the social sciences as well as in political practice, has emerged as a result of a crisis of interventionist thinking which manifested itself in debates on a "crisis of planning", for instance. Post-interventionist theories and concepts of pluralist societies had raised questions which the idea of governance promised to answer by replacing more rigid concepts of social steering by new ideas of co-operation, negotiation, co-production, hybrid communication, and self-regulation. Originally stemming from the economy (Coase 1937; Williamson 1975), where it was mainly used to focus on "good governance" in organisations, the semantics of "governance" spread throughout the political sciences—especially in international relations (Rosenau and Czempiel 1992; Rosenau 2000) and policy research (Mayntz 1998). In this tradition, "governance" is being understood as a form of statehood mainly characterised by "negotiation" and "co-operation", in contrast to "hierarchical structures", which were understood as properties of the democratic nation state (Héritier 2002; Kooiman 2002; Rosenau 1995; Schuppert and Zürn 2008; Blumenthal 2005, p. 1153; Willke 2006).

In contrast to the older forms of naïve cybernetic thinking, "governance" gained a strong attractiveness by re-focusing three theoretical core elements (cf. Chap. 4). Firstly, the focus on the production of the commonweal somehow weakened in favour of multi-level and multi-actor networks of negotiations between different public and private actors. Secondly, rhizomatic interlinkages of recursively co-ordinated actions replaced rather state-centred and linear models of ruling. The third conceptual shift pertains to the instruments of ruling. Whereas the traditional means consisted of law, command, control, allocation of goods, and the provision of infrastructure, "governance" is much more based upon hybrid procedures and arrangements, as mentioned above. However, these conceptual re-orientations should not conceal the fact that there is also a deep-rooted continuity between steering and governance. What holds these aspects together is the general idea of a profound malleability of all social phenomena. "Governance", in other words, indeed changed the instruments of ruling, but, as I will show, it nonetheless preserves and even strengthens the idea of controlling and shaping societal conditions.

In order to conceptualise the above-mentioned continuity and to address the very essence of the relations between law, politics, the economy, and other social realms, I suggest that we use the term "regulation" as a conceptual umbrella for both steering *and* governance. Regulation, in other words, is a common aspect in all these different forms of societal intervention. In so doing, I do not claim that the scholarly debate had completely ignored the regulatory nucleus of governance. Zürn (2008, p. 554) has, for instance, addressed the issue as an empirical fact. However, a theoretical perspective is still missing in this respect. However, this perspective cannot be developed here. Instead, some brief remarks and references are put forward to meet the requirements of my argumentation.

The term "regulation" has various sources. It has gained a certain prominence in political economy (cf., for example, the works of Hirsch, Jessop, Aglietta, Boyer and others). From this angle, "regulation" stands for the task of taming modern forms of capitalism. Thus, it is dealing with a very specific aspect that is mainly situated in the relations between politics and the economy, firstly, and this is built upon a very particular kind of social theory. In contrast to these approaches, I take the position of sociological systems theory that allows for a broader variety of inter-systemic relations and also takes into consideration the fact that modern society is rather poly-centric and not so much centred around one single system, be it politics or the economy.

Against this background, I understand "regulation" as any operation of a social system that aims at deciding, defining, or setting the state of another system (goal system) with regard to the production of the commonweal (see Chap. 2; also Bora 2012; cf., also, Hood et al. 2001; Döhler and Wegrich 2010). The latter term is meant to represent the German word *"Gemeinwohl"*, which approximately covers the semantic field of common welfare, public weal or public good in a broad sense. This specification operates as a confinement or limitation of the definition, which would be merely formal and limitless otherwise. Thereby, it should become clear that regulation, in our context, does not refer to the control over machines or objects, for example, but always implies a social dimension, namely, the (self-) shaping of society, its sub-systems and organisations.

In particular, this general understanding of the term "regulation" can be traced back to debates in legal theory and sociology of law of the 1990s. American and British research in those days started to distinguish between "governance" and "regulation". It often conceptualised "regulation" as a specific form of "governance" (Ayres and Braithwaite 1992; Braithwaite et al. 2007). In the tradition of this debate, "regulation" expresses a specific part of "governance", which deals with the steering of events and states of affairs, while "governance" also means granting, allocating, and distributing. In this definition, it remains unclear why the latter mechanisms should not have regulatory qualities. Therefore, it seems advisable to understand "regulation" as the quintessence of all operations that aim at influencing a goal system. According to this theoretical concept, "regulation" is not restricted to control and intervention in the sense of regulative law. It encompasses limiting and risk-minimising instruments as well as promoting and enabling instruments. Julia Black (1998b) speaks about "regulation as facilitation", Sabel et al. (2012) have been working on "experimentalist governance", and German legal scientists are interested in "regulation fostering innovation" (Eifert and Hoffmann-Riem 2009). Schuppert accentuates the fact that governance "largely is regulation" (2008, p. 395).

Against this background, the recollection of the functional nucleus of governance is suggested with the term "regulation" and with a particular emphasis on the "ruling part" of governance that feeds on legal sources. Often, the discourse on "governance" seems to disregard the central role of legal rights in the process of regulation. Instead, the restricting and limiting effects of legal formality—in Max Weber's words: the "iron cage" of procedural rationality in modern law— are the centre of theoretical attention. In contrast, one can also recall the fact that the formal rationality of the law usually guarantees freedom and subjective rights. Therefore, from the perspective of regulation, legal rules have their defined place, and regulatory means and ends have to be cross-checked against legal provisions. In governance, this relation is often less clear. Thus, regulation opens the view onto both sides of the law, the "iron cage" as well as the enabling, ensuring and liberating guarantees.

The analysis of intermediary institutions, as I will argue in the following section, allows us to observe the ubiquitous presence of the law in various aspects of governance and to identify some of the tasks which it fulfils with regard to the internal and external stabilisation of expectations. This stabilisation, as I have tried to indicate in these introductory remarks, is an indispensable characteristic of regulation.

3.2 Intermediary Institutions and the Law

Intermediary institutions are places where regulation and its legal context become visible, even in those forms of self-regulation where, at first glance, the law does not play a major part. Thus, the examples presented below in a certain sense signify typical aspects of governance. Against this background, they also demonstrate how regulation takes place as a genuine aspect of modern governance. Thus, they are intended to make the above-mentioned conceptual ideas plausible. Moreover, and more importantly, they highlight the relevance of the law in the process of regulation. Four types of relations between self-regulation and the law are discussed, using examples from science governance, ethics councils, and technical standardisation. They are characterised as substitutive, pre-emptive, initiating, and integrative relations.

These forms of self-regulation can be interpreted with regard to the influence of legal norms. In each type, the specific reference to the law serves the function of regulation, to wit, stabilising expectations not only within a system, but also between different systems. Thus, even the most advanced forms of self-regulation in intermediary institutions at all levels of governance operate with the frame of "ruling" in the shadow of the law.

Before going into detail, it may be appropriate briefly to address the term "intermediary institutions". In political theory, this term often refers to political parties (Bobbio 1984, pp. 75 ff.), to the mass media, to political associations and organisations (Wiesenthal 1993), especially to trade unions (Müller-Jentsch 1982), but also to organisations which link the different pillars of the system of industrial relations. In economic theory, banks, insurance companies, investment companies, venture capital funds, rating agencies, *etc.*, often function as intermediary institutions (Mankiw 2008). The theory of science has referred to research funding institutions (Braun 1993) in this regard. In sum, the term indicates a broad variety of organisations, some of them coupling different parts of the same functional system—or even, like the media, standing *pars pro toto* for a whole system—some operating between systems, but mostly related to the representation of interests (Lehmbruch and Schmitter 1979). A slightly different notion of "intermediary institutions" can be found in a particular tradition of sociological theory. Thomas Luckmann, for instance, has been addressing specialised agencies conveying meaning in everyday life, such as the family, associations, or counselling institutions (Luckmann 1998; see also, Thompson, Chap. 11 in this volume). According to this approach, Wolfgang Huber, the former president of the Evangelical Church in Germany (EKD), has also included churches (Huber 2000).

I will mainly refer to the first, rather formal, understanding of intermediary institutions, which is constitutive for the context of this volume. This perspective, to a large extent, comprises formal organisations. However, I suggest that we study intermediary institutions in various social spheres; thus, the scope of the empirical observations is broader than just the economy and its relations to other systems. It also extends to networks and similar phenomena which cannot be subsumed under the category of formal organisations without further ado. According to my understanding of the term "intermediary institutions", technical standard-setting organisations, scientific self-regulation, regulatory agencies at national and supranational level, and ethics councils can all serve as examples for the various constellations of intermediary institutions, their functions, and the respective role of the law.

Considering the different forms of regulation in intermediary institutions and their respective relations to law, at least four constellations occur. They differ from each other with regard to their orientation towards the law. They all make use of formal law, directly or indirectly. Their scope is not limited to the economy, but is, instead, somewhat broad with regard to the social spheres to which the institutions and their regimes relate.

3.2.1 Complementary or Substitutive Regulation

In the first constellation, we find intermediary institutions regulating situations in which the law does not or cannot intervene. The classical example is the case of standardisation. Usually, with regard to technical issues, private or semi-public organisations, such as the Association of German Engineers (VDI), the German Institute for Standardisation (DIN), the International Organization for Standardization (ISO), all issue binding regulations. The ISO, DIN, and VDI standards are typical cases of proto-legal regulation. Although they are not law as such, they are incorporated in the law and are binding references for the jurisdiction on technical issues. Two aspects can be distinguished in this field:

(a) The traditional field of soft law contains technical norms as stated above. Standardisation operates in addition to the legal norms which supplement the law, where it is not capable of regulating a particular field sufficiently. The aims of this regulatory form are primarily the marketability and/or the safety of products, goods and services. The standards stabilise mutual expectations predominantly between economic actors. Formal law functions as a "positive" reference-point, in that it legitimises the standardisation organisations and their procedures; moreover, it incorporates the standards as a kind of generalised expert opinion. In other words, the regulation primarily takes place outside the law, but with reference to it. Standards substitute legal regulation, because they are rather flexible, on the one hand, and technically or even mathematically formalised, on the other, two characteristics for which the law cannot provide. Therefore, this type of regulation, to a certain extent, complements or substitutes the more rigid forms of law (cf. Gonçalves and Gameiro 2011).

(b) However, standardisation not only covers technical aspects, it also stretches over more cultural fields. A prominent example is DIN/ISO 26000 regarding corporate social responsibility. The standard intends to assist organisations in contributing to sustainable development and in going beyond legal compliance:

> "It is intended to promote common understanding in the field of social responsibility, and to complement other instruments and initiatives for social responsibility, not to replace them. … In applying this International Standard, it is advisable that an organization take into consideration societal, environmental, legal, cultural, political and organizational diversity, as well as differences in economic conditions, while being consistent with international norms of behaviour. … The perception and reality of an organization's performance on social responsibility can influence, among other things: its competitive advantage; its reputation; its ability to attract and retain workers or members, customers, clients or users; the maintenance of employees' morale, commitment and productivity; the view of investors, owners, donors, sponsors and the financial community; and its relationship with companies, governments, the media, suppliers, peers, customers and the community in which it operates" (ISO 26000, Introduction).

Against this background, the core subjects of ISO 26000 regulation are organisational governance, human rights, labour practices, the environment, fair operating practices, consumer issues, and community involvement and development.

The aims of ISO 26000 represent common goods that are usually not found within the focus of technical standardisation in the exchange between economic actors. These actors instead consider such common goods to be "externalities". The consequences of the externalisation of common goods have been described as "tragedy of the commons" (Hardin 1968). Therefore, the law usually has a decisive role in the regulation of "the commons", as, for instance, Elinor Ostrom has shown (Ostrom 1990). Against this background, ISO 26000 describes a strategy between strict legal regulation and cultural commitment. The latter was an important answer to the problem of the commons in small communities in medieval and early modern times. Later, the law succeeded to the task of regulating the commons under the more complex conditions of modern society. The new "cultural" standards, such as ISO 26000, for instance, are softer than positive law, on the one hand, and harder than cultural bonds, on the other. In a certain sense, they have a "constitutional" character (Thompson 2012). They do not have direct steering effects, due to their voluntary character. However, they generally have the ability to create and stabilise systemic trust both in individual firms and in the market as a whole, with regard to their aptitude to safeguard common goods. Establishing this kind of systemic trust seems particularly profitable in a situation in which observers speak of the "moralisation of markets":

> "In the world of goods and services, not only social relations find their expression, but also societal values and norms become manifest in services and goods or in the reputation of a producer and provider. The economy is not only an exchange of valuable goods, but also an exchange of values (Georg Simmel)." (Stehr 2008, p. 12).

In sum, this type of standardisation represents a form of regulation between formal law and mere cultural bonds, again aiming at marketability. Interestingly, standardisation organisations, as intermediary institutions, in a sense copy legal regulation that functions as a model for standardisation in this regard. In so far as "cultural" standardisation helps the avoidance of more strict legal regulation, it is already a pre-form of the second type of regulation which has a pre-emptive function.

3.2.2 Pre-emptive Regulation

In a number of cases, we observe regulatory activities in intermediary institutions which have the aim of avoiding formal legal regulation. We are dealing, in other words, with autonomous self-regulation of a social sphere in order to obviate legal regulation. Scientific self-regulation may serve as an example in this context. To be sure, not all self-regulation in science is pre-emptive in this sense. However, on occasions, leading scientific institutions try to get ahead of state interventions in the freedom of science by ruling their own state of affairs via guidelines or other sorts of regulations. Recently, the regulation of "dual use" or "security relevant research" has become important in this regard. In Germany, since 1986, a growing number of universities have adopted "civil clauses" in their constitutional regulations. Such a clause usually states that the respective university has to abandon and to prohibit every attempt to participate in military research or teaching. At international level, a network of engineers and scientists has started a global campaign to support the idea of civil clauses. Against this background, the major scientific organisations in Germany have taken action. Since 2010, the *Max Planck Society* has been applying the "Recommendations and Rules Regarding the Responsible Approach to Scientific Freedom and Risks". In 2012, the *Leibnitz Gemeinschaft* passed a code of conduct on dangerous biological materials. In 2013, the *German Research Foundation* (DFG) followed with a code of conduct on toxic micro-organisms, in accordance with the US National Research Council and the National Academies. The regulation of the Max Planck Society is instructive in our context, because it defines itself incisively as non-legal, namely, as "ethical", thereby insinuating that the scope of its recommendations and rules lies beyond the law. On the other hand, when coming to particular regulations, the whole text speaks a clearly legal language. The self-description as "ethical" seemingly performs as an argument for the avoidance of legal regulation. This becomes even clearer in a more recent case. In 2013, the *German Research Foundation* (DFG) and the *National Academy of Science "Leopoldina"* established a common working group on security relevant research. The group has formulated recommendations for the national science system as a whole, and, in 2014, the recommendations were adopted by the presidencies of both institutions. In its nucleus, these recommendations quite clearly aim at safeguarding scientific autonomy against what could be seen as profound legal regulation from the perspective of science (DFG/Leopoldina 2014, p. 10). Thus, scientific organisations as intermediary institutions regulate science very strongly and effectively, guided by the intention to avoid legal regulations that, at least at certain points, are viewed as the unnecessary and dysfunctional intervention of the state in the autonomy of science.

In this case, the intermediary institutions are norm-building actors in the self-regulation of a societal sub-system. Their rules, recommendations, and regulations provide for stable expectations internally—and thereby try to achieve a certain impact externally. Formal law, one could say, performs as a "negative" point of reference. It indicates the necessary pre-conditions which have to be fulfilled by self-regulation—the protection of individual and collective rights, *etc.* Thus, it functions as a model with regard to both the contents and instruments of regulation—as a model, however, whose direct implementation is to be avoided.

In contrast to the first constellation of substitutive regulation, in which the law worked as a "positive" model that could not be applied directly to technical or cultural problems, the law rather appears as a "negative" model in the second constellation of pre-emptive regulation. Here, it could well be applied directly, but the intermediary institutions tend to copy legal forms in order to avoid direct intervention and to safeguard the autonomy of their respective functional system.

3.2.3 Initiative Regulation

The third form of regulation is probably the most familiar as it has a long tradition in corporatism and neo-corporatism. Therefore, only a brief mention may be sufficient for the sake of the completeness of the heuristics. Intermediary institutions to a large extent are engaged in autonomous norm-building, in various kinds of (proto-) legislation and agenda-setting. One may think of the numerous varieties of regulatory agencies at national and supra-national (EU) level. They take the initiative, for example, in issuing occupational safety-rules, food safety-rules, collective-agreements between trade unions and employers' associations, *etc.* As institutions, they are legally entitled to act as norm-building and legislative bodies. Their rules, guidelines, and regulations often have the quality of a by-law or an administrative order. The legal system of occupational safety, for instance, generally based upon EU directives and established by national constitutions and ordinary statutes, to a large extent consists of rules issued by the associations of occupational accident insurance funds. Their rules are binding, also for jurisdiction. They have formal and material qualities comparable to positive law. Thus, the law appears as both the goal and the "positive" reference-point of a specific type of regulation, dependent on the initiative of intermediary institutions which, in turn, lead to legal or proto-legal rules.

3.2.4 Integrative Regulation

A fourth type of regulation is concerned with establishing compatibility between different social systems, such as science, the economy, medicine, politics, and the law. Often, it is institutionalised as policy-advice, thereby indicating both its regulatory nucleus and the integrative task of mediating diverse validity claims. Rather prominent examples in this respect can be found in national ethics councils. The examples given here refer to the German case, but most of its properties also apply to ethics councils in other countries all over the world. The main point of this constellation is that—in spite of the ethical reference of these institutions—the law serves as the framework and bottleneck through which every recommendation of the council has to pass, *i.e.*, as the "positive" point of reference and as a semantic reservoir for the task of integration and compatibility.

Ethics councils have been installed in many states in order to support policy and the respective regulation of socially-contested scientific and technological developments. Ethics, as the underlying argument suggests, is supposed to be able to integrate the diverse communications around scientific and technological innovations and thereby to support sound science policies. This development has been described as "ethicisation of technology controversies" (Bogner 2011), "a renaissance of ethics" (Pruzan and Thyssen 1994).

Ethics councils are usually established as independent entities, hosted by either ministries or academies of science. In either a presidential/governmental model (France/US), or in a mixed model (Germany since 2008), they are mostly appointed by government. Such councils are usually responsible to government, and some times also to parliament (Germany, the Netherlands, Sweden, for example). They either have an advisory function, as in most western European Countries, or perform a specific role in drafting legislation, as in many new Member States of the EU. Their size varies from five persons in Uruguay to over forty in France or Italy (Fuchs 2005; Ahvenharju et al. 2006).

Their composition "even if deliberately chosen from specific disciplines or backgrounds, is supposed to comprise independent individuals rather than representatives of a lobby". At least, this is the common view (Fuchs 2005, p. 87). Yet, as a matter of fact, it seems as if lawyers form a large group in many ethics councils. Although no detailed information is available in most countries, the example of Germany might be indicative for the general situation: in the two councils, Germany has, since 2001, had on average about 8 of the 26 members who were lawyers, about 8 who were scientists, between 2 and 4 ethical experts, and between 4 and 6 theologians. Being composed more or less like this, ethics councils seem to be characterised by a strong dominance of a legal-scientific coalition, constituting what I have called a regime of "technoscientific normativity" (Bora 2010), *i.e.*, a juxtaposition of scientific and legal discourses occurring under specific conditions in "participatory" procedures and organisations.

However, the relevance and influence of the law are not simply a matter of personal composition. This composition instead expresses a common understanding of what ethics councils do when giving advice to policy-makers, and how they should work adequately. The communications and opinions of ethics councils, to a great extent, represent the spirit of the law. Even a cursory glance at the typical structure of the opinions of the German Ethics Council might explain this proposition:

The first National Ethics Council (NER) opinion of 2001 was on embryonic stem cells: after briefly introducing the tasks of the Council, the subject of the opinion and the mode of its communication, it started its argument with a chapter on "The Normative Framework". This framework—guiding the whole opinion, is described as comprising the basic legal principles of the constitution, namely, human dignity, the protection of life, and scientific freedom. They are treated as legally-protected interests (in German: *"Rechtsgüter"*). Prepared in this way, the subsequent chapter, entitled "Embryonic Stem Cells—Pros and Cons", directly addresses the "constitutional and moral status of the embryo", starting with Articles 1 and 2 of the German Constitution (*Grundgesetz*). Without going into detail, it is clear from this rough overview of the perspective of the argument that even the "moral" aspect is framed by the opinion in a strictly legal sense.

The same could be shown with regard to a newer opinion, namely, that of the German Ethics Council (DER) on pre-implantation genetic diagnosis (PGD) of 2011. Part One of the opinion deals with fundamental scientific and medical principles of embryonic development and pre-implantation diagnostics. Part Two addresses the legal-constitutional framework. Against this background, then the ethical and anthropological reasoning starts in the Part Three, dealing with questions of discrimination and selection, followed by a comparative view of the legal situation in different European Countries. The text ends with two different, in part contradictory, votes, each accompanied by legislatory suggestions.

These examples are not representative. Nevertheless, they are of strategic relevance with regard to their subjects, and it is fair to say that they are therefore somehow typical of the mode of operation, at least in the two German Ethics Councils.

Altogether, it is not so much ethics, but rather the law, that integrates the heterogeneous validity claims. The positive law is the bottleneck through which all the semantics relevant to the respective regulation of science and technology have to pass. It creates a strong framing of the case. This framing is unproblematical only to the extent that, as in the process of decision-making, politics opens the semantic frame again, treating the Ethics Councils' opinions as a form of "co-ordinated dissent", rather than as an anticipated political decision (Bogner 2011). This political reaction, however, strongly depends on the role of the Ethics Council(s) in the respective constitutional context.

Alexander Bogner argues against the background of a notion of ethics as a plurality of contested values. He suggests that expert dissent in ethics councils provides space for political communication. "Political references to ethics expertise express a recognition of disagreement which opens up legitimatory possibilities for political action." (Bogner 2010, p. 183).

In the light of this interpretation, one could hold that the ethics councils' communications do not merely offer an ethical frame, but actually something different, a "technoscientific-normative" frame. In this frame, the function of ethical semantics may be seen in their ability to produce a discursive pattern that overwrites critical tensions such as those between science and practice, law and power, decision and legitimation with ethical terms, thereby enabling politics to use the outcome spontaneously.

The function of the law, on the other hand, seems to be one of stabilisation again, namely, making sure that "ethical advice" does not vanish in the plurality of moral standpoints and the abundant multiplicity of preferences and values, or in the arbitrariness of the mere power to decide. It thereby also fulfils the function of assuring politics that "ethical advice" is politically useful, because it is legally—and, via the bottleneck of the law, scientifically—approved. As a result, the law reduces complexity for politics to the extent that it minimises the risk of constitutional failure.

However, this configuration also increases the political risk, in so far as it affects political sovereignty, because, in this case, law positions itself "before" politics. For political sovereignty as procedure, that is to say, as the realisation of political communication, this is, to a certain extent, a paradoxical constellation. From this theoretical point, it is then easy to understand why ethics councils do not tend to communicate extensively their influence upon legislation.

Ethics, against this background, is not so much the frame constituting the communication within the ethics council, but rather a rhetorical figure making the paradoxical relation between law and politics invisible, and thereby enabling both sides to operate smoothly.

After all, law in ethics councils filters all kinds of semantics, which are assembled under the topic of "ethics", in a way that makes the communication suitable for the political game. It offers a more or less stable frame of reference for the highly-complex relations between diverse validity claims in this hybrid type of intermediary institution.

In this fourth dimension, at least, that of the integrative regulation, intermediary institutions play an important role in the interplay between the functional sub-systems of society. At an organisational or network-based level, they open spaces for the coupling or linking between different discourses to take place. Thus, they provide for what could be called "exchange" between different social spheres. At the same time, they reproduce the differentiation between these spheres. The above-mentioned "filtering" effect of the law—and likewise of science, in the cognitive realm—ensures the very autonomy of functionally-differentiated discourses.

3.3   Concluding Remarks

If we scrutinise the role of the law against the background of these four fields, and with regard to stabilisation and compatibility as the two central aspects of intermediary institutions (Kjaer 2014b), we can see the stabilising function in all their aspects. The stabilisation of expectations is the central aspect of all normative structures. In the four forms of regulation described before, the law supports this stabilising performance. Compatibility is also a relevant aspect, given that all kinds of intermediary activities make use of the law or refer to it in one way or the other in order to balance and co-ordinate their relations to their respective environment.

Thus, the analysis of intermediary institutions shows that we find traces of law even in the most advanced forms of self-regulation in intermediate institutions. Governance is thoroughly shaped by this reference to the law, and many instruments of governance are shadows of the law—like the shadows in Plato's allegory of the cave.

This perspective might even influence our understanding of what has been described as the growing importance of cognitive modes of expectations, or as the "scientification" of society, or as the "hybridisation of regulation" (cf. the contributions in Kjaer et al. 2013). It certainly shows at the empirical level the persisting role of normative expectations in general, and the law in particular.

From the perspective of the sociology of law, these findings may not sound too surprising. They refer to well-known debates about legal pluralism, learning law, reflexive law, and about new constitutionalism, for example. Also, with regard to the debate on new governance, the recollection of the legal basis of governance might seem to be superfluous.

However, due to its roots in political science and jurisprudence, the latter discussion concentrates on the legitimacy and accountability of governance as challenge for/to both legal and political theory (Frerichs, Chap. 10 in this volume). Trubek and Trubek (2006) speak of two systems operating simultaneously, and analyse varieties of co-existence, demonstrating with many examples that the law plays an important role for new forms of governance. Frerichs (2006, p. 55) accentuates the role of law in new governance as "more law combined with less state and more market". She discusses the judicialisation of governance and European integration through law beyond the state.

My argument aimed at an additional aspect, that of shedding more light on the common basis of both law and governance, which, in their nucleus, share a very general regulatory function based upon the normative structure of the law. This structure allows for the formation of stable—counterfactual—expectations (Luhmann 1972), which are a pre-condition for many forms of regulation. Therefore, to a large extent, governance takes place in the shadow of the law.

Moreover, with reference to Poul F. Kjaer, who characterises the law as a medium in his above-mentioned article (Kjaer 2014a), the intention of my argument was to demonstrate how this medium operates and infiltrates intermediary institutions in modern governance. It is an instrument which provides for the stabilisation of expectations. With regard to this particular performance, intermediary institutions make use of the law in building, addressing, and enforcing both internal and external expectations. In this way, they contribute to regulation even in the most "hybrid" and "fluid" forms of governance.

Rethinking Regulation—What Governance is all About

4

The preoccupation with the term "regulation" automatically concerns contemporary forms of sovereignty and ruling, mostly connected with the label of "governance" in scholarly debates. The general aim of the following reflections is to scrutinize this term and to pledge for a stronger emphasis on the nucleus of sovereignty and ruling, which can be seen in the exercise of power oriented towards the production of public goods. Against this background, the success story of governance creates some need of explanation for sociological theory and also of the recollection of regulation in the theory of law, politics, and society. The argument will be unfolded in four steps. Firstly, historical coincidences between neo-liberal policies and the institutional and conceptual breakthrough of new governance serve as empirical occasion to take a closer look at some ambivalences of governance. These ambivalences, as the hypothesis in the second part says, can best be understood from a certain conceptual distance to theories of governance, i.e. from a theoretical position marked by the term "regulation". The third part gives some empirical examples from the field of participatory governance as a plausibility check for the assumption of a profound oblivion of the aspect of regulation in contemporary governance. Fourthly, I will briefly discuss some practical implications the theoretical position suggested in the precedent parts.

First published in: *Portuguese Journal of Social Science* 13 (2014), 2, pp. 197–213.

© Der/die Autor(en), exklusiv lizenziert an Springer Fachmedien Wiesbaden GmbH, ein Teil von Springer Nature 2023
A. Bora, *Reflexion des Rechts – Beiträge zur responsiven Rechtssoziologie*, https://doi.org/10.1007/978-3-658-40787-2_4

4.1   Introduction: Neo-Liberalism and Civil Society—The Rhetoric of Governance

The scholarly debate on classical liberalism, economic neo-liberalism, ordo-liberalism, etc. is exuberant and difficult and the scientific concept of neo-liberalism is complex and historically variable (cf. Butterwegge et al. 2008). For the sake of my argument, I only refer to empirical manifestations like de-regulation, extended privatisation, damnation of state interventions etc., without making any further systematic claims. Insofar, I mainly refer to the "new" neo-liberalism that has been emerging since the 1980s. Recalling the global political development during the last three decades, one observes a worldwide triumph of a type of policies commonly characterised as neo-liberaland a widespread de-regulation of nearly all sectors of society going hand in hand with the rise of civil society. A universal expansion of different forms of citizen engagement, the participation of civil society actors in various fields of decision-making, direct democratic procedures, civic involvement and similar forms of engagement are obvious. The emergence of a very broad variety of new and hybrid forms of collective formation of will and decision-making characterises contemporary society on all levels, the local, the national, the regional, and the supranational. Many politically programmatic texts like for instance, the European White Paper on Governance (Commission of the European Communities 2001) and similar texts (Commission of the European Communities 2000) can be read in this way.

A rather common view interprets this rise of a broad participation of civil society as caused by the success of neo-liberalism and de-regulation—as a defensive move, in other words. Social sciences, however, are well advised not to take this interpretation for granted. They can rather read it as an interpretive pattern operating in the political field. Against this background, we have to treat the causal relation between neo-liberal and civic participation as an open question suggesting generally three different hypotheses. Firstly, the causal relation already mentioned, claiming that an exuberant economization of society causes civic engagement; secondly, the reverse relation, claiming that cultural and political change towards a more open society also triggered economization—a hypothesis that is certainly very difficult to argue for with respect to empirical evidence and that I will not advocate, therefore; thirdly, a co-evolutionary hypothesis, claiming a common trait in both phenomena producing a specific mode of sovereignty and ruling under which both, neo-liberal policies and civic participation emerge coincidentally and primordially into a symbiotic partnership. The mode of sovereignty I am referring to is well known under the name of "governance". Under this specific type of rule, I will argue, both neo-liberalism and civil society peacefully coexist, because and, this constraint should carefully be kept in mind, insofar as "participatory governance" often goes along with de-politicisation.

The following considerations will start with this de-politicising effect of participatory governance. In some aspects, the argument in this part takes up ideas already presented in the introduction to Bora and Münte (2012), in which we first tried to elaborate our critique of the theoretical and practical implications of the term "governance". However, this chapter will offer more than this core idea. While the book addresses questions of material analysis and interpretive methods, my contribution in the current context will rather follow a different path asking what practical consequences could be drawn from the analysis with respect to the role of social sciences in policy advice.

4.2 Governance, De-politicization, and Regulation

The term "governance", in the social sciences as well as in political practise, has emerged as a result of a crisis of interventionist thinking. Post-interventionist theories and concepts of pluralist societies had raised questions which the idea of governance promised to answer by replacing more rigid concepts of social steering with new ideas of cooperation, negotiation, coproduction, hybrid communication, self-regulation, network etc. Originally stemming from economy (Coase 1937; Williamson 1975), where it was mainly used to focus on "good governance" in organizations, the semantics of governance spread over the political sciences—especially international relations (Rosenau and Czempiel 1992; Rosenau 2000b) and policy research (Mayntz 1998). In this tradition governance is being understood as a form of statehood mainly characterized by negotiation and co-operation, in contrast to hierarchical structures, which were understood as properties of the democratic national state (Héritier 2002; Kooiman 2002; Rosenau 1995; Schuppert and Zürn 2008; Blumenthal 2005).

With good reason, the notion of governance has often been criticized as fuzzy and blurred, being characterized by a multiplicity of different and often contradicting definitions (Pierre and Peters 2000, p. 7; Offe 2008; Briken and Dröge 2009, p. 122). Sack, for instance, distinguishes at least eight different usages of the term, oscillating between practical aspects of social control on the one hand and scientific observation and description, on the other (Sack 2012, pp. 29/30). Frerichs (2006) mentions three general concepts of governance, namely a state-centered, an economic and a societal notion. It is not so much this often-criticized terminological blurredness of the semantics of governance that provokes questions again, but rather the specific amalgamation of social theory and practise connected to governance. As indicated in the beginning, the practical prominence of governance is the result of a far reaching social-scientification of the political.

This particular argument will be presented in four sub-steps within the current chapter, firstly describing governance as a semantic concept, secondly recollecting the conceptual progress of governance in comparison to older concepts of societal steering, thirdly identifying the regulatory nucleus of governance, and fourthly pointing to two different cultures of regulation. These two cultures of regulation are constitutively inherent to all concepts of governance. They are causative for a far reaching ambivalence in modern governance, namely the ambivalence of participation.

4.2.1 "Governance" as a Semantic Construct

In its current use the term "governance" can be conceived of as a semantic construct originally created in the social sciences. Its before-mentioned blurredness gains a certain shape by a characteristic mixture with connotations that are understood as typical for governance. Only to mention a few prominent combinations one can, for instance, recall "co-operation", "negotiation", "co-production", "self-regulation" and many other terms of similar quality. They are usually combined with more classical concepts of social theory and theory of the state, respectively, whenever the notion of governing for and with the people is being evoked. This combination brings forward a narrow link with discourses of participation on the one hand and with neo-liberal discourses on the other. The first are aiming at an increased sharing of civil society in political decision-making, whilst the latter focus on a drawback of the state. Although being so obvious, the close connection of the two discourses has not yet been studied thoroughly. Participatory governance, thus, results in a concept of the production of the public good that is either based on the involvement of concerned parties, on civic engagement and the dialogue between societal interest groups or on societal self-regulation and initiative. On a semantic level, these discourses are closely related with each other in spite of their different structural—and political—implications. Therefore, the semantics of governance constitutes a double achievement. It creates an analytical perspective for the social sciences, taking new aspects in the centre that were rather marginalized in the classical theory of the state. Concurrently, it constitutes a very specific practical perspective, characterized by a positive estimation of co-operation, participation, and dialogue. Conversely, the classical elements of sovereignty such as rule, power, control, sovereign function, and the like, are rather proscribed in the semantics of governance, while on the structural level they continue to exist. From the perspective of sociology of knowledge, governance therefore appears as a new language of ruling. The discourse of governance, in other words, yields a kind of language, in which analytical, normative, and ideological aspects are intricately and inextricably interwoven. Thus, the constitution of social structures can hardly be distinguished from their scientific analysis any more.

4.2.2   Steering and Governance

Against the background of the historical parallel between certain economic and political developments on the one hand and the rising importance of civic engagement, one may ask, why at all has governance become such an attractive and powerful discourse? As already mentioned in the beginning, the particular appeal of governance became manifest mainly in a historical period, when interventionist policies and the idea of societal steering experienced a fundamental crisis. In contrast to these older forms of naive cybernetic thinking, governance gained a strong attractiveness by re-focussing three theoretical core elements. Firstly, the focus on the production of the public good somehow vanished in favour of multi-level and multi-actor networks of negotiations between different public and private actors. Secondly, state-centred and linear models of ruling were replaced by concepts of rhizomatic interlinkages of recursively co-ordinated actions. The third conceptual shift pertains to the instruments of ruling. Whereas the traditional means consisted of law, command, control, allocation of goods, and the provision of infrastructure, governance is much more based on hybrid procedures and arrangements, as mentioned before. In spite of the far reaching change connected to the evolution of governance, these conceptual reorientations should however not conceal the fact that there is also a deep-rooted continuity between steering and governance. What holds these aspects together is the general idea of a profound *malleability* of all social phenomena. Governance, in other words, indeed changed the instruments of ruling, but it preserves and even strengthens the idea of controlling and shaping societal conditions.

4.2.3 Governance and Regulation

In order to address the very essence of these relations between politics, law, economy, and other social realms, I suggest using the term "regulation". I do not claim that the scholarly debate had completely ignored the regulatory nucleus of governance. Zürn (2008, p. 554) has, for instance, addressed the issue as an empirical fact. Mayntz has defined governance in modern states as "regulating relevant affairs and solving collective problems" (Mayntz 2004, p. 72). Although the regulatory component of governance has been noticed by many authors, however a theoretical focus on the regulatory aspects of governance is still missing. These aspects have to be conceived in a way that they do not replace but rather complement the before-mentioned components of governance. In order to pursuit this theoretical aim I suggest using the term "regulation" as an overarching concept.

The concept of regulation has various sources. It has gained a certain prominence in political economy (cf. e.g. the works of Hirsch, Jessop, Aglietta, Boyer and others). The integration of the European Union then occurs, for instance, as the emergence of a supra-national regulatory state (Majone 1996). From this angle regulation often stands for the task of taming modern forms of capitalism. Insofar, it is dealing with a very specific aspect that is mainly situated in the relations between politics and economy, firstly, and that is built upon a very particular kind of social theory. In contrast to these approaches, I take the position of sociological systems theory that allows for a broader variety of inter-systemic relations and that also takes into consideration the fact that modern society is rather poly-centric and not so much centred around one single system, be it politics or economy.

Against this background, I understand regulation as any operation of a social system that aims at deciding, defining, setting the state of another system (goal system) with respect to the production of the public good (See Chap. 2, Bora 2012a; Hood et al. 2001; Döhler and Wegrich 2010). The concept is related to the enduring debate in sociological systems theory about societal steering and regulation (Teubner and Willke 1984; Luhmann 1991a; Mölders 2013), claiming that the idea of autopoiesis as self-regulation also allows for an understanding of regulatory coupling between social systems.

The understanding of regulation as a general aspect of governing society is not specific for a certain sociological theory. Rather, it can be traced back into debates in legal theory and sociology of law of the 1990s. American and British research in those days started to distinguish between governance and regulation. It often conceptualised regulation as a specific form of governance (Ayres and

Braithwaite 1992; Braithwaite et al. 2007). In the tradition of this debate, regulation expresses a specific part of governance dealing with the steering of events and states of affairs, while governance in addition means granting, allocating and distributing. However, in this definition, it remains unclear, why the latter mechanisms should not have regulatory qualities. The same holds true in an analogous way for concepts of historical evolution from regulation to governance (cf. Mayntz 2005), if and insofar as they assume the replacement of regulation by new forms of exercising power.

In contrast to the approaches just mentioned, it seems advisable to understand regulation in a very broad sense as the quintessence of all operations that aim at influencing a goal system. According to this theoretical concept, regulation is not restricted to control and intervention in the sense of regulative law. It encompasses limiting and risk minimizing instruments as well as promoting and enabling ones. Julia Black (1998b) speaks about "regulation as facilitation" and German legal scientists are interested in regulation fostering innovation (Eifert and Hoffmann-Riem 2009). Schuppert accentuates the fact that governance "largely is regulation" (Schuppert et al. 2008, p. 395). Frerichs has described the concept of regulation as a mixture of Keynesian welfare state, government and integration, and Schumpeterian competitive state and governance (Frerichs 2006).

As a result of these theoretical developments, governance and regulation can be conceived of as synchronically intertwined aspects of ruling modern society, rather than as diachronically succeeding each other in different historical phases. It is such a broad understanding that I try to embrace with the concept of regulation as operation aiming at control with respect to the production of the public good.

This approach has at least three advantages. Firstly, it allows us to analyse the shifts between different forms of regulation, as we observed, for instance, in the transition from steering to governance and to compare these forms against a common basis, namely the assumption of malleability and regulation. Secondly, it reminds us of the fact that in all forms of governance rests a nucleus of decision-making related to the task of fostering the common good. Thirdly, the concept of regulation reveals the dimension of knowledge much more than theories of governance, which are often focussed on institutions and organizations. The aspect of knowledge becomes especially important and fruitful, when we look at the relation between law, politics, and science (e.g. Chap. 6, Bora 2010a).

4.2.4 Two Cultures of Regulation

What has been of less interest in the debate on governance and regulation until recently is the dimension of knowledge (Bora 2010), the awareness that regulation is mostly regulation of and by knowledge (Willke 1995). In addition to the before mentioned aspects, in modern society, science plays a central role in regulation (Paul et al. 2017). Against this background, regulation appears as a part of an overall process of progressive scientification. In historical perspective science becomes relevant, as soon as the relation between those who govern and those who are governed is understood as calculable. The interpretation of society as malleable, thus, is part and result of this progressing scientification. Governing society, then, becomes an issue of scientific expertise at least to the same extent as of political prudence.

Such a development fosters cognitive adjustments, a certain type of govern-mentality closely linked to the scientification of regulation in modern governance. With new governance, two contradictory cultures of regulation have emerged. On the one hand, there are structures safeguarding and guaranteeing freedom, enabling citizens to participate in decision-making processes. On the other, we are facing the expectation that citizens *have to co-operate* at an increasing rate. This expectation requires a kind of ethics and individual constitution that is compatible to the co-operative style, a kind of regulatory mentality or subjectivity, in other words, which significantly contrasts with traditional conceptions of sovereignty. The interpretive pattern that operates in contemporary forms of regulation very much relies upon a specific pressure to co-operate and to be engaged. Such pressure can be viewed at as a form of disciplinary power (Foucault 1979, p. 220), involving specific "techniques of self" and thereby constituting a particular form of "micropolitics" (Pirie 1988). I will not go into the details of governmentality here, but rather emphasize the fact that the semantics of governance diffuses the ambivalences, which characterize regulation in modern society. This structural nucleus of regulation is becoming concealed by the semantics of governance, by what one could call the social-scientification of regulation. The new forms of governance often occur as sublime mechanisms of de-politicization, forcing participants into co-operation and consent, where also the insistence on legal rights or manifest interests could be functionally equivalent with respect to regulatory aims. The third part of this chapter will present some examples making this hypothesis plausible.

Interestingly enough, the described de-politicization comes in scientific garment, namely as a mixture between analytical and normative assertions in social sciences. Numerous publications in the field of participatory governance perform a combination of practical guidebook and scientific reflection in a particular blend. Such texts are typically characterized by the premise of the normative preferability of participatory governance in comparison to other forms of regulation. Obvious failures of participatory procedures are rather attributed to imperfect realisation than to conceptual problems, due to the close identification with the political intentions related to participatory governance. Social sciences, consequentially, take part in a profound amalgamation with political practice (cf., e.g., Köberle et al. 1997; Hennen 1999; Schicktanz 2003; Leggewie 2007; Göpfert and Moos 2009). As a result of this social-scientification, participatory governance tends to produce two contradictory effects. Besides the traditional guarantee of freedom, usually connected with a strong rule of law, a very far-reaching pressure and demand of co-operation and participation, promoted and supported by scientific dedication, have become powerful, closely guarded under the surface of the brave new world of governance.

Summarizing the argument of this part, one can note the following: With a focus on the general aspect of regulation, governance appears as a mode of exercising power which bears certain ambivalence in its structure and semantics. Whereas the semantics of governance indicates openness and flexibility, far reaching participation and autonomy of all actors on all levels, it equiprimordially bears a very specific type of governmentality fostering the engagement into subtle games of scientifying and concealing the exercise of power.

4.3 Participatory Governance—Some Empirical Examples

Before speaking about the implications of the theoretical analysis for the social sciences in general and the sociology of law in particular, some examples from empirical research on participatory governance shall be given in order to support the suggested conceptual propositions.

Since the 1990s, I have been conducting a number of projects in different research groups dealing with various kinds of participatory governance. The studies mainly focussed on decision-making procedures, with a particular concern for licensing procedures in the area of new technologies, such as biotechnology, for instance. The aim of the research was to examine the communicative construction of governance and participation in a legal context under varying institutional, national, and procedural conditions. The legal context of such licensing procedures is constituted by material law, on one hand, which comprises the legal regulation of genetically modified organisms (GMOs), aspects of biosafety, precaution, and risk regulation. On the other hand, the licensing procedures are also constituted by procedural provisions, regulating the rights of different actors and the modus operandi of the procedure. In this context, the most relevant projects were: a study financed by the Volkswagen Foundation in the mid-nineties (Bora 1999), a EU-funded project (PARADYS—Participation and the Dynamics of Social Positioning) conducted between 2001 and 2004 (Hausendorf and Bora 2006a, b), and a study supported by the German Ministry for Education and Research (BMBF) between 2002 and 2004 (Münte and Bora 2004).

These studies indicate a tendency of participatory governance to generate serious problems in those cases where it is embedded in a formal procedure with an elaborated legal framework. The data show that political communication as part of science governance becomes somewhat marginal under such circumstances. The social field in which communication takes place is not open to all ideas of what constitutes relevance. It is rather pre-structured and loaded with legal rationality before the first utterance is made. Legal rationality provokes social effects that—from the observing position of political discourse –are perceived as political power. As detailed analysis could demonstrate further, communication runs into fundamental political conflict exactly when this legal predominance obtains. One could say that the political discourse illuminates the blind spot of legal discourse, namely the non-legal, power-based, and political sources of legal communication. The law is necessarily immune to this aspect because it cannot address questions of pre-legal or extralegal power. Communication analysis shows that such questions often lead into paradoxical situations (Bora 1999, pp. 255–67). Communications where such blind spots are communicated between different discourses regularly result in a fundamental, nontrivial conflict, a conflict based on mutual inability to continue communication, a "differend" in Lyotard's sense (Lyotard 1983). Under this condition, one observes numerous forms of structure maintenance operations (Schneider 2008), where the discourse of law protects its basic distinctions against paradoxical consequences. The dynamics observed in our data are empirical examples of such structure maintenance via the exclusion of political discourse. With respect to participatory licensing procedures, one can clearly state that the intended democratization of governance in fact fosters the de-politicization of the communication. Regulation, in others words, is dominated in these cases by the law. The legal framework constitutes an "iron cage" for political communication. De-politicisation can be conceived of here as an effect of prevailing and persistent legal rationality in a social setting designed for participatory governance. Insofar, one could be attempted to interpret our results as indicators for the perpetuation of "old" governance structures.

However, the overarching context of our research contradicts such an interpretation, if we compare different settings. What could be observed within a legal context also holds true under more political auspices, although in inverse proportion. In a study on consensus conferences as a form of participatory science governance Alexander Görsdorf (2012) shows how participants are forced to follow a procedural programme that has been established by facilitators and "communication experts" and that turns interested and possibly engaged citizens into role players executing the instructions of a social scientist's scenario. If and insofar as they succeed to maintain their personal autonomy in this situation, they do so only because they subvert the procedural programme. At the end, as Görsdorf shows, the participants establish a specific kind of convivial conversation in which the face-to-face interaction of an accidental community creates the atmosphere of friendly indifference that endows the circle with the felling of mutual interest and personal understanding, but does not contribute to the decision-making process at all. The procedure—and I do think it is representative for consensus-conferences in science and technology governance in general—de-politicizes a political conflict and dissolves it in conversational communitization. Moreover, it also tends to become a kind of de-legalisation—or even disfranchisement –, namely insofar as legal positions in a conflict become invisible. Peter Münte, to give a last example from our research, has studied a mediation process with respect to the expansion of Vienna Airport (Münte 2012). Here again he observes effects of political and legal expropriation by means of participatory governance. The participation in the staging of legitimacy successfully supersedes the consideration of interests, as Münte says (Münte 2012, p. 257).

As a result of our studies one can note that what causes problems with participatory governance is not so much the perseverance of "old" structures but rather the de-differentiation between law, science and politics caused by the culture of enforced co-operation in participatory exercises replacing more direct modes of political sovereignty.

Our findings correspond with experiences made by other researchers. Stijn Smismans, for instance, who has conducted thematically related research in the field of European governance and the Open Method of Coordination in Occupational and Health and Safety Policy, reports similar results and speaks about a "participatory myth" in new governance: "… rather than strengthening the participation of all stakeholders in policy-making, the shift to these new policy instruments and to persuasive policy-making often appears to primarily address the national administrations … and to lead to a certain level of 'technocratisation' … This … warns us that one should be very reluctant in arguing that 'new modes of governance' are characterised by their particular democratic participatory nature. More horizontal and heterarchical governance does not mean automatically more participatory governance in normative democratic terms" (Smismans 2006, p. 19).

Summarizing this point, one can regard the few empirical examples as indicators demonstrating the necessity of a precise analytical focus on the function of the various forms of governance. If one takes a closer look at these functions, one will almost inevitably come across regulation as the nucleus of all operations linked with governance. Against this theoretical and empirical background, I suggest the recollection of the functional nucleus of governance with the term "regulation" and with a particular emphasis on the de-legalizing *and* de-politicizing effects of certain forms of participatory governance.

The intention of this proposal is neither to dismiss the perspective of governance *in toto*, nor to revert to interventionist concepts, but rather to set the stage for a dispassionate and detached analysis of law and politics. To some extent, the scholarly debate has not yet given sufficient answers to the many questions of aims, purposes, and adequate means of governance. It rather blurs the view on the central task of influencing societal dynamics due to its—certainly justified, but to some extent exaggerated—interest in procedural, reflexive, networked and multi-level kind of activities and institutions. To be sure, recent discussions on governance seem to bethink of regulatory basics that had formerly initiated the reflection about societal steering. The term "regulation", as I presume, can revisit this original intention in a theoretically more stringent way without throwing the fruitful results produced by the governance debate overboard.

4.4   Practical Implications

Coming to some concluding considerations, I would now like to ask, what the practical implications of such a theoretical position might be. Currently, I see at least five aspects, where these practical implications can be identified.

1. Sociological analysis can improve *policy advice* regarding participatory decision-making. Against a widespread unreflecting opinion, we can show that more participation will not necessarily result in political empowerment and improvement of decisions. One would rather recommend carefully taking into consideration the functional differentiation of society, resulting in a far reaching differentiation of purposes, forms and arenas of participation. Since quite a long time the fact has been criticised, that participatory governance

usually does not answer the question, how it is linked to the institutions of democratic politics (Abels and Bora 2004). Such linkages would have to be designed within the framework of democratic legitimation. From this angle, first of all the question the specific function of a particular participatory arrangement at stake has to be answered: What is the political or legal problem and why is it impossible to regulate it with the established instruments? Only against this background, the need for a specific mode of regulation can be argued for properly. Policy advice will gain quality and power and will get rid of the taste of partisan science.

2. Sociological analysis allows for a *better understanding of dysfunctional developments*. In our research on participatory governance in legal and administrative decision-making, we found, as I mentioned before, that the legal framework builds an "iron cage of the law" fencing political discourses and excluding them from the decision-making process on a certain level. Such exclusive dynamics can be viewed at as an expression of a specific culture of regulation, namely technoscientific normativity, the collusive co-operation between law and technoscience (Bora 2010). Practical suggestions, against this background, go in the direction of procedural differentiation. By this term, I mean the separation of functions in different parts of a decision-making process. Legal norm application is not the appropriate setting for political participation. However, this argument does by no means result in a complete abstinence from political elements in case-related procedures. There are alternative procedural forms, such as certain types of local meetings with political character or scenario workshops applied very early in the decision-making process and clearly connected to the latter (cf. Abels and Bora 2004). Such procedural forms could be thought of as alternatives to the "iron cage" on one side and to "more of the same" on the other side (Bora 1999, Chap. 8).

3. A more detached analysis allows us to identify *de-politicisation* in the exercise of governance, but also to suggest re-politicisation, the latter meaning the recollection of questions of power connected to the nucleus of governance, namely regulation. This political turn, as I would call it, also fosters the recollection of questions of responsibility—a very difficult issue in a world that seemingly dissolves the attribution of responsibility from personal addressees to organisations, networks, and even machines, if one thinks, for instance, of stock exchange electronic trading systems and similar phenomena. A comparable dissolution of responsibility can be seen in various forms of governance, where the burden and risk of decision-making vanishes in a diffuse multiplicity of levels, actors, and responsibilities. In our research projects, we clearly saw this effect: taking part in participatory governance often meant

the sharing of responsibility and risk for a decision emerging from an opaque and hyper-complex process without clear attribution of political will to social addresses.

4. The recollection of regulation, thereby, reminds us of the *distribution of political power*. We focus on ruling as the relation between social positions equipped with different capabilities and potentials of power. The term "regulation" bears this meaning and, thus, reminds us of the central aspect.

5. On the other hand—and perhaps the most relevant issue for sociologists of law—the idea of regulation brings us not only to the political nucleus, but also to the *legal basis of ruling*. Admittedly, a debate on law and new governance has been proliferating since the late 1990s. Insofar the recollection of the legal basis of governance might seem as being superfluous. However, that debate has mainly taken place between legal and political scholars in the field of EU policies, discussing how to understand the policy process of those days. One of the driving issues was the question, whether the changes observed in European institutions and policy processes would best be described as integration by law, as governance, or as judicialisation (cf. Scott and Trubek 2002). Due to its roots in political science and jurisprudence, the discussion concentrated on legitimacy and accountability of governance as challenge for both legal and political theory (Frerichs 2014). Trubek and Trubek (2006) speak of two systems operating simultaneously and analyse varieties of coexistence, namely complementarity, rivalry, hybridity between law and governance, claiming and demonstrating with many examples that the law plays an important role for new forms of governance. Frerichs (2006, p. 55) accentuates the role of law in new governance as "more law combined with less state and more market". She discusses the judicalisation of governance and the European integration through law beyond the state, on supra- and trans-national levels.

The intention of my argument, in contrast to these debates on law and governance, aims at a more fundamental point. In addition to the rather institutional aspects treated in the before-mentioned discussions, I tried to shed some light on the common basis of both law and governance. Law and governance, in their nucleus, share a very general regulatory function based on the normative structure of the law. This structure allows for the formation of stable—counterfactual—expectations (Luhmann 1972), which are a precondition for many forms of regulation. Therefore, governance to a large part takes place in the shadow of the law (Chap. 2).

Moreover, the legal layer in governance bears an additional implication. Too often, the discourse on governance seems to disregard the central role of legal rights in the process of regulation. It is nothing less than trivial to claim that the formal rationality of the law guarantees freedom and subjective rights in general. In regulation, legal rules have their defined place and regulatory means and ends have to be crosschecked against legal provisions. In governance, this relation is much less clear. Insofar, regulation very distinctly opens the view upon both sides of the law, the "iron cage" as well as the enabling, ensuring and liberating guarantees. This aspect comes into the open, for instance, when constitutional regimes (Teubner 2012) or the influence of judicial governance on the emergence of a European economic constitution (Frerichs 2006) are made subjects of discussion. Such issues clearly point at the legal-normative basis of governance, a basis that can best be understood against the function of regulation.

4.5 Conclusion

Starting with the observation of a somewhat remarkable parallel between seemingly democratising aspects of new governance on the one hand and rather economising trends of de-regulation and neo-liberal policies on the other, this chapter suggested keeping conceptual distance to theories of governance by taking a theoretical position marked by the term "regulation". Regulation, as was argued, can be conceived of as an operation of a social system that aims at ruling the state of another system with respect to the production of the public good. Against the background of this broad concept of regulation, both governance and regulation can be conceived of as closely entangled forms of ruling modern society. Regulation, then, is the more fundamental and broader concept. Governance constitutes a particular practice of regulation. The semantics of governance can, from such a perspective, be regarded as a form of knowledge fostering a particular *habitus* that is compatible to a specific co-operative mentality and that significantly contrasts with the concept of political autonomy. Such a form of governmentality, as was suggested, can be interpreted as a particular result of a far reaching social-scientification of regulation in new governance.

By means of the conceptual instruments sketched above a number of empirical examples from the field of participatory governance could demonstrate the advantage in theoretical knowledge gained by a differentiated analysis of communicative structures and functions in various cases of citizen participation, be it in administrative decision-making, in consensus conferences, or in a process of mediation.

Last but not least, the aim of the considerations in the current chapter was also to show that the conceptual re-orientation embraces a significant practical implication. In summary, sociological theory gains far-reaching practical relevance, if it only keeps distance and focuses on detached observation, keeping distance from the amalgamation of normative social theory and political entrepreneurship which can, for instance, be identified in most exercises of participatory governance. Associating science in a short circuit with the presumed good party in politics will always bear the danger of borrowing exactly those interpretive patterns from the practise that have just caused the problems at stake. In contrast to such a politically pre-committed position, detached sociological analysis of regulation will result not only in more precise scrutiny of the forms of regulation at stake, but also in a much more expedient scientific expertise and policy advice.

Innovationsregulierung als Wissensregulierung

5

Wissen ist eine zentrale Kategorie für das Verständnis der modernen Gesellschaft. Diese Feststellung gilt sicher im Hinblick auf das zeitdiagnostische Interesse an Phänomenen der sogenannten Wissensgesellschaft, neuerdings auch für den Zusammenhang von Medien und Wissen (Bora 2022). Viel mehr noch gilt sie mit Bezug auf die schlechthin konstitutive Bedeutung des Wissens für jede Form der Weltdeutung und Sinngebung. Wissen ist in dieser Hinsicht eine grundlegende Dimension aller sozialen Phänomene. Mit einem auf dieser Annahme basierenden wissenssoziologischen Ansatz, der soziale Deutungsmuster zum Gegenstand hat, lassen sich im Themenbereich des Innovationsrechts Fragen nach dem Zusammenhang von Wissen und Innovationsregulierung stellen, welche die Suche nach den möglichen Formen gelingender Innovationsgestaltung in einen allgemeinen Rahmen der sozialen Deutung zukünftiger Entwicklungen einbetten. Eine solche wissenssoziologische Analyse der Regulierung von Innovationen wird im Folgenden vorgestellt. Ziel ist dabei nicht die detaillierte Analyse einzelner konkreter Formen der Innovationsförderung in Recht und Politik, sondern vielmehr die Beschreibung von deren allgemeinen strukturellen Bedingungen und Formen im Hinblick auf soziale Deutungsmuster und Wissensformen.

Die Argumentation ist in fünf Schritte gegliedert: Zuerst kläre ich ganz kurz den Begriff der Innovation und skizziere die theoretische Perspektive (Abschn. 5.1). Sodann führe ich den Begriff des Wissens ein (Abschn. 5.2), um daran anschließend die mit dem vorgestellten Begriff der Innovation verbundenen Formen des Wissens zu diskutieren (Abschn. 5.3). Den Kern meiner Überlegungen bilden dann Innovationsregulierung als Wissensregulierung und die damit verbundenen Formen des Regulierungswissens (Abschn. 5.4). Ich schließe

---

Zuerst erschienen in: Eiffert und Hoffmann-Riem 2009, S. 23–43.

© Der/die Autor(en), exklusiv lizenziert an Springer Fachmedien Wiesbaden GmbH, ein Teil von Springer Nature 2023
A. Bora, *Reflexion des Rechts – Beiträge zur responsiven Rechtssoziologie*,
https://doi.org/10.1007/978-3-658-40787-2_5

mit einigen Bemerkungen zu Widersprüchen und Aporien der Innovationsregulierung, die sich aber letztlich als produktiv für eine responsive Rechtssoziologie erweisen dürften (Abschn. 5.5).

5.1   Innovationsbegriff und theoretische Perspektive

Ein Beitrag zur Wissenssoziologie der Innovationsregulierung, der sich in eine etablierte wirtschafts- und rechtssoziologische Debatte einfügen will, steht vor der Frage, ob er selbst im Rahmen einer solchen Debatte überhaupt etwas Innovatives bieten kann. Das ist ja nicht nur eine Aufgabe, die mit dem Thema „Innovationsregulierung" zusammenhängt. Innovativität ist vielmehr ein grundsätzlicher Anspruch wissenschaftlicher Kommunikation. Es ist etwas, das, wie die soziolinguistische Forschung lehrt, „in und mit Kommunikationen selbst dargestellt und hergestellt wird, ein eigenständiges Produkt von Kommunikation, das man als solches analysieren und in seiner Gemachtheit rekonstruieren kann: doing being innovative, wie man in Anlehnung an ethnomethodologisch-konversationsanalytische Formulierungseigenheiten sagen könnte", so der Linguist Heiko Hausendorf in einem Beitrag über Innovativität (2002, S. 1040).

Diese Charakterisierung bringt in treffender Weise den Kern des Innovationsbegriffs zur Sprache. Denn nach der im Folgenden zugrunde gelegten, in ihrem Grundgedanken auf Schumpeter (1939/1961) zurückgehenden Definition kommt es, damit eine geistige oder materielle Hervorbringung als Innovation bezeichnet werden kann, neben der konkreten Leistung des Hervorbringens vor allem auch auf die Durchsetzung – oder etwas modischer: die Akzeptanz – des Hervorgebrachten in mindestens einem sozialen Feld, etwa dem Markt, oder auch der Politik, der Wissenschaft usw. an. Entscheidend ist also nach dieser Auffassung die Anerkennung bzw. die soziale Deutung einer Hervorbringung als „innovativ".

Diese Formulierung des Innovationsbegriffs macht ersichtlich einen gegenüber dem ursprünglichen Ansatz in ihrem Geltungsbereich erheblich erweiterten Gebrauch von Schumpeters Konzept. Denn Schumpeters Innovationsbegriff bezieht sich ausschließlich auf Erneuerungsprozesse im Wirtschaftssystem, welche Veränderungen in den Methoden der Güterversorgung mit sich bringen (Schumpeter 1961, S. 91). Diese Veränderungen versteht Schumpeter selbst allerdings schon in einem sehr umfassenden Sinne. Er zählt dazu die Einführung neuer Güter, technologische Verbesserungen der Produktionsweise, „Erschließung neuer Märkte oder neuer Hilfsquellen" (S. 91), neue organisatorische Formen und so weiter. Unter den Begriff der Innovation fällt, so Schumpeter, „jedes ‚Andersmachen' im Gesamtbereich des Wirtschaftslebens" (S. 91).

Wenn nun dieser Schumpetersche Begriff auch auf Bereiche jenseits des Wirtschaftssystems übertragen wird, dann deswegen, weil er in struktureller Hinsicht ein weiteres, wichtiges Merkmal bereithält, das man weiter generalisieren kann. Schumpeter weist schon an der eben zitierten Stelle ausdrücklich darauf hin, dass Innovation etwas anderes bezeichnet als die reine Hervorbringung von etwas Neuem, für welche er den Begriff der Erfindung reserviert. Erfindungen, so Schumpeters wegweisende und zu seiner Zeit wohl überraschende Einsicht, seien überhaupt keine Faktoren der Wirtschaft, wie man an den Erfindungen der Antike und des Mittelalters erkennen könne, welche „jahrhundertelang ohne Einfluss auf den Ablauf des Lebens blieben." (S. 15) Umgekehrt, so folgert er, ist Innovation „ohne irgendeine Tätigkeit" möglich, „die sich als Erfindung bezeichnen lässt und Erfindung löst nicht notwendig Innovation aus" (S. 91). Innovationen sind vielmehr dadurch bestimmt, dass sie vom Wirtschaftssystem selbst generierte Fakten bezeichnen. Sie sind sogenannte „innere" und „eigene" Faktoren, weil sie den Einsatz bestehender Verfahren oder Kenntnisse zu einem neuen Zweck ausschließlich nach rein wirtschaftlichen Kriterien markieren (S. 92). Schumpeter vermeidet dabei im Übrigen explizit jeden Reduktionismus im Sinne einer Definition über Bedürfnisse (S. 91, Fn. 11).

Dieses Schema der Deutung einer Hervorbringung als Innovation, die ja erst durch ihre nähere Bestimmung in einem sozialen Kontext (nämlich durch die ökonomische Zweckbestimmung im Wirtschaftssystem) als solche angenommen wird, kann man in verallgemeinerter Form durchaus auch auf andere soziale Felder anwenden. Als innovativ können Sachverhalte demnach in unterschiedlichen gesellschaftlichen Kontexten gedeutet werden. Das ist ein notwendiger und erkenntnisfördernder Schritt insbesondere dann, wenn sich Augenmerk auf die Entwicklung von Wissenschaft und Technik in der modernen Gesellschaft richtet. Die Frage, ob und inwiefern es sich bei wissenschaftlichem Fortschritt in Grundlagenfragen oder bei technologischen Entwicklungen um Innovationen handelt, wird heute gewissermaßen parallel in unterschiedlichen – neben den wirtschaftlichen vor allem auch in wissenschaftlichen, rechtlichen oder politischen – Kontexten behandelt. Die wissenschaftliche *community* entscheidet beispielsweise durch *peer reviews* oder über die Mitwirkung bei der Zuweisung von Fördermitteln über die Innovativität einzelner Erkenntnisse, aber auch ganzer Forschungsprogramme. Das *Recht* reguliert Gefahren und Risiken unter anderem unter Rückgriff auf den Stand von Wissenschaft und Technik, also auf das, was sich dort bereits als innovativ herausgestellt hat und in die akzeptierten Wissensbestände diffundiert. Es generiert selbst fortlaufend auf einer anderen Ebene soziale Innovationen, indem es Konfliktkonstellationen ständig neu sortiert und dabei auch neue, als innovativ gedeutete Strukturen hervorbringt. Die

Politik hingegen hofft, durch Innovationsförderung und Gestaltung entsprechender Rahmenbedingungen die Zukunftspotentiale von Wissenschaft, Technologie
und Wirtschaft zu stärken. Auch sie sorgt fortwährend selbst für Innovationen
innerhalb der Strukturen des Politischen. Alle diese Bereiche – und dies dürfte
generell für die funktionalen Teilsysteme der modernen Gesellschaft gelten – deuten Hervorbringungen als innovativ und machen sie dadurch in bevorzugter Weise
weiter verfügbar. Die wenigen Beispiele zeigen allerdings zugleich auch, dass
Innovativität nicht auf allen Feldern mit demselben Präferenzwert ausgezeichnet
ist. Insbesondere in der Ökonomie und in der Wissenschaft erhalten als innovativ
bezeichnete Hervorbringungen einen zusätzlichen – eben ökonomischen oder wissenschaftlichen – Wert, während die etwa für die Politik nicht ohne weiteres zu
gelten scheint: hier kann man in bestimmten Grenzen beispielsweise auch gezielt
auf das Festhalten an Altem und Bewährtem unter Verzicht auf Innovationen setzen. Wissenschaft, Technik und Wirtschaft sind also die Felder, auf denen sich
die politische und rechtliche Innovationsregulierung im Wesentlichen abspielen
wird.

Den Ausgangspunkt der folgenden Überlegungen markiert damit ein Begriff
der Innovation, welcher sich in seinem Kern auf Schumpeters klassischen Ansatz
bezieht, dessen Gehalt allerdings auf Anwendungsbereiche jenseits der Ökonomie verallgemeinert. Dies entspricht jedenfalls in groben Umrissen der in der
soziologischen Literatur zumeist vertretenen Position (Braun-Thürmann 2005).

Wenn man in dieser Weise den Innovationsbegriff an die Deutung einer
Hervorbringung als innovativ bindet, eröffnet sich eine wissenssoziologische Perspektive auf den Gegenstandsbereich. Man sieht mithilfe dieses Ansatzes, dass
wir es bei Innovationen grundsätzlich mit einem wissenssoziologisch relevanten
Sachverhalt zu tun bekommen, nämlich mit der Frage nach den Deutungsmus-
tern, die geistige und materielle Hervorbringungen zu Innovationen machen.
Ich will im Folgenden Innovationsregulierung aus dieser wissenssoziologischen
Perspektive beschreiben, um vor diesem Hintergrund Probleme, Problemlösungsmöglichkeiten, aber auch die unauflösbare innere Spannung bzw. Paradoxie der
Regulierung von Innovationen zu erfassen.

Die Aufgabe eines solchen wissenssoziologischen Ansatzes im Vergleich zu
den eher juristischen und ökonomischen Beiträgen besteht meines Erachtens
darin, die sozialen Deutungsvorgänge freizulegen – oder wo dies im Rahmen
eines kurzen Kapitels nicht gelingen kann, doch wenigstens deren Bedingungen
zu klären –, welche das Auftreten von Innovationen bewirken. Dies erfordert
zunächst eine kurze Klärung des Wissensbegriffs.

5.2 Innovationsregulierung als Thema der Wissenssoziologie: Der Begriff des Wissens

Für die Soziologie ist Wissen ein zentraler Begriff. Die wissenssoziologische Herangehensweise geht im Wesentlichen auf Arbeiten Karl Mannheims zurück, der die Marxsche Ideologiekritik und die soziologische Erkenntnistheorie Max Webers radikalisiert hat, indem er den Wissensbegriff ganz allgemein für sozial beeinflusstes und situationsgebundenes Wissen verwendete. Zum einen können wir seit Kant annehmen, dass wir jedenfalls in spezifischer Hinsicht nur erfahren können, was wir kategorial schon an Wissensmöglichkeiten besitzen. Zum anderen kann man vermuten, dass diese Kategorien keineswegs nur angeborene, sondern in vielen Fällen wohl auch sozial erzeugte sind. Mit solchen Fragen nach möglichen Zusammenhängen zwischen Sozialstruktur einerseits und Wissen und Erkenntnis andererseits beschäftigt sich die *Wissens*soziologie. Sie versucht zu erklären, wie Wissen aus sozialen Bedingungen heraus entsteht und wie es als soziales Phänomen zu erklären ist. Ihre Entwicklung verlief über die Anfänge in der Ideologiekritik des frühen neunzehnten Jahrhunderts zur soziologischen Erkenntnistheorie schließlich zur Wissenssoziologie in der Mitte des zwanzigstens Jahrhunderts. Die frühe Ideologiekritik wurde in der Folge der Ausbildung moderner Erfahrungswissenschaften zunächst als Versuch betrieben, die Faktoren zu identifizieren, welche die wahre Naturerkenntnis behindern. Ihr lag die Unterscheidung von geltungstheoretisch „minderen" Formen des Wissens – dem bloßen Glauben, der *Doxa* – und gültigem Wissen – der *Episteme* – zugrunde. In ihrer marxistischen Variante nahm sie im sogenannten Basis-Überbau-Theorem die Gestalt einer materialistischen Gesellschaftstheorie an. Während hier der Wissensbegriff also vor allem der Unterscheidung von wahrem Wissen und bloßem Meinen diente, entwickelt er sich in der Folgezeit zu einem umfassenden Begriff. Die Details dieser Entwicklung können hier nicht dargestellt werden. Sie kulminiert im zwanzigsten Jahrhundert in der Wissenssoziologie Karl Mannheims, auf die sich auch alle zeitgenössischen Konzepte im Grunde noch beziehen.

Mannheims Argumentation basiert auf der Voraussetzung, dass grundsätzlich jedes soziale Gebilde („Kulturgebilde") sinnhaft konstituiert ist, und zwar in drei Dimensionen, in der des subjektiv intendierten Sinns, des objektiven Sinns und der dokumentarischen Interpretation, das heißt nicht intendierten, quasi habituellen Aspekte der individuellen Handlung (zum folgenden Mannheim 1964). Dieser Sinn wird also ganz wesentlich durch das „soziale Sein" bestimmt. Mannheim bezeichnet diesen Zusammenhang als die „Seinsverbundenheit" des Sinns. Er verwendet dafür den alten Begriff der Ideologie, den er jedoch im Unterschied

zu Marx nun ganz allgemein – in universalistischer Weise – für sozial beeinflusstes und situationsgebundenes Wissen verwendet. In Abgrenzung zu Marx, dessen
Gesellschaftstheorie bekanntlich genau zwei Klassen kennt, nimmt Mannheim
eine unbestimmte Vielzahl sozialer Seinsweisen an, welche in Denkstandorten
oder Denkstilen ihren Ausdruck finden. Mannheim legt damit das Fundament für
einen universalen Wissensbegriff, aus dem heraus sich der Wissensbegriff der
neueren Wissenssoziologie entwickelt hat und von dem im folgenden Gebrauch
gemacht wird.

Dieser Wissensbegriff weist, wenngleich er nicht in allen Details unumstrit-
ten ist, doch zwei allgemeine Merkmale auf. Erstens wird Wissen als meist
operative Kategorie, im Gegensatz zu einer eher substantialistischen begriffen. Wissen bezeichnet demzufolge Schemata der Weltdeutung, und nicht mehr
oder minder große Mengen von Informationspartikeln. Zweitens umfasst der
Begriff des Wissens seit Mannheim keineswegs nur solches Wissen, das wir als
„wahr" bezeichnen würden, sondern auch andere Kategorien wie Recht, Nützlich-
keit/Macht, Wert, Schönheit, aber auch Authentizität, unspezifische/nichtcodierte
Geltung und so weiter. Wahrheit als Geltungsdimension kommt nur bei einer
speziellen Sorte von Wissen ins Spiel, nämlich derjenigen des Wissenschaftssystems. In diesem System geht es um eine Sonderform der Kommunikation,
die sich selbst und das von ihr in Anspruch genommene Wissen mit einer
Zweit-Unterscheidung, nämlich dem Wahrheitswert einer Aussage versieht.

Unter Wissen verstehe ich vor diesem Hintergrund im folgenden *operative
Schemata der Beobachtung von Welt, die mit Geltung verbunden sind* (dazu ausführlicher Bora 2022). Mit diesem operativ gefassten und thematisch weiten
Begriff ist es ganz allgemein möglich, die Deutung sozialer Phänomene zu
beschreiben. Vor diesem Hintergrund will ich mich mit der Wissenssoziologie
der Innovationsregulierung befassen. Die Herangehensweise an die Thematik
der Innovationsregulierung ist durch zwei Fragen gekennzeichnet: 1. Welche
Formen des Wissens werden bei der Innovationsförderung durch Regulierung
bedeutsam? 2. Welche charakteristischen Probleme beobachten wir dabei? Um
diese Fragen zu beantworten, sind Innovations- und Wissensbegriff aufeinander
zu beziehen. Dazu betrachte ich im nächsten Abschnitt zunächst die Form von
Innovationsprozessen, um sodann die mit diesen verbundenen Wissensformen zu
bestimmen.

5.3 Mit Innovation verbundene Formen des Wissens

Ausgehend von Schumpeters Begriffsbestimmung habe ich Innovation als Durchsetzung von Neuerungen in einem gesellschaftlichen Feld definiert. Bevor man sich der Frage nach den damit verbundenen Wissensformen zuwenden kann, ist kurz zu erörtern, wie man sich diesen Durchsetzungsprozess zu denken hat. Betrachten wir dazu Innovationsprozesse in Wissenschaft und Technologie. Lange Zeit galt in der Wissenschaft das sogenannte lineare Modell, nach welchem von der Grundlagenwissenschaft über anwendungsorientierte technische Umsetzungen bis hin zur wirtschaftlichen Vermarktung der darauf basierenden Produkte ein zielgerichteter Prozess abläuft, in welchem jeder Schritt auf den vorhergehenden aufbaut. Als ein zentrales Dokument dieser Sichtweise gilt der 1945 veröffentlichte sogenannte Bush-Report „Science – The endless frontier", mit dem der Direktor des Office of Scientific Research and Development, Vannevar Bush, gegenüber Präsident Truman Empfehlungen für eine zukünftige Wissenschafts- und Forschungspolitik aussprach (Bush 1945). Der Text ist einerseits das Schlüsseldokument der modernen Innovationsförderung. Er stellt gewissermaßen den Gründungstext der Wissenschafts- und Forschungspolitik im modernen Sinne dar. Er ist andererseits auch ein Schlüsseldokument linearen Denkens, weil er im Wesentlichen auf die Diffusion von Wissen setzt, das in der Grundlagenforschung generiert und andernorts „angewendet" wird (siehe dazu die Kritik des Rezeptions-Paradigmas für das Feld der Rechtssoziologie in Band 1). Allerdings zeigt die Entstehungsgeschichte des Berichts selbst schon, dass die tatsächlichen Verhältnisse wesentlich komplexer sind und dass hier zugleich auch bereits ein Endpunkt linearen Denkens erreicht ist. Das Problem, auf welches der Bush-Report reagierte, bestand nämlich im Wegfall der kriegsbedingten Indienstnahme sämtlicher wissenschaftlichen Kapazitäten der USA. Diese Kriegswissenschaft hatte, so die Prämisse, derart hervorragende Ergebnisse erzielt, dass man nach dem Kriegsende gewissermaßen gezwungen war, sich auf die Suche nach einem funktionalen Äquivalent für den Krieg zu begeben, wenn man auf staatlicher Seite weiterhin herausragende Wissenschaft im Dienste nationaler Interessen erzeugen und unterstützen wollte. Mit anderen Worten: Innovationen – so die zugrundeliegende These des Bush-Reports – ergeben sich nicht einfach quasi naturwüchsig, sondern können überhaupt nur durch ein komplexes Zusammenspiel von Politik, Wirtschaft, Wissenschaft und Technik und der damit jeweils verbundenen Wissensformen generiert werden.

Damit zeichnet sich – ohne dass man notwendigerweise modischen Konzepten von „*postnormal science*" (Funtowicz und Ravetz 1993; Ravetz 1999, 2004) oder „*mode 2*" (Gibbons et al. 1994; Nowotny et al. 2001) anhängen muss, ein

Bild von Innovationsprozessen ab, die rekursiv, netzwerkförmig, diskontinuier-
lich, oft fragmentiert und individualisiert (siehe dazu Kowol und Krohn 2000;
Grupp und Breitschopf 2006) und mit nur schwer abgrenzbaren Phasen ablaufen
(Braun-Thürmann 2005, S. 63). Dieser Prozess stellt sich wegen der Deutungs-
abhängigkeit der Innovation als Abfolge und Zusammenspiel unterschiedlicher
sozialer Deutungsmuster (manchmal auch als Leitbilder bezeichnet, vgl. Dierkes und Marz 1998) dar, die auf unterschiedliche Akteure oder Felder verteilt
sind. Wissenschaftliche und technologische Innovationen ergeben sich dann als
Effekte eines komplexen Netzwerks von Akteuren und Organisationen in mehreren Funktionssystemen. Wissenschaft, Wirtschaft, Politik und Recht speisen ihre
Wissensbestände in diesen Prozess ein.

Da man angesichts der Komplexität dieser Vorgänge kaum mehr an der
früheren, linearen Vorstellung festhalten kann, stellt sich die Frage, ob es dennoch erkennbare Regelmäßigkeiten in dem beschriebenen Wechselspiel gibt. Die
Innovationsforschung hat, soweit ersichtlich, gewisse Mühe, derartige Gesetzmäßigkeiten zu erkennen. Einigkeit besteht unter Innovationsforschern allerdings
weitgehend darüber, dass Innovationsprozesse am ehesten in einem Evolu-
tionsmodell abgebildet werden können (Braun-Thürmann 2005, S. 51). Das
ist möglich, weil die evolutionären Funktionen der Variation, Selektion und
Restabilisierung nicht einem linearen Phasenmodell folgen, sondern prinzipiell gleichzeitig wirken können. Auf Innovationsprozesse angewendet bedeutet
dies, dass Phasen der Grundlagenforschung, der Technologieentwicklung, der
politischen und ökonomischen Förderung sowie der politischen und rechtlichen
Regulierung, die man analytisch an Hand ihrer differierenden Akteure, Problem-
stellungen und institutionellen Lösungen gut voneinander trennen kann (vgl.
Kap. 5), sich empirisch in vielfältiger Weise überlagern. Neuere Technologien,
wie zum Beispiel die Gentechnik oder die Nanotechnologie, sind dann etwa
dadurch gekennzeichnet, dass Grundlagen- und anwendungsorientierte Forschung
kaum mehr voneinander zu unterscheiden sind und dass in einem sehr frühen
Stadium des Innovationsprozesses bereits Selektions- und Restabilisierungsme-
chanismen in Gestalt privater und staatlicher Förderung sowie von politischer
und rechtlicher Regulierung einsetzen.

Diese evolutionstheoretische Charakterisierung hat dann Konsequenzen für
die Möglichkeit der Regulierung von Innovation. Denn in dieser im weitesten
Sinne evolutionstheoretischen Perspektive sind Eingriffe in Innovationsprozesse
zwar durchaus möglich, sie bleiben jedoch Eingriffe in eine Eigendynamik, die
nur in einem sehr eingeschränkten Umfang kausal determiniert sind, weshalb
die Auswirkungen von Eingriffen nur schwer berechenbar sind. Diese Frage der

Regulierung evolutionärer Prozessen wird im Verlauf der Argumentation später wieder aufgegriffen werden.

Welche Wissensformen charakterisieren derartige Innovationsprozesse? Hier sind drei Formen zu unterscheiden, die bei der sozialen Konstruktion von Innovationen eine Rolle spielen:

1. *Inventionswissen* als jenes Wissen, welches die geistige oder materielle Hervorbringung ermöglicht.
2. *Emergentes Wissen* als jenes Wissen, welches mit der Hervorbringung generiert wird.
3. *Innovationswissen i.e.S. oder Durchsetzungswissen* als jenes Wissen, welches die Deutung der Hervorbringung als Innovation bewirkt.

Die Technikgeschichte ist reich an Beispielen dafür, welche entscheidende Rolle dieses Durchsetzungswissen für die Pfadanhängigkeiten der Technikentwicklung spielt. Bekannte Fälle wie die Entwicklung der mechanischen Schreibmaschine (Knie 1991) oder das Schicksal des Wankelmotors (Knie 1994), aber auch die Entstehungsgeschichte der Gentechnik (Kay 2000) machen deutlich, dass soziale Deutungsmuster Innovationen definieren und ihnen damit zur Durchsetzung verhelfen.

Alle drei Wissensformen konvergieren nun im evolutionären Innovationsprozess, sodass in der dritten Form die eingangs beschriebene, gewissermaßen rückblickende Deutung einer gegebenen Hervorbringung als Innovation gelingt. Innovationen sind von daher in sozialer und zeitlicher Hinsicht komplexe Phänomene. In sozialer Hinsicht sind sie insofern komplex, als sie durchaus unterschiedliche soziale Positionen miteinander kombinieren: Inventions-, emergentes und Durchsetzungswissen sind, wie erwähnt, in der funktional differenzierten Gesellschaft häufig sozial verteilt. In zeitlicher Hinsicht sind sie komplex, weil ihre Temporalstruktur die rein chronologische Ordnung der drei Wissensformen mit einer aus dem Vergangenheitshorizont je gegenwärtigen Operierens gewonnenen rückblickenden zeitlichen Festlegung verschränkt. Was im Begriff der Innovation als quasi substantielle Eigenschaft eines Objekts erscheinen mag, erweist sich bei genauerer Betrachtung als sehr flüchtige Figur. Das als Innovation Gedeutete ist nicht neu, sondern wird im Prozess der Durchsetzung, da es uns also schon bekannt ist, als im Vergleich zu einem Vergangenheitshorizont neu und daher mit Blick auf mögliche Zukünfte als bewahrenswert interpretiert. An dieser Beobachtung ändert auch der oben beschriebene Umstand nichts, dass die evolutionären Phasen des Innovationsprozesses sich teilweise überlagern. Denn auch

in dem skizzierten nichtlinearen Prozess setzt die Deutung einer Hervorbringung
als „innovativ" ebendiese Hervorbringung voraus.

Mit den drei Formen des Inventions-, des emergenten und des Durchsetzungswissens lassen sich, so meine Ausgangsvermutung, aus wissenssoziologischer
Perspektive diejenigen sozialen Deutungsmuster vollständig beschreiben, welche
die epistemischen Grundlagen von Innovationen bilden. Auf dieser Basis werden im Folgenden die wissenssoziologischen Implikationen der Regulierung von
Innovationen untersucht.

5.4 Innovationsregulierung als Wissensregulierung und die Formen des Regulierungswissens

Innovationsregulierung ist nach allem bisher Gesagten also Wissensregulierung.
Sie greift in noch näher zu bestimmender Weise in die skizzierten Wissensfor-
mationen ein und versucht diese zu beeinflussen (zum Begriff der Regulierung
allgemein siehe Kap. 2 und 4). Mit dem Konzept der *Innovationsregulierung*
wird hier also die Regulierung des Innovationsprozesses und der in ihm hervorgebrachten Innovation selbst angesprochen. Es geht also im Wesentlichen
um den sich komplementär zur rechtlichen Risikovorsorge herausbildenden Fra-
genkomplex der „Innovationsoffenheit und Innovationsverantwortung" im Recht
(Hoffmann-Riem 2006), der rechtlichen Ermöglichung und das heißt auch der
vorausblickenden Regelung des Korridors, in welchem zukünftig Innovationen
stattfinden. Um diesen Aspekt der vorausblickenden Regulierung – im Gegensatz zur Nachsorge im Zuge evolutionärer Stabilisierung einer stattgefundenen
Innovation – geht es im Folgenden hauptsächlich.

Diese ermöglichende und vorsorgende Innovationsregulierung hat selbst auch
eine wissenssoziologische Dimension. Auch Regulierung macht von Wissen
Gebrauch. Dieses Wissen wird im Folgenden als *Regulierungswissen* bezeichnet.
Auf der Ebene des Regulierungswissens sind erneut drei Formen zu unter-
scheiden. Jede dieser Formen bringt spezifische Herausforderungen für die
Regulierung mit sich. Eine Zusammenfassung dieser im folgenden diskutierten
Formen, die bei der Regulierung von Innovationen mitspielen sowie der mit
diesen Formen verbundenen Probleme enthält die Übersicht am Ende dieses
Abschnitts.

1. *Prognosewissen:* als Prognosewissen bezeichne ich das Wissen über erwartbare Innovationen, das heißt nach dem oben Gesagten konsequenterweise

Prognosewissen in dreifacher Hinsicht, nämlich als Wissen über zukünftig erwartbares Inventions-, emergentes und Deutungswissen. Damit scheint mir in einer Hinsicht kein besonders problematischer Fall angesprochen zu sein: jede Regulierung konstruiert Zukunft. Recht ist das Instrument der kontrafaktischen, enttäuschungsfesten Erwartungsstabilisierung. Es operiert immer aus der Gegenwart regulatorischen Handelns in eine prinzipiell offene Zukunft hinein, wobei es eben Erwartungen formuliert, die gültig sein sollen, gleich welche Ereignisse zukünftig eintreten. Freilich ist dabei immer die Möglichkeit mitgedacht, Erwartungen in der Zukunft ihrerseits zu ändern, also zukünftiges Recht veränderten zukünftigen Gegebenheiten anzupassen. Problematischer ist ein anderer Aspekt; Soweit sich Prognosen auf Inventionswissen erstrecken, basieren sie im Wesentlichen auf der Beobachtung aktueller wissenschaftlicher Trends. Schon deren Fortschreibung ist bisweilen schwierig. Im Hinblick auf emergentes Wissen, das immer auch Aspekte irreduzibler, nicht antizipierbarer Kreativität trägt, haben Prognosen dann ganz offensichtlich konstitutive Grenzen. Gleichwohl erlauben sie aber doch antizipatorische Aussagen innerhalb des Geltungsbereichs gesetzesförmigen, Kausalitäten im Sinne von Wenn-Dann-Aussagen oder stochastischen Regelmäßigkeiten enthaltenden Wissens. Das zeigen etwa Beiträge zur „innovationsfördernden Regulierung" (z. B. Eifert und Hoffmann-Riem 2009), wenn es etwa um die Analyse ökonomischer Gesetzmäßigkeiten bei Innovationsprozessen geht. Insofern schaffen Prognosen trotz der erwähnten Einschränkungen innerhalb des Rahmens regelmäßiger Verläufe das für Regulation erforderliche Prognosewissen. Die mit Prognosewissen zwangsläufig verbundene Unsicherheit (dazu Hoffmann-Riem 2005, S. 146) begrenzt daher im Hinblick auf erwartbare Inventionen selbst zwar notwendigerweise den kognitiven Rahmen der Regulierungsmöglichkeiten. Sie stellt eine nicht überwindbare Begrenzung des Regulierungswissens dar. Diese Begrenztheit unterscheidet sich andererseits aber nicht von der allgemeinen Unsicherheit, die mit der Regulierung zukünftiger Entwicklungen stets verbunden ist. Nie kann man mit letzter Gewissheit vorhersagen, in welche Richtung sich ein zu regulierender Bereich entwickeln wird. Deshalb sind alle Regulierungsentscheidungen stets mit Risiken behaftet, worauf sogleich zurückzukommen sein wird.

Ein wenig komplizierter verhält es sich allerdings im Hinblick auf das Innovationswissen im eigentlichen Sinne, das auch als Durchsetzungswissen bezeichnet wurde, also auf die Prognose zukünftig erwartbarer Deutungsmuster, welche erst die soziale Konstruktion einer Innovation vollenden werden. Sie sind weit weniger gut antizipierbar. Und dies nicht etwa deswegen, weil es sich um soziale Tatbestände handelt. Dieser Einwand gälte etwa auch gegenüber dem Inventionswissen, das zwar sogenanntes hartes, naturwissenschaftliches Wissen sein kann, aber eben auch als solches Ergebnis von sozialen Deutungs- und Entscheidungsprozessen ist, wie zahllose wissenschaftssoziologische und -historische Studien belegen. Beim Innovationswissen im Sinne des Durchsetzungswissens kommt vielmehr der Umstand erschwerend hinzu, dass dieses Wissen Kriterien verwendet, die sich auf Präferenzen, Werte und Normen stützen. Die Prognose der in diesem Sinne „normativ-evaluativen" Komponenten des Innovationswissens fällt deshalb so schwer, weil sie vom regulierenden Eingriff selbst mit abhängen. Ob wir in der Zukunft eine Hervorbringung als Innovation feiern oder als irrelevante Marginalie abtun werden, das hängt entscheidend mit von den sozialen Deutungsmustern ab, deren Wertungsgehalt wir über die regulierende Intervention mit beeinflussen. Prognosewissen enthält insofern also eine reflexive Komponente. Ob etwas eine Innovation darstellen wird, hängt mit davon ab, ob wir wollen, dass es sich so verhält. Woher wissen wir aber, ob wir das wollen sollen? Hier wird erneut ein Entscheidungsproblem sichtbar. Regulierung allgemein und Innovationsregulierung im Besonderen ist daher, wie gesagt, mit Risiken behaftet. Dieser Umstand führt uns zu der zweiten Form des Regulierungswissens.

2. *Risikoentscheidungs-Wissen:* Dass Innovationen sowohl Chancen als auch Risiken beinhalten, ist verschiedentlich notiert worden (vgl. Hoffmann-Riem 2005). Mit dem Begriff der Risikoentscheidung sind beide Seiten, die Chance und das Risiko angesprochen, da riskante Entscheidungen immer beides nach sich ziehen können. Eben deswegen werden sie als riskant betrachtet. Innovationsregulierung beinhaltet solche riskanten Entscheidungen. Sie macht deshalb Gebrauch von Risikoentscheidungswissen. Damit bezeichne ich ein in jeder Entscheidungssituation aktualisiertes Wissen. Dieses Risikoentscheidungs-Wissen umfasst 1. das Wissen, dass man nicht nicht-entscheiden kann, dass eine Entscheidung also immer getroffen wird, auch im Falle des Stillhaltens; 2. das Wissen über unspezifisches Nichtwissen, also die Gewissheit, dass jetzt noch prinzipiell unbekannte Folgen der Entscheidung später auftreten werden, die mit Nachteilen für Dritte verbunden sein können; 3. das Wissen, dass die zukünftig erkennbaren Auswirkungen dann auf die Entscheidung und den Entscheider zugerechnet werden und er für die Folgen verantwortlich gemacht werden wird (vgl. Bora 2006d). Die Gemengelage dieser drei Wissenskomponenten prägt jede Situation, die wir als Entscheidung bezeichnen.

Grundlegend für diese Wissensform ist insbesondere die Unterscheidung von spezifischem und unspezifischem Nichtwissen (Japp 1996). Spezifisches

Nichtwissen bezeichnet den Fall, in dem man weiß, dass und was man
(noch) nicht weiß und in dem man deshalb gezielten Wissenserwerb betreiben
kann. Es ist dies der charakteristische Bereich wissenschaftlicher Forschung.
Unspezifisches Nichtwissen dagegen bezeichnet den Horizont kategorisch
unverfügbaren Nichtwissens, vor dem man gar nicht sagen kann, was (noch)
nicht gewusst wird, sondern der sich als ganzer der Selbstbeobachtung entzieht, etwa weil jede Vorstellung möglicher Kausalität fehlt und auch mit
sorgfältiger Forschung nicht erworben werden kann.

Als Risiko wird vor diesem Hintergrund die Problemlage bezeichnet, die
aus dem Zwang entsteht, jetzt entscheiden zu müssen und damit im Bereich
unspezifischen Nichtwissens liegende Folgen zu bewirken, die möglicherweise
nachteilige Konsequenzen für Dritte haben können und diesen gegenüber
dann verantwortet werden müssen (Luhmann 1991b). Das auf diesen Risiko-
Aspekt aller Entscheidungssituationen bezogene Wissen bildet die zweite
regulierungsrelevante Wissensform.

Für die Möglichkeit der Innovationsregulierung wird deshalb die Risiko-
Allokation zu einer zentralen Aufgabe. Wenn das Risiko des Entscheidens
grundsätzlich nicht aus der Welt geschafft werden kann, so ergibt sich allgemein die Frage, ob es (und gegebenenfalls in welcher Weise) zwischen sozialen Akteuren verschoben werden kann. Die Risikosoziologie kann inzwischen
einige Beispiele solcher Risikoverschiebungsmechanismen zwischen sozialen
Funktionssystemen auflisten. Man denke etwa an die Externalisierung auf
die Wissenschaft durch Grenzwerte, an Verrechtlichung politischer Entscheidungsspielräume und so weiter. Techniken der Risikoverschiebung sind also
ein grundsätzlicher Aspekt von Regulierungsentscheidungen. Sie können allerdings, das gilt es festzuhalten, Verantwortungszuschreibung nicht prinzipiell
vermeiden, sondern allenfalls Entscheidungsrisiken anders verteilen.

3. Als dritte regulierungsrelevante Form ist schließlich *regulierungstechnisches
Wissen* zu erwähnen. Damit bezeichne ich Wissen über Funktionsweise und
Wirkung verschiedener Regulierungsinstrumente im Hinblick auf die beiden
zuerst genannten Wissensformen und die damit verbundenen Probleme.
Solches Wissen steht als erfahrungswissenschaftlich gewonnenes in weitem
Umfange zur Verfügung. Es umfasst das ganze Ensemble der empirischen
Politik- und Rechtsforschung, die bisweilen auch unter der Überschrift
Governance-Forschung, beispielsweise mit der Bezeichnung *governance of
innovation* (Kuhlmann 2007) betrieben wird. Die begrifflichen Verhältnisse
auf diesem Gebiet sind noch nicht völlig geklärt: Regulierung wird meist als
der engere Begriff im Sinne einer mit Sanktionsmacht ausgestatteten Intervention verwendet, im Gegensatz etwa zu Anreizsystemen und Kontextsteuerung.

Für Governance ist hingegen deren Mehrebenen- und Multi-Aktor-Perspektive charakteristisch, die damit in aller Regel auch partizipative Aspekte enthält. Die Begriffsverwendung ist allerdings sehr uneinheitlich (Braithwaite et al. 2007).

Seiner Form nach hat dieses regulierungstechnische Wissen die Gestalt von Kausalbeziehungen, von gesetzesförmigen Wenn-dann-Aussagen über die aus der Erfahrung bekannten Wirkungen einzelner Regulierungsinstrumente. Diese beziehen sich, wie gesagt, auf Prognose- und Risikoentscheidungswissen und die mit beiden verbundenen Probleme, also auf die Fragen, wie man regulierungstechnisch mit Prognoseunsicherheiten und riskanten Entscheidungslagen umgehen kann. Idealtypisch lassen sich hierbei drei Formen der Problembearbeitung beobachten, nämlich Expertise, Partizipation sowie eine Kombination der beiden Möglichkeiten. Diese Formen sind aus der Risikoregulierung bekannt. Sie haben beispielsweise schon seit längerem in das Umwelt- und Technikrecht Eingang gefunden, wie man an entsprechenden Regelungen etwa im Atom- oder Gentechnikrecht erkennen kann. Dort geht es in der Regel um Einzelfallprüfungen. Für die Innovationsregulierung ist daneben, wie ich oben zu verdeutlichen versucht habe, der Bereich der vorausschauenden Ermöglichung und Regulierung von wissenschaftlich-technologischen Entwicklungen als solchen relevant. Auf beiden Feldern beobachten wir die drei genannten Formen der Generierung von Regulierungswissen.

Expertise bearbeitet dabei typischerweise Probleme im Bereich spezifischen Nichtwissens, also in unserem Fall vor allem Probleme, die mit Prognosen verbunden sind. Neben der allgemeinen, bereits erwähnten Unsicherheitskomponente wirft Expertise vor allem Fragen der sozialen Verteilung von Wissensressourcen, der damit verbundenen tatsächlichen oder unterstellten Macht- und Interesseneinflüsse auf die Prognose, also die Frage wissenschaftlicher Neutralität auf. Die derzeit wachsende Zahl von Projekten über Expertise, Beratung und Professionalisierung reagiert auf diese mit wissenschaftlicher Expertise verbundenen Fragen. Auf die zahlreichen Details der Expertise-Forschung kann hier nicht ausführlich eingegangen werden. Man kann jedoch im Ergebnis die Behauptung wagen, dass sich die professionelle Beratung von Innovationsregulierung durch wissenschaftliche Expertise tatsächlich erfolgreich einrichten lässt. Allerdings können die unter dem Stichwort Prognosewissen thematisierten grundsätzlichen Grenzen dabei nicht überschritten werden. Gelingende Expertise zeichnet sich dann unter anderem dadurch aus, dass sie im Umgang mit diesen epistemischen Grenzen der Prognose praxisrelevante Beratungsleistungen erbringt (Bora 2007a, b; Buchholz 2007).

Neben der Expertise bearbeiten vor allem unterschiedliche Modelle der *Partizipation* als Ausdruck nicht-interventionistischer, „weicher" Steuerungsformen die mit der Entscheidung verbundene Aufgabe der Verantwortungsallokation. Das Problem der im Entscheidungszeitpunkt notwendig unbekannten Entscheidungsfolgen, späteren Deutungen und Verantwortungszuschreibungen wird dabei durch die Einbeziehung interessierter Kreise *(stakeholder)* oder potenziell Betroffener in den Kreis der Entscheider zu entschärfen versucht. Allerdings zieht dies häufig nicht intendierte Folgen nach sich: Die Zahl der Entscheidungen steigt, die Verantwortungszuschreibung wird diffus. Weitere, vor allem interne Probleme partizipativer Verfahren sind im Einzelnen in früheren Studien beschrieben (vgl. Bora 1999). Insgesamt ist die Forschungslage allerdings eher unübersichtlich. Erfahrungswissenschaftlich solide Analysen partizipativer Verfahren der Wissenschafts- und Technikbewertung sind bislang eher selten (Abels und Bora 2004).

Die Praxis reagiert sensibel auf solche Probleme, weshalb sich seit längerem schon verschiedene *Kombinationen von Expertise und Partizipation* entwickelt haben. Häufig wird im Zusammenhang mit modernen Steuerungskonzepten und im Gefolge von Expertenkritik versucht, expertenbasierte und partizipative Steuerungsformen zu kombinieren. Die Liste der Möglichkeiten kann hier nicht erschöpfend abgearbeitet werden (vgl. Abels und Bora 2004). Stattdessen mögen einige Ansätze aus neuerer Zeit als Beispiele dienen, in denen Expertise und Partizipation kombiniert werden.

Am bekanntesten dürften Konzepte der *Technikfolgenabschätzung und -bewertung (Technology Assessment, TA)* sein. Seit den siebziger Jahren hat sich Technology Assessment neben der Erzeugung von Prognosewissen weltweit auch als Modell der Generierung regulierungstechnischen Wissens etabliert. Von einem reinen Expertenmodell hat es sich inzwischen stark in Richtung partizipativer Verfahren entwickelt. Vor diesem Hintergrund kristallisieren sich neuere Ansätze heraus, mit deren Hilfe die innovationstypischen Probleme angegangen werden, die hier geschildert wurden. Als Beispiele seien etwa folgende Modelle erwähnt:

Das sogenannte *real-time TA* (Guston und Sarewitz 2002) verfolgt das Ziel einer früh einsetzenden und den gesamten Innovationsprozess begleitenden und ihn dabei mit gestaltenden TA. Es kombiniert vier Komponenten, nämlich Fallstudien, Trend- bzw. Potentialanalyse, die Erhebung von Stakeholder-Einschätzungen sowie partizipative TA im engeren Sinne. Fraglich bleibt im Ergebnis, ob dadurch tatsächlich die von den Autoren angestrebte Gleichzeitigkeit von Technologieentwicklung und Technology Assessment erreicht werden kann. Ähnliches gilt wohl für Ansätze wie das *strategic niche management* (Lovell

2007), bei welchem gezielte Experimente mit neuen Technologien in geschützten „Nischen" das Problem der Verknüpfung kognitiv-antizipatorischen und evaluativen Wissens lösen sollen. Als weiteres Beispiel sei schließlich das Konzept des *science and technology roadmapping* erwähnt (Fleischer et al. 2005). Dabei geht es darum, einen Prozess der Technikgestaltung anzustoßen, in welchem Innovationen von Folgenabschätzungsprozessen begleitet werden. Von zentraler Bedeutung in diesem Prozess ist in der Regel ein multidisziplinär zusammengesetztes Expertengremium, das gegebenenfalls um weitere Akteure ergänzt wird. Seine Aufgabe ist es, die verschiedenen Aspekte einer Innovation zu identifizieren und in ihren möglichen Wechselwirkungen zu beschreiben, um damit die Basis für eine Bewertung der Innovation zu schaffen. Formen der sogenannten responsiven Regulierung (Bizer et al. 2002) und der Gesetzesfolgenabschätzung wären ebenfalls diesen Modellen zuzurechnen. Unter etwas anderer Semantik, aber letztlich mit ganz ähnlichem Formenkanon sind Konzepte wie dasjenige der *reflexive governance* zu nennen. (Voß et al. 2006). Dazu zählt beispielsweise die von Voß und Kemp vertretene *sustainability foresight,* die Strategien der Wissensgenerierung, der Antizipation und der Partizipation kombiniert. Interessant ist dabei vor allem der Umstand, dass *governance* – durchaus in Übereinstimmung mit dem hier eingangs vorgetragenen Modell eines polyzentrischen Netzwerks von Organisationen und Akteuren – als das gezielte Erzeugen von Wechselwirkungen und Abstimmungsprozessen zwischen divergenten Rationalitäten aufgefasst wird, also eine Komponente des gesellschaftlichen Lernens enthält (Voß und Kemp 2006, S. 7).

Alle diese Modelle versuchen in mehr oder minder prononcierter Weise, den Weg von der Prognose zur Gestaltung in Form expertenbasierter partizipativer Verfahren zu gehen. Sie stehen dabei vor der Aufgabe, unterschiedliche, zum Teil miteinander konkurrierende kognitive und evaluative Wissensformen zu integrieren, die sich im Prozess der Innovationsregulierung selbst mit verändern, am Ende also so etwas wie gesellschaftliches Lernen im Prozess der Innovationsregulierung zu ermöglichen.

Der Wissenschaftsforscher Arie Rip hat vor dem Hintergrund des eingangs erläuterten evolutionstheoretischen Verständnisses von Innovationsprozessen diesen Ansatz der Kombination von Expertise und Partizipation koevolutionstheoretisch interpretiert (Rip 2006). TA wird dabei als „verhandelte Expertise" und Partizipation als eine Form institutionalisierter Rückmeldungsbeziehungen interpretiert, welche die Interaktionen zwischen Wissenschaft, Technologie und Gesellschaft formen und dadurch deren ko-evolutionäre Beziehungen ermöglichen (S. 89). In normativer Hinsicht bedeutet dies nach Rips Worten, dass sich aus der evolutionstheoretischen Perspektive selbst zunächst keine normativen

Anhaltspunkte für die Formierung evaluativen Wissens ergeben. Vielmehr führt er ein Konzept der *second-order normativity* ein (S. 85), in welchem jene Formen der Regulierung den Vorzug erhalten, die weitere Evolution ermöglichen, also das Gesamtsystem flexibel und reversibel halten. Das bedeutet vor allem, dass Regulierung viel von ihrem Charakter der Steuerung einbüßt und sich mehr einem Modell mitlaufender Reparaturen im Prozess der Innovation selbst annähert. Diese Reparaturarbeit im Implementationsprozess von Wissenschaft und Technik ist der Hauptmechanismus dessen, was Rip als ko-evolutionäre Steuerung begreift. Sie besteht im Wesentlichen darin, „Lernräume" zu öffnen und „interaktiv" erzeugte Antizipationen (*„anticipation in action"*, S. 88, 91) zu ermöglichen.

Damit breche ich den kurzen Rundgang durch die Galerie der Regulierungstechniken ab. Wie man sieht, gibt es eine ganze Reihe von praktischen Ansätzen auf dem Gebiet des regulierungstechnischen Wissens. Aufgabe der Regulierungsforschung wird hier in erster Linie die weitere Sammlung empirischer Evidenz im Sinne einer vergleichenden, problembezogenen Instrumentenanalyse sein. Vieles ist, wie angedeutet wurde, auf diesem Gebiet schon erreicht. Klärungsbedarf besteht allerdings immer noch in weitem Umfang vor allem im Hinblick auf Details der Beratungsforschung und in sehr viel stärkerem Maße in der Partizipationsforschung.

Die Darstellung hatte in systematischer Hinsicht vor allem den Zweck, sichtbar werden lassen, dass alle diese kombinatorischen Formen die vorhin kurz erwähnten Schwierigkeiten sowohl der Prognose als auch der partizipativen Risiko-Allokation bzw. -Distribution reproduzieren. Prognosen haben immanente Grenzen, die sich in Form von Entscheidungsrisiken sozial bemerkbar machen. Mit Regulierungsentscheidungen verbunden verschärfen sich im Hinblick auf Innovationsregulierung diese Risikolagen, da die regulierungsrelevanten Wissensformen gleichsam das spätere Innovationswissen schon imprägnieren. Um Missverständnisse zu vermeiden, sei betont, dass diese Unschärfen sich in der Regel kaum in den Alltagsroutinen von Wissenschaft, Technologie und Regulierung bemerkbar machen. Sie betreffen in viel stärkerem Maße die Bereiche epistemischer Unsicherheit, jene Bereiche also, in denen wissenschaftliches und technologisches Neuland betreten wird. Dieser Bereich ist im Vergleich zu demjenigen des etablierten, in Wissenschaft und Technik allgemein als gültig akzeptierten Wissens sicherlich von geringer empirischer Reichweite (Weingart 1999). Er markiert aber genau die Stelle, an der Regulierung im Sinne der Gefahrenabwehr und Risikovorsorge einerseits sowie der Innovationsförderung andererseits besonders gefragt ist, wegen der kognitiven Unsicherheiten allerdings auch besonders schwierig wird. Regulierung benötigt möglichst aktuelles, auf die neuesten Problemlagen bezogenes, zugleich aber möglichst gut abgesichertes Wissen. Diese widersprüchliche Erwartungshaltung lässt Probleme der Expertise sichtbar werden, die in der Folge dann häufig in den Blickpunkt öffentlicher Kritik gerät und zum Gegenstand politischer Auseinandersetzungen wird. Diesem Umstand versuchen partizipative Formen der Technikbewertung durch die Einbeziehung tatsächlich oder potenziell Betroffener oder der zivilgesellschaftlichen Öffentlichkeit Rechnung zu tragen, ohne nun ihrerseits alle Probleme demokratischer Technikbewertung lösen zu können. Sie bleiben oft institutionell unterbestimmt, in ihrer Funktion unklar und mit Problemen des Mandats und der Repräsentativität behaftet (dazu noch einmal Abels und Bora 2004).

Insofern stellen deshalb die oben kurz vorgestellten neuen Formen der *governance of innovation* allenfalls näherungsweise Lösungen der basalen Wissens- und Verantwortungsprobleme bzw. Formen der Risikoverschiebung und –diffusion dar. Letztlich, so wird man sagen können, lösen sie keines der mit den drei Formen des Regulierungswissen verbundenen Probleme.

Gleichzeitig haben die bisherigen Überlegungen aber auch deutlich werden lassen, weshalb die Regulierung von Innovationen nicht einfach unter Hinweis auf ihre empirischen Schwierigkeiten aus dem Kontext der Innovationsgestaltung eskamotiert werden kann, weshalb also der Hinweis auf Selbstregulierungskräfte der Ökonomie nicht ausreicht. Der Umstand, dass Innovationen sich neben anderen Faktoren auch aus sozialen Deutungsmustern ergeben, die mittels Prognosewissen nur unvollständig ex ante bestimmt werden können, verweist unhintergehbar auf Risikoentscheidungswissen, so war oben argumentiert worden. Dieses bleibt wegen der Unauflösbarkeit von Entscheidungsrisiken in offenen Innovationsprozessen auf die geschilderten, komplexen und in vieler Hinsicht unzulänglichen Regulierungstechniken und das entsprechende Wissen angewiesen.

Es dürfte deshalb angesichts der hier geschilderten Befunde kein Zufall sein, dass Arie Rip (2006) am Ende des oben referierten Textes auf eine Pointe hinsteuert, die stark an Jacques Derridas (1991) Figur der Gerechtigkeit als unhaltbarer, aber notwendiger Begründung des Rechts erinnert: „Reflexive governance is good, because it maintains the illusion of governance" (Rip 2006, S. 94) (Tab. 5.1).

Tab. 5.1 Formen des Regulierungswissens bei der Innovationsregulierung

Prognosewissen	Risikoentscheidungswissen	Regulierungstechnisches Wissen
Wissen über zukünftig erwartbares • Inventionswissen • Emergentes Wissen • Deutungswissen	Wissen über • Die Tatsache unspezifischen Nichtwissens und • Insofern nicht antizipierbare Verantwortungszuschreibung	Wissen über Funktionsweise und Wirkung von Regulierungsinstrumenten
Problem: Zukünftiges Deutungswissen ist regulierungsabhängig	Problem: Entscheidungsrisiken lassen sich nicht vermeiden	Problem: Mittels professioneller Expertise und Partizipation können die mit Prognose- und Risikoentscheidungswissen verbundenen Herausforderungen letztlich nicht beseitigt warden

5.5 Produktiver Widerspruch: Die „Illusion" der Innovationsregulierung

Arie Rips eben zitierte Aussage enthält einen gewissen Widerspruch. Der Erfolg reflexiver Regulierung hängt vom Aufrechterhalten der „Illusion" tatsächlicher Regulierbarkeit, also letztlich von deren empirischer Unmöglichkeit ab. Man könnte dies kritisch gegen die oben diskutierten Formen der *governance* wenden, da sie vor dem Hintergrund dieser Aussage in der Gefahr stehen, als Akzeptanzbeschaffungsinstrumente missbraucht oder wenigstens in der öffentlichen Wahrnehmung als solche verkannt zu werden. Diese Gefahr ist in der Debatte um demokratische Technikbewertung auch immer gesehen worden. Gleichwohl will ich Rips Beobachtung nutzen, um abschließend eine optimistischere Sichtweise zur Geltung zu bringen. Dabei greife ich auf die soziale Funktion von Paradoxen zurück. Auch wenn die Rede von der unmöglichen und zugleich notwendigen Innovationsregulierung im formalen Sinne kein Paradoxon enthält, kommt sie doch vielleicht in ihrem Effekt einem solchen recht nahe. Paradoxe, so kann man nämlich argumentieren, enthalten immer auch eine Chance, insofern nämlich als sie eine wichtige Funktion bei der Strukturbildung sozialer Systeme besitzen. Dies könnte auch mit Bezug auf die „Illusion" der Innovationsregulierung gelten.

Das Interesse der Sozial- und Kulturwissenschaften an dieser Funktion von Paradoxen ist schon seit geraumer Zeit groß. Ich schließe mich hier im Wesentlichen
der in der neueren Systemtheorie Niklas Luhmanns entwickelten Sichtweise an
(zum folgenden vor allem Bora 2007b). Nach dieser Theorie macht das Wesen
eines Paradoxes vor allem die durch Selbstimplikation *(re-entry)* ausgelöste
Kommunikationsblockade aus. Bekannteste Beispiele einer solchen Selbstimplikation sind der lügende Kreter bzw. das Paradox des Eubulides: „Dieser Satz ist
falsch." Solche in Gestalt von auf sich selbst angewendeten Unterscheidungen
auftretende Paradoxien (Antinomien oder performative Widersprüche) bewirken
Kommunikationsblockaden. Es gibt keine oder jedenfalls keine unaufwendigen
Anschlussmöglichkeiten mehr. Diese Anschlussprobleme und Blockaden werden
dann mit unterschiedlichen sozialen Mitteln bearbeitet. Kommunikationssysteme
entwickeln Mechanismen, die es ihnen erlauben, die mögliche Paradoxie unsichtbar zu halten und die Kommunikation gewissermaßen an der Paradoxie vorbei
weiter zu führen. Deshalb besteht die Funktion von Paradoxen vor allem in
deren Antriebspotential, das einer der wesentlichen Erklärungsfaktoren für Struk-
turaufbau in sozialen Systemen ist. Aus wissenssoziologisch rekonstruierbaren
kommunikativen Widersprüchen erwächst dann sozialstrukturell ein wichtiges
Potenzial. Diese Einsicht kommt auch in Rips widersprüchlicher Formulierung
zum Ausdruck. Die stets virulente Gefahr, dass der Widerspruch offensichtlich
wird, so kann man sagen, führt zur fortlaufenden Produktion struktureller Innovationen in der Regulierung selbst. Denn die oben geschilderte Entwicklung der
kombinatorischen Formen lässt sich ohne weiteres aus den sowohl mit Expertise als auch mit Partizipation verbundenen Schwierigkeiten erklären. Insofern
gibt gerade Rips paradoxe Formulierung Anlass, die Entwicklung neuer, sich den
Herausforderungen der Innovationsregulierung in veränderter Gestalt anpassender
Regulierungsmuster zu erwarten. Insofern kann sich der beobachtete Widerspruch
dann durchaus als produktiv erweisen. Für die Innovationsregulierung ergeben
sich daraus in struktureller Hinsicht einige Konsequenzen, die ich abschließend
kurz diskutieren will.

Zunächst lässt sich im Rückblick auf die wissenssoziologische Analyse
folgendes festhalten: die Gestaltung von Innovationsprozessen nimmt in meh-
rerlei Hinsicht Wissen in Anspruch, einerseits als Gegenstand der Regulierung,
andererseits im Regulierungsgeschehen selbst. Wenn es dabei ein nichttriviales
Wissensproblem innovationsfördernder Regulierung gibt, dann ist es im Kern das
allgemeine Problem jeder Regulierung, nämlich das mit ihr immer verbundene
Entscheidungsrisiko. Dieses macht die Widersprüchlichkeit der Innovationsregulierung sichtbar, die darin besteht, im entscheidungstheoretisch begründeten
Bewusstsein der konstitutiven Unzulänglichkeit von Prognose und Partizipation

diese als notwendig für die Produktion konkreter Regulierungsentscheidungen zu akzeptieren. Innovationsregulierung ist dann in einem spezifischen Sinne unmöglich und notwendig zugleich.

Die in diesem Kapitel kurz erörterten Formen der *governance of innovation* setzen vor diesem Hintergrund in ihrem Kern allesamt darauf, dass Regulierung im Hinblick auf konstitutiv unbekannte, kontingente Zukünfte selbst flexibel und lernfähig bleibt. Hoffmann-Riem hat dies im Hinblick auf rechtliche Instrumente als „Bereitstellungsfunktion" bezeichnet und darauf hingewiesen, dass Regulierung die Möglichkeitsräume für Invention und Innovation nicht verschütten, sondern Lernen und Revisionsoffenheit gewährleisten solle (Hoffmann-Riem 2005, S. 155, 167). Jede Form reflexiver Regulierung wird angesichts dieser Lage die Regulierung von Zukunft mit Kontingenzbewusstsein, mit dem Bewusstsein des Entscheidungsrisikos ausstatten. Die Argumentation in den vorangegangenen Abschnitten versuchte deutlich zu machen, dass man auch mit reflexiver Regulierung Entscheidungsrisiken nicht los wird. Versuche einer Risikominimierung durch Prognose und Partizipation sind insofern zwar erkenntnistheoretisch in letzter Konsequenz zum Scheitern verurteilt. Zur Ermöglichung konkreter Entscheidungen, zum Durchbrechen von Entscheidungsblockaden, zur Kontingenzbewältigung, darauf wurde hingewiesen, sind sie empirisch aber notwendig – im vollen Bewusstsein ihrer Beschränkungen.

Auch wenn, wie oben bereits erwähnt, die diskutierten Probleme sich in der Alltagspraxis nur in einem bestimmten Bereich der Regelung wissenschaftlich-technischen Handelns und für eine relativ frühe Phase innerhalb von Innovationszyklen stellen, so gilt doch vor dem Hintergrund dieser Einschränkungen jedenfalls in diesem Bereich epistemisch unsicherer Innovationsregulierung, dass es sich empfiehlt, misstrauisch gegenüber technokratischen Heilsversprechungen, gegenüber den Rezeptvorschlägen aus den Garküchen der Unternehmensberatungen, gegenüber allen simplifizierenden Vorstellungen von der „Machbarkeit" von Zukunft allgemein und von Innovation im Besonderen zu bleiben. Für konkrete Innovationsregulierung kann man daraus den Schluss ziehen, dass allzu vertrauensseliger Rekurs auf Expertise, auf Prognose und auf scheinbar gesicherte Erkenntnisse über zukünftige Deutungen seinerseits Risiken birgt – eine Einsicht, die übrigens bei ökonomischen Akteuren wie den großen Rückversicherern verbreitet ist, die insofern reflexiv agieren, als sie Risikominimierungsstrategien selbst als riskant analysieren. Am Centre for Analysis of Risk and Regulation der London School of Economics widmet man sich beispielsweise schon seit längerem der Frage nach Risiken und Kosten der Risikoregulierung. Im Sinne einer allgemeinen Prüfroutine kann man dann den skizzierten Regulierungsmodellen

vor allem den Ratschlag entnehmen, jeden konkreten Vorschlag innovationsfördernder Regulierung darauf hin zu beobachten, ob und in welcher Weise er
sensibel gegenüber der Kontingenz von Zukunft ist. Die Risikotheorie versucht
das mit dem Begriff der „resilience" zu umschreiben.

In literarischen Texten stößt man, wenn man nach gelungenen Modellen für
die Bearbeitung von Paradoxien und Widersprüchen sucht, beispielsweise auf die
Koexistenz von Tragik und Ironie bei Kafka oder auf Thomas Manns heitere
Ambiguität, mit der jeweils spannungserzeugende Antinomien ausgehalten werden. Dem Recht stehen solche Mittel der heiter-ironischen Selbstdistanzierung
wohl nicht zur Verfügung. In der Praxis wird man hier eher Ambiguitätsto-
leranzen ausbilden müssen – was allerdings nicht hieße, das Wissensproblem
der Innovationsförderung durch Regulierung zu ignorieren. Im Gegenteil, mit
seinem Auftauchen ist systematisch zu rechnen. Die „Illusion" reflexiver *governance* stellt dabei sicher, dass stets neue Formen gefunden werden, die jedenfalls
zeitweilig diese Ambiguitäten latent halten (zur Latenzsicherung im Regulie-
rungsprozess vgl. Kap. 6).

Die hier vorgestellten wissenssoziologischen Überlegungen zur Innovationsregulierung haben in knapper Form versucht, vor dem Hintergrund der Analyse
von Innovationen als sozialen Deutungsprozessen Probleme der Regulierung zu
identifizieren, die sich aus der spezifischen Struktur dieses innovationsbezoge-
nen Wissens rekonstruieren lassen. Innovationsregulierung, das sollte deutlich
geworden sein, macht von einem ganzen Ensemble recht voraussetzungsreicher
Wissensformen Gebrauch. Darin besteht, wie darzulegen versucht wurde, ihr
Risiko und ihre Chance zugleich. Am Ende steht damit die vielleicht etwas provo-
kante These von der produktiven Funktion der regulatorischen „Illusion". Ob sie
sich in dem eingangs erwähnten Sinne als innovativ durchsetzt, wird allerdings,
wie wir wissen, erst die zukünftige rückblickende Deutung auf dem Gebiet der
Innovationsregulierung entscheiden.

Ökologie der Kontrolle – Technikregulierung unter der Bedingung von Nicht-Wissen

6

Die Regulierung von Technik wird im Kontext des modernen Umwelt- und Technikrechts weithin als Problem des Wissensmanagements behandelt. Die Normen der Gefahrenabwehr und der Risikovorsorge basieren auf der (informationstheoretischen) Annahme, die Regulierung von technikimmanenten Risiken und Gefahren sei letztlich auch eine Frage ausreichender Information: wie wahrscheinlich ist die Konkretisierung einer Gefahr, welcher Schaden ist in welcher Höhe zu erwarten (vgl. Bora 1999)? Von der – über wissenschaftliche und technische Expertise laufenden – Beantwortung dieser Fragen hängt die rechtliche Behandlung von Technik in weitem Umfange ab. Sie lebt also gewissermaßen von der Vermutung, die Akkumulation von Wissen steigere die Qualität rechtlichen Entscheidens.

Diese Vermutung wird in der neueren risikosoziologischen Debatte vor allem mit entscheidungstheoretischen Begründungen in Zweifel gezogen. Aus dieser Perspektive zeigt sich die konstitutive Bedeutung des Nicht-Wissens (Luhmann 1991b; Japp 1996). Mit dem im Folgenden vertretenen systemtheoretischen Ansatz, der die informationstheoretische Sichtweise um eine entscheidungstheoretische ergänzt, ist zugleich auch eine Trennlinie gegenüber vielen ökonomischen Entscheidungstheorien gezogen, sofern sie Entscheiden als Informationsproblem behandeln. Die Bedeutung von Nicht-Wissen ist schon früher, und zwar in ganz anderem Zusammenhang betont worden. Von der „Präventivwirkung des Nichtwissens" sprach einst Heinrich Popitz in einem Essay, der seither zu den meistzitierten Texten jedenfalls der deutschsprachigen, möglicherweise aber auch der internationalen Rechtssoziologie geworden ist (Popitz 1968). Er wies darin am Beispiel des Strafrechts auf den Umstand hin, dass rechtliche Regulierung

---

Überarbeitete und ergänzte Fassung; zuerst erschienen in: Engel et al. 2002, S. 253–275.

© Der/die Autor(en), exklusiv lizenziert an Springer Fachmedien Wiesbaden GmbH, ein Teil von Springer Nature 2023
A. Bora, *Reflexion des Rechts – Beiträge zur responsiven Rechtssoziologie*, https://doi.org/10.1007/978-3-658-40787-2_6

stets ein gewisses Maß an notwendiger Latenz impliziert. Kein Normsystem kann sich einer perfekten Verhaltenstransparenz aussetzen, so Popitz, denn umfassende Information über das Ausmaß abweichenden Verhaltens ruiniert die Geltung von Normen durch den Nachweis ihrer empirischen Unwirksamkeit.

Man kann nun zeigen, dass nicht nur das Strafrecht, sondern alle Formen von Regulierung solche notwendigen Latenzen mit sich bringen und dass sie zugleich mit Mechanismen versehen sind, die das Aufdecken latent gehaltener Sachverhalte erschweren. Im Folgenden wird dargelegt, dass Instrumente der Technikregulierung, insbesondere die in den letzten Jahrzehnten viel diskutierten Verfahren des Technology Assessment, eine derartige Latenzschutzfunktion in der rechtlichen und politischen Technikregulierung übernehmen, dass sie jedoch prekär sind, weil sie ihrerseits von Latenzen in den zu regulierenden Bereichen der Gesellschaft abhängen. Daraus lassen sich einige Folgerungen für den Begriff der Technikregulierung ziehen.

Das Kapitel ist folgendermaßen aufgebaut: Im ersten Schritt werden der Zusammenhang von Regulierung und Nichtwissen (Latenz) sowie unterschiedliche Mechanismen der Latenzsicherung dargestellt (6.1). Im zweiten Schritt wird Technology Assessment als ein solcher Mechanismus beschrieben, der sich freilich von anderen durch die Tatsache unterscheidet, dass er das Problem der Latenz durch Externalisierung bearbeitet (6.2). Dabei lassen sich zwei, durch steigende Komplexität charakterisierte Stufen der Problembearbeitung unterscheiden: Expertise als Ersetzen normativer durch kognitive Perspektiven (6.3) und Partizipation als Versuch der Inklusion unterschiedlicher Perspektiven (6.4). Beide stoßen an immanente Grenzen. Im letzten Schritt bietet es sich deshalb an, über komplexere Formen der Reflexion in Gestalt wechselseitiger Resonanz auf die jeweils fremde Beobachtung eigenen Operierens *(responsive Regulierung)* zu spekulieren und daran anknüpfend zu fragen, wieviel „Kontrolle" der Begriff der Technikregulierung unter der Bedingung von Nicht-Wissen noch beinhalten kann (6.5).

6.1　„Alles unter Kontrolle?" – Die notwendige Latenz von Regulierung

Mit dem Begriff der Regulierung soll unter Anknüpfung an den alltagssprachlichen Begriffsgebrauch eine rechtliche und/oder politische Operation gemeint sein, die darauf zielt, einen Zustand in einem zu regulierenden Bereich zu beeinflussen (vgl. Kap. 2 und 4). Dabei kommt es, und zwar wiederum in Übereinstimmung mit dem gängigen Verständnis, nicht darauf an, dass durch diese Operation gewissermaßen direkt oder gar erfolgreich in den zu regulierenden Bereich eingegriffen würde. Vielmehr ist politische oder rechtliche Regulierung durch die Intention des Beeinflussens hinreichend abgegrenzt. Dabei werden Politik und Recht gleichermaßen und mit Bezug auf den Begriff des Regulierens ohne weitere Unterscheidung in die Betrachtung mit einbezogen. Regulierung operiert mit der Unterscheidung: „Einfluss erwartet/nicht erwartet". So spricht man von der rechtlichen Regelung eines Sachverhalts nicht erst dann, wenn sich der Sachverhalt tatsächlich auf das Recht einstellt, sondern immer schon dann, wenn das Recht sich auf die Sachverhaltsänderung hin orientiert. Regulierung meint insofern eine Operation, die von der Erwartung geleitet ist, dass ein anderer auf Grund der Beobachtung dieser Operation seinen Zustand ändern werde. Es geht also, um ein Beispiel zu geben, um die Erwartung, dass Wirtschaftsakteure durch die Beobachtung geänderter Steuersätze im Einkommenssteuergesetz zu Zahlungen an die Finanzverwaltung angeregt werden. Die Erwartung von Einfluss – bzw. mit einem anderen Begriff: Kontrolle – ist nach dieser Auffassung also entscheidend für das Verständnis von Regulierung. Mit dieser Fassung des Begriffs lässt sich eine Verwicklung in alte steuerungstheoretische Debatten vermeiden (dazu Damm 1999; Glagow und Willke 1987; Glagow et al. 1989; Görlitz 1989; Görlitz und Druwe 1990; Görlitz und Voigt 1990; Grimm 1990; Luhmann 1991a; Nahamowitz 1995; Scharpf 1989; Ulrich 1994). Die Frage, ob und inwieweit tatsächliche Einflussnahme auf den zu regulierenden Bereich begrifflich unterstellt werden darf, kann hier ausgeblendet bleiben.

Mit dem einleitenden Hinweis auf die „Präventivwirkung des Nichtwissens" verband sich nun zum einen die relativ unspektakuläre Beobachtung, dass jegliche Regulierung auf einen mehr oder minder weiten Bereich des Nicht-Kontrollierten oder Nicht-Kontrollierbaren trifft. In den Regulierungssystemen erscheint dieser Bereich in Gestalt von Nicht-Wissen oder unvollständigem Wissen. Damit kommt, wie in Kap. 5 diskutiert wurde, ein epistemologisch weiter Begriff von Wissen zur Anwendung, der sich nicht auf wissenschaftliches (über Wahrheit codiertes) Wissen beschränkt, sondern alle Formen kognitiver Referenz auf die Umwelt eines erkennenden Systems (Epistems) mit einbezieht. Wenn man, wie hier vorgeschlagen, den Begriff der Regulierung an die Erwartung externer Zustandsänderungen knüpft, ergibt sich das gewissermaßen aus der Natur der Sache: Erwartung als spezifische Form des Wissens und beobachtbare Veränderung werden nur zum Teil übereinstimmen. Zum anderen zeigt sich aber auch, dass gesellschaftliche Regulierung in einem bestimmten Umfang darauf angewiesen ist, fehlgelaufene Kontrollerwartungen aus ihrem Wahrnehmungsbereich auszublenden, also latent zu halten. Man kann dies in Anlehnung an Luhmann als „notwendige Latenz" bezeichnen (Luhmann 1984b, S. 456 ff. (458), 1981,

S. 55 f.) Soziale Systeme schützen damit ihre Strukturen. Kapazitätsschranken der Kommunikation sichern diese gegen interne Überkomplexität. In der Sprache der Systemtheorie ausgedrückt, bewegt sich dieser Strukturschutz in dem Bereich zwischen „requisite variety" und „adequate complexity" (Ashby 1956, S. 206 ff.; Luhmann 1993, passim). Nichtwissen bedeutet Kontingenz; insofern sind Mechanismen, die Latenz sichern, auch Kontingenzschutzmechanismen (siehe auch Kap. 13 sowie Bora und Epp 2000).

So spielt beispielsweise in Organisationen die Trennung zwischen Entscheiden und Begründen die Rolle eines Latenzschutzmechanismus. Denn sie hält die Paradoxie des Entscheidens (dass nämlich immer auch anders hätte entschieden werden können) latent. Diese Leistung vollbringt die Differenzierung zwischen Entscheiden und Begründen dadurch, dass sie zwei getrennte Wissensbereiche generiert: nämlich zum einen, wie Entscheidungen herbeigeführt werden; und zum anderen, was „gute" Begründungen sind. Diese Unterscheidung ist etwa für das Funktionieren juristischer Organisationen (Gerichte) von zentraler Bedeutung, die unter erheblichem Zeitdruck Entscheidungen in großer Zahl erzeugen müssen und dabei Rationalitäten der Entscheidungsproduktion in Anschlag bringen, die für die Begründung dieser Entscheidungen jedenfalls zu einem guten Teil latent gehalten werden müssen (zu Programmierung und Multireferentialität von Organisationen vgl. Kap. 10). Begründungsstrategien dagegen folgen Rationalitätskriterien, nach denen Entscheiden und Begründen so verschweißt werden, als ob die konkrete Entscheidung tatsächlich einzig und allein von guten Gründen abhinge (dazu Hoffmann-Riem 2001). Die Semantik von Herstellung und Darstellung trifft diesen Sachverhalt nicht ganz, weil sie nach wie vor eine Einheit/Identität der Entscheidung impliziert und dabei die Möglichkeit außer Acht lässt, dass Entscheiden und Begründen in unterschiedlichen Diskursuniversen angesiedelt sein könnten. Sie bewegen sich sowohl in der Welt des Rechts und in dessen Dogmatik – nämlich im Hinblick auf das Begründen –, als auch im Bereich von Organisation, soweit es dort um die Produktion von Entscheidungen geht.

Hier kommen ersichtlich auf unterschiedliche Kontexte bezogene Formen des Wissens/Nicht-Wissens ins Spiel. Nicht nur wird man in Rechnung zu stellen haben, dass es etwa auf der Ebene gesellschaftlicher Funktionssysteme je spezifische Wissensbestände und -formen gibt, etwa wissenschaftliches, religiöses, politisches, rechtliches, ökonomisches, medizinisches Wissen. Diese Formen sind in je eigene Bezugsrahmungen eingebettet und lassen sich nicht – bzw. nicht ohne weiteres – gegeneinander austauschen oder von einer Form in die andere übersetzen. Darüber hinaus ist in diesem Zusammenhang jedoch

an eine weitere spezifische Form von Wissen in der Gestalt der Entschei-
dungsheuristiken zu denken (Entscheidungs-Wissen). Entscheidungssituationen,
welche stets die Spannung von Entscheidungszwang und Begründungsverpflich-
tung enthalten, verlangen nach Programmierungen in zweierlei Hinsicht. Sobald
nämlich diese Spannung zwischen Entscheidungszwang und Begründungsver-
pflichtung in der Situation selbst aktualisiert wird, sobald mit anderen Worten
die Reflexion auf spätere Zurechenbarkeit einsetzt, sobald also nach Entscheidungsprogrammierungen, nach Regeln, Orientierungspunkten gefragt (und nicht
einfach: entschieden) wird, treten zwei Formen der Programmierung auf den Plan:
Entscheidungsprogramme und Begründungssemantiken.

Entscheidungsprogramme haben wohl häufig die Gestalt von „schnellen
und einfachen" Heuristiken, und zwar insbesondere dort, wo eine wesentliche
Eigenschaft der fraglichen Entscheidung die Geschwindigkeit selbst ist (Ärzte,
Feuerwehr). Sie sind typischerweise eingebettet in professionelles Wissen und
werden wohl auch von den Organisationen, in denen solche Entscheidungen
erwartet werden, durch entsprechende Auswahl-Regeln bei der Stellenbesetzung
sowie mehr oder minder explizite Formulierung der Heuristiken stabilisiert. Man
denke zum Beispiel an die ärztliche Triage, die eben anders funktioniert als das
komplexe Regelwerk des San Diego Medical Center, um an eines der von Gigerenzer (2002) erwähnten Beispiele für „fast and frugal heuristics" zu erinnern.
Insbesondere professionelles Entscheiden wird sich deshalb ganz typisch auf Entscheidungsprogramme hin orientieren, die als schnelle und einfache Heuristiken
beschrieben werden können.

Anders verhält es sich dann mit Begründungen, die – wann immer sie tatsächlich erzeugt worden sein mögen – erst nach getroffener Entscheidung abgefragt
werden, wenn Zurechenbarkeiten fraglich werden, Entscheidungen rekonstruiert
und auf Entscheidungsträger attribuiert werden, wenn sich gewissermaßen das
aus risikotheoretischer Perspektive antizipierte Risiko (Verantwortungszuschreibung, siehe dazu Kap. 14) zu realisieren droht. Begründungen werden dann
eher auf Darstellung hin orientiert sein, auf Kohärenz ausgerichtet und extensiv.
Zeitknappheit, beschränkte Wissensvorräte und konkurrierende oder beschränkte
Rationalitäten (bounded rationality) können hier kaum restringierende Effekte
hervorrufen. Rationale Begründungen – das hat man gegen die universalpragma-
tische Variante der Diskurstheorie bei Habermas immer schon eingewandt – sind
in Entscheidungssituationen nicht zu haben, sie können aber ex post ins Spiel
gebracht werden.

Man kann von dieser auf unterschiedliche Wissensformen fokussierenden
Perspektive aus dann in dem oben angesprochenen Sinne fragen, ob diese
Unterscheidung auch für juristisches (richterliches) Entscheiden zutrifft. Niklas

Luhmann hat das bekanntlich angenommen. Und zwar nicht so sehr deswegen, weil Rechtsentscheidungen unter organisatorischem Zeitdruck zustande kommen (das tun sie in vielen Fällen wohl auch), sondern vor allem deswegen, weil zum Entscheidungsprogramm der Organisationen des Rechts der Bezug auf den Gesetzestext gehört (Luhmann 1993, S. 340). Zu begründender Argumentation kommt es, so Luhmann, erst auf einer Ebene des Beobachtens zweiter Ordnung, wenn die Frage auftaucht, wie, in welcher Weise Gesetzestexte in der Kommunikation zu handhaben sind. Dann müssen explizite Auslegungs- und Begründungsregeln in Anspruch genommen werden. Argumentation ist: „Selbstbeobachtung des Rechtssystems", die rekursiv „auf vergangene oder antizipierte Meinungsverschiedenheiten über die Zuordnung der Codewerte Recht bzw. Unrecht reagiert." (ebd., S. 351). Ziel ist Kohärenz bzw. die „Vermeidung erkennbarer Inkonsistenzen" (ebd., S. 357) Nun sind „Gründe" in Argumentationen Symbole für Redundanz (ebd., S. 373). Sie realisieren gewissermaßen die Konsistenz im System. Kein Wunder also, dass Juristen immer wieder die Erfahrung machen, unterschiedliche Entscheidungen annähernd gleich gut begründen zu können – die juristischen Fakultäten leben nicht zuletzt von diesem Umstand. Deshalb hat Luhmann juristisches Argumentieren durchaus als Variante des „satisficing behavior" angesehen. Die Rechtssoziologie kann sich also das Konzept der fast and frugal heuristics (Gigerenzer) zunutze machen, um nach den Bedingungen der Produktion von Entscheidungen im Rechtssystem zu fragen.

Mögliche Widersprüche in den Kommunikationsvoraussetzungen selbst – das zeigen nicht zuletzt Beispiele wie dasjenige der Differenz zwischen Entscheidungs- und Begründungswissen – liegen also im Latenzbereich der Kommunikation und bleiben dort prinzipiell unthematisch. Auf unser Ausgangsproblem der Kontrolle bezogen heißt das: die Beschreibung von Operationen als Kontrolle macht nur Sinn, wenn und solange Einflussmöglichkeiten auf den zu kontrollierenden Bereich tatsächlich unterstellt werden können, Nichtkontrollierbarkeiten also latent gehalten werden. Wo dies nicht gelingt, können sich Operationen nicht sinnvoll an der Erwartung externer Zustandsänderungen orientieren. Regulierung ist mit anderen Worten auf die Annahme einer wie immer gearteten Einflussmöglichkeit auf den zu regulierenden Bereich angewiesen. Diese stets mitlaufende Fiktion des „Unter-Kontrolle-Bringen-Könnens" kann mithin als Bedingung der Möglichkeit von Regulierung bezeichnet werden.

Die Latenz des Nichtkontrollierten, das Nichtbeobachten von Devianz, stellt sich freilich nicht von selbst ein. Und sie wird permanent durchbrochen. Beispielsweise machen externe Beobachter wie die Sozialwissenschaften die Regulierung immer wieder auf Nonkonformität aufmerksam. Das gilt etwa für die Rechtssoziologie im Verhältnis zum Rechtssystem und zur Jurisprudenz, wie wir im ersten Band ausführlich erörtert haben. Latenzschutzmechanismen setzen an dieser Stelle ein. Sie haben die Funktion, notwendige Latenz auf der operativen Ebene zu erhalten, also Kontingenzschutz im oben genannten Sinne zu betreiben. Solcher Latenzschutz erübrigt sich andererseits auf der Ebene der Reflexionstheorie, wo gerade responsive Beobachtungen einsetzen. Operativ wird Latenz etwa durch Thematisierungsschwellen erreicht, die dafür sorgen, dass die Prämissen laufender Kommunikationen in diesen selbst nicht zum Thema werden. Empirische Beobachtungen von rechtlicher Kommunikation zeigen, dass in diesen eine ganze Vielzahl von Vorkehrungen eingebaut ist, mit denen die Thematisierung von Machtfragen verhindert wird (Bora 1999, S. 222 ff.). Ein anderer, insbesondere für das Rechtssystem wichtiger Mechanismus besteht in der Symbolverstärkung, das heißt in der kommunikativen Bekräftigung des normativen Geltungsanspruchs. Die Irritationen, die durch die Beobachtung von Devianz entstehen, können im Bereich normativer Erwartungen gerade durch deren typische Form der Enttäuschungsverarbeitung, durch das kontrafaktische Festhalten an der Erwartung, absorbiert werden: man reagiert auf Abweichung mit betontem Festhalten am normativen Anspruch. Dieser Mechanismus der Symbolverstärkung ist für Regulierung dort von hervorgehobener Bedeutung, wo er dazu dient, gerade die normative Geltung gewissermaßen gegen die Faktizität schlechter Praxis abzugrenzen und eben dadurch in ihrem Geltungsgehalt zu stärken.

Allerdings findet das Festhalten an normativen Erwartungen als Latenzsicherungsstrategie seine Grenze dort, wo die Kontrollerwartung sich nicht mehr an Personen oder Organisationen als Adressaten richten kann, wo Attribuierungsmöglichkeiten; auf Handeln, Verantwortung und Entscheiden abgeschnitten sind. Nur in dem durch solche Bezüge abgegrenzten Bereich macht ja Enttäuschungsverarbeitung über kontrafaktisches Erwarten, macht die Kontrolle als Erwartung von (persönlich oder organisatorisch) adressierbaren Verhaltensänderungen einen Sinn. In allen anderen Fällen läuft sie ins Leere. Sie greift vor allem nicht gegenüber jeder Art von Technik. Man denke in diesem Zusammenhang etwa an Max Webers Beispiel der Straßenbahn (Weber 1975, S. 16 f.) Wenn das für Technik charakteristische unbefragte Funktionieren selbst der Kontrolle entgleitet und – sei es gerade durch perfektes Funktionieren, sei es durch irgendwelche Fehler – Schäden verursacht, so kann dieser Kontrollverlust nicht einfach durch normatives Erwarten wegreguliert und quasi in die Latenz zurückgedrängt werden. Diese Feststellung gilt auch dann, wenn man berücksichtigt, dass sich auch Technikregulierung in bestimmter Form an personalisierbare Adressaten wendet: die Verantwortung für die Sicherheit technischer Anlagen beispielsweise trifft immer konkrete Personen, die im Schadensfalle zur Rechenschaft gezogen werden. An dieser Stelle liegt aber nicht das Problem. Denn was – durch die Verantwortlichkeit einzelner Personen quasi hindurch – geregelt werden soll, ist das gefahrlose Funktionieren von Technik. Und die personale Verantwortlichkeit wird auch in diesen Fällen durch das Maß dessen begrenzt, was technisch tatsächlich kontrollierbar ist. Damit sind wir jedoch in einem Bereich angelangt, der sich normativer Latenzsicherung entzieht. Gegenüber dem Versagen des Kühlkreislaufs in einem Atomkraftwerk oder dem horizontalen Gentransfer zwischen Pflanzen und Mikroorganismen bleibt normatives Erwarten unmittelbar wirkungslos. Das Nichtkontrollierte kann hier mit den Bordmitteln gesellschaftlicher Regulierung – mit kontrafaktischem Erwarten – gerade nicht latent gehalten werden. Dieses ist an Adressierbarkeit gebunden (vgl. Kap. 14). Und deshalb schützen die regulierenden Systeme – Recht und Politik – die Latenz des Nichtkontrollierten durch Externalisierung. Sie geben die Frage an andere Systeme weiter: „Alles unter Kontrolle?" Und sie machen ihre Regulierungsoperationen abhängig von den extern gefundenen Antworten auf diese Frage. Das Technikrecht kennt viele Beispiele für diese Risikoverschiebung: so sind etwa Grenzwerte und dynamische Verweisungen Mechanismen, die dazu führen, dass letztlich die Wissenschaft die materialen Kriterien der Regulierung entwickelt. Das Recht exekutiert dann gewissermaßen wissenschaftliche Entscheidungen: unterhalb des Grenzwertes herrscht Recht, darüber Unrecht. Solche Festlegungen können sich auf wissenschaftliche, aber genauso gut auf politische, ökonomische oder anderen Kommunikationen stützen. Das Rechtssystem nutzt hier seine strukturellen Kopplungen an andere Funktionssysteme, um deren Unterscheidungen zur Programmierung seines eigenen Codes Recht/Unrecht zu benutzen (Luhmann 1984a, S. 602). Solche Phänomene finden sich auch in anderen Funktionssystemen. Halfmann (2002) zeigt beispielsweise, wie Geltungsbegründungen von Wahrheit im Wissenschaftssystem unter der konstitutiven Bedingung von Nicht-Wissen (nämlich der Intransparenz von Welt und der Beobachterabhängigkeit von Erkenntnis) Probleme aufwerfen, die unter Verweis aus Technik abgearbeitet werden. Das lässt die Vermutung zu, dass Technik mit Blick auf die Wissenschaft als Latenzschutzmechanismus fungieren kann.

Derartige Strategien der Externalisierung findet man insbesondere auch auf dem Feld jener gesellschaftlichen Kommunikationen, die unter dem Sammelbegriff Technology Assessment (Technikfolgenabschätzung und -bewertung, kurz: TA) zusammengefasst werden können. Im Folgenden geht es um die Frage, welche Möglichkeiten Technology Assessment der Regulierung gibt, ihr Kontrollproblem latent zu halten.

6.2 Technology Assessment – Latenzschutz durch Informationsgewinnung?

Wenn man die Vielfalt der kursierenden TA-Konzepte einer systematischen Betrachtung unterzieht, so stellt sich heraus, dass TA als umfassender Begriff weniger einen Verfahrenstypus bezeichnet, der durch prozedurale Merkmale (partizipativ, constructive, innovationsorientiert usw., vgl. etwa Bröchler et al. 1999) hervorsticht – diese Merkmale sind durchweg kontextabhängig und geben deshalb gerade keinen kategorialen Rahmen für eine Analyse der Technikfolgenabschätzung her. TA bezeichnet als übergreifendes Konzept vielmehr, soziologisch gesehen, eine Form von Reflexion, die in sehr unterschiedlichen Kontexten und Verfahrenstypen ihren Platz hat – von der Politikberatung, über rechtliche Genehmigungs- und Planungsverfahren bis zu den Entscheidungsprozessen der Forschungs- und Entwicklungsabteilungen in Wirtschaft und Wissenschaft. Technology Assessment zeichnet sich durch eine spezifische Form des Beobachtens von Technik aus, nämlich durch die Absicht, zeitlich entfernte, in der Zukunft liegende Effekte von Technik zu identifizieren und auf eine hic et nunc zu treffende Kontrollentscheidung zuzurechnen. Die Beobachtung enthält also sowohl kognitive als auch normativ-evaluative Momente (dazu auch Kap. 5).

Die kognitiven Anteile beziehen sich nach der Selbstbeschreibung von TA auf die Möglichkeit, Informationen über mögliche Zukünfte zu generieren (Petermann 1991). Damit liegt TA, jedenfalls soweit sie auf Wissenschaftsmanagement abzielt, im Bereich der Strategien, die Technikregulierung als Informations- bzw. Wissensproblem behandeln. Sie unterläuft insofern die oben beschriebene konstitutive Funktion des Nicht-Wissens (Latenz). Die regulatorische Funktion solcher Formen des Beobachtens besteht nach deren Selbstbeschreibung darin, mögliche negative Effekte – Schäden für geschützte Rechtsgüter wie Leben, Gesundheit, Persönlichkeits- und Freiheitsrechte oder die natürliche Umwelt in ihrem Wirkungsgefüge – zu verhindern, also im klassischen Sinne Risiko-Vorsorge durch Regulierung zu ermöglichen. Diese Vorsorge besteht darin, in dem durch Technology Assessment ermittelten Bereich kontrollierbarer Gefährdungspotentiale Handlungsanweisungen für einen sicheren Umgang mit der Technik zu geben sowie im nicht kontrollierbaren Bereich entsprechende Verbote auszusprechen. Am Beispiel der Gentechnik kann man das illustrieren: Hier gilt für Arbeiten in gentechnischen Anlagen das Prinzip des contained use, das die Zulässigkeit einzelner Arbeiten nach der Kontrollierbarkeit der Technik abstuft. Transgene Organismen, bei denen im Technology Assessment keine gefährliche Eigenschaft identifiziert wird, sind weniger streng reguliert als solche, die beispielsweise ansteckend und zusätzlich noch außerhalb des containment überlebensfähig sind.

Diese Charakterisierung gilt für einen weiten Bereich des Technology Assessment, der sich keineswegs nur auf die Beratung parlamentarischer Politik bezieht, jenen Bereich also, in welchem der Begriff als solcher entstanden ist, sondern der sich in Form einer allgemeinen, auf einen spezifischen Modus des Beobachtens rekurrierenden Begriffsbestimmung grundsätzlich auf alle sozialen Systeme anwenden lässt (Grunwald 2010). Und tatsächlich kommen vorsorgende Folgenbeobachtungen in allen mit Technik befassten Entscheidungsprozessen vor. Diese „Querschnitts-Eigenschaft" haben Paschen und Petermann mit ihrer Formel von Technology Assessment als „strategischem Rahmenkonzept" bezeichnet (Paschen und Petermann 1991). In einer tabellarischen Übersicht lässt sich das veranschaulichen (siehe folgende Übersicht).

Phasen der Technikentwicklung →	Technikgenese Innovation	Selektion Subvention	Regulierung (Prävention i.e.S.)
Organisationen ↓			
Universitäten, Forschungseinrichtungen (Wissenschaft)	Entscheidung über Forschungsprogramme und Projekte	Entscheidung über Forschungsprogramme und Projekte	
Unternehmen, Verbände (Wirtschaft)	Entscheidung über Produktentwicklung	Investitionsentscheidung, Markteinführung	Technische Normierung
Parlament, Regierung, Verwaltung (Politik)	(Entscheidung über Technikbedarf, gesellschaftliche Rahmensteuerung	Entscheidung über Forschungs- und Wirtschaftsförderung	Entscheidung über Technikkontrolle, -verbot, -förderung
Gerichte, Verwaltung (Recht)	Kontrolle von Innovation (z.B. Gentechnik: Anlagensicherheit in der Forschung)	Kontrolle der Technikauswahl (z.B. Gentechnik: Inverkehrbringen, Sicherheit/ Monitoring	Einzelfallentscheidung (Projektgenehmigung oder Versagen, konkrete Haftungsregelungen, Vorsorgemaßnahmen

Technology Assessment in gesellschaftlichen Entscheidungsfeldern - Schattierte Felder = Entscheidungsschwerpunkte in der betreffenden Phase

Wenn man in einer solchen, groben Heuristik die Phasen von Technikzyklen betrachtet, kann man feststellen, dass Prävention im klassischen Sinne als Gefahrenabwehr vor allem die Bereiche Recht, Verwaltung und Politik betrifft. Sie wird seit langem schon ergänzt um die Aufgabe der Subvention, also der Förderung von Techniken vorwiegend im politischen, aber auch im Wirtschaftssystem; hier hat Technology Assessment die Funktion, subventionslenkende Vorsorge zu ermöglichen, etwa im administrativen Bereich die mittels Subventionsrichtlinien erzeugte Selbstbindung von Verwaltungen bei der Auswahl von geförderten Projekten gegenüber dem Gleichbehandlungsgebot des Art. 3 GG sachlich abzusichern. Darüber hinaus wird Technology Assessment in Forschung und Wirtschaft dort relevant, wo es um Innovation, um Technikgenese geht; auch auf diesem Feld wird vorsorgende Folgenbeobachtung zur Programmierung von Entscheidungen nachgefragt.

In allen genannten Kontexten besetzt TA dieselbe Funktion: Die gesellschaftliche Funktion dieser Art von Folgenbeobachtung ist im Kern Vorsorge, auch wenn TA im Kontext von Technikförderung (Entscheidung über Subventionen) und von Innovationsprozessen (Forschung und Entwicklung) auftritt. Zwar wird man sagen können, dass der locus classicus der TA in gewisser Weise immer noch die Preußische Dampfkesselverordnung ist, die Polizey, Gefahrenabwehr und -vermeidung, die Aufgabe also, Folgen vorherzusehen, unerwünschte Effekte zu vermeiden, erwünschte zu fördern. Diese Aufgabe der Vorsorge hat ihren Platz freilich nicht mehr ausschließlich im Bereich der Gefahrenabwehr im engeren Sinne. Im selben Maße, in dem sich die staatlichen Aufgaben von der klassischen Gefahrenabwehr hin zur Risikovorsorge, von der Eingriffs- zur Leistungsverwaltung gewandelt haben, erweitert sich auch der Anwendungsbereich von vorsorgender Folgenkommunikation und wandert aus der staatlichen Zuständigkeit teilweise aus.

Technology Assessment als Voraussetzung und Vorbereitung von Technikregulierung setzt, so war gesagt worden, an den Grenzen normativer Latenzsicherung ein. Und sie basiert nach ihrem Selbstverständnis auf der Generierung möglichst zuverlässiger Informationen über mögliche Zukünfte. Wenn man nun nach der spezifischen Leistungsfähigkeit dieses Mechanismus fragt, so lassen sich zwei, durch steigende Komplexität charakterisierte Stufen der Problembearbeitung unterscheiden, die in gewisser Weise auf die Frage nach der notwendigen Latenz von Nicht-Wissen reagieren und die in ihrer Entwicklung letztlich auch Rückwirkungen auf den Prozess der Regulierung haben. Es geht zum einen um Expertise als Mittel der Informationsgewinnung, zum anderen um öffentliche Deliberation als Instrument der Bewertung. Beide Wege des Technology Assessment münden in Sackgassen, weil sie nicht erfolgreich Latenzsicherung betreiben können. Dies soll im Folgenden kurz erläutert werden.

6.3   Externalisierung des Latenzschutzes durch Expertise

Die einfachste und historisch naheliegende Reaktion auf die Begrenzung normativer Kontrolle von Technik ist diejenige der Externalisierung auf Expertise („Herrschaft kraft Wissen", Max Weber). Kontrollwissen, so die zugrundeliegende Vermutung, kann am besten durch die Kompetenz technischer – und im Zweifelsfalle dann auch: wissenschaftlicher – Expertise erzeugt werden. Dieses technokratische Modell des Technology Assessment unterstellt in gewisser Weise eine Selbstkontrolle in Technik und Wissenschaft, die – wenn und soweit sie denn funktioniert – zur Beseitigung der Kontroll-Irritationen in den Regulierungssystemen beitragen kann. Technikrecht und Technologiepolitik haben über lange Strecken auf diese Lösung gesetzt, mit großem Erfolg, aber auch mit zahlreichen wohlbekannten Problemen. Das technische Sicherheitsrecht ist in vielen Belangen genau durch diese Figur des Rückgriffs auf externes (wissenschaftlich-technisches) Wissen geprägt.

Ich erwähne hier nur ganz kurz zwei, wie mir scheint, zentrale Problembereiche des Expertenmodells: Zum ersten die konstitutive Rolle von Latenz auch im Bereich der Technik. Risikosoziologische Studien haben seit langem darauf hingewiesen: so wenig sich durch Wissenschaft das Nichtwissen beseitigen lässt, so wenig kann die Ingenieurskunst alle Folgen von Technikentscheidungen antizipieren und in ihrer potentiellen Schadensdimension erfassen (dazu etwa Bechmann 1993). Neben diesen eher kognitiven Aspekt tritt zweitens in den letzten Jahrzehnten eine Kritik des Expertenmodells, die an den Bewertungsgrundlagen ansetzt. Die Wissenschaftssoziologie beobachtet einen Abschied von klassischen Modellen des Expertenhandelns, das nicht mehr in eine quasi lineare Kette von Problemdefinition, wissenschaftlich-technischer Problemlösung und regulativer Entscheidung eingebettet ist. Modelle eines „Mode 2" der Wissensproduktion (Gibbons et al. 1994) interpretieren diese nicht nach dem Muster gradliniger Steuerung, sondern eher als ungerichteten Aggregations- oder Anhäufungsprozess, zu dem unterschiedliche Institutionen beitragen (van der Meulen und Rip 1998).

Der Prozess gleicht einem großen Reservoir, in das ganz verschiedene Wissensströme einfließen. Damit ändert sich aber auch die Rolle von Experten und die mögliche Funktion von Expertise als Latenzsicherung für die Regulierungssysteme, bis hin zur Konditionierung externer Prozesse der Wissensgenerierung durch das Recht (vgl. Jasanoff 1995). Es entstehen tendenziell vielgestaltige und bisweilen widersprüchliche Expertisen, die zudem in Konkurrenz mit anderen Wissensquellen treten, was das Latenthalten von Kontrollproblemen erheblich erschwert.

Zugunsten des klassischen Expertisemodells ist allerdings auch mit gewissem Recht geltend gemacht worden, dass auf der kognitiven Ebene bei aller Ambivalenz von Expertenwissen doch kein Weg an der Expertise vorbeiführt, und zwar vor allem deshalb, weil überhaupt nicht ersichtlich ist, welche Form des Beobachtens an deren Stelle treten könnte (van den Daele 1993). Insbesondere kann weder politische noch rechtliche Kommunikation die Expertise ersetzen, da sie, wie ich zu zeigen versucht habe, ja ihrerseits auf deren Zulieferungsleistungen angewiesen sind.

Regulierung bleibt also auf kognitive Aussagen über das Risiko angewiesen, das mit einzelnen Technikentscheidungen verbunden ist. Anders ließen sich weder politische Programme noch rechtliche Regulierungen von Technik mit Kontrollansprüchen verbinden. Sie verweisen im Kern stets auf die kognitive Dimension. Ja man kann sogar, wie Peter Weingart (1999) hervorgehoben hat, von einem eher inflationären, ständig steigenden Gebrauch von Expertise in Politik und Recht sprechen.

Es scheint mir deshalb hilfreich, hier in Anlehnung an Weingart zwischen einem weiten Bereich sedimentierten, in Wissenschaft und Technik allgemein als gültig akzeptierten Wissens einerseits und einem Grenzbereich sich aktuell entwickelnden und noch in der Diskussion befindlichen Wissens andererseits zu unterscheiden. Ersteres bildet sich in einem länger andauernden Prozess; seine Zuverlässigkeit steht damit in gewisser Relation zu seinem Alter bzw. zur zeitlichen Entfernung von den aktuellen Debatten. Während also die Qualität von Expertise mit einer gewissen Langfristigkeit ihres Entstehungsprozesses korrespondiert, sind die Nachfragezyklen insbesondere des politischen Systems – aber auch diejenigen der rechtlichen Regulierung – von Kurzfristigkeit, hoher Frequenz und wechselndem Nachfrageinteresse geprägt. Die Regulierung will mit anderen Worten möglichst „heißes“, aktuelles, auf die neuesten Problemlagen bezogenes Wissen, will dieses zugleich aber als möglichst gut abgesichertes. Diese widersprüchliche Erwartungshaltung markiert jedoch den Grenzbereich, in welchem Expertise ihre Funktion eines Latenzsicherungsmechanismus für die Regulierung nur mit Mühe wird erfüllen können. Sie lässt ihre eigenen Latenzen sichtbar werden, gerät ins Kreuzfeuer öffentlicher Kritik. Die Erfahrungen mit einem am Wissenschaftszentrum Berlin (WZB) durchgeführten Verfahren der Technikfolgenabschätzung zu gentechnischen Nutzpflanzen (van den Daele et al. 1996; Bora und van den Daele 1997) – das in zentralen Punkten auf die Konsolidierung von Expertise im Bereich umstrittenen Wissens abzielte – macht diesen Punkt recht deutlich: im kritischen Bereich wird die Expertise politisch strittig. Und das ist kontraproduktiv im Hinblick auf Latenzsicherung sowohl der Expertise als auch der Regulierung.

6.4   Rationalität der öffentlichen Deliberation?

In einer komplexeren Sichtweise von Technology Assessment beobachten wir deshalb den Schwerpunkt auf partizipativen Strukturen. Partizipatorische Technikfolgenabschätzung im Sinne dialogischer Prozesse von Technikgestaltung zwischen Forschung und Entwicklung, Regulierung und betroffener Öffentlichkeit gilt bis heute als angemessener Umgang mit Technikentwicklungen. In den deutschen Institutionen wie dem Technikfolgenabschätzungsbüro beim Deutschen Bundestag (seit 1990), der baden-württembergischen Akademie für Technikfolgenabschätzung (1991–2002), der Europäischen Akademie Bad Neuenahr-Ahrweiler (seit 1996) oder dem in den 1990er Jahren aktiven Arbeitskreis Technikfolgenabschätzung und -bewertung in Nordrhein-Westfalen wurden und werden praktisch durchgängig solche partizipatorischen Modelle diskutiert und erprobt. Und auch auf europäischer Ebene bemühte man sich beispielsweise im EUROpTA-31 Projekt (EUROpTA 2000) um eine Evaluation und Vereinheitlichung von Beteiligungsverfahren. Dort, wo Expertise zur Sicherung krisenfreien Operierens gesellschaftlicher Technikregulierung nicht ausreicht, greift nun die Beteiligung breiter Kreise der Öffentlichkeit am Technology Assessment als komplexerer Auffangmechanismus ein. Diese Entwicklung ruht im Wesentlichen auf drei Säulen:

Zum einen beruht sie auf der Kritik an der (letztlich über Schelsky bis Weber zurückreichenden) Technokratiethese; diese Kritik wurde hierzulande im Wesentlichen durch Marcuse und Habermas eingeleitet; sie mündet in eine normative Wende, deren Auswirkungen unmittelbar in den Tendenzen zu einem partizipativen Technology Assessment zu sehen sind (vgl. Ropohl 1996).

Zum zweiten folgt sie aus einer demokratietheoretischen Debatte, die unter dem Stichwort „Demokratisierung der Expertise" geführt wurde (Schmalz-Bruns 1995, S. 188 f.: Kerner 1997; Martinsen und Simonis 2000). Sie machte auf die Grenzen von Expertenwissen in einer durch die Pluralität von Diskursen, Sprachspielen und „Kulturen" geprägten Wissensgesellschaft aufmerksam – man denke an das erwähnte Reservoir-Modell. In den technokratischen Spielarten dieser Kritik wird dann den Experten eine Art Brücken-, Übersetzer- oder Vermittlerfunktion zugewiesen, ohne dass jedoch die Privilegierung einer solchen Position im pluralen Gesellschaftsmodell noch theoretisch begründet werden kann; die demokratietheoretische Alternative läuft auf Partizipationsmodelle hinaus, in denen die Pluralität kommunikativ entfaltet und konsensuell geschlossen werden soll.

Zum dritten verweist sie auf eine staatstheoretische Debatte: Die Formen staatlichen Handelns haben sich in allen westlichen Industriegesellschaften vom hoheitlichen Eingriff tendenziell zu lösen begonnen und bewegen sich in vielen Bereichen auf kooperative, in Verhandlungslösungen mit Beteiligung betroffener Gruppen mündende Verfahren zu. Diese Umstellung geht mit einem Trend zu verhandelndem – statt rein intervenierendem – Recht einher. Und solche kooperativen Formen resultieren unter anderem aus Steuerungsdefiziten herkömmlicher Interventionsmuster (Bora 1999, S. 21 ff.).

Um diese Problemlagen kreiste die Debatte über Technology Assessment, über seine Funktionen und Formen. Partizipatorische Technikbewertung, das zeigen nicht zuletzt die erwähnten europäischen Entwicklungen, galt lange und gilt wohl heute noch als das erfolgversprechende Modell vorsorgender Technikfolgenbeobachtung in komplexen Gesellschaften schlechthin.

Bei allen Vorteilen, die partizipatorische Verfahren bieten, sollten freilich auch ihre Probleme nicht übersehen werden. Diese bestehen sowohl auf der kognitiven Ebene – wie weit können sich Beteiligungsverfahren tatsächlich vom Expertisemodell abkoppeln –, als auch auf demokratietheoretischer Ebene – wie sind solche Verfahren an die politischen und rechtlichen Entscheidungsroutinen angekoppelt, welches Mandat haben sie –, und schließlich auch in verfahrensinternen Funktionsproblemen, die letztlich auf funktionale Differenzierung verweisen.

Da sind zum einen die Partizipationskosten zu nennen, die immer dort zum Ausstieg von Verfahrensbeteiligten führen werden, wo es – aus welchen Gründen auch immer – nicht zu einer sogenannten Win-Win-Lösung kommen kann (Döbert 1997; Bora und van den Daele 1997). Loyalitäten gegenüber Herkunftsorganisationen und Orientierungen auf politische, ökonomische, weltanschaulich-ethische Rationalitäten setzen sich im Zweifel eben doch gegenüber den Bindungswirkungen partizipatorischer Verfahren durch. Auch das ist ein Eindruck, den man aus dem oben erwähnten WZB-Verfahren mitnehmen konnte.

Neben diesen strategischen Gesichtspunkten, die aus der Perspektive einer ökonomischen Analyse in den Blick geraten, reproduzieren Verfahren des Technology Assessment zum anderen aber auch – und zwar gerade sofern sie partizipatorisch angelegt sind – gewisse Kommunikationsbarrieren, die aus der funktionalen Differenzierung von Gesellschaft resultieren und die deshalb aus einer differenzierungstheoretischen Perspektive besonders deutlich sichtbar werden. Ich habe das in einer größeren Studie zur Öffentlichkeitsbeteiligung in rechtlichen Genehmigungsverfahren empirisch ganz gut nachweisen können (Bora 1999, 2000; Bora und Epp 2000; siehe auch Kap. 11–13).

Arenen der Öffentlichkeitsbeteiligung in rechtlichen Genehmigungsverfahren, wie wir sie etwa in Gestalt des sogenannten Erörterungstermins an zahlreichen Stellen im Planungs- sowie Umweltverwaltungs- und Technikrecht beobachten, stellen einen besonders instruktiven Fall dar, an welchem sich zentrale

Behauptungen normativistischer Regulierungstheorie überprüfen lassen. Beobachtet man hier doch einen Versuch, die Postulate eines Modells deliberativer Öffentlichkeit in die Rechtswirklichkeit zu implementieren, verbunden mit hohen Erwartungen an die Integrationsleistungen partizipativer Verfahren. Diese Konzeption steht in unmittelbarem Zusammenhang mit Habermas Auffassung von deliberativer Öffentlichkeit Habermas 1992 und Peters 1993 (Bora 1999). Aus der differenzierungstheoretischen Sichtweise der neueren Systemtheorie sind dagegen eher Schwierigkeiten mit der Partizipation zu erwarten. Die Externalisierung des Latenzschutzes auf gesellschaftliche Verhandlungen wird hier als Abstimmung in den Leistungsverhältnissen zwischen den Funktionssystemen der Gesellschaft, als eine bestimmte Form struktureller Kopplung, betrachtet. Unter dieser Annahme wird die These zunehmend unplausibel, Beteiligung müsse per se positive Effekte haben. Im Gegenteil, man vermutet viel eher, dass sie jedenfalls dort zu Konflikten führt, wo es um riskantes Entscheiden geht. Denn die Öffentlichkeitsbeteiligung führt im Bereich von Risikokommunikationen typischerweise zur Inklusion von Protest. Die Protestkommunikationen beanspruchen in partizipatorischen Arenen unmittelbare Relevanz, das heißt in den von mir untersuchten Fällen, sie wollen in den Organisationen des Rechtssystems für die Programmierung von Entscheidungen unmittelbar mit benutzt werden. Mit der These von der autopoietischen Geschlossenheit sozialer Systeme kommt man zu dem Schluss, dass das Rechtssystem gewisse Abwehrreaktionen gegen derartige Ersetzungen seines Codes in Gang setzen wird. Komplementäre Reaktionen kann man aber durchaus auch bei den anderen Systemen erwarten, insbesondere bei der Politik.

Tatsächlich lassen sich solche Reaktionen in der Empirie nachweisen. Und es lässt sich zeigen, dass sie mit gewisser Notwendigkeit in Konflikte münden, die den Erfolg partizipatorischer Verfahren tendenziell bedrohen. Das Kontrollthema bleibt hier – und das wäre das Resultat mit Blick auf die hier verfolgte Frage – gerade nicht latent. Am Beispiel der Öffentlichkeitsbeteiligung im Gentechnikrecht heißt das etwa, dass gerade das partizipative Verfahren in seinen Kommunikationen contested concepts wie etwa Risiko, Sicherheit, aber auch die Funktion von Partizipation selbst, Verfahrensprinzipien und die Rollen der Beteiligten erst sichtbar gemacht hat. An diesen contested concepts haben sich schließlich nicht mehr auflösbare Konflikte entzündet.

Partizipation mündet also – jedenfalls in bestimmten Fallkonstellationen – in ein spezifisches Dilemma. Geboren aus der Pluralität von Diskursen, in welcher die Grenzen des Expertendiskurses sichtbar wurden, reproduziert sie diese Vielfalt zunächst nur und führt deshalb häufig nicht zu einer konsensuellen, eindeutigen Antwort auf die Kontrollfrage. Sie verschiebt diese häufig auf ein

Abstimmungsverfahren zwischen konkurrierenden Diskursen, das als solches keinen Latenzschutz garantiert – im Gegenteil, nicht kontrollierte Bereiche werden hier erst deutlich sichtbar.

6.5 Komplexe Reflexion – Technikregulierung unter der Bedingung von Nichtwissen

In dieser kritischen Betrachtung des Expertise- und des Partizipationsmodells zeichnet sich eine dritte Form ab, die den Gesichtspunkt der Differenz, der Pluralität von Perspektiven angemessen berücksichtigt, welcher im Grunde beiden Kritiken Nahrung gab. Die grundlegende Eigenschaft dieser Form, die über partizipatorische Inklusion hinausgeht, kann man vielleicht als Reflexion höherer Ordnung, als wechselseitige Resonanz auf die jeweils fremde Beobachtung eigenen Operierens bezeichnen. Sie wird nur in manchen Fällen durch Partizipation zu erreichen sein, in manchen anderen viel eher durch die Markierung von Differenzen und die klare Trennung unterschiedlicher kognitiver und evaluativer Schritte, Foren und Arenen der Technikbeobachtung. Auch das haben unsere Forschungen zur Öffentlichkeitsbeteiligung deutlich werden lassen.

Theoretisch steht für solche Formen der Begriff der *Responsivität* zur Verfügung. Wenn man unter Resonanz generell die Beobachtung von Umweltereignissen versteht, also das Operieren unter Ausnutzung von Umweltkomplexität, so lässt sich Responsivität als ein voraussetzungsreicher Fall von Resonanz begreifen. *Von Responsivität kann dort gesprochen werden, wo Systemoperationen regelmäßig und verlässlich auf die Beobachtung von Umweltereignissen eingestellt werden und eben dadurch wiederum beobachtbare Resonanzen in anderen Systemen auszulösen vermögen. Man sieht, mit anderen Worten, was in der Umwelt passiert, wenn man über Technik in Terms von Recht, Moral, Macht, Geld usw. kommuniziert, und man kann sich wiederum selbst auf diese Reaktionen einstellen.* Diese Beobachtung des Unterschiedes von eigenem Operieren und dessen Wahrnehmung in der Umwelt kann als Aspekt von Reflexion zweiter Ordnung begriffen werden. Reflexion heißt Beobachtung der jeweiligen System-Umwelt-Differenz. In responsiven Kopplungen werden in einer zweiten Reflexionsschleife die Reflexionsleistungen anderer Systeme zum Gegenstand der Beobachtung und der Programmierung von Systemoperationen.

Für die Technik*regulierung* hieße dies, im Wechselspiel zwischen Recht und Politik als regulierenden Systemen und den Verfahren des Technology Assessment, in welchen die Auseinandersetzungen um Technikbewertungen geführt werden, die Sensibilität für die Funktionsbedingungen der je anderen Systeme über resonanzhaltige strukturelle Kopplungen zu gewinnen, aus denen jedes System hinreichend Irritationen und damit Komplexitätsgewinne für seine eigenen Operationen schöpfen könnte. Dieses Zusammenspiel lässt sich theoretisch als Etablierung eines Typus der Reflexion höherer Ordnung verstehen. Marc Mölders erforscht solche Beziehungen unter dem Stichwort der Irritationsgestaltung (Mölders 2015, 2019).

Ein derartiger post-interventionistischer Modus der Externalisierung von Latenzsicherung schafft freilich insgesamt nicht mehr die Fiktion des „Alles unter Kontrolle". Die Beratung im Sinne einer unsicherheitsabsorbierenden Expertise wird zur Beratung im Sinne von komplexitäts- und konfliktsteigernder Deliberation und schließlich zur Beobachtung von Beobachtungen.

„Alles außer Kontrolle" also? Man wird es wohl so sehen müssen, wenn man am einfachen Konzept des Regulierens als Orientierung an Zustandsänderungen und der damit verbundenen Notwendigkeit des Latenthaltens von Nichtkontrollierbarkeiten festhält. Denn eben diese Latenz wird in reflexiven Beobachtungsbeobachtungen nicht mehr garantiert. Im Gegenteil: hier wird das nicht determinierte Verhalten des zu regulierenden Systems gerade in den Blick gebracht. Man kann sagen: das Problem, welches aller Regulierung zugrunde liegt, wird sichtbar, nämlich der Umstand, dass die Annahme der Kontrollierbarkeit, die der Regulierungsoperation überhaupt erst ihren Sinn vermittelt, in grundlegender Weise unsicher (unkontrollierbar) ist.

Wenn man sich jedoch mit diesem Resultat des „Alles außer Kontrolle" nicht bescheiden will, wird man versuchen, das Konzept der Regulierung selbst auf das Problem der Latenzsicherung einzustellen. Wie dies genau und in allen Details aussehen könnte, scheint in mancher Hinsicht noch eine offene Frage zu sein, die vielleicht eines der zentralen Themen einer Soziologie der Technikregulierung unter der Bedingung von Nicht-Wissen und ebenso einer *Rechtssoziologie auf Augenhöhe mit der soziologischen Theorieentwicklung* darstellt und sicherlich einer interdisziplinären Bearbeitung bedarf. Was sich abzuzeichnen scheint, sind allgemeine Überlegungen, die noch kein vollständiges Bild ergeben, aber doch gewisse Konturen erkennen lassen. Drei Aspekte sollen erwähnt werden:

Zum einen lassen sich in zahlreichen Feldern rekursive Lernprozesse als allgemeines Merkmal von Wissensproduktion in modernen Gesellschaften identifizieren (Krohn 1997). Ein vergleichbares Konzept des rekursiven, lernenden Rechts wird in der Rechtstheorie, etwa von Karl-Heinz Ladeur (1995, 1999) vertreten. Er stellt vor allem auf die Organisationen des Rechtssystems ab und schlägt auf der intraorganisatorischen Ebene vor, eine Methodologie des Operierens mit Technik und ihren Auswirkungen als funktionales Äquivalent zur problematisch gewordenen Erfahrung zu entwickeln. Interorganisatorisch sollen Monitoring und Selbstbeobachtung in ein Lernen zweiter Ordnung münden. Regulierung wird dann nach dem Modell experimentellen Entscheidens begriffen, also eines Entscheidens, das sich selbst tastend voran bewegt, im Bewusstsein seiner Kontrollprobleme. Wenngleich hier vieles im Detail noch unklar oder umstritten ist, so zeigt sich doch in dieser zunächst normativ angelegten Beschreibung in gewisser Weise auch eine Reaktion auf die Anforderung reflexiver Technikregulierung. Empirisch lassen sich übrigens an verschiedenen Stellen auch entsprechende Öffnungen des Rechts beobachten (Bora 1999, Einleitung).

Ein zweiter Aspekt betrifft Prozesse einer pluralen Normbildung und Regulierung. Am Beispiel des internationalen Privatrechts und der lex mercatoria untersucht etwa Gunther Teubner (1996, 1997a) Formen der Regulierung, die vom Interventionsmodell der Kontrolle Abschied nehmen und sich in starkem Maße einem Vertragsmodell der Kontrolle nähern. Dieses bleibt dem eingangs vorgestellten Regulierungsgedanken verpflichtet – Orientierung an Zustandsänderungen im zu regulierenden Bereich –, betrachtet freilich den Prozess der Kontrolle selbst eher nach dem Modell von autonomen, jeweils in ihren Operationen aufeinander reagierenden Vertragsparteien. Wenn man erkennt, dass auch Verträge Regulierungen enthalten, so zeichnet sich hier unter Umständen das Paradigma eines Regulierungskonzepts ab, das die Kontroll-Latenzen in den Mittelpunkt des Interesses rückt, also die Frage: wie wird sich der andere, der zu regulierende Bereich eigentlich verhalten? Damit wird kein Latenzschutz erzeugt, keine De-Thematisierung der Kontrollfrage, sondern umgekehrt: es kommt zu einer expliziten Thematisierung und damit zu einem Umbau des Kontrollkonzepts.

Drittens stehen auch auf dem Gebiet der Staatstheorie die entsprechenden Konzepte bereit. Der Wandel vom präzeptoralen Staat zum Supervisions- bzw. wie es inzwischen heißt: zum aktivierenden Staat ist unverkennbar (Willke 1997). Damit sind Rahmenbedingungen für reflexive Regulierungskonzepte benannt, die an Debatten über Kontextsteuerung, mediale und plurale Steuerung anknüpfen können.

Wenn man dies alles zusammennimmt, sind wir, um das eingangs verwendete Bild wieder aufzugreifen, nun von der „Präventivwirkung des Nichtwissens" zur „Ökologie des Nichtwissens" (Luhmann 1992) gekommen. Für unser Thema bedeutet das: von notwendiger Latenz des Nichtkontrollierten zu Unsicherheitstoleranzen und zu einer „Ökologie der Kontrolle", verstanden als Orientierung eigenen Operierens am fremden Beobachten dieser Operationen. Diese Bewegung war nicht zufällig, sondern – darauf sollte dieser kurze Überblick hinweisen – sie war durch soziale Eigenschaften der bei der Technikregulierung eingesetzten

Latenzschutzmechanismen induziert. Diese haben durch ihren Eigensinn das Konzept von Technikregulierung nachhaltig verändert.

Also doch „Alles unter Kontrolle", wenngleich in anderem Sinn? In der Tat ist vieles noch empirisch und theoretisch offen, auch das sollten die vorangegangenen Überlegungen andeuten. Hier setzen die Forschungsinteressen einer auf Fragen der Technikregulierung ausgerichtete Rechtssoziologie an. Auf dem Niveau von Großtheorien geht es, wie erwähnt, um Regelungsmodelle, etwa deliberativen oder eher differenztheoretischen Zuschnitts. Es geht im Hintergrund immer auch um die rechtssoziologisch spannende Frage, ob eine Verlagerung von normativen zu kognitiven Erwartungen zu beobachten ist, und wenn ja, mit welchen Konsequenzen. Im Übrigen – im überschaubarem Format alltäglicher Arbeit – geht es darum, Fragen organisatorischer und verfahrenstheoretischer Natur zu verfolgen: Wie sehen reflexive Formen der Regulierung konkret aus? Lassen sie sich empirisch schon beobachten, wo, mit welchen Einschränkungen? Welche Erfolgsbedingungen und Hindernisse zeichnen sich ab? Welche neuen Probleme – vergleichbar den nichtintendierten Folgen von Partizipation – sind dort zu erwarten?

Das sind zu einem guten Teil interdisziplinäre Fragestellungen. Hier wurde vornehmlich die Interdisziplinarität in Richtung der Rechtswissenschaft angesprochen. Wissen und Nichtwissen, das sollten die vorstehenden Überlegungen mit Blick auf rechtliches Regulieren von Technik vor allem deutlich machen, stehen in einem konstitutiven Zusammenhang, der sich nicht restlos auflösen lässt. Die Erwartung, Risiken gesellschaftlicher Regulierung durch Informationsmanagement beseitigen zu können, erweist sich als voreilig. Jede Strategie auf diesem Wege erzeugt neue Latenzen, die dort unsichtbar gehalten werden, wo sie für Systemoperationen notwendig und hinderlich zugleich sind. Dieser Blick auf Latenzsicherungen setzt eine Theorie voraus, in deren Zentrum das Handhaben von Unterscheidungen steht. Ökonomie und Kultur sind Kategorien, die für eine derartige Sichtweise nicht hinreichend komplex sind. Was immer sie erklären, sie bleiben in der Regel eine Reflexion auf ihre Grundparadoxien, ihre operationsnotwendigen Latenzen schuldig. Mit dem systemtheoretischen Instrumentarium ist zwar die notwendige, kritische Selbstbeobachtung noch nicht garantiert; sie wird aber mit den Mitteln dieser Theorie erst gewinnbringend ermöglicht, die einen systematischen Platz für die Dilemmata und Paradoxien hat, die aus der notwendigen Latenz allen Operierens mit Unterscheidungen folgen.

Teil II
Recht, Politik, Verwaltung

Scientific Norms, Legal Facts, and the Politics of Knowledge

7

The politics of knowledge has become a contested issue in the scientific debate. At least three different interpretations of this field of governance can be found in the literature (cf. Wehling 2004). A first interpretation is oriented to innovation and the development of distributed production of knowledge (Rammert 2003). One might call it —in metaphorical terms—a model of "deliberate release" of knowledge. A second interpretation deals with questions of regulating uncertainty and controlling the steadily growing production of knowledge. This second version is an aspect of regulative politics, aiming at the protection of rights and the pursuit of common goods (Stehr 2003). It may be called a "knowledge containment" model. Recently, a third interpretation has gained increasing attention, which has been labelled "reflexive politics of knowledge" (Wehling 2004; Böschen 2005). This model is based on concepts of reflexive modernity, which have been brought forward, for example, by Ulrich Beck as well as on contemporary approaches in science and technology studies developed by Sheila Jasanoff, Helga Nowotny and others. The term "reflexive knowledge politics" indicates blurring boundaries between science and other societal systems, such as politics or law, for instance. The concept criticises classical differentiations between the knowledge orders of experts and laypersons, or between facts and norms. Instead, it refers to a concept of "reflexivity" that intends to replace or, at least, to re-interpret these "old" distinctions in the light of a theory of societal de-differentiation.

This chapter sheds light on some of the phenomena that gave reason to formulate the idea of reflexive politics. It takes a critical position on the third interpretation of "reflexive knowledge politics". The concept of reflexivity in

---

Revised version, original text published in: Stehr and Weiler 2008, pp. 67–86.

© Der/die Autor(en), exklusiv lizenziert an Springer Fachmedien Wiesbaden GmbH, ein Teil von Springer Nature 2023
A. Bora, *Reflexion des Rechts – Beiträge zur responsiven Rechtssoziologie*, https://doi.org/10.1007/978-3-658-40787-2_7

these approaches is reformulated in order to improve our understanding of cross-boundary relations between societal systems. The empirical example is the relation between science, politics, and law—the latter being one of the most prominent instruments of political intervention.

This relation between science, politics, and the law lies at the heart of knowledge politics, as a few empirical considerations can demonstrate. The politics of knowledge has reached the centre of the political system. On the European level, for instance, the Lisbon Agenda declared the knowledge-based society and the political, legal, economic, and scientific path towards this knowledge society to be *the* central issue of policymaking for the years to come (Rodrigues 2005). It did so in combining different objectives, such as social standards, cultural values, respect for the environment with high competitiveness and economic strength. In March 2000 in Lisbon, EU heads of state and government set the strategic goal to become the most competitive and dynamic knowledge-based economy in the world, capable of sustainable economic growth with more and better jobs as well as greater social cohesion. These goals were confirmed by the Barcelona European Council adding that investment in European R&D should be increased to 3% of the GDP by 2010. In this process, the role and the particular shape of science and scientific knowledge became an issue for discussion. How and under which conditions did science enter the stage of the Lisbon strategy? When looking at this process, the relation between science and the other societal fields, in particular, does not remain untouched.

The debate in this respect has been focussing on issues of "science communication" while "enabling" regulation. Both aspects are important; however, I suggest that they are only one-way, linear modes and, therefore, not sufficient to meet the challenges resulting from knowledge governance. If we take a closer look at the debate about the Lisbon Agenda, the following developments can be observed: In the knowledge society a broad concept of innovation—including social and institutional innovation—and an enlarged vision of the role and place of the citizens are declared as necessary. The simple, more or less linear model of "explaining science to the public" is replaced by a more complex, systemic, multi-directional, and multi-level concept, which is a more interactive "citizen push" approach promoting innovation "with and for everyone". Under such conditions, scientific communication with other social fields—be it the public, be it functional systems such as law, e.g.—has to go beyond single channel, one-way-information. The general task for science is not just to teach, but also to learn, to get involved, to develop broader skills, to "build bridges" to other social fields. Citizens are regarded as actors promoting and strengthening research, not only as sceptical and uneducated. New forms of knowledge governance are postulated, and regulatory implications are discussed.

Against this background, the question arises, who—which social system— owns *what sort of knowledge*? Furthermore, how can the relatedness of knowledge work between different social systems? The aim of this chapter is to propose a theoretical viewpoint that allows for opening up the perspective on the relation between science and regulation. The focus of my argument is on the relation between science and law, the latter being one of the central instruments of regulation. The chapter takes a legal-sociological perspective, which is to a great extent informed by sociological systems theory. My aim is to employ the theoretical strength of this approach by concurrently demonstrating its empirical value.

Looking at the interplay between *science and law* in knowledge society, we can identify mainly three thematic strands, namely, firstly, legal ownership in a narrow sense (patents, TRIPs etc.), secondly, legal regulation in technical safety law, and, thirdly, scientific expertise for legal decision-making. The current chapter focuses on the second and the third strand, namely *legal regulation* and *scientific advice*. Both can be viewed at as two complementary sides of the general relation between law and science, as two forms of relations of knowledge between different social systems ("owners"), each of which combines *cognitive and normative knowledge*. Both forms are manifestations of the governance of knowledge (Stehr 2004). I suggest that if we conceive this relation under the general aspect of knowledge, then problems in regulation and in expertise become comprehensible as general characteristics of the governance of knowledge. In addition, the political implications of this complex relation might be better understood from the perspective of knowledge than from other perspectives. The politics of knowledge—this is the practical message—must take *cognitive and normative knowledge* into account on both sides: legal norms and scientific facts, but also legal facts and scientific norms. The sort of "knowledge cross-over" that the current chapter addresses gives reason to conceive the politics of knowledge in a reflexive and multi-directional mode. Based on these presuppositions, the concept of "reflexivity" must be criticised. From a systems theoretical point of view, reflexivity gains new aspects and a higher level of terminological precision.

The argument is presented in three steps: Firstly, two directions in the relation between science and law are discussed, namely expertise and regulation, that can both be understood as consequences of functional differentiation. Secondly, two modes of knowledge are theoretically analysed, namely cognitive and normative knowledge, that are both aspects of expertise and regulation. Thirdly, the theoretical and practical implications of the approach suggested is discussed. They refer to the model of reflexive politics and result in a theoretically embedded concept of reflexivity.

7.1   Expertise and Regulation—Consequences of Functional Differentiation

Expertise and regulation are two forms of relatedness between different "owners". Both "directions" of the relation between science and law can be considered as every-day contacts between the two social systems. The metaphor of "exchange of knowledge", then, raises two questions:

1. Can scientific knowledge be turned into legal knowledge? This question relates to scientific expertise and advice: can factual knowledge (cognitive knowledge) be transformed into norms and how does this transformation work?
2. Can legal knowledge be turned into scientific knowledge? This question leads to legal regulation: can legal (normative) knowledge be transformed into cognitive schemata and how does this transformation work?

The two forms—expertise and regulation—are the standard relations between science and the law. However, these relations have become contested in the last decades. This "contestedness" is one of the reasons why it makes sense to focus on the politics of knowledge. Before discussing the theoretical implications, the two developments in the governance of knowledge shall be briefly introduced:

Expertise gains overwhelming relevance in modern society. It shows the ways in which and how scientific knowledge can be turned into legal knowledge (Schulte 2004). An enormous growth of scientific advice in all fields of politics, education, economy, and law can be observed. Most key decisions in policymaking have been expert-based in one way or the other. One might only think of the issues of social security, the labour market, or the health system. They have been subject of prominent expert boards, and political decisions have explicitly been based on the recommendations of these experts. In Germany, for example, the famous "Rürup" and "Hartz" commissions in the field of German social policy have become synonyms for this "expertisation" of regulation. In a similar way, everyday decision-making in law-courts has become the domain of experts, for instance in traffic law, building law, and—more relevant in our context—in technical regulations such as nuclear energy law or the genetic engineering act and its numerous provisions, which are based on scientific knowledge.

Sociological literature has extensively discussed the reasons for this culture of expertise. They are rooted in social differentiation, i.e. mainly in functional differentiation, which produces also a far-reaching differentiation of various forms and realms of knowledge in modern society. As a consequence, personal and organisational knowledge is imperfect in most respects. Everybody is a layperson in most aspects of life, as Max Weber has argued in *"Wissenschaft als Beruf"* (1917/19). In a complementary perspective, expertise is inevitable and of fundamental relevance. We have to base many of our decisions on expert opinions. In sum, expertise is on of the signatures of functionally differentiated society.

At the same time, expertise is somehow infected by "irrational" influences. It is losing credibility and becomes contested. This circumstance is not so much rooted in scientific dissent—a fact that exists since the very origin of science, and it seems to be overestimated in some sociological approaches –, but a result of the social context in which expert knowledge is produced. I do not claim that scientific dissent (and consequentially, uncertainty, non-knowledge, and risk) is sociologically irrelevant. These issues are well known and have been extensively discussed (Perrow 1984; Luhmann 1991b; Japp 1997; Weingart 2001), while the aspect of expert advice and the production of knowledge is a rather new field—certainly not older than approximately 150 years, and with growing significance in the last few decades; it strongly influences the form and content of knowledge as, for instance, Robert Merton (1973), Sheila Jasanoff (1995), Bruno Latour (1991), Shapin and Shaffer (1985), or Silbey and Ewick (2003) illustrate. Together, technology—biotechnology in particular—and law are co-producing technological and scientific facts. Moreover, the quality of *knowledge* produced in these application contexts is in question. What are the criteria for its validity; truthfulness: applicability? It seems, as if "robustness" of knowledge is best suited to describe the quality criterion in the current situation, as Nowotny (2003) argues. Epistemologically based on the principle of fallibilism, socially based on a situationally framed ad-hoc-acceptance, "robustness" seems to bridge the gap between scientific validity claims and practical, for instance legal or political demands in the context of advice. The theoretical and practical issues still are, if and how "robustness" can be reached, and if and how it could be methodologically proven. One option to reach robustness under the condition of contested expertise is participation; it has gained growing importance under the label of "democratising expertise" (Fuller 2000; Liberatore and Funtowiczs 2003). Expertise is always related to decisions. The new aspect of this relation is the tight social coupling of expertise and decision-making. Expertise becomes part of the interest-conflicts that dominate many decision-making processes, and therefore becomes contested. Against this background, the issue of democratic legitimisation of expert knowledge relevant to decision-making becomes crucial. These brief considerations show the ways in which and how expert knowledge changes its character when it encounters (legal or political) decision-making. The relation between different spheres seems to affect the knowledge, which is the object of this relation. Such considerations give reason to carefully analyse the character of knowledge in these processes.

Legal regulation—the second aspect—refers to the case that legal knowledge is influencing scientific knowledge. Regulation is one of the core tasks of the modern state. Moreover, it is the main legitimisation for state activities promising that individual and collective security, welfare, and the pursuit of the common good can be achieved by state institutions. accordingly, regulation is more than regulatory law; it is any operation of a system aiming at the change of the current state of a "goal" or "object" system. The latter might even be the regulating system itself as in the case of self-regulation (see Chap. 6).

At the same time, regulation is losing effectiveness and is facing serious problems. Regulatory failure, unintended side effects, and over-regulation are well-known problems. I do not want to dwell on these phenomena but would rather like to address an additional aspect. With respect to science, new challenges come in sight. Law faces complex normative structures in the field that it tries to regulate namely "technoscientific" normativities as part of the scientific reality. The term "technoscience" was coined in order to indicate that experimental science by modelling natural processes unequivocally demonstrates the technological reproducibility of this process. Science and technology are closely linked, where scientific questions turn out to be technological projects (Latour 1991; Haraway 1991). "Technoscientific" normativities are, consequentially, normative constructs emerging from the interplay between science and technology (cf. Chap. 8). They combine factual—scientific and technological—knowledge and normative claims. A large number of provisions in environmental law and related areas can be interpreted as "technoscientific" norms. This holds true for many legal forms of risk attribution, for instance. The legal model of risk attribution, e.g. paragraph 16 of the German Act on Genetic Engineering, implicitly constitutes factual knowledge, namely by providing an interpretive scheme ("*Deutungsmuster*") that selects relevant knowledge from irrelevant on the factual level (Bora 1999). Or, as Lezaun (2004) argues, we can see that the concept of a "transformation event" in the regulation of the marketing of transgenic organisms. It identifies "transgenic" organisms by reference to the specific technical-industrial intervention that produced them, and thereby implies a certain concept of relationship, less based on conventional biological taxonomies, but more on the novel models of origin and relatedness that are being developed "between" law and science. Another example is the erosion of institutional norms of knowledge production by the expansion of intellectual property regimes. In this context, a number of irritating questions arise: Is scientific knowledge now being privatised at the expense of the public sphere? Can one in any case distinguish private and public (Strathern and Pottage 2004)? Another example, from the complementary perspective so to speak, shows that and how "technoscientific" normativity is involved in the governance of biotechnology: in June 2005, the German Minister for Consumer Protection instructed its subordinate offices and agencies—which have the legal duty to conduct research on all fields of biotechnology—have to withdraw from biological safety research. This example shows that the implicit cognitive schemata are strongly mingled with normative presuppositions. Regulatory preferences, coupled with cognitive knowledge (e.g. risk assumptions), intervene very strongly in the scientific field.

The above-mentioned developments and examples give reason to ask for theoretical implications and practical consequences: How does theory react on the bi-directional relation of knowledge between law and science? How does it conceptualise the fact that the law—as all other decision-making systems—strongly relies on scientific expertise, while at the same time it shapes the modalities and conditions of the production of scientific knowledge? Do these developments expose that we are dealing with counter-movements to social differentiation? The "mode-2"-hypothesis seems to indicate this conclusion by applying a de-differentiated notion of modern society (Nowotny et al. 2001). Or do these phenomena of the governance of knowledge become visible only as "cross-over" phenomena from a differentiation theoretical point of view? The current chapter takes this latter stance and argues from a differentiation theoretical perspective. Finally, what kind of practical politics of knowledge can we imagine under these conditions? In particular, what concepts of expertise and regulation can we gain from these observations? Differentiation theory—that is the suggestion—might help to identify practical problems and to formulate consequences for knowledge politics.

7.2 Cognitive and Normative Knowledge—An Enlarged Concept of Structural Coupling

These questions about expertise and regulation are not totally new. Law plays a pivotal role in the fabrication of nature and technology—and vice versa; science and technology both create a corpus of normative knowledge. Both, sociology of science and technology on the one hand as well as law and society studies on the other have reacted to this development. However, the debates have remained more or less isolated from each other. The focus on knowledge and knowledge society might offer an opportunity for fruitful combination.

What are the theoretical shortcomings of each perspective? Their main weakness seems to be that both focus on the code of a single functional system (legal/illegal in one case, true/false in the other). Therefore, from a theoretical point of view they are not extremely sensitive for "external" codes. This argument has to be put forward very carefully, because sociology of science as well as socio-legal studies obviously emphasise the influence of these "external" factors on their respective subjects. They observe non-legal influences on the legal system and non-scientific influences on science. However, they often tend to neglect the reverse effect, namely the fact that the law produces cognitive knowledge, too, and that science also produces norms—a fact that is almost completely neglected in studies on the "understandability" of legal texts (Lerch 2004); this issue could be excellent to show that and the way in which the law produces and shapes cognitive knowledge. Often, both perspectives are adjusted to interpretive schemata that function as "law and society" or "science and society", as if society was something different from law or science stands apart from the respective functional system under observation. In both cases, "society" is an unspecified symbol for the "other". The sociology of knowledge opens up a perspective that regards law and science (as well as economy, politics, education etc.) as aspects of society.

While referring their specific objects of investigation to the broader context of society, studies in "law and society" and "science and society" have each developed a somewhat local conception of "society" or "sociality" whereas, for instance, from the perspective of the legal system, "society" is a potential source of normative substance, but also—and this is more problematic—a permanent source of non-normative perturbation (such as *facts*, power, interest, etc.) From the perspective of science, in contrast, "society" is in a similar way the permanent source of non-factual perturbation (such as *norms*, power, interest, etc.).

The sociology of law is, therefore, mainly concerned with the external observation of non-legal conditions of the law (traditionally observed as "power"), whereas the sociology of science is concerned with non-scientific conditions of science (traditionally observed also as "power"). Very rarely, they become sensitive to the inherent mixture of cognitive and normative aspects in both fields. Although a few scholars have constantly dealt with the issue, e.g. Sheila Jasanoff, Gunther Teubner, Alain Pottage and others, the mainstream in both disciplines is not seriously taking up this type of questions from a theoretical point of view.

The same holds true for the relations the other way round, when we talk about the capability of science and law to have an impact on "society", i.e. on other functional systems. These "goal" systems are each different from science and from the law. Problems in the relation between science or law and their

Table 7.1 System autonomy and the standard model of advice/regulation

Scientific expertise/Advice	Legal regulation
Knowledge of the counselling system is "external" code for counselled system, "productive misreading" as construction of "internal" knowledge on the counselled side	Knowledge of the regulating system is "external" code for regulated system, "productive misreading" as construction of "internal" knowledge on the regulated side

respective "goal" systems in counselling or regulating processes result from these differences. This is a very familiar theoretical concept of expert advice and regulation in both sociology of science and of law. These two forms of relations between law on the one hand, science on the other, and their respective social environments can be schematised as follows (Table 7.1).

The problem in both cases consists of describing in *theoretical terms* the interrelation, i.e. of influence that somehow "goes" from one system to the other. Both, advice and regulation occur as problems in *reflective theory*. The central insight of constructivism (particularly the constructivism of systems theory) is that on the counselled and the regulated side a more or less "radical" model of system autonomy has to be taken into consideration. It is this autonomy that allows for an explanation of the difficulties of advice and regulation. The "goal" systems in each of these relations is autonomous in its operations and observations; consequently, it does not import or integrate "external" knowledge directly, but rather constructs its own sort of knowledge in this relation to external influence. The theoretical concepts grasping this sort of relation are "structural coupling" and "productive misreading" (Teubner 2002, 2003). Structural coupling means that social systems observe each other and, in so doing, utilize each other's complexity in order to build up internal structures. A brief formula for this complex network is: to use another system's complexity in order to build one's own complex structures. On the basis of this coupling, the term "misreading" most precisely describes what goes on in a counselled or regulated system. The "external" knowledge is taken as a source of irritation leading to the "internal" construction of new knowledge ("irritation design", cf. Mölders 2015, 2019, see also Chap. 6). This new internal construction of knowledge is meant by the term "misreading". Misreading is "productive" to the counselled or to the regulated system, insofar as new and internally usable knowledge is produced.

The basic model described above can describe problems of expertise and regulation; problems that consist of the impossibility to reach directly the operations of the "goal" system. The operations of the "goal" system always follow the autonomous processes of reproduction within this system. They can never be influenced directly by external processes of advice or regulation.

What I have described so far is the routine model of inter-systems-relations in constructivist approaches, for instance in sociological systems theory. The situation is more complex, if we enlarge our model. The general argument holds that both fields—advice and regulation—can be conceived as fields of knowledge. Knowledge in that case is the general aspect that entails both varieties. I apply a very broad concept of knowledge that is particularly not bound to any type of scientific knowledge or to the validity claim of truth. Based on Jean Piaget's (1970) genetic epistemology, Niklas Luhmann's (1995a) sociological systems theory, as well as Karl Weick's (1969) sociology of organisations, knowledge, in my theoretical understanding, means *any operational schema* applied in order to *observe and describe* the world, including the observing episteme itself (see Chap. 5).

Sociologically this concept is embedded in differentiation theory. Therefore, a second remark is necessary with respect to differentiation. If we talk about "crossover" and "mixtures" of knowledge, it is important to note that these phenomena are not located on the level of functional systems, but that they are obviously manifested in organisational and interactive forms. In these types of social systems, more than one code (truth, law, power etc.) can be used at the same time, a fact discussed under the topic of "multi-referentiality" (see Chap. 10).

On this level, I would like to apply my second differentiation, namely the one between *cognitive and normative knowledge* (cf. Table 7.2). Both forms of knowledge occur *in science as well as in law*, i.e. in scientific and legal organisations and interactions. This theoretical point of view allows for a reconstruction of some of the problems connected with expertise and scientific advice on the one hand, and legal regulation and governance on the other hand. It allows for a fresh and clear view on the "blurred" differentiation between functional systems, and also for a theoretically fruitful concept of reflexive governance.

If we adopt this theoretical perspective on scientific advice and regulation, we may now proceed and ask how knowledge is constructed on the side of "reception", in the "goal system" so to speak. (Table 7.3) demonstrates that we have the surface level in both cases, where "external" knowledge is observed in the regulated or in the counselled system. Gunther Teubner has forcefully argued that this process of observation has to be conceived as a "productive misreading", i.e. as an autonomous construction of internal knowledge that is triggered and irritated by the observation of the "external". I argue that a second "lower" layer has to be taken into consideration, namely cognitive knowledge in the case of law (regulation), respectively normative knowledge in the case of science (advice).

Table 7.2 Cognitive and normative knowledge—Expanded model (I)

	Scientific expertise/Advice	Legal regulation
Cognitive knowledge	Knowledge of the counselling system is "external" code for counselled system, "productive misreading" as construction of "internal" knowledge	?
Normative knowledge	?	Knowledge of the regulating system is "external" code for regulated system, "productive misreading" as construction of "internal" knowledge

Table 7.3 Cognitive and normative knowledge—Expanded model (II)

	Scientific expertise/Advice	Legal regulation
Cognitive knowledge	Knowledge of the counselling system is "external" code for counselled system, "productive misreading" as construction of "internal" knowledge	• "Internal" code for goal system, direct communication, • Visibility (is cognitive knowledge observable as such in regulating system)? • "misreading"/irrelevance in the regulating system
Normative knowledge	• "Internal" code for goal system, direct communication • Visibility (is normative knowledge observable as such in counselling system)? • "misreading"/irrelevance in the counselling system	Knowledge of the regulating system is "external" code for regulated system, "productive misreading" as construction of "internal" knowledge

The "goal" system in both cases faces its internal code on the advising/regulating side and there is no question of "misreading". The problem here is visibility/invisibility. Does the regulated/counselled system realise that it faces communications in its own code? Visibility is a problem insofar as this second layer is mostly implicit.

Furthermore, the counselling/regulating system usually does not perceive this second layer in its own operations, i.e. it will not observe that it is using and producing "external" knowledge. According to Teubner, it "misreads" the situation in this respect, but the misreading is not be productive. The second, implicit layer is relevant insofar as it contains the presuppositions on which advice and regulation are built.

Let us take the following cases as examples:

1) In green biotechnology, risk regulation in all European countries refers to the precautionary principle. The principle is based on scientific analysis according to the state of the art in science. Risk is understood as a sort of potential danger that has been triggered by the genetic transformation and nothing else. If no indicators for a "specific" risk in this sense can be found, then no precautionary measures of are necessary (information theoretical concept, in contrast to decision theoretical, cf. Bora 2006a, b). In this example, the normative concept of risk is completely influenced by a specific strand of argument in science that bears fundamental normative implications (concept of risk) but appears as entirely scientific in the legal context. Scientific communication is characterised by contingency insofar as no truth argument can be provided for the choice of a particular risk concept. Hence, we observe a certain "*externalisation*" of the decision, as if the choice was a normative one (from the perspective of science). The crucial point is that from the perspective of law, it is not perfectly visible at all that there *was* actually a choice. We could say that the law is "misreading" its regulatory approach as "purely normative", and in so doing it does not recognize the implicit factual decision based on the normative choice of a certain risk model. This "misreading" is not "productive"; it rather covers up implicit cognitive knowledge that lies behind the normative choice.

2) Legal forms of "technological citizenship" may serve as a second example. They are a prominent example of what has been described as "democratising expertise" (cf. above). Legal rules of citizen participation in administrative decision-making according to EU directive 90/220 EEC—Deliberate Release –, now 2001/18 EC, gave citizens the opportunity to raise objections against field trials with GM plants. The objections had to be integrated in the legal-administrative decision-making procedure. They had to follow the above-mentioned idea of risk and precaution. However, voices from the public typically communicate something completely different, namely more political aspects, sometimes ethical and religious considerations. All these concerns are legally disapproved in a way that represents the legal situation as quasi categorically "given" (Bora 1999; Hausendorf and Bora 2006a; Bora and Hausendorf 2006a, b). It is part of the normative knowledge of the participants what sort of communication can be applied in the situation, although it is clear that the particular legal regulation on a general level is contingent and might

be treated as factual, changeable, and open. The normative paradox of just justification (Luhmann 2000b; Teubner 2002, 2003) is made invisible by building certain barriers for communication, and by the "externalisation" of the problem from application to legislation. From the perspective of citizens, legal aspects gain a factual quality. Law, in the Weberian sense, becomes an "iron cage", making participatory communication immune against its own inherent quality: open, multi-perspective, "political" points of view. Again, regulatory knowledge mis-reads its cognitive aspects—with dramatic consequences, as research on such participatory communication shows (Bora 1999, see also Chap. 12).

In sum: Expertise is, firstly, not only a question of "transfer" of scientific knowledge into legal knowledge (which could be "easy" in a sense because of being "outside", "foreign" knowledge that one simply has to "read/accept" in the sense of "productive misreading"). It is also a question of accommodation of the factual knowledge that exists in the organisations of the legal system (law-courts, administrations) and a question of self-observation for the advisors. How do they handle their (implicit) normative knowledge? Secondly, regulation is not only a question of "transfer" of legal commands into scientific knowledge, but much more a question of the accommodation of normative schemata in the organisations of science (research institutes, laboratories, universities, etc.), as well as a question of self-observation of the regulators. How do they handle their (implicit) cognitive knowledge?

7.3 Knowledge Politics—Theoretical and Practical Implications

Generally speaking, given these conditions the governance of knowledge acquires a certain *reflexive* form. However, it is still very open, what particular institutional and organisational implications may result from this insight. In my view, reflexivity means a certain mode of *politicisation* of knowledge in particular, and of science in general (Böschen 2005, p. 241). My arguments are mainly based on three developments. Firstly, they refer to the development of public forms of governance, which build a strong contrast to regulative politics on the one hand and to private governance on the other. Participation of a broad variety of actors and civil society in all forms of public decision-making are the characteristics of this development. Secondly, the idea of epistemic cultures (Knorr Cetina 1999) becomes important. The term was coined in order to identify different practises in the production of knowledge over various disciplines and scientific fields. Thereby, it describes differences within the unity of science. Thirdly, these epistemic cultures vary significantly in their treatment of uncertainty and non-knowledge. In this regard, the distinction between specific and unspecific non-knowledge (Japp 1997) is of paramount importance. Specific non-knowledge describes the case in which an actor explicitly knows that he/she lacks knowledge in a specific area. Specific non-knowledge, therefore, justifies further enquiry and the attempt to produce new knowledge. It is the characteristic feature of scientific research: we try to expand our knowledge in an area, where we still do not have (enough) knowledge. This form of specific non-knowledge has to be strictly distinguished from any kind of *un*specific non-knowledge. Unspecific non-knowledge describes a case of categorical ignorance, a case, in which an actor cannot know that he/she lacks knowledge in a certain aspect. Unspecific non-knowledge transcends the barriers of our epistemic capacities in a given moment. Many environmental and health catastrophes of the last decades were characterised by such an epistemic barrier in the very moment when they became an issue of social decision-making. One may, for instance, think of the DDT case (Carson 1962), or the beginning of the debate about chlorofluorocarbons (CFCs) in the early 1920s, when the dangerous substances were initially taken as problem solutions, because their disastrous consequences could not even be imagined due to a substantial lack of causal knowledge. In order to avoid misinterpretation, it is important to note that the category of unspecific non-knowledge does not excuse those actors, who in a later stage with positive indications of possible dangers drew the wrong decisions (or even refused to take any). It rather helps to see the complexity of the related decisions. Thus, it is important to question how different epistemic cultures treat the problem of uncertainty.

Reflexive knowledge politics, as some scholars argue, is the answer to these epistemological barriers. Governance begins to acknowledge uncertainty, to include a multiplicity of actors, to politicise scientific arguments ("structural sub-politics", Böschen 2005, p. 256), and, thereby, to give politics a reflexive shape. Under such conditions, knowledge becomes political, according to the hypothesis of reflexive politics. Political decisions have to be taken about what is relevant knowledge, and how this knowledge should be obtained. Therefore, the representatives of this concept call for a new structure of public governance (Böschen 2005, pp. 248–260). The nucleus of such a new structure are the relations between science and other societal systems. These relations have the form of organised exchange between the different subsystems (Böschen 2005, p. 260). They are thus located in those very societal areas that I have described as *structural coupling*. The organisational structures of this coupling relations have to answer the questions of "reflexive politics of knowledge": Who has the right to be informed, to define relevant knowledge, to veto in the process of knowledge production, and to shape the process of public governance? How shall these rights be executed? Which forms and procedures are best suited to achieve the goals of "reflexivity" in this concept? The sum of activities aiming to answer these questions are the components of what is called "reflexive politics of knowledge".

Coming back to the introduced differentiations—namely the distinction between cognitive and normative knowledge on both sides of the relation between law and science, the concept of structural coupling, and of productive misreading—it is easy to see that the concept of "reflexive" politics still remains too metaphorical with respect to the complex exchange relations between different "owners" of (different forms of) knowledge. The term "reflexive politics" is better suited to locate problems than to describe theoretical solutions. The demands for (more) reflexivity do not yet provide for their operationalisation. What would "reflexive politics" mean with respect to the double relation between science and the law, and to the double crossing of cognitive and normative knowledge in this realm? This relation can be described parting more detail. My argument starts where concepts of "reflexive politics" end: with the specific problem of what Böschen calls "organised exchange" between science, politics, and the public. I focus on the *law as regulatory instrument*. The question then is, what could "reflexive governance" mean under the conditions sketched out in the previous parts?

Governance—in the shape of regulation and of expertise—is always and inevitably "infected" by the technoscientific type of normativity that I described. Therefore, it is involved in a process of permanent construction of cognitive and normative knowledge in science and in law.

This description is theoretically embedded in a systems theoretical concept of modern society as functionally differentiated society. Knowledge governance is a complex phenomenon stretching across a number of functional systems, primarily politics, law, science, and economy. As such a cross-cutting field it is deeply involved with aspects of structural coupling between these functional systems. My approach addresses this issue of structural coupling. It is located on the level of organisations where structural coupling becomes empirically relevant. Expert advice on the one side, and legal regulation on the other hand, are concrete manifestations of such coupling between different functional systems. I claim that the standard view on structural coupling can be supplemented by a knowledge-oriented view. This allows to observe a higher degree of complexity in the relations that constitute knowledge governance. There can be not doubt that this observation is still based on the systems theoretical fundament. Moreover, it is this very fundament of an elaborated differentiation theory that allows for the application of the concept of knowledge. The important supplement to the standard view is the fact that cognitive and normative knowledge are involved on both sides of the coupling and in both cases (advice and regulation).

Based on this differentiation, I suggest distinguishing between two modes of knowledge governance: The first is the form developed in the 1990s, which mainly consists of the two aspects of democratising science and of post-regulatory law. It contains a sort of "reflexivity" that reacts to our standard model: How can science be enabled to communicate its knowledge to other social systems? The programme here was "science communication", public understanding of science and humanities (PUSH), "explaining science to the public" etc. How can—from a complementary point of view—regulation become sensitive for the autonomy of the regulated fields? The programme consisted of non-directive interventions, incentives, knowledge management by public institutions, the "enabling" state etc. The reflexivity of this model is mainly aiming at one-way communication processes in scientific advice and in regulation. This model clearly transcends the classical ideas of expert advice as well as of legal regulation. However, it does not transcend the linear structure of these models. It does not seriously acknowledge the double quality of knowledge, namely its cognitive and normative aspects. In this perspective, each system only observes its own relevancies and treats the other as object (of regulation or advice respectively). This form of observation provides only for a minimum level of "reflexivity". It only asks for effects on the object side.

The second and more complex idea of reflexivity and the respective mode of reflexive governance, consequentially, recognises the circumstance that the seemingly "brute scientific/technological facts", which are integrated in rule- and decision-making, are themselves embedded in (mostly implicit) normative knowledge, and they are therefore nothing but "normatively neutral". Vice versa, it recognises that seemingly "neutral" and "formal" legal provisions gain the quality of hard facts for their environment and are themselves product of "technoscientific normativities".

A working definition of *reflexivity* then has to describe *a system's observation of the relation between the system itself and its environment*, particularly other systems within this environment. This implies a complex network of "reading and misreading". In terms of mutual observation, this relation can be characterised as the coupling between three levels of activities: firstly, a system's observation of its own operations; secondly, the observation of a second system's (the "object's") observations and reactions to its—the object's—observations; and, thirdly, the operative and structural adjustment of the system's operations to its observations. Against this background, knowledge politics involves a twofold demand. On the one hand, it is important to observe if and how normative concepts of risk contain cognitive knowledge and, in this manner, directly address questions of scientific causality. On the other hand, it is important to observe if and how normative concepts of procedural roles contain cognitive knowledge about who is a relevant speaker and hence directly address questions of political power. Knowledge politics, as Stehr (2004) claims, is more than just control in this sense. It provides for knowledge and reflexive institutions/organisations, and it does not rely on expert determinism nor on regulatory illusion.

There is some evidence that a certain type of co-operative, or participatory form of decision-making could also fall in this category, although severe problems and pitfalls are also connected to participation (Bora 1999). In spite of the fact that participatory settings may have a productive function in improving the opportunities for involving civil society actors, they may also provoke exclusive dynamics, if they are not very carefully designed regarding their function (Bora and Hausendorf 2004). In this respect, a warning against any euphoric attitude is necessary. An international overview (Abels and Bora 2004) over a range of "alternative" procedures (such as the consensus-conference, the scenario-workshop, the public dialogue, the voting conference, participatory technology assessment, and others) has shown that we have good reason to be cautious. It is, therefore, certainly misleading to merely install one of these procedures, hoping that it solves the structural problems of exchange between science, politics, and the law.

Going back to the Lisbon Agenda as it back then assumed Europe's path to the knowledge society, we might say that it was a strategy of first order observation in many respects. Strongly bound to the ideas of technological and economic innovation as primary goals, the strategy aims at fostering lifelong learning and better education. Innovation policy thus functions as a "meta-policy" for science governance. It co-ordinates all single policies with the goal of "innovation", and, of course, with normative and cognitive implications of what innovation means. The types of instruments adopted were more or less conventional: directives, action plans, and the Open Method of Coordination (OMC). Only the latter may be considered as an aspect of second order observation, if at all (Zeitlin and Pochet 2005). The OMC is a voluntary process that all Member States have committed themselves to in the context of the Lisbon Strategy. It is supposed to be a way of creating greater visibility, of encouraging a strategic and integrated approach, mobilising all relevant actors and, finally, of encouraging mutual learning. Its five main elements are: Agreeing on common objectives for the Union; establishing common indicators as a means of comparing best practice and measuring progress; translating the EU objectives into national/regional policies through the development of biennial National Action Plans; periodic monitoring, evaluation and a peer review programme; finally, promoting policy cooperation and transnational exchange of learning and good practices between Member States. However, it is only referring to relations between member states. *Responsive knowledge governance* stretches across law, politics, and science as functional systems and across all their organisations. Moreover, the Lisbon strategy was strongly oriented towards the classical "expertocratic" model with respect to science governance. Science and technology defined the common indicators, which serve as instruments for benchmarking. Consequently, many actors have called for a different and more responsive model of governance with respect to the Lisbon Agenda (Bora 2005). In sum, political instruments that realise the kind of reflexive governance advocated in this chapter are indispensable for a viable exchange of knowledge between the different social fields.

Im Schatten von Normen und Fakten – Die Kolonisierung der Politik durch technowissenschaftliche Normativität

Wissenschaft und Recht, so wird im Folgenden argumentiert, gehen unter bestimmten Voraussetzungen eine brisante Allianz ein und schließen politische Kommunikationen dadurch aus Entscheidungsprozessen aus. Dies lässt sich in an technikpolitischen Entscheidungsprozessen zeigen, die es mit einer als technoscience (Technowissenschaft) bezeichneten engen Verknüpfung wissenschaftlicher Forschung und technologischer Projekte zu tun haben, wie sie typisch für neue Technologien zu sein scheint. Die Politik befrachtet hier häufig rechtliche Verfahren mit partizipativen Elementen, um politische Probleme – im Kern Legitimationsprobleme des Staates bei der Entscheidung technikpolitischer Fragen – zu lösen. In den partizipativen rechtlich-administrativen Verfahren bildet sich jedoch eine Form technowissenschaftlicher Normativität, durch welche die Möglichkeiten politischer Kommunikation beschnitten werden. Dadurch werden die technikpolitischen Konflikte, die durch diese Verfahren bearbeitet werden sollen, gerade besonders virulent. Deshalb empfiehlt es sich, über eine Re-Politisierung der Entscheidung nachzudenken, die theoretisch aus einem Modell reflexiver governance hervorgeht und praktisch in das System rechtsstaatlicher Verfahren eingepasst werden kann.

Überarbeitete Fassung, zuerst erschienen in: *Zeitschrift für Rechtssoziologie* 27 (2006) 1, S. 31-50.

© Der/die Autor(en), exklusiv lizenziert an Springer Fachmedien Wiesbaden GmbH, ein Teil von Springer Nature 2023
A. Bora, *Reflexion des Rechts – Beiträge zur responsiven Rechtssoziologie*,
https://doi.org/10.1007/978-3-658-40787-2_8

8.1   Technowissenschaft (technoscience) als Herausforderung für Recht und Politik

Wissenschaft und Technik sind wesentliche Triebfedern gesellschaftlicher Modernisierung. Zugleich provozieren sie gerade aufgrund ihrer unbestreitbaren und unverzichtbaren Erfolge Fragen und Konflikte um mögliche unerwünschte Folgen. Die gesellschaftliche und wissenschaftliche Debatte um diese Folgenproblematik ist nicht neu. Allerdings haben sich mit modernen Technologien, wie z. B. der Nano- und der Biotechnologie die Konturen von Wissenschaft und Technik verändert. Unter anderem ist der Unterschied zwischen Grundlagenforschung und praktischer Anwendung unscharf geworden. Grundlagenforschung wird in den genannten Bereichen sehr häufig bereits im Hinblick auf bestimmte Anwendungsgebiete betrieben oder ist selbst von ersten Anwendungen abhängig. Die Anwendungen der Nano- und Biotechnologie sind häufig direkte grundlagentheoretische Entwicklungen. In Folge dieser Veränderung konvergieren auch Technikgenese und Technikfolgen auf bisher nicht bekannte Weise. Technologische Innovationen entspringen ganz allgemein nicht einem quasi naturwüchsigen Prozess der selbst tragenden Evolution von Techniken, sondern einem sozialen Selektionsprozess, der sich in kognitiver Hinsicht in *epistemic communities* (Fleck 1935; Rheinberger 1994; Knorr-Cetina 1999) und in organisatorischer Hinsicht in national oder global gespannten Innovationsnetzwerken (Kowol und Krohn 2000) abspielt. Dieser Selektionsprozess wird wesentlich durch kulturell verankerte Leitbilder geprägt, in denen sich kognitive und normative Elemente zu einer Vorstellung „gültiger" – d. h. wissenschaftlich fundierter und normativ akzeptierter – Technik zusammenfügen. Dabei schrumpft der für klassische Techniken charakteristische Abstand zwischen Technikgenese und den über die praktische Implementation vermittelten Technikfolgen. Eingebettet in kognitive und normative Technikleitbilder werden wissenschaftliche Fragestellungen schon im Bereich der Grundlagenforschung als technologische Projekte konzipiert und bereits in dieser Phase mit ihren möglichen Folgen konfrontiert (vgl. Kap. 7, Bora 2006c). Die wissenschaftstypische Abstinenz gegenüber technisch-praktischen und mit diesen eng verwoben dann auch gesellschaftlich-politischen Fragen kann unter diesen Umständen kaum aufrechterhalten werden. Die Leitbilder der Technikgenese sind zugleich auch bereits die Interpretationen technischer Praxis. Man bezeichnet diesen engen Zusammenhang von wissenschaftlichen Grundlagenfragen und technisch-praktischen Anwendungen als „*technoscience"* (Latour 1991; Haraway 1991; vgl. zum Wandel der Wissenschaft auch Nowotny et al. 2004; Weingart 2001).

Diese Technowissenschaft stellt eine Herausforderung für die gesellschaftliche Regulierung dar, da sie die in die herkömmlichen Regulierungsinstrumente eingebaute Unterscheidung von („rein" wissenschaftlichen) Grundlagen und (danach erst einsetzender) praktischer Anwendung unterläuft. Prozesse der Technikregulierung, bei denen es früher eher um Aspekte einer der wissenschaftlichen Forschung eher nachgelagerten Risikokontrolle und der Nachsorge im Sinne einer Technikfolgenabschätzung und –bewertung post festum ging, haben sich in den vergangenen Jahrzehnten mehr und mehr auf Verfahren der präventiven Konfliktlösung verlagert und dabei zunehmend Abstand genommen von den alten Instrumenten regulativer Steuerung (Grunwald 2002). Diese werden mehr und mehr von Konzepten der *governance* abgelöst, in der die befehlsförmige Steuerung durch netzwerkartige, verhandlungsförmige Arrangements unter Einbeziehung aller relevanten Akteure ersetzt wird (Fuller 2000). So stehen im Falle der Technowissenschaft, die den Schritt vom Labor zur technischen Realisation extrem verkürzt, die Verfahren der Technikregulierung vor der Aufgabe, kognitive und evaluative Fragen in einem möglichst frühen Stadium der Technikgenese zu bearbeiten. In dieser Entwicklung ist auch einer der Gründe dafür zu sehen, dass rein wissenschaftsbasierte Modelle der Regulierung fragwürdig geworden sind. In kognitiver wie in evaluativer Hinsicht lösen sie zwar einige, keineswegs aber alle – und vor allem nicht die zentralen – Probleme der Regulierung. Wenn Wissenschaft eng mit den sogenannten „Folge"-Problemen technisch-praktischer Implementation verbunden ist, kann sie nicht mehr unbefangen als neutrale Expertise zur Lösung eben jener Probleme eingesetzt werden. Deshalb haben sich in der Debatte der letzten Jahrzehnte die Gewichte verschoben (Kap. 6). Expertokratische Modelle wurden zu Gunsten solcher aufgegeben, die aus der entscheidungstypischen Risikolage und der Pluralität von Akteuren und Perspektiven Verfahren des Umgangs mit neuen Verfahrenslösungen zu entwickeln suchen. Dabei geht es meist nicht mehr allein um Technikkontrolle und Risikoprävention, sondern um dialogische Prozesse der Technikgestaltung zwischen Forschung und Entwicklung, Regulierung und betroffener Öffentlichkeit. Diese Entwicklung ist in der wissenschaftlichen Debatte unter dem Stichwort „demokratische Technikbewertung" analysiert worden (Abels und Bora 2004). Dabei spielt vor allem die partizipative Einbindung Betroffener bzw. sogar einer breiteren Öffentlichkeit eine wesentliche Rolle. Diese Debatte, in der vielfach ein geradezu romantisierendes Bild von Partizipation aufscheint (Weingart 2001, S. 22), hat seit geraumer Zeit in den europäischen Nachbarländern und seit einigen Jahren vermehrt auch in Deutschland zur Erprobung unterschiedlicher Modelle der Interessenvertreter- (sog. Stakeholder-), Betroffenen- und Öffentlichkeitsbeteiligung geführt (Hennen 2003; Joss und Bellucci 2002; Joly und Assouline 2001). Der Status der betreffenden Experimente ist oftmals unklar, insbesondere was ihre Stellung im rechtlich-politischen Institutionengefüge der parlamentarischen Demokratie betrifft. Einige solcher Verfahren sind im Kontext parlamentarischer Aktivitäten entwickelt worden, wie z. B. die Konsensuskonferenzen in Dänemark; andere verstehen sich eher als basisdemokratische Ergänzung repräsentativer Politik.

Allgemein sind diese partizipativen (oft experimentellen) Verfahren im Feld der Politikberatung anzutreffen, also bei der Vorbereitung und demokratischen Legitimation von technikpolitischen Entscheidungen. Es gibt allerdings eine interessante Ausnahme bei der (mündlichen und/oder schriftlichen) Bürgerbeteiligung in *rechtlich geregelten Verwaltungsverfahren.* Diese haben Technikkontrollen zum Gegenstand und stehen in engem Zusammenhang mit den klassischen Instrumenten der Technikregulierung. Das entsprechende Format ist als „Erörterungstermin" bzw. als entsprechende rein schriftliche Form der Bürgerbeteiligung in zahlreichen umwelt- und technikrechtlichen Regelungen bekannt (Bora 1999, 2000, 2006e). Hierbei dienen partizipative Elemente im Wesentlichen zwei Zielen: der Verbesserung des Verwaltungshandelns und dem Schutz der Rechte Dritter (Bora 1994).

Dieser Verfahrenstyp war im deutschen Umwelt- und Technikverwaltungsrecht zeitweilig relativ verbreitet. Seit den 1990er Jahren haben vielfach Deregulierungen stattgefunden, so zum Beispiel im deutschen Gentechnikgesetz, aus dem 1993 die mündliche Form der Beteiligung, der Erörterungstermin gestrichen wurde. Er ließ sich darüber hinaus jedenfalls phasenweise in vergleichbarer oder zumindest verwandter Form in vielen, wenn nicht allen europäischen Ländern beobachten. In dieser Debatte über partizipative Formen der *„science governance"* kam seit den 1990er Jahren der Biotechnologie und der Biomedizin eine prominente Rolle zu. (Abels 2002; Irwin 2001; Jasanoff 2005; Levidow und Marris 2001). Getragen wurden diese Formen der Bürgerbeteiligung im Verwaltungsverfahren durch eine relativ starke politische Rhetorik der Zivilgesellschaft, die vor allem auf europäischer Ebene eher zu- als abzunehmen scheint (Bora und Hausendorf 2004; Abels 2002). Die Politik, so scheint es, hat damals nach Jahrzehnten eher technokratischer oder expertokratischer Regulierung die Herausforderung angenommen, welche die Technowissenschaften für die Regulierung darstellen. Sie hat, so kann man argumentieren, auf ein Konzept der *governance* umgestellt, das der komplexen Problemlage der Technowissenschaft eher zu entsprechen schien als frühere Formen regulativer Politik. Und – das ist ein wesentlicher Gesichtspunkt – sie erreichte diese neue Form der *governance* unter anderem durch eine relativ starke Öffnung des Rechts für partizipative Elemente.

Auch wenn diese partizipativen Formen rechtlicher Regulierung ihre Blütezeit hinter sich haben, so bieten sie doch Material für systematische Überlegungen genereller Art. Sie zeigen nämlich, dass genau durch diese *Verrechtlichung der Partizipation* die Politik sich selbst im Netzwerk der Technikregulierung entscheidend schwächt. Politische Kommunikation, so will ich im Folgenden zeigen, gerät in den verrechtlichten Formen der *governance* leicht in den Schatten einer Koalition zwischen Recht und Wissenschaft/Technik. Diese Koalition, so kann man sagen, produziert ihre eigene Form *technowissenschaftlicher Normativität,* welche die Rationalität politischer Willensbildung jedenfalls im Kontext der betreffenden Entscheidungsverfahren kaltstellt.

Ich will zunächst versuchen, dies empirisch zu plausibilisieren (8.2). Zum einen kann man dabei noch einmal sehr grob die normative Grundkonstruktion der Bürgerbeteiligung und die dahinter liegenden Legitimationsstrukturen beleuchten. Man sieht dann bereits ein konstitutives Spannungsverhältnis zwischen politischer Legitimation und rechtlich-wissenschaftlicher Entscheidungsrationalität. In einem zweiten Schritt können dann empirische Beobachtungen aus einer sich über nunmehr anderthalb Jahrzehnte erstreckenden Forschung zusammengefasst werden, die zeigen, dass und wie sich diese Koalition von Recht und Wissenschaft in rechtlich-administrativen Entscheidungsverfahren bildet und welche Effekte sie auf die – qua Partizipation inkludierte – politische Kommunikation hat. Diese inzwischen auf breiter Basis erhobenen empirischen Daten erlauben einen Vergleich sowohl zwischen verschiedenen Verfahrenstypen als auch zwischen unterschiedlichen politisch-institutionellen Kontexten. Im Anschluss an diese empirischen Beobachtungen wird auf theoretisch-begrifflicher Ebene ein konzeptioneller Vorschlag für das Verständnis dieser empirischen Prozesse gemacht (8.3), der abschließend in eine Skizze möglicher institutioneller Konsequenzen auf der praktischen Ebene mündet (8.4).

8.2 Ausschluss der Politik in der Bürgerbeteiligung

Der Gedanke der Bürgerbeteiligung ist bis heute im vorbereitenden verwaltungsgerichtlichen Verfahren zur Erörterung des Sach- und Streitstandes und zur gütlichen Beilegung des Rechtsstreits und daneben vor allem im Planfeststellungsverfahren gemäß § 73 des Verwaltungsverfahrensgesetzes (VerwVfG) verwirklicht. Er findet sich aber auch dort wieder, wo es um die Genehmigung einzelner umwelt- bzw. risikorelevanter Anlagen oder Projekte geht, wie etwa im Immissionsschutz- und zeitweilig im Atomrecht sowie von 1990 bis 1993 auch im Gentechnikrecht, daneben heute vor allem auf dem Gebiet der Umweltverträglichkeitsprüfung gemäß § 18 des Gesetzes über die Umweltverträglichkeitsprüfung (UVPG). Die genannten Vorschriften sehen dazu neben der fachlichen Prüfung von Anträgen ein sogenanntes Anhörungsverfahren mit öffentlicher Bekanntmachung des Vorhabens, öffentlicher Auslegung der Unterlagen, der Möglichkeit von schriftlichen Einwendungen und einem so genannten mündlichen Erörterungstermin vor. Alle Betroffenen können schriftlich Einwendungen erheben. Dieser Kreis wurde zeitweilig sehr weit gefasst. Die Einwände werden mit den Einwendern dann im Erörterungstermin verhandelt.

In der juristischen Literatur lassen sich normative Gründe für diese Form des Verfahrens finden, die in sich zunächst überzeugend sind und andernorts (Bora 1994) ausführlich diskutiert wurden. Sie verweisen implizit auf in der soziologischen Theorie vertretene Auffassungen deliberativer Demokratie (Bora 1999). Im Kontrast zu dieser normativen Betrachtungsweise kann man aus einer soziologischen Perspektive nach den Funktionalitäten der Bürgerbeteiligung im Recht fragen. Welches Problem auf der politischen Ebene löst diese Institution?

Wenn man den politischen Kontext betrachtet, in dem die Bürgerbeteiligung im Verwaltungsverfahren steht, gewinnt man zunächst den Eindruck einer Kompromissbildung, bei der zum einen an den klassischen Entscheidungsmechanismen staatlichen Verwaltungshandelns und ihrem inhärenten Rationalisierungspotential festgehalten wird, bei der zum anderen aber auch eine eher staats- und expertenkritische Haltung bedient werden soll. Einer solchen Konzeption der Öffentlichkeitsbeteiligung liegt allerdings von Anfang an eine gewisse Bagatellisierung der Laien/Experten-Differenz, beziehungsweise eine implizite Expertenkritik zugrunde. Denn die materiellrechtlichen Genehmigungsvoraussetzungen halten immer an einer Ermittlung des jeweiligen Standes von Wissenschaft und Technik, also am klassischen Modell einer Entscheidung auf der Grundlage wissenschaftlicher Expertise fest. Effektiver Rechtsschutz setzt also im System des Umwelt- und Technikrechts geradezu die erfolgreiche Mobilisierung wissenschaftlichen Wissens voraus, eines Sachverstandes also, der gerade bei der Genehmigungsbehörde selbst in hohem (und gegenüber den beteiligten Bürgern stets „asymmetrischen" Maße) versammelt. Empirisch ist unter diesen Umständen häufig die Verlagerung der Debatte auf „Meta-Kritik" zu beobachten (Bora 2006c). Ins Zentrum der Auseinandersetzung tritt die Frage, welche Risikoannahmen wissenschaftlich begründbar sind, womit die Behörde, die ja eigentlich im Genehmigungsverfahren aktiv wird, um die Allgemeinheit vor möglichen Gefahren zu schützen, in den Konflikt hineingezogen wird und darüber vermittelt, auch die Wissenschaft, die für die im Rahmen des Verfahrens maßgeblichen Risikoabschätzungen die Grundlagen liefert. Gewinner und Verlierer dieses Konflikts stehen strukturell innerhalb des Verfahrens von vornherein fest. Hier ermittelt die Behörde den Stand der Wissenschaft.

Vor diesem Hintergrund bekommt das in der sozialwissenschaftlichen Literatur wie in der Politik verbreitete harmonische Bild einer deliberativen Öffentlichkeit (Habermas 1992), die als Partner der Politik bei der Umsetzung technikpolitischer Vorgaben mithilft, Risse. Tatsächlich stellt ja diese kritische Öffentlichkeit für die institutionalisierte Politik ein erhebliches Problem dar, weil sie staatlichen Entscheidungen tendenziell die Legitimationsgrundlage oder doch zumindest die Abnahmebereitschaft entzieht. Man kann daher vermuten, dass Partizipation an dieser Stelle vor allem eine *Reaktion der Politik auf die Krise des Staates* darstellt. Auf die Erosion der Autorität des hoheitlichen Staates reagiert die Politik damit, Bürger durch Teilhaberechte zu inkludieren und staatliche Ordnungsfunktionen auf bürgerliches Engagement zu übertragen.

Aus dieser funktionalen Perspektive verlieren partizipative Formen dann ein wenig von ihrem Reiz. Man sieht dann, dass die Politik die Legitimationskrise des Staats tendenziell auf Kosten der sich im Verwaltungshandeln ausprägenden politischen Rationalität zu lösen versucht. Diese, zunächst eher politiksoziologisch angelegte Vermutung bedarf freilich einer empirischen, *rechtssoziologischen* Untermauerung, wenn sie einige Plausibilität für sich reklamieren will. Lässt sich, so kann man fragen, in den rechtlich verfassten Verfahren selbst die vermutete konstitutive Spannung wiederfinden? Wenn dies der Fall ist, so wird man annehmen müssen, dass diese Verfahren ihre Eigendynamik gegen die eben skizzierten Politisierungstrends in Gang setzen, dass sie also so etwas wie Abwehrmechanismen gegen die politische Indienstnahme entwickeln werden. Deshalb, so die forschungsleitende Vermutung im Folgenden, äußert sich die eben geschilderte politische Problematik *innerhalb* des rechtlich-administrativen Kontextes in genau umgekehrter Form, nämlich als *Marginalisierung politischer Rationalität* oder, anders gesagt, als *Fesselung der Politik durch eine Koalition aus Recht und Wissenschaft*. Die Konsequenz dieser Argumentation bestünde dann darin, dass die Politik Schiffbruch bei ihrem Versuch erleidet, Technowissenschaft mit den Mitteln partizipativer Verfahren im klassischen Kontext rechtlicher Regulierungsinstrumente zu kontrollieren. Technowissenschaft, so die These, schafft unter bestimmten Voraussetzungen ihre eigene Normativität, die – eingebettet in rechtliche Verfahren – die politische Kommunikation aus dem Entscheidungsprozess ausschließt. Dieser Ausschluss wirkt sich dann wiederum zum Nachteil für die politische Legitimität der Entscheidung aus.

Um diese Vermutung zu plausibilisieren, stelle ich im nächsten Schritt kurz zusammengefasst die wesentlichen Ergebnisse von Studien über Bürgerbeteiligung in technikrechtlichen Verfahren aus den Jahren 1990–2005 dar. Dabei geht es um den bis 1993 im deutschen Gentechnikgesetz vorgesehenen mündlichen Erörterungstermin (a), sodann um das schriftliche Anhörungsverfahren

(b) und schließlich um Vergleichsfälle aus europäischen Nachbarländern (c), die auch andere – engere und weitere – Beteiligungsmodalitäten kennen. Alle Fälle sind auf dem Gebiet der Pflanzenbiotechnologie, der sogenannten „grünen Gentechnik" angesiedelt, wodurch in thematischer Hinsicht eine Vergleichbarkeit hergestellt wird.

(a) *Erörterungstermin:* Bürgerbeteiligung kann sich allein im Medium der Schriftlichkeit (schriftliche Einwendungen und aktenförmige Erledigung) bewegen. Sie kann aber auch eine Komponente direkter Interaktion enthalten, beispielsweise im Erörterungstermin und in ähnlichen Arrangements. Dabei wird der Form der mündlichen Interaktion ein höheres Konfliktlösungs-potential zugeschrieben als den eher „bürokratischen" Formen der reinen Schriftlichkeit (Bora 1994). In einer Studie zu drei gentechnikrechtlichen Erörterungsterminen wurde untersucht, welche Kommunikationsstrukturen sich in den Erörterungsterminen auf der Ebene von Interaktionen tatsäch-lich herausbilden, welche Konflikte dabei strukturell zu erwarten sind und was dies für die normativen Erwartungen an das Verfahren bedeutet. Die Ergebnisse der Untersuchung sind verschiedentlich publiziert worden und sollen hier deshalb nicht en detail ausgebreitet werden (Bora 1999; Bora und Epp 2000). Wichtig ist nur zu wissen, dass in den untersuchten Kom-munikationen verschiedene Diskursformationen sich manifestierten, zwischen denen sich in bestimmten Konstellationen ein systematischer Widerstreit ent-wickelte, also nicht ein argumentatives Pro und Contra, sondern ein basaler Widerspruch, der nicht oder nur unter sehr unwahrscheinlichen Bedingungen kommunikativ überwunden werden kann. Mithilfe dieses analytischen Instru-mentariums konnten die Ursachen für das vielfach diagnostizierte Scheitern des Erörterungstermins offengelegt werden. Sie beruhen auf dem genannten fundamentalen Widerstreit der Diskurse, der in der rechtlichen Verfassung des Verfahrens festgeschrieben wird. Durch die rechtliche Rahmung, so ließ sich zeigen, werden die kommunikativen Relevanzen einzelner Diskurse neutralisiert. Insbesondere politische Kommunikationen sind in dieser Kon-stellation als irrelevant markiert. Die Ursachen dieser Probleme liegen also in der Gesamtkonstruktion des Verfahrens, das verschiedenartige Konfliktmus-ter gleichzeitig und in enger Anbindung an rechtliche Entscheidungsvorgaben abzuarbeiten versucht. Dies führt zu einem Ergebnis, das den Erwartun-gen der Konsenstheorie genau entgegengesetzt ist: *Partizipation im rechtlich gesteuerten Verfahren wirkt sich konfliktverschärfend aus.*

(b) *Schriftliche Anhörung:* Gegen die Befunde aus dem mündlichen Erörte-rungstermin ließ sich der Einwand erheben, die beobachteten Effekte seien

gewissermaßen der Fluidität von Interaktionen, ihrer mangelnden Selbst-
distanz und den in ihnen stets mitlaufenden psychischen, affektiven oder
sonstwie „irrationalen" Störungen zu verdanken. Man konnte einwenden,
dass also bei nüchterner Betrachtung und „rationaler" Argumentation die
beobachteten Kommunikationsblockaden unter Umständen nicht auftreten.
Um diesem Einwand nachzugehen, wurde in einem vom BMBF in den Jahren
2001 bis 2003 geförderten Projekt ein Fall eines schriftlichen Anhörungsverfahrens untersucht, der sachlich ebenfalls auf dem Gebiet der „grünen"
Gentechnik angesiedelt war. Es ging dabei um die Freisetzung transgener
Pappeln mit der Fähigkeit, im Boden gebundene Schwermetalle zu absorbieren. Der Versuch wurde im Rahmen eines von BMBF geförderten Programms
zur Biosicherheit durchgeführt (zum folgenden ausführlich Münte und Bora
2004).

Während sich die vorausgegangene Studie aus den genannten Gründen auf die
Analyse der Kommunikation im Erörterungstermin konzentrierte, der in ein
übergeordnetes schriftliches Verfahren eingebettet ist, hatte die zweite Studie
die sich auf der Ebene schriftlicher Dokumente realisierende Kommunikation
zum Gegenstand. Vor diesem Hintergrund stellte sich die Frage, ob sich innerhalb der auf schriftliche Einwendungen und deren Bescheidung beschränkten
Kommunikation zwischen Behörde und Bürger ähnliche Kommunikationsstrukturen wie innerhalb des Interaktionssystems Erörterungstermin finden
lassen. Als Untersuchungsmaterial lagen alle Verfahrensdokumente, die
öffentliche Bekanntmachung, die ausgelegten Unterlagen und der abschließende Bescheid des RKI vor; daneben wurden intensive Interviews mit
Einwendern geführt.

Im Ergebnis konnten auch in dieser Studie ähnliche Strukturprobleme wie in
der ersten rekonstruiert werden. Dabei zeigten sich im Laufe des Verfahrens
in sachlicher und sozialer Hinsicht dieselben Spannungen, wie sie im Erörterungstermin aufgetreten waren. Augenfällig war in diesem rein schriftlichen
Prozess vor allem der Umstand, dass die Programmatiken, die auf der Ebene
der Gesetzgebung bei der Gestaltung gentechnikrechtlichen Anhörungsverfahrens eine Rolle gespielt haben, in der kommunikativen Realisierung durch
die Verwaltung nicht mehr auftauchen, sondern sogar tendenziell in ihr
Gegenteil verkehrt werden. Die Eröffnung des Anhörungsverfahrens zeichnet
sich nämlich durch eine ganz charakteristische kommunikative Uneindeutigkeit aus. Sie signalisiert sprachpragmatisch eine unspezifische Breite von
Partizipationschancen, die sich verfahrensrechtlich kaum oder gar nicht realisieren lassen, so zum Beispiel in kommunikativen Rahmungen, welche
der Einwendung den Charakter eines allumfassenden Beschwerdeinstruments

geben, mit dem etwa auch politische oder ethische Bedenken vorgetragen werden können. Durch diese hohe Vagheit der Eröffnung, die dem politischen Erfordernis einer möglichst breiten Inklusion der Öffentlichkeit geschuldet ist, werden unweigerlich sehr weitgehende politische Kommunikationsangebote in das Verfahren eingelassen, beziehungsweise es wird geradezu zu solchen Beiträgen eingeladen. Darunter finden sich dann unter den Stichworten „Lokale Betroffenheit" und „Programmatische Gegnerschaft" zwei sehr unterschiedliche Typen von Einwendungen in unserem Material. Die mit der kommunikativen Uneindeutigkeit der Bekanntmachung eröffneten Möglichkeiten werden in diesen Einwendungen realisiert, nämlich diffuse Kommunikation von allem, was den Betroffenen relevant erscheint, ebenso aber auch spezifische Kommunikation im Hinblick auf die im Verfahren relevanten Themen. Allerdings geschieht letzteres in der überwiegenden Zahl der Fälle auf eine für das Verfahren irrelevante und einen unlösbaren Konflikt erzeugende Weise.

Die de facto erfolgte Öffnung des Verfahrens für alle möglichen Einwände der Bürger führt dazu, dass die Grenze zwischen verfahrensrelevanten und verfahrensirrelevanten Beiträgen mit einigem Aufwand im das Verfahren abschließenden Bescheid wiederhergestellt werden muss. Deshalb muss die Implizitheit der Eröffnung, was die Kriterien für die im Verfahren relevanten Einwände angeht, die Raum für vielseitige Ausdeutungen des Anhörungsverfahrens gab, im Bescheid wieder aufgelöst und in rechtliche Eindeutigkeit überführt werden. In diesem Zusammenhang werden zwar klare Relevanzkriterien zur Geltung gebracht, ohne dass sich nach außen hin, in der Kommunikation mit den (politisch motivierten) Bürgern ein kohärentes Konzept der Funktion der Beteiligung der Bürger im Verfahren abzeichnen würde.

Alles in allem ist das schriftliche Anhörungsverfahren vor allem dadurch gekennzeichnet, dass es zwischen den Beiträgen der Behörde und denen der Bürger keine kohärenten Anschlüsse gibt, weil die verschiedenen Beiträge vor dem Hintergrund ganz unterschiedlicher *Relevanzrahmen* formuliert werden. Das gilt auch für jene Beiträge, die sich äußerlich auf den Relevanzrahmen des Verfahrens einlassen, indem sie zwar die im Verfahren gefragten Risikoargumente vorbringen, diese Argumente aber nicht an den im Verfahren allein gefragten Expertendiskurs anschließen, sondern sich auf einer epistemologischen Metaebene bewegen. Die spezifischen Relevanzkriterien des Verfahrens bedingen, dass innerhalb des Anhörungsverfahrens die Anliegen der lokalen Bevölkerung, denen die Behörde prinzipiell entsprechen könnte, kaum in Erscheinung treten. Das Anhörungsverfahren wird vielmehr

zu einem Forum für einen Risikodiskurs, dessen Struktur eine Annährung der Konfliktparteien weitgehend ausschließt.
Vor allem wird auch in diesem Kontext erneut sichtbar, wie sich der Sinn von Partizipation im Verfahren in verschiedenen Rationalitätskontexten, nämlich denen der Politik, des Rechts oder der Wissenschaft unterschiedlich herstellt. In den Kommunikationen des untersuchten Verfahrens selbst gelingt es jedoch nicht, einen kohärenten Sinn der in diesem Zusammenhang erfolgenden Partizipation herzustellen.

(c) *Internationaler Vergleich:* Die zuvor berichteten Ergebnisse werfen die Frage nach den kulturellen Kontexten und deren Einfluss auf die untersuchten Verfahren auf. Die Zurechnung der beobachteten Effekte auf die Kommunikationsstrukturen des Verfahrens steht unter dem Vorbehalt, dass dahinter möglicherweise umfassendere, kulturelle Muster liegen, die sich nicht auf die Gegebenheiten der einzelnen Entscheidungsverfahren abbilden lassen. Zur Klärung dieser Frage wurden in einem dritten Schritt partizipative Technikgenehmigungsverfahren in sieben europäischen Ländern untersucht, wobei auf möglichst hohe Varianz der kulturellen Kontexte zwischen diesen Ländern geachtet wurde.

In dem zwischen 2001 und 2004 von der EU geförderten Forschungsprojekt *PARADYS – Participation and the dynamics of social positioning* wurden Genehmigungsverfahren in Irland, Großbritannien, den Niederlanden, Schweden, Deutschland, Italien und Ungarn vergleichend untersucht (Bora und Hausendorf 2006b; Hausendorf und Bora 2006a; Bora und Hausendorf 2004). Das Ziel der Untersuchung bestand darin, die kommunikative Konstruktion von *citizenship* unter variierenden institutionellen und prozeduralen Bedingungen zu erforschen. Auf der Basis eines gemeinsamen methodologischen Zugangs, der soziolinguistischen Konversationsanalyse (die überdies eine gute Vergleichbarkeit mit den zuvor geschilderten Untersuchungen erlaubt), wurden die Kommunikationen in gentechnikrechtlichen Genehmigungsverfahren in den genannten Ländern untersucht. Wieder standen schriftliche Unterlagen, Protokolle mündlicher Verhandlungen, soweit diese in den einzelnen Ländern stattfanden, Protokolle weiterer öffentlicher Debatten im Zusammenhang mit den einzelnen Verfahren sowie schließlich Interviews mit Beteiligten zur Verfügung.
In der rechtlichen Ausgestaltung der Beteiligung vollzog sich etwa Mitte der neunziger Jahre eine weitgehende Harmonisierung der Rechtslage in Europa auf der Basis der Richtlinie 90/220 EEC, 2001/18 EC (Bora 2006b). Die Rechtslage sah auf dem Gebiet der Gentechnik in den meisten Mitgliedsländern eine obligatorische Information der Öffentlichkeit (Bekanntmachung und Auslegung) und

eine (meist schriftliche) Beteiligung der Bürger vor. Diese Elemente wurden in einzelnen Ländern durch weitergehende Transparenzregeln für das Verfahren (wie z. B. sehr weitreichende Informationsrechte für jedermann in Schweden) oder durch bestimmte Formen öffentlicher Verhandlung ergänzt. Die Umsetzung dieser Verfahrensregeln variierte zwischen den untersuchten Ländern deutlich. Teilweise wurde etwa die Bekanntmachung so formal gehandhabt, dass im Effekt kaum von einer Information der Öffentlichkeit gesprochen werden konnte. Dennoch ist es in allen untersuchten Fällen zur Beteiligung der Öffentlichkeit gekommen, da diese auch im Falle mangelhafter Anfangsinformation Kenntnis von den betreffenden Versuchen erlangte und ihre Beteiligungsrechte wahrnahm. Diese bestanden grundsätzlich in einem begrenzten Akteneinsichtsrecht und der Möglichkeit, Einwendungen zu erheben, welche von der Entscheidungsinstanz im abschließenden Akt inhaltlich zu würdigen waren. Diese Würdigung war prinzipiell allen Einwendern bekannt zu geben. Trotz der in den jeweiligen politischen Kulturen verwurzelten Differenzen in der praktischen Anwendung der harmonisierten Rechtslage waren in allen untersuchten Ländern wachsende Konflikte um die „grüne" Gentechnik erkennbar. Diese Ausgangslage gab Anlass zu vermuten, dass die konkrete Gestalt des Beteiligungsverfahrens länderübergreifend die Ursache der beobachteten Konflikte sein könnte.

Die Analyse der Daten stützt diese Vermutung sehr stark. Die oben erwähnten Materialien wurden auf die in ihnen manifestierten *sozialen Positionierungen* hin analysiert. Darunter versteht man differenzierte Binnenstrukturen von Kommunikationssystemen. Diese Strukturen sind begrifflich in vergleichbarer Weise gebaut wie die oben unter Punkt (a) bereits erwähnten Diskurse (Hausendorf und Bora 2006a). Sie sind in der Materialanalyse aus ihren Strukturdimensionen rekonstruiert worden. Diese Strukturdimensionen sind die kommunizierten Selbst- und Fremdbilder, die kommunizierten Gültigkeitsunterstellungen für die Akzeptanz von Äußerungen, der kommunizierte inhaltlich-thematische Fokus und die in den vorgenannten Dimensionen ausgedrückte Hauptsystemreferenz.

Die empirischen Analysen des vergleichenden Projekts förderten sieben unterschiedliche Typen sozialer Positionierungen zutage, die sich in den Materialien aller untersuchten Länder nachweisen ließen. Zum Zwecke schneller Identifikation werden sie wie folgt charakterisiert: „The Administrator", „The Local 'We'", „The Concerned or Critical Citizen", „The Organised Protestor", The „Scientist", The „Politician" und „The Industrial Actor" (ausführlich dazu Bora und Hausendorf 2004, S. 76 ff.; Bora 2006c) Ähnlich wie bei den bereits vorgestellten Diskursen ist auch hier wichtig zu verstehen, dass diese Positionen trotz ihrer personalisierenden Bezeichnungen sich nicht auf empirische Personen, sondern vielmehr auf die Strukturen von Kommunikationen beziehen. Sie sind nicht auf Personen oder deren Bewusstsein bezogen, sondern beschreiben Eigentümlichkeiten von Kommunikationen, die sich in Gestalt kommunizierter Erwartungen ausdrücken. Personen changieren typischerweise gerade zwischen solchen Kommunikationsmustern und nehmen im Laufe eines Kommunikationsprozesses häufig verschiedenen Positionen nacheinander ein. Die Zurechnung eines Kommunikationsereignisses zu einem dieser Typen bedeutet deshalb keine Aussage über intrapersonale, psychische Zustände oder Prozesse.

In einem zweiten Schritt wurden auf der Basis dieser zunächst eher synchronischen Herangehensweise dann die Dynamiken untersucht, die sich zwischen diesen unterschiedlichen Positionierungen entwickeln. Darunter verstehen wir die Beziehungen zwischen den Manifestationen sozialer Positionen im Zeitablauf. Gefragt wurde, wie eine solche Manifestation in eine kommunikative Ereigniskette eingebettet ist, wie sich in dieser Ereigniskette die Positionierungen zueinander verhalten. Das theoretische und methodische Interesse galt dabei der Frage nach den kommunikativen Mechanismen, welche die operativen Anschlüsse zwischen Kommunikationsereignissen und den in ihnen manifestierten Positionen regulieren. In unserem empirischen Feld unterscheiden wir zwei Muster solcher Dynamiken, die ganz grob als *inklusive* und *exklusive Dynamiken* charakterisiert werden können. Wechselseitige Exklusion zwischen sozialen Positionen bezeichnet dabei den Fall, in dem es keine Resonanz zwischen den beteiligten Positionen gibt, einen Fall, der dem in Bora (1999) beobachteten Typ des „Widerstreits" entspricht. Inklusion meint entsprechend die Möglichkeit kommunikativer Anschlussfähigkeit (Verständigung) zwischen den beteiligten sozialen Positionen.

Empirisch hat sich gezeigt, dass in allen untersuchten Ländern, die "Administrator"-Position eine Stelle in der kommunikativen Dynamik besetzt, welche der oben skizzierten Funktion rechtlicher Ein- und Ausschlussregeln in den beiden zuerst berichteten Studien entspricht. *Inklusive Dynamiken* werden vor allem mit Blick auf die Positionen „Scientist" und „Industrial Actor" in Gang gesetzt. Im Verhältnis zwischen diesen sozialen Positionen reguliert das Set rechtlich-administrativer Erwartungen, die den Rahmen der untersuchten Verfahren definieren, auch die kommunikativen Anschlüsse. Der wesentliche Kommunikationsmodus ist die Argumentation und die Präsentation wissenschaftlicher Gesichtspunkte. Alle kommunizieren im Rahmen normativer Erwartungen, die durch den rechtlich-administrativen Rahmen vorgegeben werden und auf der inhaltlichen Ebene vorrangig wissenschaftliche Gesichtspunkte zulassen. Das bedeutet keineswegs, dass nur als „Wissenschaftler*innen" ausgewiesene Personen legitime Sprecherrollen übernehmen. Vielmehr geht es auch hier wieder um die kommunikative Konstruktion legitimer Erwartungen: Fragen von

Wahrheit (und nicht von Macht, Mitgliedschaft, Citizenship usw.) werden als kommunikativ anschlussfähig markiert. Andere Anschlüsse werden kommunikativ dispräferiert/exkludiert. Im anschließenden theoretischen Teil wird das in diesem Cluster von Positionen entwickelte *Deutungsmuster* als Ausdruck *technowissenschaftlicher Normativität* bezeichnet werden.

Inklusive Dynamiken entwickeln sich auch in kommunikativen Anschlüssen der vorgenannten Positionen mit „Organised Protestor" und „Concerned Citizen", falls diese nur von den eben erwähnten Kommunikationsmodi Gebrauch machen. Jedoch bleibt die Inklusion prekär, weil beide Positionen die Form des (wissenschaftlichen) Argumentierens in eher instrumenteller, das heißt auf eher politische Ziele bezogenen Weise einbetten.

Exklusive Dynamiken bezeichnen den komplementären Aspekt. Exklusion dominiert die Beziehungen zwischen „Administrator" auf der einen Seite und „Local 'We'", „Concerned Citizen", „Organised Protestor" und „Politician" auf der anderen, jedenfalls insofern als diese Positionen die von der „Administrator"-Position kommunizierten strukturellen Erwartungen nicht bedienen.

Die Daten legen nun in sehr deutlicher Form die Annahme nahe, dass exklusive Kommunikationsdynamiken in direktem Zusammenhang mit der *rechtlich-administrativen Rahmung des gesamten Verfahrens* stehen. Aus der „Administrator"-Position werden zum Verfahrensbeginn sehr offene und diffuse Kommunikationsangebote gemacht, die von den eben genannten Positionen vorwiegend mit *politischen* Diskursen beantwortet werden. Diese Reaktion wiederum ruft ganz typische *Ausschließungskommunikationen* hervor, die sich ihrerseits in charakteristischer Form um *Recht und Wissenschaft* gruppieren. In anderen Worten: in der Regel werden die Bürger eingeladen, sich im Verfahren zu engagieren und ihre Sichtweise vorzubringen. Sobald sie das tun, werden ihre Kommunikationsofferten durch das – sachlich eng gewobene – Netz der *rechtlich zulässigen Sachargumente* gefiltert, mit der erwartbaren Folge, dass die für die Bürger relevanten Gesichtspunkte als kommunikativ irrelevant markiert und aussortiert werden. Dies, so kann man sagen, ist der *Effekt technowissenschaftlicher Normativität.*

Dieser Effekt der Verrechtlichung von *governance* auf dem Gebiet der Technowissenschaft war in allen untersuchten Staaten gleichermaßen beobachtbar, ungeachtet der soziokulturellen Unterschiede zwischen den einzelnen Ländern. Diese Unterschiede drückten sich beispielsweise in der länderspezifischen Ausprägung von Diskursen der beteiligten Bürger aus. Während etwa in Deutschland die Position des „Local We" stärker vertreten war, beobachtete man in den Niederlanden und Schweden eher ein verstärktes Auftreten organisierten Protests. Jenseits solcher Unterschiede waren die kommunikativen Dynamiken in den partizipativen Genehmigungsverfahren über alle Länder hinweg im Großen und Ganzen dieselben. Technowissenschaftliche Normativität, so kann man im Ergebnis ganz allgemein sagen, die in eine inklusive Dynamik zwischen rechtlich-administrativen und wissenschaftlichen Positionen eingebettet ist, verursacht die Exklusion eher politisch orientierter Positionen und Diskurse. Insofern bestätigte die international vergleichende Studie in eindrucksvoller Weise die früher in Deutschland gewonnenen Ergebnisse. Sie zeigte auch noch einmal deutlich, dass die Exklusionseffekte sowohl in mündlichen als auch in schriftlichen Anhörungsverfahren zu beobachten sind.

Angesichts dieser dichten und über verschiedene Dimensionen hinweg vergleichend sich stabilisierenden Beobachtungsergebnisse stellt sich die theoretische Frage nach angemessenen Konzepten, mit denen die beobachteten Prozesse verständlich gemacht werden können. Ich habe in früheren Publikationen – vor allem im Kontext der Studien zum Erörterungstermin – vor allem die *rechtliche Bindung* der Verfahrenskommunikationen als erklärendes Moment in den Vordergrund gestellt. Im Folgenden soll die theoretische Sicht auf die Dinge um die Dimension der *„Kollusion" zwischen Recht und Wissenschaft* erweitert werden, also ihrer Zusammenarbeit zum Nachteil eines Dritten, hier konkret der Politik. Wie also lässt sich die beobachtete Exklusion der Politik (der politischen Positionierungen, der politischen Diskurse) theoretisch fassen? Hängt sie mit der spezifischen Form von *governance* im Bereich der Technowissenschaft zusammen? Die These, die nun noch zu entfalten ist, lautet: technowissenschaftliche Normativität kollidiert mit der durch Partizipation in das rechtlich-administrative Verfahren eingeschleusten politischen Rationalität und neutralisiert diese auf eine politisch verhängnisvolle Weise.

8.3 Technowissenschaftliche Normativität und die Exklusion des Politischen

Die geschilderten empirischen Beobachtungen geben in ihrer Summe, in ihrem internationalen Blickwinkel und in ihrem über verschiedene Verfahrensformen hinweg reichenden Vergleich eine Grundlage für die Vermutung, dass bestimmte politische Diskurse aus den Kommunikationen partizipativer Entscheidungsverfahren systematisch exkludiert werden. Diese Exklusion entspricht nicht den eingangs geschilderten politischen Intentionen einer *governance* der Technowissenschaft, sondern muss aus diesem Blickwinkel als perverser Effekt eines politischen Steuerungsversuches bezeichnet werden. In diesem abschließenden Abschnitt soll eine theoretische Einordnung dieses Phänomens unternommen

werden. Was bedeutet diese Exklusion theoretisch? Obwohl die Politik ein bedeu-
tender, wenn nicht der wichtigste Akteur in gesellschaftlichen Entscheidungsprozessen ist – sei es in nationalen oder supranationalen Gesetzgebungsverfahren, sei
es in fallbezogenen Einzelentscheidungen, etwa bei der Genehmigung von Frei-
landversuchen mit transgenen Organismen –, bleibt sie doch ein stummer Gast
in den Kommunikationen der partizipativen Verfahren im Recht. Man könnte
sie auch als Parasiten bezeichnen, der als ausgeschlossener Dritter vom Zusammenspiel des Rechts und der Wissenschaft betroffen ist. Auf der Oberfläche der
untersuchten Kommunikationen geht es um Recht und Wissenschaft, um Normen und Fakten und deren spezifisches Zusammenspiel in einem rechtlichen
Kontext. Gleichzeitig werden durch dieses Zusammenspiel aber *auch* politische
Präferenzen mit konstituiert, ohne dass dieser Umstand jedoch auf der Oberfläche der Kommunikation beobachtbar würde. Diese Präferenzen werden nicht als
politische Entscheidungen markiert, sondern eher implizit in Kraft gesetzt.

   Die theoretische Vermutung an dieser Stelle lautet nun, dass sich im Zusammenwirken von Recht und Wissenschaft eine Form von Normativität bildet,
die im Verhältnis zur Politik kolonisierende Effekte haben kann und die als
technowissenschaftliche Normativität bezeichnet werden kann. Mit dem etwas
umständlichen Begriff technowissenschaftliche Normativität soll vor allem darauf
hingewiesen werden, dass beide Bereiche, Wissenschaft und Recht, jeweils kogni-
tives und normatives Wissen produzieren und sich dieses in ihren Kopplungsbeziehungen wechselseitig zur Verfügung stellen (Kap. 7). Dabei koproduzieren
sie auf intrikate Weise eine Form normativer Erwartungen, die sich gegenüber
den über Bürgerbeteiligung induzierten politischen Kommunikationen exklusiv
verhält.

   Technowissenschaftliche Normativität besagt also in unserem Zusammenhang, dass Recht und Wissenschaft in ihrem Zusammenspiel in der Regulierung
Objekte und Diskurse konstituieren, die eine bestimmte Gestalt annehmen. Transgene Organismen werden aus einer spezifischen wissenschaftlichen Perspektive
der Risikoanalyse als unter bestimmten Bedingungen und in bestimmter Hinsicht harmlose, akzeptable oder legitime Objekte beschrieben. Beispiele dafür
sind Sicherheitsbewertungen in den Genehmigungsverfahren, aber etwa auch die
Ergebnisse von Verfahren der Technikfolgenabschätzung (van den Daele et al.
1996). Das alles ist selbstverständlich „sound science", also gerade besonders
validiertes, in spezifischer Hinsicht legitimes Wissen. Im rechtlichen Kontext
wird diese Form des Wissens dann vor anderen ausgezeichnet und normativ präferiert. Dass diese Verbindung auf doppelseitigen Unterstellungen beruht
(„rechtliche Fakten" und „wissenschaftliche Normen"), wurde bereits erörtert
(Kap. 7). Als akzeptable oder legitime Objekte können sie unter den gegebenen

Bedingungen nicht mehr ohne weiteres als riskant oder gefährlich kommuniziert werden, da Recht und Wissenschaft das argumentative Feld im Rahmen des Verfahrens vorstrukturiert und besetzt haben. Auf diese Weise schafft technowissenschaftliche Normativität relative starke Einschränkungen für andere Formen von Diskursen, insbesondere für die politische Kommunikation über technowissenschaftliche Objekte. Die Objekte, so könnte man zugespitzt sagen, werden jedenfalls im Rahmen des rechtlich-administrativen Verfahrens den politischen Diskursen entzogen.

Nun muss man dieses Argument mit einer gewissen Vorsicht platzieren. Denn man kann mit guten Gründen dagegenhalten, dass in den Beziehungen von Wissenschaft, Recht und Politik fortlaufend und an den verschiedensten Stellen starke Bindungen zwischen je zweien dieser Felder zu Lasten des dritten entstehen, ohne dass dies jedoch automatisch Probleme im Verhältnis zu dem dritten Feld verursachen müsste. Um diesen Einwand zu klären, empfiehlt sich ein kurzer Überblick über die denkbaren Konstellationen:

Eine Variante einer asymmetrischen Beziehung zwischen den drei Funktionssystemen besteht im Ausschluss wissenschaftlicher Kommunikation durch das Zusammenwirken von Recht und Politik. Formen eines solchen Ausschlusses könnten sich zum Beispiel in der Rechtspolitik, aber auch auf der Ebene von Justizorganisation, oder etwa auch in der rechtlichen Beratung von Politik finden lassen. Gleichwohl wird man für diese Fälle der „Kollusion" zweier Funktionssysteme unter Exklusion eines dritten kaum Anlass für Konflikte vermuten. Diese Fälle werden auch vom ausgeschlossenen System nicht als relevante Fälle beobachtet werden. Es gibt, mit anderen Worten, aus der Wissenschaft keinen Grund, hier grundsätzlich nach Inklusion zu verlangen. Vielmehr wird Wissenschaft immer dann quasi automatisch inkludiert werden, wenn in den Beziehungen zwischen Recht und Politik Faktenwissen oder Wahrheitsfragen thematisch werden.

Ähnlich verhält es sich auch im zweiten denkbaren Fall, dem Ausschluss rechtlicher Kommunikationen durch Politik und Wissenschaft. Das wäre etwa im Bereich von Wissenschafts- und Technologiepolitik unter bestimmten Umständen denkbar oder in der wissenschaftlichen Politikberatung. Hier wird man sicherlich von Fall zu Fall eine Exklusion rechtlicher Kommunikationen beobachten können. Diese wird allerdings auf der strukturellen Ebene durch die generelle Kopplung politischer Institutionen bzw. des Staates mit dem Rechtssystem über die Verfassung kompensiert. Wissenschaftlich-politische Entscheidungen stehen hier, wenn man so will, im Schatten des Rechts (ähnlich Kap. 3).

Der dritte Fall jedoch, um den es in diesem Zusammenhang geht, erweist sich als etwas problematischer: Wenn Recht und Wissenschaft, wie zu zeigen versucht wurde, politische Kommunikationen ausschließen, dann tun sie dies in den hier analysierten Konstellationen durch eine sehr enge Kopplung von „Fakten" und „Normen" auf beiden Seiten. Beide sprechen über Tatsachen und Wahrheit und schaffen dadurch – auch wenn sie diese Begriffe je eigensinnig gebrauchen (Latour 2002, S. 242 ff.) – eine stabile Struktur, die sich gegen konkurrierende Interpretationen gewissermaßen immunisiert. In diesen, stark rechtlich gerahmten und auf wissenschaftliche Expertise zurückgreifenden und *dadurch* technowissenschaftliche Normativität konstituierenden partizipativen Verfahren spielt die Wissenschaft die Rolle eines Faktenlieferanten für das Recht. Sie hilft dabei, die Sachauseinandersetzung zu beenden, indem sie rechtlich-normativ interpretierbare Fakten beisteuert. Politische Kommunikation, die jedenfalls in Teilaspekten andere Relevanzen enthält, sich also beispielsweise die Ablehnung oder Annahme technikpolitischer Optionen *unabhängig* von wissenschaftlichen Risikobewertungen vorbehalten möchte, wird in diesem Falle mit gewissermaßen vor-entschiedenen Konzepten von Risiko, Natur, aber auch von Bürgerrollen *("citizenship")* oder von der Funktion politischer Öffentlichkeit konfrontiert, ohne im Entscheidungsverfahren über diese Konzepte disponieren zu können. Das ist aus der Perspektive rechtlichen Entscheidens auch völlig legitim. In einzelfallbezogenen Entscheidungsprozessen geht es aus der Perspektive des Rechts um *Normanwendung.* Zu diesem Zwecke ist rechtliche Kommunikation an Wissenschaft gekoppelt, um die entscheidungsrelevanten Fakten zu fixieren. Politische Interventionen, die aus der Sicht des Rechts als *Versuche der Normbildung* erscheinen müssen, werden als irrelevant oder illegitim zurückgewiesen. Das bedeutet zugleich auch, dass diese Exklusion des Politischen nur funktioniert, soweit und solange die Situation *insgesamt als rechtlich definiertes Setting* interpretiert werden kann. Diese Bedingung ist in den hier zur Debatte stehenden Entscheidungsprozessen erfüllt. Und damit steht, wie ich empirisch anzudeuten versucht habe, die Politik im Kontext der hier untersuchten partizipativen Verfahren systematisch im Schatten des Rechts und der Wissenschaft, obwohl sie aus ihrer Perspektive etwas zur Sache zu sagen hat.

Zusammenfassend kann man also sagen: soweit partizipative Verfahren stark rechtlich gerahmt sind – wie wir das etwa im Falle umwelt- und technikrechtlicher Genehmigungsverfahren mit Bürgerbeteiligung beobachtet haben –, tendieren sie dazu, eine „kollusive" Kopplung zwischen Recht und Wissenschaft zu etablieren, durch welche politische Kommunikationen jedenfalls insoweit ausgeschlossen werden, als sie die Geltungsbedingungen von Rechtsanwendungsdiskursen infrage stellen. Unter diesen Voraussetzungen stößt man empirisch auf kommunikative Struktursicherungsoperationen, welche den spezifischen Typus technowissenschaftlicher Normativität schützen, die das Zusammenspiel von Wissenschaft und Recht in diesen Kontexten ausmacht. Diese Exklusionsmechanismen sind aus der Perspektive der involvierten Funktionssysteme in einem strengen Sinne rational; sie dienen der Stabilisierung von deren System-Umwelt-Grenzen. Gleichzeitig tendieren sie aber dazu, in der spezifischen Konstellation partizipativer Verfahren im Recht Konflikte zu produzieren, welche den politischen Intentionen, die mit partizipativen Formen der *governance* verbunden sind, diametral zuwiderlaufen.

8.4 Reflexive Regulierung – Plädoyer für eine Re-Politisierung der Technikgestaltung

Wenn man nun nach der praktischen Seite dieser Analyse fragt, so lassen sich – je nach soziologisch-theoretischer Voreinstellung – zwei mögliche institutionelle Strategien im Umgang mit den hier geschilderten Problemen identifizieren.

Zum einen kann man aus einer integrationstheoretischen Perspektive eher darauf abstellen, dass in den geschilderten Partizipationsansätzen die Felder von Wissenschaft, Politik und Recht noch nicht ausreichend integriert sind, dass noch Kommunikationsbarrieren bestehen, die eine gelingende Verständigung über Ziele, Zwecke und Instrumente der *governance* verhindern. Die Konsequenz dieser Sichtweise besteht dann darin, die genannten Felder eher stärker miteinander zu mischen und für ein „Mehr" an Partizipation bzw. eine Stärkung der vorhandenen Ansätze zu plädieren. Diese Sichtweise wird vor allem in den zahlreichen praxisnahen Veröffentlichungen zu partizipativen Verfahren vertreten. Diese Studien berufen sich in aller Regel – oft mehr implizit und nicht immer mit akzeptablen Rezeptionsansätzen, aber in der Summe doch unübersehbar – auf soziologische Integrationsansätze, wie sie etwa in den letzten Dekaden von Habermas und Peters (Habermas 1992; Peters 1993) in deren Theorie deliberativer Öffentlichkeit vertreten wurden. Vor dem Hintergrund der Vermutung, dass die beschriebenen empirischen Probleme aus einem Defizit an sozialer Integration resultieren, plädiert man für eine Verbesserung und Stärkung partizipativer Ansätze. Ich habe demgegenüber zu zeigen versucht, dass die offensichtlichen Schwierigkeiten partizipativer Ansätze *innerhalb* eines insbesondere durch *technowissenschaftliche Normativität* vordefinierten Referenzrahmens darin bestehen, dass sie gerade aus der Perspektive des Rechts und der Wissenschaft als entdifferenzierend wahrgenommen und deshalb abgewehrt werden. Wenn und soweit diese Diagnose stimmt, werden unter den gegebenen Bedingungen die (politisch rationalen und legitimen) Modelle der Partizipation im rechtlich-administrativen Verfahren aus strukturellen Gründen zum Scheitern verurteilt sein. Sie werden die Wahrscheinlichkeit der Exklusion politischer Kommunikation notwendig erhöhen und damit eben jene Konflikte hervorrufen, deren Pazifizierung das politische Ziel partizipativer Settings war.

Die politische Empfehlung aus diesen theoretischen Überlegungen besteht deshalb im Kontrast zur schematischen Forderung nach erweiterten und verbesserten Partizipationsmöglichkeiten eher darin, auf der Basis sozialer Differenzierung nach Möglichkeiten für eine Abstimmung rechtlicher, wissenschaftlicher und politischer Rationalität und damit auch nach einer Antwort auf die eingangs diagnostizierte Krise staatlichen Entscheidens auf der Ebene von Einzelfallregulierungen zu fragen. Es geht vor diesem Hintergrund also weniger um weitere Integration als vielmehr um Mechanismen der Differenzsicherung, der gegenseitigen Beobachtung und Resonanz zwischen den verschiedenen sozialen Feldern.

Man kann, um diesen Punkt noch klarer herauszustellen, vielleicht zwei Formen der *governance* unterscheiden. Die erste, als *einfache governance* bezeichnete, entspricht dem Modell, welches sich in den neunziger Jahren in den meisten Regulierungsfeldern entwickelt hat und das sich ganz grob als eine Mischung aus „Demokratisierung der Wissenschaft" auf der einen Seite (Jasanoff 2004; Liberatore und Funtowicz 2003) und aus „Post-Interventionistischem Recht" (Grimm 1990) auf der anderen charakterisieren lässt. Sie spiegelt vor allem den Abschied von klassischen Formen der Regulierung und die steile Karriere des *governance*-Begriffes in den Sozialwissenschaften wider. Dieses Konzept weist zwar gegenüber den klassischen Regulierungsformen insofern eine erhöhte Reflexivität auf, als es bereits die Frage adressiert, wie Wissenschaft eigentlich ihr Wissen an andere Funktionssysteme weitergeben kann und wie politische und rechtliche Regulierung gegenüber der Autonomie der zu regulierenden Bereiche eine gewisse Sensibilität entwickeln kann. Man kann das Ergebnis dieser Entwicklungen deshalb als eine erste Form der „Ökologie der Kontrolle" bezeichnen (Kap. 6).

Die beobachteten empirischen Probleme und deren theoretische Diskussion haben jedoch gezeigt, dass das Verständnis von *governance* komplexer gebaut und auf Reflexivität zweiter Ordnung abgestellt werden sollte. *Governance* müsste unter der Bedingung technowissenschaftlicher Normativität (und strukturell ähnlicher Phänomene in anderen Bereichen) in der Lage sein, auf die Kopplungsbeziehungen zwischen den Funktionssystemen zu achten. Diese bestehen zum einen etwa darin, dass die scheinbar klaren wissenschaftlichen und technologischen Tatsachen, die in Entscheidungsverfahren vom Recht benutzt werden, ihrerseits in rechtlich und wissenschaftlich ko-konstruiert, in (meist implizite) normative Wissensbestände eingelassen und daher alles andere als normativ neutral sind. Umgekehrt könnte *governance* sich darauf einstellen, dass etwa die scheinbar neutralen und abstrakten rechtlichen Regelungen selbst den Charakter von Tatsachen für ihre (wissenschaftliche) Umgebung annehmen, dort als solche interpretiert und dann im Zusammenspiel mit wissenschaftlichem Input nicht mehr allein rechtlich konstituiert werden, sondern vielmehr ihrerseits als Produkt technowissenschaftlicher Normativität in Erscheinung treten.

Ein solches Konzept der *governance* könnte möglicherweise helfen, Institutionen bzw. Verfahren zu identifizieren, die ein entsprechend hohes Maß an wechselseitiger Beobachtung ermöglichen. Damit sind Institutionen angesprochen, die auf der einen Seite in der Lage sind zu beobachten, dass und wie beispielsweise normative Risikokonzepte wissenschaftliches Wissen und wissenschaftliche Fragen von Kausalität und Zurechnung beeinflussen. Auf der anderen Seite sollten sie in der Lage sein, auf die in wissenschaftlichen Konzepten immer enthaltenen sozialen Festlegungen – wer sind z. B. überhaupt relevante Sprecher oder Akteure im Hinblick auf ein gegebenes wissenschaftliches Objekt? – zu reagieren bzw. entsprechende Thematisierungschancen eröffnen. So verstanden, läuft Wissenspolitik dann auf mehr hinaus als auf reine Kontrolle (Stehr 2004). Sie hält die Möglichkeiten vor, Wissen zu erlangen und enthält reflexive Institutionen, die als solche weder expertokratisch sind noch regulatorischen Illusionen unterliegen. Es gibt einige empirische Hinweise darauf, dass bestimmte Typen partizipativer Verfahren *außerhalb* der Sphäre des Rechts solche Leistungen im Ansatz bereits ermöglichen (Abels und Bora 2004), wenngleich auch auf diesem Feld noch die Probleme die Chancen überwiegen könnten. Insofern bleiben die empirischen Erfahrungen immer noch ernüchternd. Gleichwohl könnte der hier skizzierte theoretische Zugang vielleicht doch geeignet sein, Strategien für die Rückgewinnung politischer Autonomie zu identifizieren.

Wie könnten solche Strategien aussehen? Ich habe unter dem Stichwort „Prozedurale Differenzierung" verschiedentlich darauf hingewiesen, dass jedenfalls in Entscheidungsverfahren (Normanwendungsverfahren) institutionell eher auf eine Trennung als auf eine forcierte Integration unterschiedlicher Rationalitäten geachtet werden müsste (Bora 1999). Rechtliche Normanwendung ist, wenn meine Diagnose zutrifft, kein wirklich geeigneter Ort für politische Partizipation. Damit ist freilich zum einen nichts über die Legitimität politischer Partizipationsforderungen gesagt; diese haben, wie eingangs dargestellt wurde, im Angesicht einer als bedrohlich empfundenen Krise staatlichen Entscheidens durchaus ihre Berechtigung. Allerdings wird man, wenn die hier dargestellten empirischen Befunde und ihre Analyse sich weiterhin als tragfähig erweisen, die Lösung der politischen

Krise weniger im Recht zu suchen haben als vielmehr in bestimmten Verfahrenstypen, die beispielsweise auf lokaler Ebene den politischen Charakter der Auseinandersetzung nicht verdecken, sondern stärken und dennoch Anschlüsse ins rechtlich regulierte Entscheiden eröffnen.

Eine solche prozedurale Differenzierung würde unausweichlich in eine *Re-Politisierung* der Technikgestaltung münden. Sie würde politischer Kommunikation einen höheren Stellenwert verschaffen, da sie ihr Orte im Entscheidungsprozess zuweisen könnte, die bislang zu fehlen scheinen. Dazu könnte zunächst nach den verschiedenen Funktionen von Verfahren unterschieden werden: rechtlich gerahmte (bzw. sogar gebundene) Entscheidungsproduktion (Normanwendung), politische Entscheidungsproduktion (Normbildung), wissenschaftliche Argumentation. Diese Funktionen können durchaus in verschiedenen Verfahrenstypen miteinander gekoppelt werden. Technowissenschaftliche Rationalität könnte ebenso ihren Platz finden wie rechtspolitische oder wissenschaftspolitische Diskurse. Im Falle einer gravierenden Auseinandersetzung über technologische Innovationsprojekte kann man sich unter den in Deutschland gegebenen Bedingungen beispielsweise eine Kombination folgender Instrumente vorstellen:

Verfahren des partizipativen *technology assessment* (vgl. van den Daele et al. 1996), die als eine technowissenschaftliche Komponente diejenigen generellen Aspekte des Themenfeldes traktieren, die nicht mit einer Einzelfallentscheidung zusammenhängen, plus sehr frühzeitig einsetzende, auf nationaler, regionaler oder sogar lokaler Ebene angesiedelte Prozesse mit breiter *politischer Partizipation,* die als deliberative Komponente (vgl. Abels und Bora 2004) auch Verhandlungen zwischen den beteiligten Konfliktparteien erlauben, plus das traditionelle *rechtlich-administrative Verfahren,* das schließlich die Komponente der bindenden Einzelfallentscheidung enthält.

Eine solche Kombination könnte selbst unter gegebenen rechtlichen Rahmenbedingungen in den meisten europäischen Ländern ohne größere Probleme installiert werden. Die aufwendigen und kostenintensiven Bestandteile (Komponente (a), *technology assessment*) halten sich in diesem Schema in sehr engen Grenzen, da sie nur bei neu auftretenden wissenschaftlichen Fragen größeren Umfangs (also typischerweise bei Konflikten um Risikobewertungen) infrage kommen. Demgegenüber wären nach dem Ergebnis unserer Argumentation die Arenen politischen Entscheidens zu stärken. Als Beispiel für *reflexive governance* kann dieses Schema insofern dienen, als es (wiederum rechtlich geregelte) Anschlüsse zwischen den verschiedenen Komponenten ermöglicht. Der Schritt des rechtlichen Entscheidens (c) kann mit anderen Worten durch die

beiden anderen Komponenten konditioniert werden. Es lassen sich Regeln denken, welche die Übersetzung der Ergebnisse der beiden ersten Arenen in das
rechtlich-administrative Verfahren steuern (Bora 1999).

Alles in allem läuft dieser Vorschlag also auf eine Stärkung politischer Kommunikation durch verstärkte Differenzierung hinaus. Einer in ihren Effekten dys-
funktionalen Politisierung rechtlicher Verfahren wird mit einer Re-Politisierung
politischer Entscheidungsarenen begegnet. Das Recht, so darf man annehmen,
ist kein Ort, an dem die Probleme anderer Funktionssysteme gelöst werden können, folglich auch nicht die Funktionskrisen der Politik (vgl. hierzu
Kap. 9). Als Instrument der Erwartungsstabilisierung dürfte es allerdings immer
noch einigermaßen alternativlos sein, wenn es darum geht, Kopplungsregeln
zwischen politischen Prozessen und wissenschaftlichen Argumenten zu etablieren und die Ergebnisse dieser Kopplungsprozesse in Entscheidungsverfahren
zurückzuspeisen.

Recht und Politik – Krisen der Politik und die Leistungsfähigkeit des Rechts 9

Von Krisen der Politik oder des Politischen kann in verschiedenen Zusammenhängen gesprochen werden. Man kann damit entweder eine Kritik einzelner
policies innerhalb des Systems der modernen Parteiendemokratie meinen, aber
auch Defizite auf der Ebene politischer Prozesse (politics). Für die soziologische
Theorie des Rechts besonders interessant erscheint darüber hinaus der Bereich
von polity, also der institutionellen Verfassung des politischen Gemeinwesens,
auf der man strukturelle Probleme im institutionellen Aufbau des politischen
Systems der modernen Gesellschaft vermuten kann. In systematischer Weise, so
kann man annehmen, wird im politischen System beispielsweise non-decision
gegenüber oftmals als riskant beobachtetem politischen Entscheiden mit Präfe-
renzwerten versehen; ebenso scheint sich aus der Funktionsweise der Politik,
jedenfalls derjenigen des in relevanten Aspekten korporatistisch verfassten politischen Zentrums, eine Prämie auf geringe Resonanz gegenüber Warn-, Alarm-
und Protestkommunikationen an der politischen Peripherie zu ergeben; Steuerung
bzw. Kontrolle von politischen Prozessen scheint an den operativen Kapazitäts-
beschränkungen politischer Einrichtungen zu scheitern, deren nationalstaatliche
Gestalt gegenüber beispielsweise einer im Weltmaßstab sich vollziehenden Ökonomisierung weiter Lebensbereiche bisweilen hilflos anmutet; schließlich, um ein
weiteres Beispiel zu erwähnen, mehren sich Anzeichen für eine Abwälzung von
Risiken aus dem politischen System in andere Bereiche der Gesellschaft, etwa
ins Recht, in die Wissenschaft und in die Ökonomie, was ebenfalls als Ausdruck einer wie immer beschaffenen Krise des Politischen gedeutet werden kann.
Alle diese Phänomene lassen sich mit gewisser Berechtigung als Krisensymptome

Überarbeitete Fassung, Original erschienen in: *Soziale Welt*. Sonderheft 14. 2003, S. 189-
216.

© Der/die Autor(en), exklusiv lizenziert an Springer Fachmedien Wiesbaden
GmbH, ein Teil von Springer Nature 2023
A. Bora, *Reflexion des Rechts – Beiträge zur responsiven Rechtssoziologie*,
https://doi.org/10.1007/978-3-658-40787-2_9

des Institutionengefüges (polity) der Politik in der modernen (Welt-) Gesellschaft interpretieren.

Mit dem Recht steht ein Instrument zur Verfügung, dessen Aufgaben unter anderem darin gesehen werden, zum einen dieses politische Institutionengefüge nicht nur als solches (in Form ge- bzw. verteilter „Gewalten") zu stabilisieren und es dadurch zugleich normativ einzuhegen, sondern ihm zum anderen auch ein Instrument zur Durchsetzung von politischen Programmen in die Hand zu geben. Rechtsstaat und Verfassung, verfassungsmäßig gebundene Gesetzgebung und Rechts- und Gesetzesbindung der Verwaltung, aber auch die Ausdifferenzierung spezialisierter Organisationen, in Deutschland insbesondere des Bundesverfassungsgerichts, weisen auf diese Zusammenhänge hin.

Vor diesem Hintergrund kann man fragen, ob die eben erwähnten Krisen der Politik – jedenfalls der polity – mit einem „Versagen" des Rechts oder seiner Organisationen in den beiden zuletzt genannten Aufgabenbereichen der rechtlichen Ordnung und Durchsetzung von Politik zusammenhängen. Damit ist aber zugleich auch die allgemeinere Frage aufgeworfen, ob das Recht überhaupt – und wenn ja, in welcher Hinsicht – die Probleme der Politik bearbeiten und gegebenenfalls lösen kann.

Diese beiden Fragen sollen im Folgenden aus einer soziologischen Perspektive in den Blick genommen werden. Eine solche Festlegung grenzt zugleich weite Bereiche möglicher Überlegungen aus, indem sie den Beobachtungshorizont auf soziale Systeme beschränkt und damit – jedenfalls auf der Ebene des begrifflich-konzeptionellen Zugangs – sich dezidiert gegenüber normativen Perspektiven der Rechts- und Staatswissenschaften absetzt. Sie verzichtet zunächst darauf, an deren Tradition anzuknüpfen und versucht stattdessen, in methodisch erzeugter Distanz eine Beschreibung des Rechts und der Politik als sozialer Systeme zu geben, die vielleicht Rekonstruktionsmöglichkeiten für die eingangs erwähnten Krisendiagnosen abwirft. Die Einladung zur soziologischen Beobachtung des Rechts und der Politik bedeutet deshalb zugleich die Aufforderung zur Beobachtung aus einer gewissermaßen externen Perspektive. Es soll im Folgenden also der Versuch unternommen werden zu beschreiben, was man sieht, wenn man beobachtet, wie Recht und Politik – auch in ihrer wissenschaftlichen Einkleidung als Rechts- und Politikwissenschaften – sich gegenseitig beobachten. Wenn bisweilen vermutet wird, dass in der Moderne der Begriff „Politik" unscharfe Konturen bekommt, lassen sich dann aus der Beobachtung der Differenz von Politik und Recht klarere Umrisse des „Politischen" gewinnen?

Die These dieses Kapitels lautet: Wir beobachten mit Politik und Recht zwei soziale Systeme, die sich wechselseitig Leistungen zur Verfügung stellen, sich aber nicht füreinander instrumentalisieren lassen. Wenn es politische Krisen gibt, die sich für das Recht in relevanter Weise bemerkbar machen, so stellt sich deswegen die Frage: Lässt sich die wechselseitige Beobachtung komplexer einstellen, sodass eine erhöhte Resonanzfähigkeit für die eigenlogischen Operationen des jeweils anderen Systems erzeugt werden kann? Gibt es, mit anderen Worten eine Beschreibung, die Responsivität ermöglicht?

Dieser Gedanke wird in vier Schritten entwickelt: Zunächst geht es darum, die Eigenlogiken von Politik und Recht an den Stellen sichtbar zu machen, an denen beide Systeme auf dieselben Institutionen der Polity zugreifen, also insbesondere im Staatsrecht und in der Staatstheorie (9.1). Auf der Ebene der Funktionssysteme geht es hier, wie sodann zu erörtern sein wird, um strukturelle Kopplung, auf der Ebene von Organisationen um deren Multireferentialität; dabei spielen in beiden Fällen auf jeder Seite Paradoxien eine strukturbildende Rolle; Systemleistungen können wechselseitig zur Entparadoxierung beitragen (9.2). Dass die wechselseitigen Beobachtungen im Verhältnis von Recht und Politik freilich prekär sind, zeigt sich insbesondere in Organisationen, in deren Entscheidungsprogrammierungen immer wieder auch „Politisierung" bzw. umgekehrt „Verrechtlichung" als Kommunikationsblockaden auftreten. Verfassungsgerichte können als Organisationen beschrieben werden, an denen diese zweifache Referenz in Richtung Politik und Recht in der Regel als unproblematisch sichtbar wird (9.3). Vor diesem Hintergrund wird abschließend die Eingangsfrage in dem eben skizzierten, nicht-instrumentellen Sinne mit einigen wenigen Hinweisen auf ein Modell komplexer Beobachtungsverhältnisse beantwortet (9.4).

9.1   Die Differenz der Systeme und die semantische Einheit der Institutionen: „Rechtliche" Grenzen der Politik – „Politische" Grenzen des Rechts?

Wenn aus der Differenz zwischen Politik und Recht ein systematischer Aufschluss über den Begriff des Politischen gewonnen werden soll, so kann damit sicherlich nicht ein Begriff gemeint sein, der sich per negationem, durch Subtraktion gewissermaßen bestimmen ließe, so als ob man Politik vor allem dadurch definieren könne, was sie nicht sei. Wohl aber kann die Auseinandersetzung mit Recht und Politik, mit deren jeweiliger begrifflicher Selbst- und Fremdbeschreibung und mit ihren Wechselbeziehungen dazu beitragen, die Differenz zwischen beiden zu bestimmen. Dabei wird sichtbar, dass diese Differenz beobachtungsabhängig und deshalb in ihrer begrifflichen Fassung unklar, bisweilen umstritten ist. Diese Unklarheit tritt an einer Reihe von Phänomenen in Erscheinung, die

vielfach diskutiert wurden und von denen deshalb nur einige stichwortartig in
Erinnerung gerufen werden sollen:

Unter dem Stichwort der politischen Steuerung wird beispielsweise das Modell
einer „Steuerung durch Recht" diskutiert, also die Annahme, Recht sei ein Mittel
oder eine Ressource der Politik. Dabei sind rechtsstaatliche Steuerungsmodelle
klassischen Zuschnitts durch Konzepte kooperativer Formen des Rechts abgelöst worden (vgl. z. B. Scharpf 1989; Dose und Voigt 1995; van den Daele und
Neidhardt 1996; Willke 1997). Man spricht von einem „polyzentrischen System
der Rechtsanwendung und Rechtserzeugung" (Ritter 1990, S. 72), das von der
regulativen Steuerung zu Formen kooperativer, dezentraler Koordination sozialer Systeme führt. Mit Konzepten wie mediale Steuerung oder Kontextsteuerung
hat die Wissenschaft dies zu beschreiben versucht (Glagow et al. 1989; Görlitz
und Voigt 1990; Willke 1992a, 1997). Der kooperative Staat oder wie es im ver-
waltungswissenschaftlichen Kontext auch heißt: die „Verhandlungsdemokratie"
erscheint so insgesamt als Kandidat für ein angemessenes Steuerungsparadigma
(vgl. die Beiträge in Czada und Schmidt 1993). Insgesamt hat sich in dieser
Debatte gezeigt, dass das Recht nicht rein instrumentell „funktioniert", sondern
ein Eigenleben führt und nicht unter politischen Gesichtspunkten allein ver-
stehbar ist. Das Recht selbst beobachtet sich ja auch viel eher als Einrichtung
zur Kontrolle von Politik. Und die Politik kommuniziert Versuche rechtlicher
Einflussnahme entsprechend als „Verrechtlichung". Und ebenso wird dann auch
auf der rechtlichen Seite sichtbar, dass politische Steuerungsversuche im Recht
bisweilen als Probleme der „Politisierung" wieder auftauchen (Bora 1999).

Unter dem Stichwort Rationalität kann man beobachten, wie sich im Verhältnis
von Politik und Recht dort Spannungen ergeben, wo sich verändernde politische
Zielbestimmungen beispielsweise in Gestalt von Staatsaufgaben im Recht wider-
spiegeln. In allen westlichen Industriegesellschaften ist in der zweiten Hälfte des
zwanzigsten Jahrhunderts ein Wachstum der Staatsaufgaben zu beobachten gewesen (Grimm 1987, S. 77 ff.; Schulze-Fielitz 1990). Viele Verfassungen begnügen
sich nicht mit allgemeinen Kompetenzzuweisungen für den Staat, sondern entwickeln immer konkretere Aufgabenbeschreibungen. Dieser Aufgabenzuwachs lässt
sich wohl auch an wachsenden Staatsquoten messen, ist aber vor allem direkt
inhaltlich an Veränderungen des Verfassungsrechts abzulesen. In Deutschland ist
diese Entwicklung – nicht zuletzt wohl aufgrund einer gewissen Filterwirkung
des Bundesverfassungsgerichts – vergleichsweise moderat verlaufen. In anderen
europäischen Staaten hat dieser Prozess dazu geführt, dass nicht nur ein gegen
den Staat einforderbares Recht des Einzelnen auf Arbeit, Bildung und Wohnung
in der Verfassung verankert ist, sondern dass darüber hinaus auch zahlreiche
soziale und kulturelle Grundrechtsaufgaben des Staates bis hin zur Sportförderung

sehr detailliert formuliert werden (Schulze-Fielitz 1990, S. 23 f.). Im Geltungsbereich des Grundgesetzes sind wohlfahrtsstaatliche und ökologische Belange
in aller Regel auf einfachgesetzlicher Ebene rechtlich festgeschrieben worden.
Diese Konstitutionalisierung von Staatsaufgaben ist schon früh kritisiert worden:
Zum ersten häuften sich konkrete Aufgabenzuweisungen etwa im Hinblick auf
soziale, kulturelle und wirtschaftliche Ziele; zum zweiten werde dabei kaum zwischen zentralen und eher marginalen Aufgaben unterschieden, „Staatsaufgabe" sei
eine Sammelkategorie eher kontingent gewachsener Finalprogramme; zum dritten
stünden Staatsaufgaben oft ohne klare Regelung von Zielkonflikten nebeneinander; und schließlich viertens seien sie immer nur unvollständig normiert (ebd.,
S. 24). Der Grund dieser juristischen Kritik ist offensichtlich: die rechtlichen
Grenzen einer Verrechtlichung materialer Politiken sind nicht klar definiert. Und
aus der Perspektive des Rechts lässt sich das Anwachsen von Staatsaufgaben
allenfalls durch die Freiheitsgrundrechte, den Grundsatz der Verhältnismäßigkeit,
das Subsidiaritätsprinzip bzw. durch verfassungsgestaltende Grundsatzentschei-
dungen begrenzen (ebd., S. 33 ff.). Jenseits dieser engen rechtlichen Grenzen
wird die Bestimmung von Staatstätigkeit als Frage der Politik behandelt. Solche
ausgedehnten Konzepte des Wohlfahrts- und Sozial- wie auch des ökologischen
Staats machen also ein spezifisches Spannungsverhältnis zwischen Recht und
Politik sichtbar, da sie im Sinne der Terminologie Max Webers jeweils (Re-)
Materialisierungsschübe markieren, die gewissermaßen die neuzeitliche, formale
Rationalität des Rechts – wenn schon nicht rückgängig machen, so doch – trans-
formieren. In allen diesen Entwicklungsschüben steckt jeweils die ungeklärte
Frage: Wieviel materiale – und das heißt regelmäßig: politische – Rationalität
kann dem Recht ohne durchgreifenden Identitätsverlust zugeführt werden? Und
umgekehrt: Wieviel rechtlicher Formalismus ist dem politischen Handeln noch
zuträglich? Wie lassen sich offensichtlich politische Prioritäten rechtlich darstellen und begründen? Wie kann, mit anderen Worten, die Einheit der Differenz
zwischen dem Recht und seiner Umwelt unter diesen Bedingungen kommuniziert werden? Es werden hier also die Konturen divergierender, systemspezifischer
Rationalitätskonzeptionen sichtbar.

Unter dem Stichwort Reflexivität zeigen sich Unklarheiten in der Differenzierung zwischen Politik und Recht aber auch in ganz anderer Hinsicht, dort nämlich
wo beide sich mit sozialem Wandel konfrontiert sehen, auf den dann häufig mit
Verfallsdiagnosen reagiert wird, und das mit unterschiedlichen Kausalattributio-
nen. Denn die wohlfahrtsstaatliche ebenso wie die ökologische Modernisierung
bringen nicht nur eine „quantitative" Komplexitätssteigerung mit sich, sondern
provozieren zugleich auch jene qualitativ neuen Probleme, wie sie beispielsweise Beck und Giddens im Begriff der „reflexiven Modernisierung" beschrieben

haben (Beck et al. 1996; Beck 1986, S. 251 ff.). Schwierigkeiten und Unzulänglichkeiten rechtlicher Regulierung, wie sie etwa unter dem Gesichtspunkt
von Risikoregulierung sichtbar werden (Bora 1999), führen nicht nur zur Diagnose einer „Risikogesellschaft" insgesamt, sondern folgerichtig gleich auch zur
Feststellung rechtlicher Unzulänglichkeit und zur Forderung nach neuen Instrumenten der Politik, nach einer Erneuerung oder gar „Erfindung" der Politik (Beck
1993). Vor diesem Hintergrund wird das gesamte Institutionengefüge von all
jenen für grundlegend modernisierungsbedürftig gehalten, die gewissermaßen das
Ende der modernen, funktional differenzierten Gesellschaft kommen sehen. Beck
und Giddens sahen die Gesellschaft auf dem Weg in eine „zweite" Moderne. Die
Eskalation von Risiken jenseits von Versicherbarkeit mache die „institutionalisierte Lernunfähigkeit" moderner Gesellschaften sichtbar, hieß es bei Beck (1988,
S. 174). Reflexive Modernisierung verlange unter diesen Vorzeichen nach einer
„Subpolitisierung der Gesellschaft". Das heißt nicht nur, dass politische Entscheidungen durch partizipatorische Foren zivilgesellschaftlicher Selbstgesetzgebung
getroffen werden sollen; es meint vor allem auch sogenannte „Code-Synthesen",
also die Verzahnung etwa von rechtlichen und politischen Geltungsansprüchen
(Beck 1993, S. 193 ff.).

Damit ist zugleich auch das Stichwort Weltgesellschaft angesprochen. Globale
Entwicklungen der trans- und internationalen Politik, internationale Finanz-
märkte, weltweit agierende Unternehmen, technologische Innovationen, die nationale Grenzen nachhaltig infrage stellen, provozieren nicht nur Visionen von
einer umfassenden Ökonomisierung der Welt, sondern oft auch eine resignative
Feststellung vom Ende der Politik. Gleichzeitig beobachtbare Trends eines sich
entwickelnden globalen Rechts werden oft gerade unter Hinweis auf fehlende
globale Politik verworfen. Konflikte wie die Balkankriege der neunziger Jahre,
die Anschläge des 11. September 2001, aber auch die Wahrung der Menschenrechte führten unter anderem zu einer internationalen (Straf-) Gerichtsbarkeit,
deren Legitimation nach wie vor prekär erscheint (de Vries 2022). Sie machen
zugleich deutlich, dass Politik in Gestalt des (National-) Staates vielleicht nur
mehr eine vergleichsweise marginale Größe in der modernen Gesellschaft ist
und wir die Entstehung eines Systems der „world polity" miterleben (Meyer
et al. 1997; Albert et al. 2001). Indikatoren für solche Entwicklungen lassen sich
benennen. Die Anschläge des 11. September 2001 beispielsweise entfalten ihre
Schockwirkung unter anderem aus dem Umstand, dass sie auf Symbole zielten,
die für so etwas wie die „westliche Kultur" standen. Die Zerstörung des World
Trade Center und nicht der Anschlag auf das Pentagon, das Zentrum der nationalen militärischen Macht, liefert dem individuellen und kollektiven Gedächtnis
die Bilder des 11. September 2001 (dazu auch Baudrillard 1976, S. 110 f.).

Diese kurzen Andeutungen sollten vor allem eines in Erinnerung rufen: Probleme politischer Steuerung mit dem Mittel des Rechts, konkurrierende Rationalitätsansprüche in Politik und Recht, sowie krisenhafte Beschreibungen sozialen Wandels machen unter anderem auch grundlegende Unsicherheiten im Verhältnis von Recht und Politik sichtbar. Diese Unsicherheiten treten nun auch in den Reflexionstheorien des Rechts und der Politik zu Tage, und zwar dort, wo diese differierenden „politischen" und „juristischen" Beschreibungen der zentralen Institutionen des Staates und der Verfassung geben oder versuchen, solche Beschreibungsdifferenzen zu integrieren.

Während im politikwissenschaftlichen Verständnis das Hauptaugenmerk der politischen Machtdimension staatlichen Handelns gilt, ist für die juristische Staatslehre der Staat die rechtliche Form politischer Herrschaft, wobei die drei Elemente Staatsgewalt, Staatsvolk und Staatsgebiet rechtlich konstituiert sind. Deshalb wird beispielsweise Gewaltenteilung, politisch betrachtet, vorrangig als System der Machtzuteilung von checks and balances zu beschreiben sein, während sie, rechtlich gesehen, eine Kompetenzverteilung in Gestalt von Gesetzgebung, Vollzug der Gesetze, Rechtsprechung widerspiegelt (z. B. Zippelius 1999; von Münch 1993; Badura 1996). Diese Doppeldeutigkeit der Institutionen wird in der Staatstheorie durchaus gesehen und zu lösen versucht, so zum Beispiel, wenn Verfassung als Symbol der Einheit von Recht und Politik dargestellt wird (Carvalho 2016). Das Verfassungsrecht hat dann einerseits einen politischen Charakter, weil es die politischen Institutionen schafft und ordnet und weil es durch Normen die Ausübung der Staatsgewalt anregt, bindet und begrenzt. Seine spezifische Bedeutung besteht in der Bindungswirkung, d. h. einem rechtlichen Maßstab für Aktivitäten der öffentlichen Gewalt, des Staates, also der Politik (Badura 1996, S. 14). Andererseits ist es aber Recht und als solches Ausdruck normativer Ordnung. Die hier interessierende Frage, wie beides zugleich denkbar ist und was dann die Einheit von Recht und Politik wäre, kann von einer rechtsinternen Position aus nicht mehr beantwortet werden. Sie verlangt eine Distanzierung bzw. Dezentrierung der Perspektive.

Die Probleme solcher zentrierten Perspektiven macht ein kurzer Rückblick auf Bemühungen in politikwissenschaftlichen und juristischen Staatstheorien deutlich, die Differenz von Recht und Politik zu integrieren. Zur Verdeutlichung kann man sich im Wesentlichen auf eine Entwicklung konzentrieren, die in der Staatslehre der ersten Jahrzehnte des zwanzigsten Jahrhunderts einsetzt. In der Tradition der neukantianischen Rechts- und Staatstheorie hatte Georg Jellinek (1914) die Unterscheidung zwischen einem „sozialen" und einem „juristischen" Staatsbegriff gebraucht, die für die rechtstheoretische Diskussion des zwanzigsten

Jahrhunderts stilbildend gewesen ist. Sie erklärt zugleich aber auch die Unmöglichkeit einer Integration der Perspektiven aus einer perspektivisch zentrierten
Position heraus, sei es nun derjenigen des politikwissenschaftlichen oder der des
juristischen Staatsbegriffs. Wenn man sich zunächst einmal an Jellineks Unterscheidung hält, so kann man Hans Kelsens „Reine Rechtslehre" ohne große
Probleme auf der „juristischen" Seite verorten. Sie beschreibt den Staat durchgängig als Rechtsform (Kelsen 1934). Auf der „sozialen" Gegenseite versteht
Max Weber den Staat als Herrschaftsverhältnis mit Gewaltmonopol, welches
mit einer spezifischen Form von Legitimitätsgründen (traditional, charismatisch,
legal) ausgestattet ist. Begrifflich lässt sich das auf die prägnante Formel des
anstaltsmäßigen Herrschaftsverbandes bringen, der innerhalb seines Gebietes
erfolgreich legitime physische Gewalt als Herrschaftsmittel monopolisiert hat
(Weber 1921, S. 511). Es handelt sich also um eine im Jellinekschen Sinne „soziale", d. h. in unserer Sichtweise um eine am politischen Aspekt orientierte
Begriffsbestimmung des Staates. Carl Schmitt hat das für unbefriedigend gehalten. Er bestritt, dass der Begriff des Politischen sich aus demjenigen des Staates
gewinnen lasse, und leitete daraus seine für das Politische charakteristische Unterscheidung von Freund und Feind und die Bestimmung des Politischen als Kampf
her (Schmitt 1932). Gemeinsam ist beiden, Weber und Schmitt, jedoch die politische – im Sinne Jellineks die „soziale" – Perspektive auf den Staat, der gerade
nicht als (alleine) rechtliches, sondern im Kem als politisches Phänomen beschrieben wird. Schmitt trennte zwischen „Rechtsstaat" und „Politik" und sah „Nation"
als Scharnier zwischen beiden an. „Volk" ist dann die Einheit, auf welche sich
Demokratie bezieht (kritisch Bryde 1994). Mit „sozialem" und „juristischem"
Staatsbegriff wurden insofern zwei komplementäre, aber nicht kongruente Sicht-
weisen formuliert, die dann schließlich in der sogenannten Integrationstheorie
von Smend, Scheuner, Hesse, Häberle, Müller und anderen zusammengeführt
werden. Ulrich Scheuner kritisiert am Positivismus der Neukantianer, dass „im
Ergebnis ... für den Rechtsbegriff vom Staate nur die leere Form des mit Herr-
schermacht ausgerüsteten Rechtssubjektes" geblieben sei (Scheuner 1978, S. 54).
Gegen Kelsen und Weber ebenso wie gegen Schmitt wird deshalb der Versuch
unternommen, empirische („soziale") und normative („juristische") Perspektive
zu integrieren und den Staat „als einen dialektischen Prozess geistiger Vereinheitlichung (Integration), als einen immer erneuerten Lebensvorgang zu begreifen"
(ebd., S. 66). Dabei wird ausdrücklich gegen die neukantianische Zweiteilung
des Staatsbegriffs Stellung bezogen und ein einheitlicher – freilich dann rechts-
philosophisch, nämlich anthropologisch bestimmter – normativer Staatsbegriff
eingefordert: Der Staat „muss (sic!) vom Menschen und seiner Bestimmung her
verstanden" werden (ebd., S. 73). Versucht man, dieser Bestimmung auf den

Grund zu gehen, so stößt man auf Altbekanntes: Gerechtigkeit, Frieden, Ordnung, also auf semantische Formeln, die gerade keine begriffliche Präzisierung im Sinne einer Integration „juristischer" und „sozialer" Staatsbegriffe erlauben, sondern ihrerseits auf ungeklärte bzw. ausfüllungsbedürftige normative Hintergründe verweisen (ebd., S. 74–76). Bei genauem Hinsehen erweist sich somit, dass die Integrationstheorien gerade nicht die Einheit der Differenz von Recht und Politik bestimmen, sondern die Differenz erneut von einer – nämlich der normativen – Seite her asymmetrisieren.

Vergleichbare Integrationsversuche prägen nicht nur das rechtstheoretische Staatsverständnis, sondern auch neuere sozialphilosophische Ansätze, was man beispielsweise an der Rechts- und Staatstheorie bei Bernhard Peters und Jürgen Habermas deutlich machen kann. In Jürgen Habermas' „Faktizität und Geltung" übernimmt das Recht die Rolle des gesellschaftlichen Vermittlers zwischen der Faktizität staatlicher Rechtsdurchsetzung und der „Legitimität begründenden Kraft eines dem Anspruch nach rationalen, weil freiheitsverbürgenden Verfahrens der Rechtsetzung" (Habermas 1992, S. 46). Es ist über die Institutionalisierung der systembildenden Medien Geld und Macht in den sozial integrierten Ordnungen der Lebenswelt mit allen Ressourcen gesellschaftlicher Integration zugleich verknüpft. Deshalb trägt es auch die Spannung zwischen diesen Integrationsmodi in sich. Im Rechtsstaat äußert sich diese Spannung als Widerspruch zwischen kommunikativer und administrativer Macht. Hannah Arendt verstand unter kommunikativer Macht ein Potential, das aus dem Einvernehmen zwischen handelnden Personen entspringt (Arendt 1969, S. 45). Es ist die einzige Quelle der Erzeugung legitimen Rechts. Daneben existiert aber als zweite Form die administrative Anwendung von Macht. Politik umfasst grundsätzlich beides. Für Habermas ist das Recht in modernen Gesellschaften dasjenige Medium, welches kommunikative in administrative Macht umsetzt (Habermas 1992, S. 187). Habermas greift dabei auf ein staatstheoretisches Modell zurück, das Bernhard Peters vorgestellt hat, und das unter dem Namen „Schleusenmodell" bekannt geworden ist. Peters versteht Gesellschaft als die Gesamtheit sozialer Aktivitäten, die rechtlich-politisch verfasst und abgegrenzt sind. Als „Staat" oder „rechtlich-politisches" System bezeichnet er die Beziehungen zwischen Angehörigen einer rechtlich-politischen Ordnung sowie alle Aktivitäten, die sich auf die Reproduktion dieser Ordnung beziehen. Dieses „rechtspolitische" System ist für Peters der Bereich, in dem egalitäre, rationale Vergemeinschaftung im Sinne kollektiver Selbstorganisation gelingen kann. Er ist in ein organisatorisches Zentrum und in eine Peripherie gegliedert (Peters 1993, S. 304 ff.). Die Unterscheidung wird hier charakterisiert als „ein in sich differenzierter institutioneller Kernbereich, der in vielfältigen Vermittlungsbeziehungen zu peripheren Strukturen und Prozessen steht, die wiederum vielfältige Übergänge und Verzahnungen mit ‚privaten' gesellschaftlichen Bereichen aufweisen" (ebd., S. 327). Zum institutionellen Kem (Regierungssystem) gehören der parlamentarische Komplex, das Rechtswesen, Regierung und Verwaltung. Die peripheren (auch: „intermediären") Strukturen politischer Meinungs- und Willensbildung stehen zum Zentrum in einer Beziehung, die mit der Metapher der „Schleuse" bezeichnet wird (ebd., S. 340). In der Peripherie sind Strukturen und Prozesse der Problemdefinition und Interessenartikulation angesiedelt, die ein System von Schleusen im Bereich des „rechtlich-politischen" Systems passieren müssen, um vom Zentrum wahrgenommen und in Entscheidungen ein gebaut zu werden. Als solche Schleusen kann man sowohl die klassischen Gesetzgebungsverfahren, Wahlen, Einflusskanäle politischer Parteien oder richterliche Rechtsfortbildung betrachten, als auch die wenig oder gar nicht formalisierten Einflussmöglichkeiten von Interessengruppen, sozialen Bewegungen, Massenmedien, Professionen usw. Die Peripherie hat die Funktion, dem im Routinemodus operierenden Zentrum im Wege der öffentlichen Thematisierung, Dramatisierung usw. Problemmasse zuzuführen, die nur den mit „privaten" („bewusst vergesellschafteten") Bereichen in Verbindung stehenden Strukturen verfügbar ist. Auf diesem Wege bringt sich dann der Originalmodus sozialer Integration gegenüber sozial „verselbständigten" Strukturen zur Geltung, und zwar via Recht und Politik.

In ähnlicher Form wie bei den juristischen Integrationstheorien wird also auch hier die Integration von Recht und Politik (in der Gestalt allgemeiner gesellschaftlicher Integration) auf eine Seite der Unterscheidung gezogen und ebenfalls normativ asymmetrisiert. Man kann zeigen, dass der Beobachtungsfähigkeit einer so ansetzenden Theorie enge Grenzen gezogen sind, insbesondere was die Rekonstruktion sogenannter „pathologischer", also normativ defizitärer Formen von Vergesellschaftung betrifft (dazu ausführlich Bora 1999). Nachteilig macht sich darüber hinaus aber auch am Polity-Modell bemerkbar, dass die Einheit des „rechtlich-politischen" Systems und dessen Grenzen organisatorisch bestimmt werden müssen (Peters 1993, S. 161–177). Damit wird das Problem der Grenzziehung lediglich verschoben und kehrt dann auf der Ebene der Organisation wieder. Denn es bleibt insgesamt offen, welche Unterscheidung die Einheit des „rechtspolitischen" Systems bezeichnet. Das normative Moment des Rechts kommt allein als Differenzierungskriterium nicht infrage, da es auch außerhalb des „rechtspolitischen" Systems, in den lebensweltlichen Interaktionen des Alltags zum Beispiel, normative Erwartungen und Kommunikationen über Recht gibt. Die Peripherie verliert sich in dieser Hinsicht gewissermaßen im Unendlichen. Außerdem bleibt auch im Innenverhältnis die Differenz zwischen Recht und Politik unklar bzw. sie wird als gegeben vorausgesetzt. Nur so kann letztlich der Gedanke einer rechtlichen Begrenzung politischer Macht innerhalb des „rechtspolitischen" Systems Sinn ergeben. Allerdings ist nicht zu erkennen, wie genau diese Differenzierung begrifflich zu verstehen ist, wenn sie innerhalb der Einheit eines Systems angelegt ist. Worin bestünde diese Einheit des Rechtlichen und Politischen? Sie ergibt sich jedenfalls auch nicht aus der eher organisationssoziologisch gedachten Unterscheidung von Zentrum und Peripherie; denn die Abgrenzung zwischen juristischer Berechtigung und politischer Fähigkeit liegt selbst quer zur Zentrum-Peripherie-Differenzierung. Tatsächlich erhält man vor allem Hinweise auf eine organisatorische Außenabgrenzung des „rechtspolitischen" Systems – gewissermaßen als eines Agglomerats von polity und rechtlichen Institutionen –, allerdings um den Preis einer internen Aufhebung der Unterscheidung von Recht und Politik.

Demgegenüber werden im Folgenden die Abgrenzungsprobleme der Integrationstheorien zum Anlass genommen, aus einer differenzierungstheoretischen Perspektive auf der Ebene der Funktionssysteme im Anschluss an Luhmann (1993) von zwei eigenständigen Systemen auszugehen und dann zu fragen, welche Mechanismen Interdependenzen zwischen diesen Systemen ermöglichen und im nächsten Schritt dann, welche Auswirkungen das etwa auf der Ebene von Organisationen haben könnte.

In der differenzierungstheoretischen Sichtweise wird deutlich, dass in den *Reflexionstheorien des Rechts und der Politik* jeweils spezifisch zentrierte Beobachtungsperspektiven gegeben sind, nämlich Selbstbeschreibungen aus der Systemperspektive der Politik bzw. des Rechts. In diesen Selbstbeschreibungen ist der „Begriff des Politischen" jeweils aus der Systemperspektive bestimmt: Staat als „rechtlich verfasstes" Gemeinwesen und Verfassung als konkreter Ausdruck „rechtlicher" Grenzen der Politik im einen Falle; Staat als Herrschaftsverband und Recht als eines von dessen Instrumenten der Ausübung von Herrschaftsgewalt im anderen Falle. Recht und Politik benutzen mit anderen Worten semantische Konzepte wie den Begriff des Staates in ihrem je eigenlogischen Kontext. Deshalb können Staat und Verfassung dann auch als Mechanismen struktureller Kopplung unterschiedlich operierender Funktionssysteme zur Verfügung stehen (siehe dazu unten Kap. 2). So wird das Parlament einmal als Legislative, also als rechtlich sanktionierte Rechtsquelle, ein andermal als politische Arena oder Akteur im politischen System beobachtbar. Rechtsprechung im allgemeinen und Bundesverfassungsgericht im Besonderen werden im einen Fall als „dritte Gewalt" oder besonderer Machtfaktor („verlängerter Arm der Opposition") wahrgenommen, also als politische Größe, im anderen als Instanzen rechtlicher

Letztentscheidungen, die das Rechtssystem intern in Zentrum und Peripherie gliedern. Die soziologisch spannende Frage ist nun vor diesem Hintergrund, wie diese
Eigenlogiken miteinander verkoppelt sind und welche Leistungen sie sich dabei
wechselseitig zur Verfügung stellen können. Erst mit der Beantwortung dieser
Frage ergibt sich ein systematischer Blick auf unser Ausgangsproblem eines möglichen Zusammenhangs zwischen politischen Krisenphänomenen und rechtlichen
Systemleistungen.

Im Übrigen erhält man mit dieser Vorgehensweise auch die Chance, das
Motiv der Integrationstheorien – die bis heute die juristische Staatslehre beeinflussen – trotz deren inhaltlich unbefriedigender Lösungsvorschläge ernst zu
nehmen, nämlich deren Kritik an den jeweils einseitig zentrierten „juristischen"
und „sozialen" Staatsbegriffen. Man kann dazu freilich einen anderen Lösungs-
weg einschlagen, der gerade nicht auf Integration, sondern auf Differenzierung
und Dezentrierung der Perspektiven hinausläuft. „Juristischer" und „sozialer"
Staatsbegriff stehen dann für differente Systemperspektiven, diejenige des Rechts
und die der Politik. Sie konkurrieren deshalb nicht im Sinne der Ausschließ-
lichkeit miteinander, so als ob beide ontologisch vollständige Beschreibungen
von Welt lieferten. Sonden sie stellen je spezifische, zueinander komplementäre,
jedenfalls einander nicht ausschließende Beobachtungen von Welt dar. Gerade
aus ihrer Differenz kann demnach Informationsgewinn gezogen werden, wenn
man nämlich zu beschreiben versucht, was aus jeder dieser Perspektiven gesehen werden kann. Gegenüber den systemspezifisch zentrierten Perspektiven des
Rechts und der Politik wäre dann der Versuch einer gegenüber beiden relativen
Dezentrierung einer wissenschaftlichen Beobachtungsoption zu setzen.

Als erstes Zwischenfazit sei an dieser Stelle festgehalten: Bevor man weitreichende Schlüsse über empirische Veränderungen in der modernen Gesellschaft –
Auflösungstendenzen, das Ende der Politik, des Rechts usw. – zieht, empfiehlt
es sich zu prüfen, ob die Frage in dieser Form sinnvoll gestellt ist: Ist sie
ontologisch zu verstehen (was immerhin angesichts diagnostizierter „Auflösungs-
trends" noch voraussetzte, dass beide Bereiche einmal – wann? – trennscharf
abgrenzbar waren)? Oder ist sie beobachtungstheoretisch zu verstehen, in dem
Sinne, dass jede der beiden Seiten ihre Autonomie erzeugt und sichert, indem
sie ihre Grenzen selbst definiert als politische Grenze der Politik bzw. rechtliche
Grenze des Rechts, und dass sich daraus gegebenenfalls Problemlagen in den
Interdependenzbeziehungen beider Systeme ergeben können?

Wenn man für die zuletzt genannte Option autopoietischer, sich selbst kon-
stituierender Systeme plädiert, stößt man – wie im Folgenden gezeigt werden
wird – sowohl im Rechtssystem als auch in der Politik auf Paradoxien. Die hier
vertretene These ist nun, dass diese Paradoxien dazu beitragen können zu verstehen, weswegen und wie beide Seiten im Prozess der jeweiligen Selbstkonstitution

wechselseitig voneinander profitieren. Das ist das Thema des folgenden zweiten Abschnitts. Im dritten werden anschließend einige Folgeprobleme zu diskutieren sein.

9.2 Paradoxien, Strukturbildung und Systemleistungen

Die Annahme politischer und rechtlicher Autonomie, die mit der Vorstellung jeweiliger Selbstkonstitution, Bestimmung der Systemelemente, Setzen und Aufrechterhalten der Systemgrenzen einher geht, macht ein Phänomen sichtbar, das sowohl als Kommunikationsproblem im System als auch in der Gestalt von Beschreibungs- bzw. Begriffsproblemen in der (Selbst- oder Fremd-) Beobachtung der Systemoperationen in Erscheinung tritt. Überall, wo mit Differenzen operiert wird – in den Codes der Funktionssysteme etwa, aber auch in organisatorischen Entscheidungen – lässt sich die Frage der Selbstimplikationsfähigkeit von Unterscheidungen stellen und damit zugleich auch die Frage nach dem Umgang mit Paradoxien. Unter Paradoxie soll hier im Anschluss an die neuere Systemtheorie eine bestimmte Form der Kommunikationsblockade verstanden werden. Paradoxien treten immer dort in Erscheinung, wo eine binäre Unterscheidung auf sich selbst angewendet wird und dadurch Anschlussprobleme verursacht (Selbstimplikation der Unterscheidung). Der lügende Kreter oder die Frage, mit welchem Recht eigentlich zwischen Recht und Unrecht unterschieden wird und ob es Recht ist, dass dies so und nicht anders geschieht, mögen als Beispiele dienen. Die Basisparadoxie des Rechtssystems hat Niklas Luhmann an Hand der Parabel vom „Zwölften Kamel" veranschaulicht (Luhmann 2000b; siehe auch Teubner und Zumbansen 2000). Dort wird deutlich, wie rechtliches Entscheiden Recht selbst als unhintergehbare Voraussetzung seiner selbst immer schon in Anspruch nimmt und damit auch die Frage unsichtbar machen muss, ob es Recht sei, die Unterscheidung von Recht und Unrecht zu gebrauchen.

Die theoretische Bedeutung von Paradoxien liegt freilich weniger in ihrer Eigenschaft als Kommunikationsblockaden als vielmehr in ihren strukturbildenden Effekten. In Kommunikationssystemen bilden sich sehr unterschiedliche Mechanismen der Paradoxievermeidung aus, also der Herstellung bzw. Sicherung von kommunikativen Anschlussmöglichkeiten. Und daraus kann theoretisch entscheidender Gewinn gezogen werden, wenn man darauf achtet, wie solche Operationen der Paradoxievermeidung zur Ausbildung von Strukturen in sozialen Systemen führen. Das macht die Besonderheit der systemtheoretischen Perspektive im Unterschied zu anderen Ansätzen aus, für die ebenfalls Paradoxien einen zentralen Stellenwert besitzen.

Dieser Unterschied kann zum Beispiel verdeutlicht werden mit Blick auf Jacques Derrida und seine Auseinandersetzung mit Walter Benjamins Text „Zur Kritik der Gewalt" (Derrida 1991; Benjamin 1921). Darauf ist ausführlicher einzugehen, weil in diesen Texten in paradigmatischer Weise die Bedeutung von Paradoxien für das Verhältnis von Politik und Recht sichtbar wird. Gleichzeitig erweist sich dann auch Derridas Bearbeitung des Paradoxie-Themas als in spezifischer Weise defizitär: Er argumentiert, so will ich zeigen, gewissermaßen für eine „politische" Lösung der Paradoxie des Rechts über eine paradoxe Beobachtungstheorie, bleibt also mit seiner Theorie selbst in dem oben erwähnten Sinne zentriert. Demgegenüber wird hier dann eine Beobachtungsweise vorgeschlagen, die darauf abstellt, wie Recht und Politik sich wechselseitig entparadoxieren.

In der Auseinandersetzung mit Benjamins Gewaltbegriff geht es für Derrida um die Basisparadoxie, die dem rechtlichen Diskurs zugrunde liegt. Benjamin hatte darauf aufmerksam gemacht, dass im Zentrum des Rechts bzw. an seinem gedachtem „Ursprung" ein nichtrechtliches, „gewaltsames", also in unserem Sinne ein politisches Ereignis steht. Der tatsächliche oder gedachte, „ursprünglich" rechtsetzende Akt, so sein Gedanke, kann selbst kein Recht sein, da dieses erst aus ihm entspringt. Benjamin versuchte nun, noch am Grunde des Rechts, vor allem Recht sozusagen, legitime Gewalt von illegitimer zu scheiden – ein unmögliches Unterfangen dort, wo die Unterscheidung von Recht und Unrecht noch nicht gilt. Nicht zufällig kann sich Benjamin nur mit einer Münchhausengeste aus der Affäre ziehen. Eine dritte, göttliche Gewalt – die „waltende" – soll in der Geschichte zum Tragen kommen; sie bleibt allerdings formal und inhaltlich unbestimmt. Derrida dekonstruiert Benjamins Versuch, das ausgeschlossene Dritte in die Unterscheidung mit hineinzuholen. Er zeigt uns das im wörtlichen Sinne Rechtlose jenes Gewalt-Ereignisses, welches das Recht setzt. Dekonstruktion heißt dabei, die Mythen des Rechts über seinen eigenen Ursprung zu zerstören (Bonacker 2001; Rogowski 1994). Diese Mythen zielen auf eine identitätslogische Ableitung von Recht aus Recht. Die Dekonstruktion bleibt freilich nicht bei der Zerstörung des Mythos stehen, sondern wirft einen Blick auf das ausgeschlossene Dritte, das selbst erst die Unterscheidung von Recht und Unrecht hervorbringt. Vor dem Gesetz, so sagt Derrida, ist die Gerechtigkeit, und zwar als „Erfahrung dessen, wovon wir keine Erfahrung machen können" (Derrida 1991, S. 33). Sie ist nicht wie das Recht dekonstruierbar, sondern sie bleibt, wie das rechtsetzende Ereignis, unfassbar. Mehr noch: sie hat selbst ereignishafte Züge. Gerechtigkeit, so Derrida, ist Gabe, Anwesenheit und Gegenwärtigkeit zugleich. Dieser Gedanke wird wie folgt entwickelt (zum Folgenden Derrida 1995, S. 45–54): Der Ort der Gerechtigkeit ist „die unendliche Dissymmetrie der Beziehung

zum anderen", weil sich dort nicht „die kalkulierbare und distributive Gerechtigkeit", nicht „die Ökonomie der Rache oder der Strafe" realisiert, sondern vielmehr
„die Gerechtigkeit als Unkalkulierbarkeit der Gabe" (ebd., 1995, S. 46). Deren
Eigenart besteht darin, „dem anderen jenen Einklang mit sich zu lassen, der ihm
eignet und ihm Anwesenheit gibt" (ebd., S. 52). Zugleich ist das Anwesende
das, was vorübergeht, was zwischen den Horizonten der Vergangenheit und der
Zukunft eine „Fuge" bildet, in die sich die Gabe/Gerechtigkeit „fügt". Gerechtigkeit wird hier also beschrieben als ein durch die Gabe erzeugtes Sich-Ausliefern
an die Singularität (précédence, prévenance) des Anderen oder: „als die Ankunft
des Ereignisses selbst" (ebd., S. 54). Vor der Dekonstruktion der Struktur des
Rechts liegt mit anderen Worten – als Gabe, Anwesenheit, Gegenwart – „die nicht
dekonstruierbare Bedingung der Dekonstruktion": das Ereignis, die Gerechtigkeit.

Wie bereits angedeutet, heißt es aber gleichzeitig, Gerechtigkeit und rechtset-
zendes Ereignis blieben letztlich unfassbar und mehr noch: In ihrer Abstraktheit
sei die Gerechtigkeit dem Bösen und Perversen gefährlich nah verwandt. Wenn
die Gerechtigkeit bemüht werde, dann oftmals, um Gewalt auszuüben. Deshalb
dürfe man sich nicht von der „juridisch-politischen" Praxis fernhalten, denn:
„Auf sich selbst gestellt, sich selbst preisgegeben, aufgegeben und allein gelassen, befindet sich die allen Berechnungen, allem Kalkül trotzende Gerechtigkeit
spendende Idee stets in nächster Nähe zum Bösen, ja zum Schlimmsten, da das
perverseste Kalkül sie sich stets wieder aneignen kann Die jeder Berechnung,
jedem Kalkül gänzlich fremde Gerechtigkeit befiehlt also die Berechnung und
das Kalkül" (Derrida 1991, S. 57). Dieser Blick auf das ausgeschlossene Dritte,
auf die Gerechtigkeit vor dem Recht, enthält also nichts weniger als eine theoretische Paradoxie, nämlich dort, wo Gerechtigkeit unter der Hand doch zum
normativen Fluchtpunkt wird, der das Identische, den sicheren Ort repräsentiert,
von dem aus Dekonstruktion möglich wird. Angesichts der skizzierten Ambivalenz von Gerechtigkeit ist eine solche normative Rückversicherung jedoch nicht
wirklich denkbar.

Die Systemtheorie unterscheidet sich von dieser paradoxen Form dekonstruk-
tivistischer Differenztheorie durch ihre dezentrierte Beobachtungsperspektive im
Umgang mit Paradoxien. Diese Dezentrierung wird meist als Beobachtung zweiter (oder höherer) Ordnung beschrieben, bezieht sich also auf den Vorgang
des Beobachtens von Beobachtern. Die Dekonstruktion beschreibt, wie gezeigt
wurde, nicht die Paradoxie eines Beobachters erster Ordnung (des Rechtssystems z. B.), um dann zu sehen, wie dieser damit umgeht. Sonden sie fühlt die
Theorie, also die Beobachtung zweiter Ordnung, selbst in die Paradoxie hinein
und muss, will sie nicht zum Schweigen verurteilt sein, dann sich selbst durch

eine (normative) Setzung entparadoxieren. Wie Luhmann weist auch Derrida darauf hin, dass Rechtsanwendung/Rechtsprechung immer auch Rechtsetzung ist. In
der Dekonstruktion zeigt er beide Seiten zugleich und lässt es dabei bewenden.
Die Systemtheorie dagegen fragt, wie das Recht diese Paradoxie verdeckt, ent-
paradoxiert, umgeht usw. und wie daraus Strukturen entstehen. Sie verfolgt, so
kann man sagen, eine struktur-rekonstruktive Erkenntnisstrategie, im Gegensatz
zur dekonstruktivistischen Vorgehensweise Derridas.

   Der Vorschlag, Dekonstruktion und Rekonstruktion danach zu unterscheiden, ob auf Paradoxien oder auf die Strukturen abgestellt wird, die sich zur
Paradoxievermeidung bilden, lässt sich auch an einem Beispiel aus der Politik
verdeutlichen. Slavoj Žižek, der an Jacques Lacans Unterscheidung von Imagi-
närem und Symbolischem anknüpft (Žižek 1991b), macht das an der Geschichte
von Kaspar Hauser klar: In den populären Mythen des späten 18. und des frühen
19. Jahrhunderts – in der symbolischen Struktur jener Zeit – sind verlorengegan-
gene (Fürsten-) Kinder ein nicht eben seltenes Thema. Und in dieser Situation,
so Žižek, konnte beinahe jedes x-beliebige Findelkind diese bereits vorbereitete
„leere Stelle" besetzen. Die kollektive Imagination macht aus Kaspar Hauser
einen badischen Prinzen. Mit dem Auftauchen Kaspars geschieht, was in gewisser
Weise erwartbar war. Ohne die vorgängig entstandenen populären Geschichten
wäre das Findelkind nicht prominent geworden. Das Ereignis gewinnt seine
Bedeutung aus der Struktur. Die Dekonstruktion schaut nun gleichsam auf die
zentrale Stelle im Netz des Symbolischen bzw. auf das Objekt oder Ereignis, das
diesen Platz einnimmt. Sie zeigt uns, dass dieses Ereignis/Objekt selbst belang-
los, austauschbar und in gewissem Sinne unansehnlich ist. Dekonstruktion ist
nichts anderes als dieser desillusionierende Blick auf das Ereignis/Objekt, das
die Mitte eines jeden Diskurses besetzt. Die Dekonstruktion erzählt irritierende,
widersprüchliche Geschichten über dieses Ereignis/Objekt, weil es in sich eigen-
schaftslos ist und jede Geschichte erträgt. Sie zerstört dadurch unsere Geschichte
über das Ereignis/Objekt. Das Aufklärungsbedürftige an der kollektiven symbolischen Struktur besteht für den struktur-rekonstruktiven Blick demgegenüber in
der Tatsache, dass es gerade diese leere Stelle ist, um die das symbolische Netz
gewoben ist. Kaspar Hausers angebliche oder wahre Identität spiegelt das Imaginäre der Gesellschaft jener Zeit. Der Blick auf Strukturbildung macht sichtbar,
dass in der gesellschaftlichen Kommunikation die Differenz von „Natur" und
„Kultur" thematisch wird und mit ihr die Frage nach der Identität. Und Rekonstruktion fragt dann nach den Mechanismen dieser Strukturbildung. Das wird
auch in der Literatur jener Zeit sichtbar, etwa in Jean Pauls „Titan". Das Fürsten-
kind Albano, dessen adlige Geburt wegen höfischer Ränkespiele vor ihm selbst
und der Welt verborgen gehalten wird, sucht in einem atemberaubenden Spiel in

und mit der äußeren Natur, seine und seiner Mitmenschen wahre, innere Natur zu ergründen. Am Ende erschöpft sich seine Identität auch nicht in der wiedergefundenen Fürstenrolle, sondern lässt gewissermaßen Projektionsflächen für die Fortsetzung der in der Zeit der Verwirrungen begonnenen Identitätssuche frei. Identität ist das, was man nicht hat (vgl. Simmel 1908, S. 49).

Während die Dekonstruktion ihren Blick auf die Leerstelle und vor allem auf deren Unbestimmbarkeit und Ambivalenz richtet, versucht die Rekonstruktion also die Strukturen zu beschreiben, denen das Ereignis oder Objekt an dieser Stelle seine Bedeutung verdankt. Die Dekonstruktion beobachtet das Objekt oder Ereignis, so kann man also sagen, und die Rekonstruktion den Fall, der das Objekt/Ereignis als solches konstituiert und aus dessen Sinnstruktur die Bedeutung des Objekts/Ereignisses emergiert. Für die Systemtheorie sind folglich Paradoxien vor allem deshalb von Interesse, weil sie jeder Unterscheidung zugrunde liegen und weil zu ihrer Vermeidung sich in sozialen Systemen Strukturen herausbilden. Wenn Paradoxien allgemein einen Verlust von Bestimmbarkeit, von Anschlussfähigkeit für weitere Operationen bedeuten, so macht die systemtheoretische Beobachtung darauf aufmerksam, dass soziale Systeme immer auch über Verfahren verfügen, die es ihnen erlauben, diesen Status der Unbestimmtheit zu überschreiten oder zu vermeiden. Bei diesen Entparadoxierungsverfahren kann es sich um die Einführung zusätzlicher Unterscheidungen handeln; ebenso können aber auch Mechanismen auftreten, die Asymmetrie erzeugen und damit Anschlussfähigkeit sichern, etwa Generalklauseln im Recht, mit denen eine Seite der paradoxen Beobachtung die Präferenz erhält; denkbar sind auch Temporalisierungen (was jetzt Unrecht ist, kann später Recht sein und umgekehrt) oder historische Umdeutungen. Aufschlussreich für das Verhältnis von Politik und Recht ist beispielsweise der Fall, in welchem das Reichsgericht das richterliche Prüfungsrecht im Hinblick auf die verfassungsrechtliche Gültigkeit von Einzelgesetzen in einem obiter dictum unter Berufung auf eine tatsächlich wohl nicht gegebene Kontinuität der Rechtsprechung schuf und diese (i.e. politische) creatio ex nihilo damit gleichzeitig normativ entparadoxierte (Stentzel 2000, S. 287 ff.).

Strukturbildung in sozialen Systemen ist also als Umgang mit Paradoxien rekonstruierbar. Eine Form des Unsichtbarmachens ist die Zuschreibung nach Außen (Externalisierung). Systemintern nicht anschlussfähige Kommunikationen werden auf extern beobachtete Ereignisse, auf Operationen anderer Systeme zugerechnet. Die Frage nach dem „Ursprung" des Rechts kann so beispielsweise von Geltungsfragen getrennt werden, die dann im Rechtssystem behandelbar sind. Es gilt, was nach rechtlichen Regeln gültig produziert wird. Das Rechtssystem benutzt die Beobachtung von Kommunikationen des politischen Systems (bspw. Parlamentsbeschlüsse) zur Steigerung seiner eigenen Komplexität: als „Rechtsquelle". Damit löst es zugleich an dieser Stelle seine eigene Basisparadoxie auf und konstituiert eine rechtliche (!) Semantik zur Beschreibung der Entstehung neuen Rechts unter Vermeidung der paradoxen Selbstbeobachtung: wieso gerade dies Recht sei und nicht etwa das Gegenteil. Luhmann spricht im Zusammenhang mit solchen Mechanismen häufig auch von der „Entfaltung" der Paradoxie (Luhmann 2000, S. 323 f.; Luhmann 1995). In dem bereits erwähnten Aufsatz „Die Rückgabe des zwölften Kamels" spielt er die vom Rechtssystem in seiner Entwicklungsgeschichte ausprobierten Entfaltungsmöglichkeiten durch und weist nach, dass sie alle auf ein und dasselbe Funktionsproblem reagieren, insofern als funktional äquivalente Lösungen des Problems der Basisparadoxie beschrieben werden können (Luhmann 1988; Luhmann 1993, S. 546 ff., zur Metapher der „Rechtsquelle" als Kontingenzformel des Rechts und als Beispiel für Externalisierung ders., 1993, S. 526).

Vergleichbares lässt sich in der Politik beobachten (zum Folgenden Luhmann 2000a, S. 324 ff.). Auch hier wird das zentrale Selbstbeschreibungsproblem jedes Systems – wie im System dessen Einheit kommuniziert werden kann – in Gestalt einer Paradoxie sichtbar. Der Code des politischen Systems unterscheidet machtausübende von machtunterworfener Kommunikation. Die Einheit dieser Unterscheidung müsste als etwas bezeichnet werden, was sowohl Macht als auch Nicht-Macht ist. In den Operationen des Systems gibt es keine Möglichkeit, diese beiden Seiten zugleich zu bezeichnen, d. h. als dasselbe zu behandeln. Das politische System hat, so Luhmann, in historischer Abfolge verschiedene Formen der Entfaltung seiner Paradoxie gefunden: Repräsentation, Souveränität und Demokratie. Sie alle behandeln das Problem der Einheit des Unterschiedenen und benutzen dabei interessanterweise in der einen oder anderen Form die externe Referenz auf Recht (Wahlverfahren im Fall der Repräsentation, rechtliche Bindung des Fürsten bzw. Leges-Hierarchien für die Souveränität, schließlich subjektive Rechte im Fall der Demokratie), dies allerdings nur um den Preis des Sichtbarwerdens neuer Probleme (der Identität von Repräsentierten und Repräsentanten im ersten, der begründungsbedürftigen Willkür im zweiten und der Beschränkung subjektiver Rechte bzw. der Legitimation von Herrschaft im dritten Fall). Die Figur des „Rechtsstaates" erlaubt es schließlich, die in der Demokratie weiter mitgeführten Legitimationsprobleme (die nach allem nur Selbstlegitimationsprobleme sein können (ebd., S. 358 f.) durch die externe Referenz auf „Werte" zu entschärfen. Dabei kommt dem politischen System insbesondere der Umstand zunutze, dass die Wertsemantik es erlaubt, Verfassungsrechte als formulierte juristische Präferenzen nun auch entsprechend politisch zu interpretieren. Auf den Punkt gebracht kann man die Interdependenzen zwischen Recht und Politik nun mehr wie folgt beschreiben: Politik und Recht machen sich die Beobachtung von Operationen im jeweils anderen System für die je eigene Entparadoxierung zunutze. Solches Beobachten fremder Komplexität, das für den eigenen Komplexitätsaufbau benutzt wird, nennt die Systemtheorie strukturelle Kopplung. Ohne auf die begrifflichen Feinheiten hier näher eingehen zu können (Luhmann 1993, S. 440 ff.), lässt sich doch an Hand einiger Beispiele verdeutlichen, was strukturelle Kopplung im Verhältnis von Politik und Recht bedeutet. Sie setzt gleichzeitiges, aber verschiedensinniges Operieren mit semantischen Konstrukten voraus. So liegen gleichsam hinter dem semantisch einheitlichen Begriff des Staates zwei sehr verschiedene Konzepte rechtlicher und politischer Herkunft. Er bezieht sich im einen Fall (Politik) auf eine generalisierte Fähigkeit, Gehorsam zu erreichen, im anderen (Recht) auf eine spezifische Form dieses Gehorsamsverhältnisses (ebd., S. 407 ff.). Entsprechend meint auch die Semantik des Rechtsstaates je nach ihrer Systemreferenz durchaus Verschiedenes. Im Rechtssystem bezeichnet sie im Grunde eine Tautologie (Staat ist eine Rechtsform), die sich von außen als „„trotzige', gegen politische Übergriffe gerichtete" interpretieren lässt (ebd., S. 424). Im politischen System dagegen ist das Recht im Staat ein Mittel der Formulierung und des Erreichens politischer Zielvorstellungen. In eben diesem Sinne erweist sich dann auch die Verfassung als Einheitsbegriff, der nach zwei Richtungen hin die jeweiligen Latenzen in den Funktionssystemen zu bearbeiten hilft. „Die Verfassung beschafft … politische Lösungen für das Selbstreferenzproblem des Rechts und rechtliche Lösungen für das Selbstreferenzproblem der Politik… Die den Staat konstituierende und bestimmende Verfassung nimmt dabei in beiden Systemen einen je verschiedenen Sinn an. Für das Rechtssystem ist sie ein oberstes Gesetz, ein Grundgesetz. Für das politische System ist sie ein Instrument der Politik, und dies im doppelten Sinne von instrumenteller (Zustände ändernder) Politik und symbolischer (Zustände nicht ändernder) Politik" (ebd., S. 478). Im Sinne möglicher kommunikativer Anschlüsse (Themen, Rollen, Verknüpfungsregeln zwischen kommunikativen Ereignissen) auf jeder Seite bedeuten strukturelle Kopplungen also: Politik und Recht sagen beispielsweise „Parlament", „Freiheit", „Eigentum" usw. und eröffnen damit je spezifische, nicht aufeinander reduzierbare und wechselseitig exklusive kommunikative Anschlussmöglichkeiten (siehe dazu auch Teubner 1999).

Man verfügt mit dieser Rekonstruktion über eine theoretische Beschreibungsmöglichkeit für die im ersten Abschnitt dargestellten Befunde, nämlich die semantische Einheit der Institutionen bei gleichzeitiger Differenz der Systeme und ihrer Operationen: Strukturbildung aus Paradoxien und Externalisierung über strukturelle Kopplungen. Wenn man dann in einem weiteren Schritt auf jeder

der beiden Seiten die Effekte solcher strukturellen Kopplungen anschaut (wenn
man also fragt, welche Resonanzen in den Systemen diese Beobachtung fremder Komplexität jeweils auslöst), dann geraten die Leistungen in den Blick,
welche Politik und Recht sich wechselseitig zur Verfügung stellen. Systeme
beobachten sich selbst und ihre Umwelt. Sie sind deshalb in der Lage, die Operationen von Systemen in ihrer Umwelt zur Produktion eigener Unterscheidungen
heranzuziehen. Dies wird häufig als Form der Programmierung des funktionssystemspezifischen Codes beschrieben. Darin kommt die Fähigkeit sozialer Systeme
zum Ausdruck, Resonanz zu erzeugen – dies freilich jeweils aus der Systemperspektive operationeller Geschlossenheit. Beobachtung fremder Systemzustände
löst intern Irritationen aus. Irritation ist aber, „wie auch Überraschung, Störung,
Enttäuschung usw., immer ein systeminterner Zustand, für den es in der Umwelt
des Systems keine Entsprechung gibt" (Luhmann 1990, S. 40). Deshalb stehen
derartige strukturelle Kopplungen zwischen einem System und seiner Umwelt
nicht im Widerspruch zur These selbstreferentieller Geschlossenheit. Immer kann
es nur darum gehen, Systeme für ihre Autopoiese mit intern prozessierbaren
Irritationen zu versehen. „Wie immer es ‚draußen' aussehen mag: das codierte
System generiert eine Eigenwelt, in der es Ordnung und Anschlussentwicklungen
gibt" (ebd., S. 207). Aber auch wenn aus der Systemperspektive die Beobachtung der Operationen anderer Systeme allenfalls als Irritation auftaucht, so kann
aus einer externen Beobachtungsperspektive diese Resonanz anders beschrieben
werden, nämlich als Leistung des beobachteten Systems. Das eröffnet reichhal-
tige Möglichkeiten, wechselseitige Abhängigkeiten zwischen Systemen in den
Blick zu nehmen. Diese kommen aber nur unter der Bedingung wechselseitiger Indifferenz zum Tragen. Am Beispiel des Rechts und der Politik heißt das
dann etwa: „Das Rechtssystem setzt sich selbst durch Bereitstellung von Möglichkeiten der Gesetzgebung politischen Einflüssen aus. Das politische System
setzt sich selbst durch Demokratisierung den Verlockungen aus, Initiativen zur
Änderung des Rechts zur Entscheidung zu bringen. Die Selbstreferenz der Systeme nimmt dann den Umweg über Einbeziehung der Umwelt in das System"
(Luhmann 1993, S. 480). Unter anderem deswegen muss man den Schluss von
struktureller Kopplung und Leistungsbeziehungen auf operative Offenheit (z. B.
Bolsinger 2001) als Irrtum bezeichnen.

Als zweites Zwischenfazit sei am Ende dieses Abschnitts festgehalten: Ausgehend von Krisendiagnosen im politischen System und der Beschreibung von
Aufgabenbereichen des Rechts in der juristischen Ordnung und Durchsetzung von
Politik war zunächst die Autonomie der beiden Funktionssysteme noch einmal
in den Mittelpunkt des Interesses gerückt worden. In diesem zweiten Abschnitt
wurden dann ausgehend von Basisparadoxien, die jeder Form des Unterscheidens

zugrunde liegen und aus denen heraus Strukturbildungsprozesse in sozialen Systemen rekonstruiert werden können, die wechselseitigen Leistungen des Rechts und der Politik erörtert und begrifflich abgegrenzt. Sowohl die rechtliche Ordnung des Politischen als auch die Durchsetzung von Politik mit Mitteln des Rechts, das kann als vorläufige Antwort auf die Ausgangsfrage festgehalten werden, basieren auf der Autonomie beider Systeme und lassen sich in den beschriebenen Formen als wechselseitige Leistungsbeziehungen beschreiben.

Damit ist aber im Sinne unserer Ausgangsfrage noch nichts über die grundsätzliche Leistungsfähigkeit des Rechts ausgesagt. Die These von der durch zu geringe Leistungsfähigkeit des Rechts mit bedingten Krise der Politik ist mit der Beschreibung von Leistungsbeziehungen noch nicht abgearbeitet. Es stellt sich vor dem Hintergrund der begrifflichen Abgrenzung nunmehr die Frage, wo sich eigentlich Leistungsprobleme im Verhältnis von Recht und Politik bemerkbar machen könnten. Die Antwort, die ich im nächsten Abschnitt vorschlagen will, läuft darauf hinaus, dass solche Leistungsprobleme besonders deutlich sich in Organisationen niederschlagen, und zwar vor allem dort, wo Organisationen der strukturellen Kopplung zwischen Funktionssystemen dienen.

9.3 Recht und Politik in Organisationen

Bislang bewegten sich die Überlegungen auf der Ebene von Gesellschaft und ihren Funktionssystemen. Gesellschaft als umfassendes System aller Kommunikationen ist in der Moderne primär funktional differenziert. Recht und Politik sind als Funktionssysteme der (Welt-) Gesellschaft universal in ihrer kommunikativen Reichweite und zugleich spezifiziert mit Blick auf ihre Funktion. Zwischen ihnen lassen sich Leistungsbeziehungen beobachten, die im Vorhergehenden ausführlich erörtert wurden. Leistungsstörungen und Konflikte manifestieren sich jedoch nicht auf der Ebene von Funktionssystemen. Denn Funktionssysteme selbst können nicht mit anderen Systemen kommunizieren, was dann auch das Kommunizieren von Widersprüchen und die Entstehung von Konflikten zwischen Funktionssystemen ausschließt. Abweichungen zwischen Fremd- und Selbstbeschreibungen als Ausdruck solcher Konflikte werden vielmehr auf der Ebene von Organisationen (und gegebenenfalls von Interaktionen, die hier außer Betracht bleiben) sichtbar (Lieckweg und Wehrsig 2001, S. 50 ff.; Teubner 1989, S. 126). Das politische System der Weltgesellschaft ist durch drei Differenzierungsebenen gekennzeichnet, nämlich durch die Ebene funktionaler Differenzierung, eine historisch ältere, aber fortbestehende Ebene segmentärer

Differenzierung und schließlich durch organisatorische Differenzierung (Luhmann 2000a, S. 243 f.). Staaten können unter diesem Gesichtspunkt dann beispielsweise auch als Organisationen des politischen Systems beschrieben werden, die beispielsweise Mitgliedschaften regulieren (Staatsbürgerschaft, citizenship, dazu auch Kap. 11). Vergleichbares ließe sich auch mit Blick auf das Rechtssystem der Weltgesellschaft feststellen. Organisationen tragen zur strukturellen Kopplung von Funktionssystemen bei, speziell dadurch, dass sich mehrere Funktionssysteme, wie es bei Luhmann an einer Stelle heißt, in einer Organisation „einnisten" können. Sie bilden gerade deswegen aber und weil sie adressierbare, also kommunikationsfähige Sozialsysteme sind, die Folie für intra- und interorganisatorische Konflikte, in welchen sich Selbst- und Fremdbeschreibungen der Funktionssysteme gewissermaßen niederschlagen können (Luhmann 2000a, S. 396 ff.). Wenn man den Ausgangsfragen der rechtlichen Ordnung und Durchsetzung von Politik näherkommen will, ist deshalb ein Blick auf diese Form sozialer Systeme erforderlich, um zu verstehen, worin beispielsweise eine rechtlich problematische „Politisierung" oder umgekehrt eine politisch unerwünschte „Verrechtlichung" bestehen könnte und weshalb die Organisationen der polity als Kopplungsorganisationen im Verhältnis von Recht und Politik derartige Konflikte gewissermaßen magnetisch anziehen.

Organisationen bezeichnen allgemein jenen Typ von Sozialsystemen, dessen kommunikative Letztelemente Entscheidungen sind. Sie strukturieren sich mithilfe von Mitgliedschaftsregeln, die Rollen spezifizieren und Personalrekrutierungen steuern. Das Personal ist über die Zuordnung zu Stellen inkludiert. Organisationen legen Programme fest, an denen sich ihre Entscheidungen orientieren; sie bestimmen typische Entscheidungswege, die in der Regel über eine Abfolge von Stellen laufen. Im Unterschied zu Interaktionssystemen, in denen gleichfalls Referenzen auf Funktionssysteme wie Politik und Recht auftreten können, die aber gegebenenfalls auftretende Konkurrenzen zwischen rechtlicher und politischer Rationalität interaktiv ohne weiteres behandeln können, da hier thematische Referenzen jederzeit gewechselt werden können, sind Organisationen weniger flexibel im Wechsel solcher Fremdreferenzen. Zwar gibt es keine exklusiven Beziehungen zwischen Funktionssystemen und „ihren" Organisationen. Letztere sind vielmehr durch die Möglichkeit charakterisiert, ihre Entscheidungen unter Beobachtung unterschiedlicher Funktionssystemcodes zu programmieren. Dabei bilden sie jedoch Primärorientierungen aus, die gegenüber anderen, gleichzeitig gehandhabten Unterscheidungen vorrangig sind (Luhmann 2000a, S. 398; vgl. auch Kap. 11).

Diese Multireferentialität organisatorischer Programmierung erlaubt einerseits hoch differentielle Operationen, öffnet jedoch andererseits auch Einfallstore für organisationsinterne Konflikte, die auf konfligierende Fremdreferenzen zurück-zuführen sind. Entscheidungen als Elemente von Organisationssystemen werden unter anderem programmiert durch die Beobachtung von Funktionssystem-Codes. So operieren beispielsweise öffentliche Verwaltungen insbesondere mit Beobach-tungen von Recht, Macht, aber auch Wissen oder Geld. Zahlreiche Organisationen orientieren sich in diesem Sinne an Funktionssystemen (Luhmann 1997, S. 840; Wehrsig und Tacke 1992). Dabei stellen sich Prioritäten der Programmierung her-aus, was dazu führt, dass man von Organisationen „des Rechts", „der Politik", „der Wissenschaft" usw. spricht. Das heißt, die organisatorischen Entscheidungs-programmierungen sind auf die Herstellung von Entscheidungen vorrangig mit Blick auf den betreffenden Code orientiert, schließen damit aber die Beobach-tung anderer Funktionssysteme bei der Produktion von Entscheidungen nicht aus. Solche Programmierungen stellen mit anderen Worten Mischformen dar.

Öffentliche Verwaltungen zum Beispiel lassen sich deshalb als Organisatio-nen des Rechts und der Politik auffassen. Als Organisationen des politischen Systems operieren sie, soweit sie ihre Entscheidungen über die Beobachtung von Politik programmieren. In gleicher Weise gehören sie aber immer auch dem Rechtssystem zu. Dasselbe ließe sich dann mit umgekehrten Vorzeichen auch von den Gerichten als Organisationen mit primär rechtlicher (und erst in zweiter und dritter Linie: wirtschaftlicher und politischer usw.) Programmie-rung sagen. Unter dieser theoretischen Voraussetzung der Möglichkeit multipler Programmierung von Organisationen zeigt sich also, dass es Verschiebungen in den organisatorischen Programmierungsprioritäten geben kann, auf die dann wie-derum organisationsintern reagiert wird. Solche Verschiebungsprozesse verlaufen nur in seltenen Fällen konfliktfrei. Sie provozieren interne und externe Widersprü-che. Häufig wird man bei der Überlagerung der Primärorientierung – etwa durch Orientierung an Geldzahlungen – an Fälle der Korruption denken. Allerdings gehören hierher in systematischer Hinsicht auch weniger skandalträchtige Pro-zesse, die als „Politisierung", „Verrechtlichung", „Verwissenschaftlichung" usw. beschrieben werden können, je nachdem welche Primärorientierung vorliegt, die durch eine andere überlagert wird.

Wenn man auf diese organisatorische Ebene beobachtet, wird sichtbar, dass zumindest ein Teil der eingangs erwähnten Problemfälle hier zu verorten ist. Die meisten der als „Steuerungsprobleme" formulierbaren Sachverhalte lassen sich vor dieser Hintergrundfolie plausibel darstellen. In der Regel geht es ja darum, Entscheidungen von Personen und/oder Organisationen zu steuern, das heißt also durch rechtliche bzw. politische Programmierung zu beeinflussen. Schwierigkeiten werden sich regelmäßig dann einstellen, wenn organisatori-sche Primärorientierungen durch solche Steuerungsversuche auf den Prüfstand gestellt werden. Als ein Beispiel seien etwa Versuche genannt, rechtlich programmierte Verwaltungsentscheidungen zu „demokratisieren", also gewissermaßen mit einem politischen Primat auszustatten. Beobachtbare Schwierigkeiten partizipatorischer Arrangements in Verwaltungsverfahren lassen sich vor diesem Hintergrund überzeugend als organisationsinterne Konflikte erzeugende Politisierungen interpretieren (siehe dazu Bora 1999). Mit Politisierung wird die in den Kommunikationen von Organisationssystemen und in den dabei mitlaufenden Interaktionen zu beobachtende Ersetzung rechtlicher Systemreferenzen durch spezifisch politische bezeichnet. Vom Ersetzen der Systemreferenz in einzelnen kommunikativen Episoden kann dort gesprochen werden, wo eine rechtlich codierte Äußerung in der Kommunikation erwartbar ist, wider Erwarten aber ein anderer Code auftritt. Solche Erwartungen ergeben sich laufend aus der Struktur von Kommunikation. Autopoiesis besteht ja darin, dass die Sequentialität der Kommunikation durch die Kommunikation selbst in einem bestimmten Sinne beeinflusst wird. Nicht jede Äußerung setzt die Kommunikation als systemeigene Kommunikation fort; das tun nur solche Ereignisse, die im Korridor möglicher Bedeutungen liegen. Autopoiese ist die sequentiell organisierte Strukturreproduktion von Kommunikationen. Organisationen können im Vollzug ihrer Autopoiesis entscheiden, diesen oder jenen Gesichtspunkt (als externe Referenz) zu berücksichtigen, Interaktionen können dieses oder jenes Thema zum Gegenstand machen oder in anderer Form „zentrierte Interdependenzen" entwickeln (vgl. dazu Luhmann 1984, S. 564 ff.; Bora 1999, S. 163 ff.). Eine Ersetzung solcher externen Referenzen in organisatorischen Kommunikationen wird dort beobachtbar, wo diese auf eine spezifische externe Referenz hin orientierte Reproduktionskette unterbrochen wird und eine neue beginnt. Das Auswechseln dieser Bezüge in einer kommunikativen Episode wird in Funktionssystemen und Organisationen unterschiedlich beobachtet. Aus der Perspektive funktionssystemspezifischer Kommunikation gibt es nach dem Referenzwechsel keinen kommunikativen Anschluss; eine machtförmige Kommunikation setzt die Kommunikationen des Rechtssystems nicht fort. Was immer Organisationen oder Interaktionen an Kontinuitäten eigener Art garantieren mögen, mit Blick auf Funktionssysteme wird ein Selektionskriterium möglicher kommunikativer Anschlüsse gegen ein anderes ausgetauscht. Damit hat sich die Kommunikationsstruktur an dieser Stelle geändert. Der organisatorische Programmablauf, beispielsweise als Produktion von Entscheidungen in der Justizorganisation, operiert jedoch weiter, mit Blick auf funktionssystemrelevante Codes ist aber die Referenz gewechselt. Im Ergebnis meint Politisierung dann also eine Verschiebung der Gewichte in Organisationen. Organisationen, die mit dem Code des Rechts, der Wissenschaft, mit Erziehung oder Kunst operieren, werden in ihren Verfahren und Entscheidungen durch

Politik programmiert. Politisierung ist ebenso wie Verrechtlichung, Verwissenschaftlichung, Ökonomisierung etc. unter diesen Voraussetzungen als Änderung der prioritären Programmierung auf der Ebene von Organisationen zu begreifen. Mit solchen Überlagerungen und Verschiebungen organisationsspezifischer Präferenzen ist in gewissem Sinne ein Fall abweichenden Verhaltens beschrieben. Aber auch der organisatorische Normalbetrieb enthält genügend organisationseigene Strukturbildungsmöglichkeiten, auf die Operationen des Rechts oder der Politik nur äußerst begrenzten Einfluss auszuüben vermögen. Systemautonomie und begrenzte Steuerbarkeit bilden Themen der Organisationsforschung (bspw. Hiller 2001). Unter dem Stichwort Neo-Institutionalismus hat man hier – unter anderem auch beeinflusst durch rechtssoziologische Arbeiten – begonnen, sich mit der normativen Umwelt von Organisationen auseinanderzusetzen. Diese Arbeiten können insbesondere Aufschluss geben über spezifische Leistungsfähigkeit des Rechts als Steuerungsinstrument im Dienst politischer Ziele. Insgesamt scheint mir hier eher der breite Bereich von Routine vorzuliegen, der wenig Hinweise auf politische Krisen und Steuerungsprobleme bietet.

Das wichtigste Beispiel einer über weite Strecken problemlos operierenden Kopplungsorganisation im Grenzbereich von Politik und Recht bilden die Verfassungsgerichte, speziell das Bundesverfassungsgericht. Es wird zwar immer wieder von beiden Seiten – der Politik und dem Recht – kritisiert. Zum einen wird – typischerweise von Verfassungsjuristinnen und -juristen – ein Missbrauch des Bundesverfassungsgerichts durch die Politik konstatiert (Limbach 1999). Zum anderen finden sich auf der eher politisch argumentierenden Seite die komplementären Vorwürfe, das Gericht schwinge sich zum „Ersatzgesetzgeber" auf oder werde zum verlängerten Arm der jeweiligen politischen Opposition im Deutschen Bundestag degradiert (siehe dazu die Übersichten bei Scholz 1999; Strüwe 1997; Schuppert und Bumke 2000 m.w.N.). Mit dem hier vorgeschlagenen begrifflichen Instrumentarium lässt sich jedoch sehen, dass beide Perspektiven (als Systemperspektiven des Rechts und der Politik) jeweils für sich betrachtet nachvollziehbar sind, dass sie aber das Geschehen auf der Ebene der Organisation Verfassungsgericht nur unvollständig abbilden. Hier wird man mit dem oben entwickelten Konzept der organisatorischen Multireferentialität mehr und anderes beobachten können. So besteht zunächst kein Zweifel daran, dass das Bundesverfassungsgericht als Organisation neben seiner juristischen Primärorientierung über eine ganze Palette politischer Präferenzkriterien verfügt, und dies auch mehr als jedes ordentliche Gericht. So sind die Entscheidungen über Stellenbesetzungen des Gerichts politischer Natur und sie beeinflussen sicherlich auch – allein wegen der geringen Zahl von Richtern, wie Brun-Otto Bryde hervorhebt – die Selektivität persönlicher Biografien für die Ausübung des Richteramts auf den einzelnen Stellen (dazu und zum Folgenden Bryde 1998, S. 496 ff.). So ist allgemein bekannt, dass sich auf diesem Hintergrund auch individuelle Entscheidungsstile herausbilden und in der Praxis des Gerichts durchsetzen. Eine weitere politische Dimension dürfte in dem Umstand zu sehen sein, dass das Gericht in seinen Entscheidungen selbst in starkem Maße auch Verfassungspolitik betreibt. Gleichzeitig bleibt es aber auch politisch unberechenbar, und zwar gerade wegen seiner primären Orientierung an rechtlicher Rationalität, und das, obwohl es vergleichsweise stärker politisiert sein dürfte als etwa der supreme court in den Vereinigten Staaten oder der EuGH (ebd., S. 497 ff.). Man kann deshalb gerade für das Verfassungsgericht feststellen, dass seine unbestreitbare politische Bedeutung gerade auf seiner rechtlichen Primärorientierung beruht. Bryde formuliert diese Beziehung sehr treffend wie folgt: „Nur wenn ein Verfassungsgericht jedenfalls den Schein der Justizförmigkeit wahrt, kann es seine Aufgabe im politischen System erfüllen" (ebd., S. 503). Vor dem Hintergrund der hier entwickelten Hypothesen ist diese Beobachtung geradezu zwingend. Unter der Annahme, dass jedenfalls ein Teil der wechselseitigen Systemleistungen im Verhältnis zwischen Politik und Recht in der Externalisierung von Entparadoxierungen liegt, wird die Funktion einer Organisation wie des Bundesverfassungsgerichts unmittelbar einsichtig: Es versorgt die Politik mit externen Entparadoxierungen, indem es ihr ermöglicht, juristisch programmierte Entscheidungen als Begründungen (Legitimationen) und Limitationen politischer Macht zu lesen. Und umgekehrt kann es – in den relativ eng umrissenen Bereichen, in denen es als „Ersatzgesetzgeber" rechtlich akzeptiert wird – das Recht mit entparadoxierenden Strukturbildungen ausstatten. Bryde bringt das hier behandelte Thema mit einigen Fragen auf den Punkt: „Gehören Verfassungsgerichte eher zum Rechtssystem oder zum politischen System? Einerseits kann man sie als Einbruchstelle für die Politisierung des Rechts sehen: Das bisweilen in Deutschland vor allem von Zivil- und Strafrechtlern artikulierte Unbehagen an der Einmischung des Verfassungsgerichts in ihre Domäne lässt sich in diesem Zusammenhang sehen. Auf der anderen Seite kann man auch umgekehrt in der Verfassungsgerichtsbarkeit ein Kontrollinstrument des Rechtssystems gegenüber dem politischen System sehen, das politische Anweisungen nur unter der Bedingung akzeptiert, dass sie ein juristisches Zertifizierungsverfahren überstanden haben" (Bryde 1998, S. 504). Verfassungsgerichte stellen somit Organisationen dar, die strukturelle Kopplungen zwischen Recht und Politik anbieten. Das ist insbesondere deswegen möglich, weil sie als Organisationen grundsätzlich multireferentiell programmierbar sind, dies aber auf der Grundlage einer primären Orientierung an rechtlichen Unterscheidungen. Deshalb (und solange diese Primärorientierung stabil bleibt), ist ihre Instrumentalisierung (etwa durch die

Politik) nur in sehr begrenztem Umfange möglich. Verschiedentlich wird deshalb sogar eine soziale Integrationswirkung des Bundesverfassungsgerichts beschrieben (Döbert 1996; Schaal 2000). Wenn man von einer solchen sprechen will, so beruht sie sicherlich auf der Fähigkeit der Organisation und ihrer Stelleninhaber, die grundsätzlich konfligierenden funktionssystemspezifischen Erwartungen organisationsintern professionell zu handhaben, also unter ständiger Berücksichtigung der Primärorientierung Resonanzen nach beiden Seiten hin aufzubauen.

Die Argumente dieses Abschnitts lassen sich nun in einem dritten Zwischenfazit wie folgt zusammenfassen: Probleme im Verhältnis von Recht und Politik werden nicht in erster Linie auf der Ebene von Funktionssystemen sichtbar, sondern vor allem in den Organisationen des Rechts und der Politik. Organisationen vermitteln strukturelle Kopplungen zwischen Funktionssystemen. Dafür bieten sie sich insbesondere deshalb an, weil sie ihre Fremdreferenzen für multiple Programmierungen ihrer Entscheidungen einsetzen können. Dabei stellt sich in jedem Falle die Frage, ob und inwieweit die jeweils primäre Orientierung der Organisation durch Verschiebungen im Verhältnis von Politik und Recht betroffen wird. In einigen Fällen der öffentlichen Verwaltungen zeigen sich dabei empirische Folgeprobleme der Politisierung, die sich als organisationsinterne Reaktionen auf Verschiebungen der Primärorientierung darstellen. Andererseits gibt es aber auch eine Reihe von Fällen, in welchen Organisationen die Balance der unterschiedlichen externen Referenzen erfolgreich einsetzen. Besonders deutlich wird dies mit Blick auf Gerichte als Organisationen des Rechtssystems. Hier hat vor allem das Bundesverfassungsgericht traditionell viel Aufmerksamkeit erfahren, weil es in starkem Maße als „politisches Gericht" verstanden werden kann. Wie man jetzt sehen kann, liegt dies freilich nicht an einer Verschmelzung rechtlicher und politischer Kommunikationen auf der Ebene gesellschaftlicher Funktionssysteme, sondern kann begrifflich unproblematischer als organisationsspezifisches Phänomen beschrieben werden. Wir sind vor diesem allgemeinen Theoriehintergrund nun in der Lage, uns abschließend noch einmal der Ausgangsfrage nach dem Zusammenhang von politischen Krisen und der Leistungsfähigkeit des Rechts zu widmen.

9.4 Das Recht der Politik – Die Politik des Rechts

Die zu Beginn genannten Stichworte einer Krise des Politischen, in denen zugleich der Verdacht eines Versagens der rechtlichen Ordnung und der Durchsetzung von Politik aufkeimte, können nunmehr vor dem Hintergrund der theoretischen Überlegungen nochmals in den Blick genommen werden. Die

Krisen des Politischen, welche den Ausgangspunkt der vorangegangenen Erörterungen bildeten, stellen sich nunmehr in vielerlei Hinsicht als differenzierungsbedingte Erscheinungen dar. Steuerungsprobleme und konkurrierende Rationalitäten machen darauf aufmerksam, dass die Politik kaum angemessen als hierarchische Spitze oder als Zentrum der modernen Gesellschaft beschrieben werden kann. Sie stellt vielmehr eines von vielen gesellschaftlichen Funktionssystemen dar. Funktionssysteme können ihrerseits durchaus intern gegliedert stark sein. Das gilt mit Sicherheit für das politische und das Rechtssystem, die beide deutlich in ein Zentrum und in periphere Strukturen differenziert sind. Allerdings bleibt es eine wesentliche Einsicht, dass in Folge der funktionalen Differenzierung eben das politische Zentrum nicht mit dem rechtlichen (oder demjenigen der Religion, der Wissenschaft usw.) identisch ist. Die Politik ist in diesem Sinne mit der Existenz anderer Funktionssysteme konfrontiert, sie sieht sich insofern als Teil einer pluralisierten Gesellschaft. Diese für die Moderne typische Lage prägt in gesteigerter Form dann auch die Politik in der Weltgesellschaft. Hier wird sehr deutlich sichtbar, dass hierarchische Modelle zunehmend an Plausibilität verlieren. Die globale Dimension politischer und ökonomischer Probleme interferiert zusätzlich mit segmentärer Differenzierung auf staatlicher Ebene (Holz 2001) und mit rechtlichem Pluralismus (Teubner 1992; Hunt 1993; Gessner 2002), der die Vorstellung einer – jedenfalls einer im Sinne trivialer Maschinen gedachten – weltweiten Steuerbarkeit ad absurdum führt.

Auf allen drei genannten Ebenen erweist sich daher die Leistungsfähigkeit des Rechts nicht mehr als Frage seiner instrumentellen Einsetzbarkeit durch eine gesellschaftlich zentral agierende Politik. So wenig das Recht die Politik „begrenzt", so wenig kann es umgekehrt von dieser in einem schlichten Sinne „benutzt" werden. Die Leistungsfähigkeit des Rechts ergibt sich vielmehr zum einen aus seinen eigenen Funktionsbedingungen, aus der Frage also, welche externen Entparadoxierungen es der Politik generell anbieten kann, und zum anderen aus den Restriktionen, die sich auf der Ebene von Organisationen und deren Operationen ergeben. Eine Einflussnahme der Politik auf andere soziale Systeme in ihrer Umwelt mit Beteiligung des Rechts ist vor diesem Hintergrund also durchaus konzeptionell und praktisch vorstellbar. Sie verläuft allerdings eher komplizierten Bahnen: nämlich erstens als Einflussnahme der Politik auf das Recht selbst (bzw., wie oben erörtert wurde, auf dessen Organisationen) und zweitens dann – durch den ersten Schritt vermittelt – als Beeinflussung weiterer Adressaten (in der Wirtschaft, der Wissenschaft, der Erziehung z. B.). Man kann vor diesem Hintergrund sagen, dass Regulierung möglich ist, allerdings eine Reihe von Problemen aufwirft. Mit dem Begriff der Regulierung soll dann eine Operation gemeint sein, die darauf zielt, einen Zustand in einem zu regulierenden Bereich zu beeinflussen. Dabei kommt es begrifflich nicht darauf an, dass durch diese Operation gewissermaßen direkt oder gar erfolgreich in den zu regulierenden Bereich eingegriffen würde (instrumenteller Begriff der Regulierung). Vielmehr ist Regulierung durch das Ziel des Beeinflussens hinreichend abgegrenzt. Sie kann also als Kommunikationsform verstanden werden, die mit der Unterscheidung: „Einfluss erwartet/nicht erwartet" operiert. Diese Konzeption trifft durchaus den alltäglichen Sprachgebrauch, in dem von der rechtlichen Regelung eines Sachverhalts nicht erst dann die Rede ist, wenn sich der Sachverhalt tatsächlich auf das Recht einstellt, sondern immer schon dann, wenn das Recht sich auf die Sachverhaltsänderung hin orientiert. Regulierung bezeichnet deshalb eine Systemoperation, die von der Erwartung geleitet ist, dass ein anderer auf Grund der Beobachtung dieser Operation seinen Zustand ändern werde. Diese Situation ist beispielsweise dort gegeben, wo die Erwartung kommuniziert wird, dass Wirtschaftsakteure durch die Beobachtung geänderter Steuersätze im Einkommensteuergesetz zu Zahlungen an die Finanzverwaltung angeregt werden. Die kommunizierte Erwartung von Einfluss ist nach dieser Auffassung also entscheidend für das Verständnis von Regulierung. Allerdings haben die Überlegungen des zweiten Abschnitts auch gezeigt, inwiefern Operationen mit binären Unterscheidungen auf Paradoxien aufruhen. Dies gilt, dies sei nur am Rande noch bemerkt, in gleicher Weise auch für die Operation der Regulierung. Alle Regulierung trifft auf einen mehr oder minder weiten Bereich des Nicht-Kontrollierten oder Nicht-Kontrollierbaren. Das ergibt sich zwingend aus der oben diskutierten Autonomie sozialer Systeme. Zum anderen zeigt sich aber auch, dass Regulierung in einem bestimmten Umfang darauf angewiesen ist, fehlgelaufene Kontrollerwartungen aus ihrem Wahrnehmungsbereich auszublenden, also latent zu halten. Regulierung ist auf die Annahme einer wie immer gearteten Einflussmöglichkeit auf den zu regulierenden Bereich angewiesen. Diese stets mitlaufende Fiktion – im Sinne einer notwendigen Unterstellung – des „Unter-Kontrolle-Bringen-Könnens" kann mithin als Bedingung der Möglichkeit von Regulierung bezeichnet werden. Und der dadurch markierte Latenzbereich wird auch im Falle von Regulation durch unterschiedliche Kommunikationsmechanismen geschützt. Dies geschieht beispielsweise durch Thematisierungsschwellen, die dafür sorgen, dass die Prämissen laufender Kommunikationen in diesen selbst nicht zum Thema werden. Rechtliche Kommunikationen verhindern mit unterschiedlichen Vorkehrungen die Thematisierung von Machtfragen im Recht. Ein anderer, insbesondere für das Rechtssystem wichtiger Mechanismus besteht in der Symbolverstärkung, das heißt in der kommunikativen Bekräftigung des normativen Geltungsanspruchs. Die Irritationen, die durch die Beobachtung von

Devianz entstehen, können im Bereich normativer Erwartungen gerade durch
deren typische Form der Enttäuschungsverarbeitung, durch das kontrafaktische
Festhalten an der Erwartung, absorbiert werden: Man reagiert auf Abweichung
mit betontem Festhalten am normativen Anspruch. Dieser Mechanismus der Symbolverstärkung ist für Regulierung dort von hervorgehobener Bedeutung, wo
er dazu dient, gerade die normative Geltung gegen die Faktizität der Praxis
abzugrenzen und eben dadurch in ihrem Geltungsgehalt zu stärken. Zu diesen
Latenzschutzmechanismen zählen dann beispielsweise auch alle typischen Ratio-
nalisierungen von Steuerungsversagen im politischen System. Es ist mit anderen
Worten aus systematischen Gründen nicht zu erwarten, dass in den regulierenden
Systemen die oben skizzierte Komplexität des Regulierens beobachtet und kommuniziert wird. Viel eher werden auch hierbei Externalisierungsmöglichkeiten zur
Entparadoxierung gesucht werden.

Man kann also, um es noch einmal zu wiederholen, davon ausgehen, dass die
Leistungsfähigkeit des Rechts sich erst vor dem Hintergrund eines komplexen,
nicht instrumentellen Begriffs der Regulierung beurteilen lässt. Sie steigt – und
das sollten die Überlegungen zur Regulierung andeuten – mit der Steigerung von
Reflexion auf beiden Seiten, im regulierenden wie im zu regulierenden System.
Das meint nun nicht eine Entfaltung von „Subpolitiken" im Sinne der Thesen
Ulrich Becks. Vielmehr geht es um ein wechselseitiges Beobachtungsverhältnis,
das mit Begriffen wie etwa demjenigen der *Responsivität* zu umreißen wäre.
Damit soll folgendes gesagt sein: Wenn man unter Resonanz generell die Beob-
achtung von Umweltereignissen versteht, also das Operieren unter Ausnutzung
von Umweltkomplexität, so lässt sich Responsivität als ein voraussetzungsreicher
Fall von Resonanz begreifen. Von Responsivität kann dort gesprochen werden,
wo Systemoperationen systematisch und verlässlich auf die Beobachtung von
Umweltereignissen eingestellt werden und eben dadurch wiederum beobachtbare
Resonanzen in anderen Systemen auszulösen vermögen. Man sieht dann, was passiert, wenn man über Politik, Recht usw. kommuniziert, und kann sich wiederum
auf diese Reaktionen einstellen. Es hat fast den Anschein, als ob im Konzept
der Responsivität ein systemtheoretisches Komplement für den subjektphilosophischen Begriff der Verantwortung gefunden werden könnte – responsivity
als responsibility. In einem Modell, das auf die Differenzen von Recht und
Politik abstellt, wird es dann erst möglich, „Verantwortung" als Folgenzuschrei-
bung durch Beobachtung der Fremdbeobachtung eigenen Operierens aufzufassen.
Und diese Beobachtung des Unterschiedes von eigenem Operieren und dessen
Wahrnehmung in der Umwelt kann als Aspekt von Reflexion zweiter Ordnung
begriffen werden. Reflexion heißt Beobachtung der jeweiligen System-Umwelt-
Differenz. In responsiven Kopplungen werden in einer zweiten Reflexionsschleife

die Reflexionsleistungen anderer Systeme zum Gegenstand der Beobachtung und der Programmierung von Systemoperationen. Im Spannungsfeld von Recht und Politik wäre diese Sensibilität für die Funktionsbedingungen des je anderen Systems über resonanzhaltige strukturelle Kopplungen zu gewinnen, aus denen jedes System hinreichend Irritationen und damit Komplexitätsgewinne für seine eigenen Operationen schöpfen könnte. Und in diesem Sinne wird dann für jedes der beobachtenden Systeme seine Beobachtung des jeweils anderen thematisch. Von der Politik des Rechts zu sprechen, heißt dann, darauf hinzuweisen, dass in den Operationen des Rechtssystems Fremdreferenz auf Politik und auf die dort zu beobachtenden Resonanzen auf rechtliches Operieren auftreten. Und umgekehrt ist das Recht der Politik eben ein Beobachtungsschema des politischen Systems – mit allen Latenzen und darauf aufsitzenden Strukturbildungen, die in den vorangegangenen Abschnitten angesprochen wurden. Vor diesem Hintergrund wird klar, weshalb wechselseitige „Begrenzungen" immer nur Selbstbegrenzungen sein können. Damit ist zugleich die eingangs aufgeworfene Frage nach der Rationalität wieder in die Theorie eingeführt. Rationalität als Einheit der System-Umwelt-Unterscheidung bleibt vor diesem Theoriehintergrund ein Dauerproblem, sie wird systembezogen beobachtbar und ist deshalb generell paradoxieverdächtig.

Alle diese Gesichtspunkte geben somit wenig Anlass, einen neuen Begriff des Politischen zu suchen oder einer Neu-Erfindung des Politischen das Wort zu reden. Dies erschiene jedenfalls im Verhältnis von Recht und Politik nicht angemessen, Der Begriff des Politischen wird gerade aus dessen Autonomie gewonnen, ebenso wie derjenige des Rechts. Das Recht wird also, um die Ausgangsfrage aufzugreifen, nicht die Probleme der Politik lösen können. Eher wird es selbst durch Folgelasten von Krisen der Polity beeinträchtigt. Man wäre mit Blick auf die oben beschriebenen Politisierungsprozesse insofern versucht, in Umkehrung des Diktums von den „politischen Kosten des Rechtsstaats" (Scharpf 1970a) von den „rechtlichen Kosten der Politik" zu sprechen. Von da aus ergibt sich insgesamt die Perspektive, dass Krisen der Politik, wenn überhaupt, dann am ehesten dadurch zu begegnen wäre, dass Policies so eingestellt und institutionelle Bedingungen der Polity so verbessert werden, dass politisches Entscheiden (im politischen System) nicht dauerhaft blockiert wird. Als soziologischer Beobachter kann man vermuten, dass dies unwahrscheinlich, da außerordentlich voraussetzungsreich ist. Politisches Entscheiden müsste in der öffentlichen Kommunikation als riskant beobachtbar werden, und das hieße dann zugleich als zukunftsoffen, durch Nichtwissen gekennzeichnet, und mit unberechenbaren Problemen personaler und organisatorischer Zurechenbarkeiten behaftet, letztlich also als schwer legitimierbar. Dass das politische System sich mit Hilfe derartiger Unterscheidungen selbst beobachtet, ist unwahrscheinlich, weil es dann auf seine Funktionsbedingungen und dort gegebenenfalls eingebaute Paradoxien stößt. Aber alle Strukturbildung ist in diesem Sinne unwahrscheinlich, und dennoch findet sie statt. Deshalb kann man nur den Schluss ziehen: Falls es Krisen der Politik gibt, werden sie politisch zu bearbeiten sein. Das Recht wird die Politik beobachten und dort, wo komplexe Formen der wechselseitigen Fremd- und Selbstbeobachtung beider Systeme möglich sind, seine Beobachtung der Politik für Strukturbildung zur Verfügung stellen. Ob es Recht ist, was die Politik daraus macht, entzieht sich indessen deren Einfluss.

Code-Überlagerung und Struktursicherung – Verrechtlichung und Politisierung in Organisationen

10

Verrechtlichung und Politisierung bezeichnen Prozesse, in denen ein näher zu beschreibendes soziales Feld durch Recht, Politik oder Anderes in irgendeiner Weise überlagert wird. In vergleichbarer Gestalt treten beispielsweise auch Semantiken der Ökonomisierung oder der Verwissenschaftlichung auf. Das Phänomen der Überlagerung ist also relativ unspezifisch und lädt zu Generalisierungen jeder Art ein. Der Begriff wird dann unscharf und gerät zur zeitdiagnostischen Leerformel. Die konkrete Beschaffenheit dieses Überlagerungsprozesses bleibt vielfach intuitiv bestimmt und konzeptionell vage. Es geht deshalb darum, genauer zu bestimmen, worin diese Überlagerung genau zu sehen ist, wie man sie begrifflich präzise fassen kann und was man mit solchen Überlagerungskonzepten dann genau beobachten kann. Sie erhalten, so die These dieses Kapitels, größere Tiefenschärfe, sobald man sie auf Organisationen bezieht. Dort ermöglichen sie sehr instruktive Einsichten, gerade wenn man sie dann an funktionssystembezogene Unterscheidungen rückbindet.

Das soll im Folgenden dargelegt in vier Schritten gezeigt werden. Zunächst wird an die Verrechtlichungsdebatte in der Soziologie erinnert Sie legt es nahe, von der gesellschaftstheoretischen auf die organisationssoziologische Ebene zu wechseln (10.1). Verrechtlichungs-Phänomene in Organisationen sind Ergebnis organisationaler Multireferentialität, die prinzipiell Code-Überlagerungen erst ermöglicht (10.2). Entdifferenzierungs-Thesen auf gesellschaftstheoretischer Ebene, die sich auf unterstellte gesellschaftsweite Verrechtlichung, Ökonomisierung usw. berufen, laufen vor diesem Hintergrund eher ins Leere (10.3). In

---

Vollständig überarbeitete und erweiterte Fassung eines Beitrags, der unter dem Titel „Öffentliche Verwaltungen zwischen Recht und Politik. Zur Multireferentialität der Programmierung organisatorischer Kommunikationen" in Tacke (Hg.) 2001, S. 171–191, erschienen ist.

© Der/die Autor(en), exklusiv lizenziert an Springer Fachmedien Wiesbaden GmbH, ein Teil von Springer Nature 2023
A. Bora, *Reflexion des Rechts – Beiträge zur responsiven Rechtssoziologie*,
https://doi.org/10.1007/978-3-658-40787-2_10

Organisationen lösen Code-Überlagerungen unter Umständen Struktursicherungs-operationen aus, mit denen die Organisationsroutinen für multiple Referenzen aufrechterhalten werden, wie sich an empirischen Fällen zeigen lässt (10.4). Das ermöglicht abschließend rechtspolitische Aussagen zur Ausgestaltung bestimmter rechtlich geregelter Verfahren.

10.1 Die Verrechtlichungs-Debatte in der deutschen (Rechts-)Soziologie

Der Begriff der Verrechtlichung durchzieht die sozialwissenschaftlichen Dis-kussionen insbesondere im Zusammenhang von Recht und Staat seit vielen Jahrzehnten. Seine Hochkonjunkturen lagen in den dreißiger und den achtziger Jahren des vergangenen Jahrhunderts. Inzwischen scheint er etwas an Strahlkraft eingebüßt zu haben. Im Allgemeinen bezeichnet Verrechtlichung den Umstand, dass etliche Lebensbereiche der modernen Gesellschaft in wachsendem Ausmaß von rechtlichen Regelungen bestimmt und vor allem eingeschränkt werden. Ver-rechtlichung ist deshalb eine analytische Kategorie, die zugleich auch Kritik an formalem Recht und an Formen der Bürokratie im demokratischen Rechts-staat formuliert, vor allem in dessen wohlfahrtsstaatlichen Ausprägungen. Das hängt mit der seit Max Weber immer wieder beklagten Re-Materialisierung des Rechts zusammen, die, so jedenfalls die Annahme, im Ergebnis oftmals politische Entscheidungen auf die rechtliche Ebene verlagert.

In den 1930er Jahren spielte Verrechtlichung als kritischer Begriff unter ande-rem im Werk Otto Kirchheimers (Kirchheimer 1928) eine zentrale Rolle. Er diagnostizierte eine Entpolitisierung des Klassenkampfes durch einen wachsen-den Bestand an rechtlichen Regulierungen. Diese, so Kirchheimer, bewirkten die juridische Pazifizierung der Grundwidersprüche kapitalistischer Gesellschaft: „... alles wird neutralisiert dadurch, dass man es juristisch formalisiert. Jetzt erst beginnt die wahre Epoche des Rechtsstaats." (ebd., S. 597). Unter die-ser gesellschaftskritischen Position verbarg sich bei Kirchheimer jedoch, wie Gunther Teubner (Teubner 1997b) gezeigt hat, eine soziologische Analyse des Funktionswandels des Rechtsstaates in der Tradition Webers, die erst im zweiten Schritt eine kritische Wendung erfährt. Der Staat, so der Tenor der Argumenta-tion, habe sich von der materialen Garantie subjektiver Rechte verabschiedet und habe sich zur formalen „Rechtsmaschinerie" entwickelt, die mit ihrer autonomen Funktionsweise andere, insbesondere politische Gesellschaftsbereiche überlagert.

Kirchheimer beschreibt vier Mechanismen der Verrechtlichung, nämlich ers-tens die Verselbständigung der Rechtsmaschinerie, zweitens die Kolonisierung der Gesellschaft durch die Rechtsform, drittens die Repolitisierung und viertens die Verwandlung des Rechts in einen politischen Mechanismus. Verrechtlichung bedeutet insgesamt, wie Teubner sagt, eine „Kolonisierung" der Gesellschaft durch das Recht. Ganz wesentlich ist in diesem Zusammenhang aber Kirchheimers Einsicht, dass verwandte Kolonisierungsprozesse in der modernen Gesellschaft in vielfacher Gestalt vorkommen, nicht nur als Verrechtlichung, sondern beispielsweise auch als Politisierung und Ökonomisierung. Wegen dieser Gleichzeitigkeit und Pluralität der Überlagerungs-Phänomene kann Kirchheimer, so Teubner, nicht nur und nicht einmal in erster Linie als Vertreter einer politischen Theorie des Rechts interpretiert werden. Vielmehr besteht seine theoretische Leistung gerade darin, die wechselseitige Durchdringung dieser Prozesse erkannt und einen ersten Anstoß zur theoretischen Beschreibung dieser Wechselbeziehungen gegeben zu haben. In jüngerer Zeit wurde vor allem Kirchheimers ursprünglich normativ-kritische Sicht der Verrechtlichung aufgegriffen, etwa in der Rechtstheorie bei Habermas, Wiethölter oder Simitis. In den 1980er Jahren vertrat Jürgen Habermas in der „Theorie des kommunikativen Handelns" (Habermas 1981) vor dem Hintergrund einer Unterscheidung zwischen Lebenswelt und System die These von der „Kolonisierung der Lebenswelt" durch systemische Mechanismen, zu denen vor allem Prozesse der Verrechtlichung zählten. Ein durchaus verwandter Gebrauch des Verrechtlichungs-Topos findet sich in der etwa zur selben Zeit aufkeimenden Deregulierungsdebatte. Hier wurde unter dem Stichwort „Normenflut" Verrechtlichung als freiheitseinschränkendes Moment des modernen Wohlfahrtsstaats begriffen und politisch bekämpft (siehe dazu Voigt 1980, 1983; Werle 1982).

Einen Schritt aus der normativ-kritischen Sicht der Dinge heraus geht Teubner mit dem bereits erwähnten Aufsatz von 1997, in dem er Verrechtlichung als eine Form der strukturellen Kopplung des Rechts an andere soziale Systeme beschreibt. Das Besondere an Teubners Ansatz besteht dann darin, dass er die Beziehungen zwischen dem Recht und anderen sozialen Funktionssystemen als ultrazyklische Form der Bindung begreift, aus der automatisch ein gesteigertes Wachstum der Rechtsnormproduktion folgt. Auf der Basis des Kirchheimerschen Ansatzes gewinnt Teubner so eigentlich erstmals einen soziologischen Zugang zum Phänomen der Verrechtlichung auf der Ebene von Gesellschaft.

Damit ist der Stand der Debatte bis zum heutigen Tage im Wesentlichen skizziert (Brunkhorst et al. 2008; Kutscher 2016; auch schon Teubner 1987). Die theoretische Ergänzung, die hier vorgeschlagen wird, betrifft, wie eingangs angedeutet, die Emergenzebene von Sozialität, auf der die Phänomene der Verrechtlichung, Politisierung, Ökonomisierung usw. verortet werden. Von Kirchheimer bis Habermas, ja letztlich bis Teubner, ist dies die Ebene von Gesellschaft und ihren Funktionssystemen. Das mag zu Kirchheimers Zeiten noch einige Plausibilität besessen haben, als die Vollendung funktionaler Differenzierung gleichsam noch Zeitereignis war und die Universalisierung des Geltungsbereichs spezifischer Kommunikationssysteme wie Recht, Politik, Ökonomie usw. eine theoretische Herausforderung darstellte. Was schon Max Weber (allerdings als Rationalisierungsprozess) beschreibt, nämlich die vollständige Beschreibung der Welt aus jeder dieser spezifischen Perspektiven, wird theoretisch zum Problem. Es gibt buchstäblich kein Phänomen mehr, das sich nicht sowohl rechtlich als auch politisch, ökonomisch, wissenschaftlich usw. beobachten ließe. Die Multizentrizität und Multiperspektivität der modernen Gesellschaft ergibt sich unmittelbar aus deren funktionaler Differenzierung.

Wenn und soweit davon auszugehen ist, dass sich funktionale Differenzierung weltweit durchgesetzt hat, wird der Gebrauch von Ausbreitungs- bzw. Überlagerungsmetaphern allerdings zunehmend problematisch und dient allenfalls noch zeitdiagnostischen Schnellschüssen. Schon gegen Habermas ließ sich einwenden, dass die Vorstellung einer Verrechtlichung der Gesellschaft (jedenfalls in ihrer lebensweltlichen Ausprägung, so wie Habermas das damals verstand) an sich sinnlos ist. Denn was soll Verrechtlichung meinen, wenn doch klar ist, dass die Welt *als Ganze* selbstverständlich in Kategorien des Rechts gefasst werden kann und gefasst wird. Habermas hat genau dies gesehen und deshalb zwei theoriestrategische Argumente eingeführt. Zum einen behauptet er in der Metapher von der Kolonisierung der Lebenswelt eine unabgeschlossene und sich aktuell noch vollziehende Modernisierung. Die Systemdifferenzierung ist zwar einerseits abgeschlossen, wirkt aber zugleich noch – quasi mit offenem Ausgang – weiter. Zweitens aber muss er das Recht selbst – und jedenfalls dieser Zug überzeugt theoretisch wie empirisch in keiner Hinsicht – als intern gespalten darstellen, nämlich in einen „systemischen" (d. h. „kolonisierenden", „Maschinerie"-) Teil und einen „lebensweltlichen" („rationalen") Teil. Mit diesen Mitteln lassen sich dann auch in der ausdifferenzierten Moderne noch Verrechtlichungsphänomene auf gesellschaftlicher Ebene beschreiben. Die Problematik dieser Theorieanlage ist verschiedentlich moniert worden. In „Faktizität und Geltung" hat Habermas sich von diesem rechtlichen Dualismus verabschiedet (Habermas 1992, S. 502, Fn. 47). Mit diesen wenigen Hinweisen soll lediglich auf die mit dem Gebrauch der Überlagerungsterminologien auf gesellschaftlicher Ebene verbundenen Schwierigkeiten hingewiesen werden. Wenn man von universal operierenden Funktionssystemen ausgeht, macht Überlagerung auf gesellschaftlicher Ebene deshalb wenig Sinn, weil die Codes gewissermaßen sich sowieso immer schon „überlagern". Man kann jedes Phänomen unter *mehreren derartigen Gesichtspunkten gleichzeitig* beobachten. Überlagerung weist, mit anderen Worten, auf der gesellschaftstheoretischen Ebene lediglich auf die Multizentrizität von Gesellschaft hin.

Auch Teubner argumentiert inzwischen wesentlich differenzierter. In „Verfassungsfragmente" (Teubner 2012) beschrieb er die jedem Funktionssystem inhärente Tendenz der überschießenden Produktion seiner Elemente, aus welcher Selbst- und Fremdgefährdungen resultieren. Die Operationen der Funktionssysteme, so schreibt er, verdichten sich zur „anonymen Matrix eines verselbständigten kommunikativen *Mediums*", welche die subjektiven Rechte nicht mehr zur Geltung kommen lässt (Teubner 2012, S. 215 ff.). Das Wachstum funktionssystemischer Operationen in ungebremster Dynamik erreiche einen „Umschlagpunkt", jenseits dessen es interne und externe Integritätsschäden auslöst (ebd., 125). Eine inhärente Logik der inflationären Symbolvermehrung lässt nach Teubner normales in pathologisches Wachstum umschlagen (ebd., S. 128).

Während die Antwort auf die Frage nach den Kriterien für die Identifikation dieses Umschlagspunktes zunächst noch ebenso vage blieb wie diejenige nach den genauen Mechanismen des überschießenden und schädlichen Wachstuns, bietet Teubner heute (Teubner 2020) eine *medientheoretische* Erklärung für den ebenso imperialen wie selbstdestruktiven Hang der Funktionssysteme an, durch die Überproduktivität ihrer Operationen ihre Umwelt und sich selbst zu bedrohen. Nach Teubners Auffassung liegt dieser intrinsische Zwang zur überschießenden, grenzenlosen, kaum zu bremsenden, selbst- und fremdschädlichen Aktivität in der *medialen Dimension der Funktionssysteme*. Funktionssysteme erzeugen nach Teubners Auffassung „Mehrwertzwänge", die eine Mehrwertproduktion über die unmittelbare, funktionssystemspezifische Sinnproduktion hinaus zur Folge haben. Durch ihre „exzessive Ambivalenz" verursachen sie selbst- und *fremd*destruktive Tendenzen (ebd., S. 117). Neben der internen „Rationalitätsmaximierung" wirkt exzessive Sinnproduktion extern als „kolonisierende Expansion", die unter Abschöpfung fremden Mehrwertes schädliche Folgen im jeweiligen System ebenso wie in der natürlichen, gesellschaftlichen und psychischen Umwelt verursacht.

Hier scheint uns auf den ersten Blick im Aspekt der Fremdschädigung der kolonisierende Effekt von „Überlagerungsprozessen" in theoriesprachlich aktualisierter Gestalt wieder zu begegnen. Allerdings verwendet Teubner die Begriffe Verrechtlichung, Politisierung oder Ökonomisierung nicht, sondern spricht von „Mehrwertabschöpfung in fremden Gesellschaftsbereichen" (Teubner 2020, S. 139). Interessant ist dabei vor allem, *wie* man sich diese Abschöpfung vorstellen könnte. Tatsächlich sind auf der Ebene von Organisationen Überlagerungsphänomene zu beobachten, die sich dann sogar im Einzelfall unter spezifischen Bedingungen in einem weiteren Schritt als „Kolonisierungsprozesse" beschreiben lassen.

10.2 Gesellschaftliche Differenzierung und die Multireferentialität organisatorischer Kommunikation

Zwar verharrt auch Teubner in seiner Analyse auf der Ebene gesellschaftlicher Funktionssysteme und bleibt daher in der Beschreibung ultra-zyklischer Bindungen sehr allgemein. Mit dem Begriff der Bindung weist er aber schon darauf hin, dass *Organisationen* eine entscheidende Rolle in dem von ihm beschriebenen Prozess spielen müssen. Sind doch Organisationen das wichtigste Instrument der Kopplung und Bindung funktionssystemischer Kommunikationen. Dass sie diese Rolle spielen können, hängt mit einer ihrer wesentlichen Eigenschaften zusammen, die dann auch den Schlüssel zur Beschreibung von Überlagerungsphänomenen bildet. Diese Eigenschaft wird als *Multireferentialität* bezeichnet.

Organisationen sind Sozialsysteme, deren kommunikative Letztelemente Entscheidungen sind (Luhmann 2000c). Sie strukturieren sich mithilfe von Mitgliedschaftsregeln, die Rollen spezifizieren und Personalrekrutierungen steuern. Das Personal ist über die Zuordnung zu Stellen inkludiert. Organisationen legen Programme fest, an denen sich ihre Entscheidungen orientieren; sie bestimmen typische Entscheidungswege, die in der Regel über eine Abfolge von Stellen laufen.

Entscheidungen als Elemente von Organisationssystemen werden unter anderem programmiert durch die Beobachtung von Funktionssystem-Codes. In öffentlichen Verwaltungen bedeutet das insbesondere die Beobachtung von Recht, Macht, aber auch Wissen oder Geld. Organisationen orientieren sich in diesem Sinne an Funktionssystemen (Luhmann 1997, 840; Wehrsig und Tacke 1992). Dabei stellen sich Prioritäten der Programmierung heraus, was dazu führt, dass man von Organisationen „des Rechts", „der Politik", „der Wissenschaft" usw. spricht. Das heißt, die organisatorischen Entscheidungsprogrammierungen sind auf die Herstellung von Entscheidungen *vorrangig* mit Blick auf den betreffenden Code orientiert.

Über dieser Primärorientierung sollte jedoch nicht übersehen werden, dass solche Programmierungen immer Mischformen darstellen: Die Organisationen der Justiz produzieren in erster Linie rechtliche Entscheidungen; sie tun dies jedoch zugleich auch mit Blick auf ökonomische oder politische Kommunikationen, die dann als Restriktionen in der Finanzausstattung, ministerielle Weisungen oder ähnliches in der Organisation kommuniziert werden. Die Universität, um ein anderes Beispiel zu erwähnen, ist, soweit sie als Organisation des

Wissenschaftssystems operiert, auf die Ermöglichung und Erzeugung von Wahr-heitskommunikationen zweckprogrammiert. Ihre Entscheidungsprogramme sind aber auch in diesem Fall sehr vielgestaltig; sie basieren auf Macht, Recht und zunehmend offensichtlich auf einer Geld-Orientierung sowie auf einer Beobach-tung öffentlicher Aufmerksamkeit im System der Massenmedien. Und darüber hinaus sind Universitäten auch Organisationen des Erziehungssystems, für die man dann vergleichbare Mischungsverhältnisse beobachten kann. Mehrfache Referenzen der Programmierung lassen sich schließlich auch in Fällen wie etwa Ethik-Kommissionen und ähnlichen Gremien beobachten. Hier liegt eine Programmierung von Entscheidungen in den Organisationen des Wissenschafts-systems vor – weiterforschen oder nicht –, die durch Beobachtung ethischer Kommunikationen erfolgt. Am Code des Funktionssystems Wissenschaft, also dem Wahrheitsgehalt von wissenschaftlichen Aussagen, die über ethisch miss-billigte Eingriffe in die menschliche Keimbahn, über das Klonen embryonaler Stammzellen usw. gewonnen werden, ändert das nichts. Ebenso wenig berührt es die Programmierung von Wissenschaftsorganisationen. Diese programmieren ihre Entscheidungen selbst, machen sich dabei aber Leistungsbeziehungen zu anderen Systemen zunutze, indem sie etwa Unterscheidungen der Politik, der Religion, der Moral oder der Massenmedien etc. beobachten und eigene Unterscheidungen davon abhängig machen.

Die „Zwischenstellung" von Organisationen wie beispielsweise den öffent-lichen Verwaltungen setzt an diesem Phänomen der Programmierung von Ent-scheidungen über Referenzen auf funktionssystemspezifische Unterscheidungen an. Organisationen sind nicht auf eine einzige Referenz festgelegt. Öffentliche Verwaltungen etwa lassen sich in einem näher zu erläuternden Sinne als Organisa-tionen des Rechts und der Politik auffassen. Sie können insofern als Organisatio-nen des politischen Systems beschrieben werden, als sie ihre Entscheidungen über die Beobachtung von Politik programmieren. Sie sind in analoger Weise immer auch Organisationen des Rechtssystems. Funktionssysteme nutzen ihrerseits auch die Komplexität von Organisationen zur Erzeugung kommunikativer Anschlüsse. Deshalb kann man sagen, dass Verwaltungen Organisationen des Rechts und der Politik „sind". Damit ist freilich kein ontologisches Teil-Ganzes-Verhältnis angesprochen, sondern vielmehr die Tatsache, dass Verwaltungen ihre Entschei-dungen durch Referenzen auf Politik und Recht programmieren. Die Politik ist in Verwaltungsentscheidungen erstens dort prioritär, wo kein Verwaltungsakt im Sinne des § 35 Verwaltungsverfahrensgesetz (VwVG) vorliegt. Ein Beispiel wäre das sogenannte faktische Verwaltungshandeln, etwa wenn im Umweltreferat einer Kommune eine Aufklärungsbroschüre über die Abfalltrennung entwor-fen und an die Haushalte der Stadt verteilt wird. Politik ist zweitens in dem durch den Rechtsbegriff des Ermessens im Sinne von § 40 VwVG eingeräumten Handlungsspielraum (freilich mit richterlicher Prüfungskompetenz) eine vorrangige Referenz sowie drittens im Bereich sachlicher Beurteilungsprärogativen der Fachverwaltungen bei der Anwendung unbestimmter Rechtsbegriffe. Im letztgenannten Fall beobachtet allerdings das Rechtssystem nur Programmierungen über strukturelle Kopplungen zu professionalisierten Systemen (Wissenschaft, Erziehung) als rechtlich zulässig. Die Beispiele zeigen also: Öffentliche Verwaltungen programmieren ihre Entscheidungen über die Beobachtung *des Rechts und der Politik*. Aus der verwaltungstheoretischen Sicht wird Recht dann zur „Ressource sich (von der Politik) autonomisierender Verwaltungssysteme" (Japp 1994, S. 139). Gerade deswegen ist hier die Chance von „Mischungsverhältnissen" zwischen rechtlich geregelter und politischer Kommunikation besonders hoch.

Wenn man diese theoretische Perspektive multipler Programmierung einmal zugrunde legt, wird leicht erkennbar, dass es Verschiebungen in den organisatorischen Programmierungsprioritäten geben kann, auf die dann wiederum organisationsintern reagiert wird. Man kann erst hier im strengen Sinne über „Politisierung", „Verrechtlichung", „Verwissenschaftlichung" usw. sprechen, je nachdem welche Primärorientierung vorliegt, die durch eine andere überlagert wird. Ähnliches gilt auch für private Verwaltungen, wo strategische Instrumentalisierung des Rechts innerhalb von Organisationen des Wirtschaftssystems zu beobachten sind (Edelman und Suchman 1999).

Organisationen sind also *Multireferenten* (Wehrsig und Tacke 1992). Sie beziehen sich bei der Programmierung ihrer Entscheidungen auf die Codes gesellschaftlicher Funktionssysteme, und zwar in der Regel auf mehr als einen dieser Codes. *Überlagerungsphänomene* treten auf, wenn die Primärreferenz einer Organisation durch eine andere Referenz ersetzt wird. Man denke etwa im erweiterten Sinne auch an Korruption in rechtlichen und politischen Organisationen, politische Justiz, Verrechtlichung pädagogischen Handelns usw. Wir haben es dann jeweils mit einer Überlagerung eines programmierungsrelevanten Codes durch einen anderen zu tun. Das ist ersichtlich etwas Anderes als die Kolonisierung der Gesellschaft (oder auch nur der Lebenswelt). Aber es ist zugleich eine empirisch fassbare Ebene. Mit Blick auf eine gegebene Organisation lässt sich ggf. auch im Längsschnitt die Programmierung von Entscheidungen sehr gut beobachten. Entsprechende Hierarchien zwischen Referenzen sind in der Regel gut beschreibbar und ebenso Verschiebungen in diesen Hierarchien. Damit gewinnt man ein begrifflich klar abgegrenztes soziologisches Konzept, das nicht so leicht in die Gefahr gerät, zur bloßen Zeitdiagnose zu verkommen.

Gleichzeitig ist der Begriff von den normativen Konnotationen befreit, die er von Kirchheimer bis Habermas an sich trug. Es gibt also keine wie immer geartete theoretische Präferenz gegen solche Überlagerungsprozesse. Weshalb sollen Organisationen nicht grundsätzlich ihre primäre Referenz austauschen können? Man kann allerdings mit einem solchen, an der Konkretheit organisatorischer Kommunikation ansetzenden Begriff dann tatsächlich auch die Effekte von Code-Überlagerungen beobachten und theoretisch zufriedenstellend beschreiben.

Im Folgenden soll dieser Prozess einer Umgewichtung organisatorischer Programmierung zunächst theoretisch etwas präziser verortet (10.3) und sodann an einem Beispiel ausführlicher betrachtet werden (10.4). Das Beispiel soll zeigen, dass solche Überlagerungen nicht als gesellschaftliche Entdifferenzierung zu begreifen sind. Der Fall, um den es geht, betrifft die Politisierung rechtlich programmierter Organisationen.

10.3 Ersetzung von Systemreferenzen und gesellschaftliche Differenzierung

Das Konzept der Multireferentialität organisatorischer Kommunikation ist eingebettet in eine Theorie der funktionalen Differenzierung moderner Gesellschaft. Im Unterschied zu dieser differenzierungstheoretischen Auffassung besagt eine konkurrierende These gesellschaftlicher Entdifferenzierung, moderne Gesellschaften seien nicht oder jedenfalls nicht ausschließlich funktional ausdifferenziert; denn jede Differenzierung sei notwendigerweise mit Phänomenen der Entdifferenzierung verknüpft. Eine normative Variante dieser These geht überdies davon aus, dass Entdifferenzierung, weil gesellschaftlich notwendig, auch gewissermaßen als Steuerungsziel eingefordert werden müsse.

Diese Kontroverse um die Frage gesellschaftlicher Differenzierung beruht jedoch vielfach auf einer Vermischung von organisationstypischen Phänomenen einerseits und gesellschaftsbezogenen Aussagen andererseits. Sie kann deshalb, jedenfalls aus der systemtheoretischen Perspektive, in manchen Punkten durch terminologische Klarstellungen neutralisiert werden. Denn ein Gutteil der Emphase, mit der bisweilen gegen die autopoietische Systemtheorie argumentiert wird, beruht darauf, dass der systemtheoretisch zentralen Annahme einer Differenzierung unterschiedlicher Typen sozialer Systeme, die den Grundgedanken multipler Programmierung und darauf aufbauend die Beobachtung von Prozessen der Politisierung, Verrechtlichung, Verwissenschaftlichung und ähnlicher Prozesse trägt, nicht hinreichend Rechnung getragen wird. Darauf wird in diesem Abschnitt einzugehen sein (10.3). Die entdifferenzierungstheoretischen

Einwände sprechen im Ergebnis dann nicht gegen die Annahme autopoietischer Geschlossenheit und damit einhergehender Differenzierung. Vielmehr ermöglicht, wie dann im nächsten Abschnitt zu zeigen sein wird (10.4), gerade diese theoretische Perspektive ein Verständnis von empirischen Problemen, wie sie im Zusammenhang mit Politisierungsprozessen in primär rechtlich programmierten Verwaltungen auftreten können und die eben mit Hilfe der Annahme systemischer Geschlossenheit erst verständlich zu machen sind.

Das Argument setzt an den oben erwähnten Phänomenen der Multireferentialität organisatorischer Programmierungen und daran anknüpfender Überlagerungs-Phänomene an, die mit Begriffen wie Politisierung, Verwissenschaftlichung usw. besetzt sind. Im Folgenden konzentriere ich mich auf das Beispiel der Politisierung von primär rechtlich programmierten Organisationen. Mit Politisierung meine ich dabei die in den Kommunikationen von Organisationssystemen und in den dabei mitlaufenden Interaktionen zu beobachtende Ersetzung rechtlicher Systemreferenzen durch spezifisch politische. Der Begriff bedarf näherer Erläuterung.

Zum einen ist dieses Konzept der Politisierung auf *gesellschaftstheoretischer* Ebene mehrdeutig. Es vernachlässigt die Tatsache, dass es innerhalb der Politik Differenzierungen gibt im Hinblick darauf, wie die Besetzung bzw. der Wechsel von Machtpositionen reguliert wird. Mit anderen Worten: Es gibt neben demokratischen Politikformen auch autoritäre und totalitäre. Diese Differenzen werden sich auf Prozesse der Politisierung niederschlagen. Es macht einen nicht unbedeutenden Unterschied, ob Justiz und Verwaltung eines Landes vom hoch organisierten Herrschaftsapparat einer Partei instrumentalisiert und damit politisiert werden, oder ob Politisierung sich als Effekt von Protestkommunikationen in Gerichtsverfahren einstellt. Auf diese Differenzierungen ist der Begriff der Politisierung gesellschaftstheoretisch zunächst nicht eingestellt. Er wird im Folgenden jedoch auf der Ebene von Organisationen verwendet; insofern kann die gesellschaftstheoretische Feineinstellung hier einstweilen unterbleiben.

Zum anderen ist Politisierung dann klar von der Entdifferenzierung gesellschaftlicher Teilsysteme zu unterscheiden. Eben deswegen ist betont worden, dass Politisierung in dem hier interessierenden Kontext die Ebene von Organisationen (und gegebenenfalls auch der damit einhergehenden Interaktionen) betrifft. Die Ebene der Gesellschaft und ihrer Funktionssysteme kann davon nicht berührt werden. Kommunikationen des Rechtssystems etwa können per definitionem nicht politisiert werden, da sie als politische, also nicht-rechtliche Kommunikationen nicht mehr Elemente des Rechtssystems darstellen. Dieser Punkt bildet meines Erachtens eine der häufigsten Quellen für Missverständnisse zwischen der Systemtheorie und ihren Kritikern.

Um diesen Gedanken ausführen zu können, muss man sich zunächst in aller Kürze klarmachen, welcher Typus von Argumenten an diesem Punkt gegen die Systemtheorie stark gemacht wird. Für die These einer grundlegenden gesellschaftlichen Entdifferenzierung bzw. einer Unzulänglichkeit der differenzierungstheoretischen Perspektive wird vor allem das Argument ins Feld geführt, in modernen Gesellschaften ließen sich Phänomene wechselseitiger Abhängigkeiten zwischen sozialen Systemen beobachten, die mit Mitteln der Differenzierungstheorie nicht mehr beschrieben werden könnten. Es geht also im Kern um die Behauptung, empirische Beobachtungen ließen sich mit der Geschlossenheitsthese der autopoietischen Systemtheorie nicht vereinbaren. Die Debatte ist zeitweilig sehr extensiv geführt worden. Man erinnere sich etwa an die Beiträge von Mayntz et al. 1988 und auch an die Diskussion zwischen Luhmann und Scharpf im Sonderheft „Staatstätigkeit" der PVS (Scharpf 1988), schließlich an Diskussionsbeiträge von Wagner und Zipprian (Wagner und Zipprian 1992; Wagner 1994) sowie die Reaktionen von Luhmann 1994 und vor allem von Nassehi 1993. Buß und Schöps hatten schon lange zuvor die „relative Heteronomie" des Wirtschaftssystems betont, die sich etwa an der Existenz von Sozialbilanzen in Unternehmen zeige (Buß und Schöps 1979, S. 323). Nahamowitz zog ähnliche Beispiele aus dem Arbeitsförderungsgesetz und dem Gesetz gegen Wettbewerbsbeschränkungen heran (Nahamowitz 1988). Münch (1992) nannte die Implementation des Umweltrechts als Beispiel. Die zahlreichen Fälle verhandelnden Rechts zeigten, so seine These, dass die Rede von der autopoietischen Geschlossenheit zu kurz greife. Unterschiedliche Formen von Verhandlungen im Umfeld des Rechts stellten „Interpenetrationszonen" mehrerer Funktionssysteme dar. Das ganze gesellschaftliche Leben laufe in solchen Interpenetrationszonen ab. Das konkrete gesellschaftliche Handeln sei immer ein Geflecht von Ökonomie, Politik, Recht und Wissenschaft. Sofern die autopoietische Systemtheorie auf der Trennung dieser Sphären beharre, verwechsle sie analytische Konstruktion und empirische Realität (Münch 1992, S. 70 f., 1991, S. 173 ff., 1995). Interpenetration meint bei Münch eine Form der geregelten wechselseitigen Beeinflussung unterschiedlicher Handlungssphären. Diese seien gerade in modernen Gesellschaften nicht mehr gegeneinander abgeschlossen. So könne das Recht nur dort als „geschlossen" bezeichnet werden, wo es sich in den Händen eines homogenen Juristenstandes im obrigkeitlichen Staat befinde. Das moderne Recht gerate unter vielfältigen Einfluss von Parteien, sozialen Bewegungen, Intellektuellendiskursen usw. Deren Einfluss auf Rechtsetzung und Rechtsprechung lasse sich differenzierungstheoretisch nicht erklären. In vergleichbarer Weise wurde auch im Kontext der Selbstorganisationstheorie argumentiert, etwa mit dem Argument, Außenerwartungen führten zur Selektion von Zuständen im System, und dies sei nur möglich, weil Sinn zwischen System und Umwelt frei ausgetauscht werde (Küppers und Krohn 1992, S. 172). Sinn könne von Systemen im- und exportiert werden. Er habe in anderen Systemen aber keine „Verbindlichkeit". „Leistungsgenerierende Institutionen" wie beispielsweise das Recht, das „über Urteile normative Bedingungen des Handelns (...) außerhalb des Rechtssystems" setzt, schafften die Verbindung von System und Umwelt. Die systeminterne Informationserzeugung werde durch Konsistenz- (Akkommodation) und Kohärenzpostulate (Assimilation) gesichert (ebd., 178). Nach der Logik des Gesamtarguments gibt es dann konsequenterweise „Rechtsurteile außerhalb des Rechtssystems, Machtausübung außerhalb der Politik, Erkenntnis außerhalb der Wissenschaft" (ebd., 180). Ähnlich argumentierten beispielsweise auch Karin Knorr Cetina (1992) oder Gerhard Wagner (1996, S. 92).

In Erwiderung auf diese Argumente kann man einerseits auf theoriekonstruktive Ungereimtheiten aufmerksam machen, die mit der Entdifferenzierungsthese verbunden sind (ähnlich Luhmann 1986, S. 99). Vor allem werden von den genannten Kritiken unterschiedliche Differenzierungsebenen miteinander vermengt. Recht wird dann sowohl definiert über seine Organisationen (oft als „Rechtssystem" bezeichnet) als auch über seine funktionssystemspezifische Kommunikation (meist in Form eines semantischen Vorrats von Recht „außerhalb" des „Rechtssystems" vorgestellt). Damit gehen aber zumindest im Bereich der Funktionssysteme die Unterscheidungskriterien verloren. Begrifflich lässt sich dann ein über Organisationen wie beispielsweise die Justiz definiertes „Rechtssystem" eben wegen der erwähnten Multireferentialität von Organisationen nicht mehr vom „politischen System" unterscheiden, was in Konzepten wie dem des „rechtspolitischen Systems" bei Bernhard Peters zum Ausdruck kommt (Peters 1993). Mit anderen Worten, die Identitäten der sozialen Bereiche, die entdifferenziert sein sollen, gehen im Begriff selbst verloren, die Identität der Differenz selbst bleibt nur als paradoxe Form erhalten.

Ein anderer Fall liegt dort vor, wo die Annahme einer gesellschaftlichen Entdifferenzierung bereits auf der Ebene der Funktionssysteme den Differenzierungsbegriff auflöst – eben, wenn angenommen wird, Recht gebe es innerhalb und außerhalb des Rechts. Hier gilt ein analoges Argument: Nach dieser Sichtweise wäre jede rechtliche Regelung irgendeines Lebenssachverhalts bereits als Entdifferenzierung zu begreifen, da es sich in dem erwähnten Sinne um „Recht außerhalb des Rechtssystems" handelte. Man wüsste dann allerdings nicht, wozu man den Begriff der Differenzierung noch gebrauchen sollte. Differenzierung wäre nach dieser Konzeption einzig für den empirisch unvorstellbaren Fall reserviert, dass das Recht nichts „regelt", die Politik nichts „steuert", die Wirtschaft keine Märkte hat usw. Denn jedes Leistungsverhältnis zwischen Systemen wäre ja schon ein Indiz für Entdifferenzierung. Der Differenzierungsbegriff würde inhaltsleer und entzöge damit automatisch auch seinem Differenzbegriff der Entdifferenzierung jede Bedeutung – eine Konstruktion, die unbefriedigend bleibt und für die es keine Notwendigkeit gibt, falls die von der Entdifferenzierungsthese anvisierten empirischen Phänomene mit den Mitteln der autopoietischen Systemtheorie hinreichend scharf beobachtet werden können. Und dieses empirische Auflösungsvermögen ist dann auch höher als dasjenige konkurrierender Ansätze, wie im weiteren Verlauf der Argumentation gezeigt werden soll.

Man kann dazu zunächst nachweisen, dass sich die empirischen Phänomene, die als Evidenzen für Entdifferenzierung herangezogen wurden, aus der differenzierungstheoretischen Perspektive vollständig beschreiben lassen. Sie werden dann allerdings nicht mehr als Fälle gesellschaftlicher Entdifferenzierung aufgefasst. Denn die These von der autopoietischen Geschlossenheit sozialer Systeme verhindert nicht, wie manche Kritiken anzunehmen scheinen, die Annahme von Abhängigkeiten verschiedenster Art zwischen den Systemen. Man muss, um dies klar zu sehen, zunächst einmal den Begriff der Entdifferenzierung im Kontext einer Theorie funktionaler Differenzierung präzise verorten. Entdifferenzierung meint im Folgenden die gesellschaftsweite Aufhebung einer Systemreferenz bzw. funktionssystemspezifischen binären Codierung und deren mögliche Ersetzung durch eine andere (Luhmann 1986, S. 207; vgl. auch Gerhards 1991). Dieser Begriff – und das dürfte entscheidend für das Verständnis der Entdifferenzierungsthematik sein – ist ausschließlich auf die Gesellschaft und ihre Funktionssysteme bezogen. Er impliziert gerade deshalb die Möglichkeit, dass in Kommunikationen auf der Ebene von Interaktionen und Organisationen externe Referenzen gewechselt werden können, dass also beispielsweise die rechtliche Programmierung von Verwaltungsentscheidungen in gewissen Kontexten durch eine politische ersetzt wird, ohne dass dies mit gesellschaftlicher Entdifferenzierung gleichzusetzen wäre. Diese Unterscheidung trägt die Hauptlast meines Arguments gegen die Entdifferenzierungsthese. Sie soll deswegen etwas näher beleuchtet werden.

Vom Ersetzen der Systemreferenz in einzelnen kommunikativen Episoden kann gesprochen werden, wenn an einer Stelle beispielsweise eine rechtlich codierte Äußerung sequentiell erwartbar ist, wider Erwarten aber ein anderer Code auftritt. Solche Erwartungen ergeben sich laufend aus der Sequentialität von Kommunikation. Autopoiesis besteht ja darin, dass die Sequentialität der Kommunikation – Information, Mitteilung und Anschlussselektion (Verstehen) – durch die Kommunikation selbst in einem bestimmten Sinne beeinflusst wird: Nicht jede Äußerung setzt die Kommunikation als systemeigene Kommunikation fort; das tun nur solche Ereignisse, die im Korridor möglicher Bedeutungen liegen.

Autopoiese ist die sequentiell organisierte Strukturreproduktion von Kommunikationen. Organisationen können im Vollzug ihrer Autopoiesis entscheiden, diesen
oder jenen Gesichtspunkt (als externe Referenz) zu berücksichtigen, Interaktionen
können dieses oder jenes Thema zum Gegenstand machen oder in anderer Form
„zentrierte Interdependenzen" entwickeln (vgl. dazu Luhmann 1984b, S. 564 ff.;
Bora 1999, S. 163 ff.). Eine Ersetzung solcher externen Referenzen in organisatorischen oder interaktiven Kommunikationen wird dort beobachtbar, wo die auf
eine spezifische externe Referenz hin orientierte Reproduktionskette unterbrochen
wird und eine neue beginnt.

Das Auswechseln dieser Bezüge in einer kommunikativen Episode wird in
Funktionssystemen, Organisationen und Interaktionen unterschiedlich beobachtet. Aus der Perspektive funktionssystemspezifischer Kommunikation gibt es nach
dem Referenzwechsel keinen kommunikativen Anschluss; eine machtförmige
Kommunikation setzt die Kommunikationen des Rechtssystems nicht fort. Was
immer Organisationen oder Interaktionen an Kontinuitäten eigener Art garantieren mögen, mit Blick auf Funktionssysteme wird ein Selektionskriterium
möglicher kommunikativer Anschlüsse gegen ein anderes ausgetauscht. Damit
hat sich die Kommunikationsstruktur an dieser Stelle geändert. Man kann dann
Beispiele wie etwa das folgende bilden: „Die Klage wird abgewiesen", sagt
der Richter, und der enttäuschte Kläger unterbricht ihn: „Wenn das Ihr letztes
Wort ist, sorge ich dafür, dass Sie die längste Zeit hier Richter gewesen sind."
Damit läuft die Interaktion zwar weiter und der organisatorische Programmablauf ist zunächst ebenfalls gewährleistet, mit Blick auf funktionssystemrelevante
Codes ist aber die Referenz gewechselt. Der solchermaßen Angegriffene kann in
der fortlaufenden Interaktion und als Stelleninhaber einer Organisation (Justiz)
die neue Selektionsmöglichkeit benutzen („Ich glaube kaum, dass Ihr Einfluss
dazu ausreichen wird.") oder die ursprüngliche wieder aufgreifen. Kommunikation unter der Bedingung von Anwesenheit (Interaktion) läuft hier ebenso weiter
wie die Produktion von Entscheidungen in der Justizorganisation.

Der Eindruck gesellschaftlicher Entdifferenzierung kann sich aus der Beobachtung solcher Fälle nur dann ergeben, wenn kommunikative Episoden wie
die eben erwähnte als ontologische Einheit behandelt werden, wenn also nicht
gesehen wird, dass Kommunikationen mehrere Systeme (Interaktion, Organisation und Gesellschaft) gleichzeitig reproduzieren und insofern Anschlüsse in
unterschiedlicher Hinsicht eröffnen. Der Punkt ist unter dem Stichwort „Mehr-
systemereignisse" diskutiert worden (Bora 1999, S. 61–64). Die Ersetzung von
Systemreferenzen in einzelnen Kommunikationssequenzen bedeutet deshalb also
nicht gesellschaftliche Entdifferenzierung. Denn durch den bei solchen episo-
denhaften Referenzwechseln auftretenden Abbruch von Selektionsketten ist ja

die Differenzierung der gesellschaftlichen Funktionssysteme keineswegs auf-
gehoben. Davon wäre sinnvollerweise nur zu sprechen, wenn gesellschaftlich
kein Unterschied zwischen Politik und Wirtschaft, Macht und Recht usw. mehr
zu beobachten wäre, wenn also die Autopoiesis als selbstreferentiell geregelte
Strukturreproduktion der Gesellschaft zusammenbräche. Ein Strukturwechsel auf
der Ebene einer einzelnen Kommunikationskette, einer Interaktionsepisode ist
begrifflich nicht mit gesellschaftlicher Entdifferenzierung gleichzusetzen.

Von Entdifferenzierung ist deshalb dann und nur dann zu sprechen, wenn auf
der Ebene von Gesellschaft und ihren Funktionssystemen Differenzen aufgeho-
ben werden bzw. nicht zu beobachten sind. Wenn also, um zwei Beispiele zu
nennen, gesellschaftsweit kein Unterschied zwischen wissenschaftlicher Wahrheit
und religiöser Offenbarung oder zwischen „Satanischen Versen" und verbotenen
Schriften gemacht wird, beziehungsweise wenn das eine sich automatisch und
notwendig aus dem anderen ergibt. Was sich wie ein „quantitatives" Kriterium
anhört, lässt sich leicht auch „qualitativ" operationalisieren: Wir haben es im
Falle der Entdifferenzierung mit einer nicht (mehr) funktionssystemspezifischen
Kommunikationsstruktur zu tun. Die Reproduktion von Anschlussmöglichkeiten
(Selektionsbeschränkungen) wird nicht mehr allein durch das Funktionssystem
und dessen Code reguliert. Das hieße: Es ließen sich in der methodischen Struk-
turrekonstruktion einer konkreten Kommunikationsanalyse keine differenzierten
Anschlussregeln mehr beobachten. Man könnte nicht mehr angeben, welche
Art von Anschlusskommunikationen beispielsweise im Möglichkeitsraum einer
Äußerung läge. Kommunikation könnte in diesem Sinne nicht mehr als rechtliche,
ökonomische, politische Kommunikation verstanden werden.

Wenn also mit gesellschaftlicher Entdifferenzierung die Gesellschaft und ihre
Funktionssysteme angesprochen sind, so meint Politisierung im Gegensatz dazu
eine Verschiebung der Gewichte in Organisationen oder Interaktionen. Organisationen, die mit dem Code des Rechts, der Wissenschaft, mit Erziehung oder
Kunst operieren, werden in ihren Verfahren und Entscheidungen punktuell oder
flächenhaft durch Politik programmiert. Vergleichbares lässt sich für Interaktionen
im Hinblick auf „zentrierte Interdependenzen" denken. Politisierung ist ebenso
wie Verrechtlichung, Verwissenschaftlichung, Ökonomisierung etc. unter diesen
Voraussetzungen als Änderung der prioritären Programmierung auf der Ebene
von Organisationen und gegebenenfalls den dort mitlaufenden Interaktionen zu
begreifen. Solche Prozesse lassen sich nicht als gesellschaftliche Entdifferenzierung beschreiben, da sie nicht auf der Ebene von Gesellschaft, sondern auf
derjenigen von Organisationen und Interaktionen stattfinden. Sie können freilich unter bestimmten Umständen, das sollte auch nicht übersehen werden, über
Interferenzen auf die Funktionssysteme zurückwirken. Ein Beispielfall könnte

vorliegen, wenn monopolartig operierende Organisationen ihre Entscheidungen anstatt mithilfe des Rechts nun über Religion oder Politik programmieren. Empirisch wäre dann zu fragen, ob über solche Entscheidungsmonopole die codierte Selektion rechtlicher Kommunikationen gesellschaftsweit neutralisiert wird. Dann und nur dann hätte die Politisierung entdifferenzierende Folgen. In der Tat, es gibt solche Grenzfälle. Man denke an streng religiös verfasste Gesellschaften oder an die Verhältnisse im SED-Staat (Rottleuthner 1994). Allerdings dürfte selbst in solchen Fällen die gesellschaftsweite Unterscheidung Recht/Unrecht sogar von den Entscheidungsmonopolen selbst weiter kommuniziert werden – mit subversiven Effekten für die Politik, wie Agnes Zsidai (1996) am ungarischen Beispiel gezeigt hat. Und mit Mitteln der Theorie kann selbstverständlich nicht ausgeschlossen werden, dass Differenzierungen gesellschaftsweit zusammenbrechen. Es wird allerdings unter Bedingungen von Weltgesellschaft zunehmend unwahrscheinlicher, wie sich an den aufwendigen Bemühungen ablesen lässt, kulturell motivierte Sonderwege etwa eines spezifisch „asiatischen" Rechtsverständnisses gegen universalistische Ansprüche des Weltrechtssystems durchzuhalten.

Worauf es hier ankam, war erstens, zu zeigen, dass die Ersetzung von Systemreferenzen in Kommunikationssequenzen nicht mit gesellschaftlicher Entdifferenzierung gleichzusetzen ist; und zweitens, dass es in den Kommunikationen organisierter Sozialsysteme zu „Mischungen" und Verschiebungen von Prioritäten bei der Programmierung von Entscheidungen durch Referenz auf funktionssystemspezifische Codes kommen kann. Zusammenfassend kann der Punkt wie folgt formuliert werden: Die Multireferentialität der Programmierung von Entscheidungen in Organisationssystemen kann Effekte auslösen, die als Politisierung, als Verrechtlichung, Verwissenschaftlichung, Ökonomisierung usw. beschrieben werden können. Dies ist keine Form gesellschaftlicher Entdifferenzierung, da die Funktionssystemgrenzen von solchen Mischungsverhältnissen und Verschiebungen in Organisationen nicht betroffen sind.

Von diesem Ansatzpunkt aus ist es nun möglich, Phänomene zu untersuchen, die mit der Multireferentialität von Organisationen zusammenhängen, ohne sogleich von gesellschaftlicher Entdifferenzierung zu sprechen. Diese Vorgehensweise öffnet erst den Blick für eine Reihe von Implikationen und Folgen multireferentieller Programmierung, die für andere theoretische Perspektiven schwer zugänglich bleiben. Die Frage nach dem Zusammenhang von Organisation und Gesellschaft wird deshalb im Folgenden in einem thematisch begrenzten Problemausschnitt behandelt. Im Mittelpunkt des Interesses steht die Multireferentialität der Programmierung von Entscheidungen in öffentlichen Verwaltungen. Hier lässt sich zeigen, dass man die erwähnten Phänomene gerade mit der differenzierungstheoretischen Unterscheidung von Organisationen und Funktionssystemen besser entschlüsseln kann. Und darin liegt dann vielleicht die paradigmatische Bedeutung der Stellung von öffentlichen Verwaltungen „zwischen" Recht und Politik.

10.4 Konkurrierende Diskurse: Folgen der Multireferentialität in Organisationen des Rechts – Ein empirisches Fallbeispiel

10.4.1 Hierarchisierung, Professionalisierung und Parallelisierung – Organisationsroutinen für multiple Referenzen

Bis hierhin wurde gezeigt, dass eine über den Begriff der Entdifferenzierung laufende Gesellschaftsanalyse in vielen Fällen die Differenzierung von Organisation und Gesellschaft nicht hinreichend beachtet. Im Folgenden wird nun an Hand empirischer Analysen demonstriert, dass bestimmte Probleme, die im Zusammenhang mit multiplen Referenzen in Organisationen zu beobachten sind, sich nur mithilfe des differenztheoretischen Instrumentariums aufklären lassen. Dies soll unter Rekurs auf einen andernorts ausführlicher dargestellten empirischen Fall geschehen (Bora 1999; vgl. auch Kap. 9 und 11–13).

Wenn man sich die Frage stellt, wie Organisationen mit Überlagerungs-Effekten wie der Politisierung umgehen, so scheint es im Normalfall gewisse Vorkehrungen zu geben, um die organisationsspezifischen Prioritäten zu sichern, nämlich Hierarchisierung in der Sach- und Professionalisierung in der Sozialdimension sowie die Möglichkeit des parallelen, gleichzeitigen Abarbeitens unterschiedlicher Probleme und Referenzen in der Zeitdimension.

Hierarchisierung in der Sachdimension heißt: die Entscheidungsprogramme selbst enthalten schon Regeln, die Kollisionsfälle vermeiden bzw. lösen sollen. Man denke an mögliche Widersprüche zwischen Recht und Politik in der öffentlichen Verwaltung; hier sind die Programme ja – darauf wurde bereits hingewiesen – sehr differenziert abgestuft, von der strengen rechtlichen Bindung (im Sinne konditionaler Programmierung) über gewisse Möglichkeiten, nach Ermessen zu entscheiden, schließlich über unbestimmte Rechtsbegriffe und Technikklauseln bis hin zu den Bereichen rein politischer Verwaltung etwa im Bereich Planung und Entwicklung, Subventionen usw. Das heißt, die Prioritäten sind im Normalfall in die Entscheidungsprogramme mit eingebaut.

Professionalisierung in der sozialen Dimension meint dann entsprechend die beim Personal erwartete Kompetenz, in der Bearbeitung von Fällen die genannten Hierarchisierungen – und das heißt ja auch: die Differenzen zwischen den funktionssystemspezifischen Bezügen – umzusetzen (dazu vor allem Luhmann 2021, S. 164 ff.). Der für Rechtsanwender professionstypische Blickwechsel von der Norm zum Fall ist in der Literatur gut beschrieben (Busse 1992, S. 268; siehe auch Larenz 1991, S. 281). Busse spricht von der charakteristischen Aufgabe der juristischen Profession, unterschiedlich organisierte Wissenssysteme (Text – Fall) in Kongruenz zu bringen. In Untersuchungen administrativer Kommunikationen lässt sich immer wieder sehr deutlich zeigen, wie die Spannung zwischen Einzelfallgerechtigkeit und Rechtssicherheit bzw. der Gleichförmigkeit rechtlich programmierten Entscheidens in der professionellen Kommunikation der Entscheider als Streitfall institutionalisiert und einer eindeutigen und verbindlichen Lösung zugeführt wird. Der professionelle Habitus des Rechtsanwenders/Entscheiders wird in solchen Kommunikationen eingeführt a) durch ständiges Wechseln vom Fall zur Norm und zurück, b) durch entsprechendes Ausbalancieren diffuser und rollenförmiger Kommunikationen und c) durch Bemühen um professionellen Ausgleich dort, wo unterschiedliche Referenzen gleichzeitig thematisiert werden (siehe auch Bora 2001). So konstituieren sich Systemreferenzen implizit im Vollzug organisatorischer Kommunikation. Sachdifferenzen werden sozial (das heißt hier: professionell) kopiert und erzeugen so neue Anschlussmöglichkeiten.

Parallelisierung in der Zeitdimension ermöglicht in ähnlicher Weise die Steigerung sozial und sachlich strukturierter Komplexität, also von *requisite variety* im Sinne von Ashby. Organisationen verfügen typischerweise über Strukturen, die eine gleichzeitige Bearbeitung eines Problems an verschiedenen Stellen erlauben. Während noch Sachverhaltsaufklärung durch die Polizei oder im Zuge eines Sachverständigengutachtens betrieben wird, kann an anderer Stelle gleichzeitig über rechtliche Folgen möglicher Ermittlungsergebnisse nachgedacht werden, es können weitere Verfahrensschritte eingeleitet oder Teilaspekte in anderen Kontexten abschließend bearbeitet werden. Politisierungstendenzen dann beispielsweise mit solchen Paralleloperationen über prozedurale Nebengleise geleitet werden, indem differenzierte Zuständigkeiten den Fortgang von Routineprozessen unter Verweis auf gleichzeitig stattfindende politische Klärungen regulieren.

10.4.2 Partizipation und Konflikt. Das Versagen der Organisationsroutinen im Falle der Jedermann-Inklusion

Während diese und ähnliche Mechanismen also den Normalfall charakterisieren, werden andererseits Hierarchisierung, Professionalisierung und Parallelisierung in bestimmten Fällen unterlaufen, nämlich zum Beispiel in manchen partizipatorischen Arrangements, mit denen versucht wird, über die Inklusion von Personen in administrative Verfahren die Absorption von politischem Protest zu bewerkstelligen. Diese Inklusion unter bestimmten Bedingungen – etwa dann, wenn von Parallelbearbeitungen sachlich und sozial differenzierter Themen abgesehen wird, wenn also alle Themen gleichzeitig an einer Stelle behandelt werden – zur Folge, dass die Hierarchisierungen nicht mehr funktionieren bzw. die Professionalisierung ins Leere läuft.

Empirisch konnte das im sogenannten Erörterungstermin im gentechnikrechtlichen Genehmigungsverfahren nachgewiesen werden. Ich fasse die wesentlichen Ergebnisse der Untersuchung (Bora 1999) hier noch einmal kurz zusammen.

Zunächst ist die Situation kurz zu charakterisieren, in welcher die Partizipation, also die Inklusion von Personen in das administrative Verfahren, realisiert wird. Es geht dabei um den sogenannten Erörterungstermin im technikrechtlichen Genehmigungsverfahren. Mit dem rechtlichen Begriff des Erörterungstermins wird ein bestimmtes Verfahren der Inklusion einer unbestimmt weit gefassten Öffentlichkeit in administrative Entscheidungsprozesse bezeichnet (siehe auch Kap. 9). In Deutschland schreiben planungs- und technikrechtliche Regelungen eine Bürger-Anhörung in Form einer mündlichen Verhandlung etwa dann vor, wenn über die Genehmigung einer Anlage oder eines Projekts zu entscheiden ist. Diese Beteiligung ist regelmäßig derart ausgestaltet, dass ein Antrag eines Projektbetreibers nach entsprechender Bekanntmachung öffentlich ausgelegt wird und schriftlich oder zur Niederschrift erhobene Einwendungen sodann in einem mündlichen Termin mit den Einwendern erörtert werden. Ein solcher Termin kann dann in der Praxis etliche Verhandlungstage umfassen. Das Gentechnikgesetz sah zeitweilig eine entsprechende Regelung vor, die zwischenzeitlich abgeschafft und durch eine rein schriftliche Form der Beteiligung ersetzt wurde. Sie gewährte jedermann das Recht, Einwendungen zu erheben, ermöglichte also in der Tat die Inklusion eines unbestimmt weiten Personenkreises. Durchgeführt wurde dieses Verfahren nach dem Gentechnikgesetz vom Robert-Koch-Institut (RKI) als oberster Bundesbehörde im Einvernehmen mit dem Umweltbundesamt und der Biologischen Bundesanstalt.

Ein solches Verfahren der Öffentlichkeitsbeteiligung kann als ein organisiertes Sozialsystem beobachtet werden (Luhmann 1993; S. 145), das prioritär über Recht programmiert ist. Es kommt aufgrund rechtlicher Vorgaben zustande, ist in seinen Verfahrensregeln ausschließlich an rechtlichen Bestimmungen orientiert und verweist auch in seinen Entscheidungsprämissen prozedural wie materiell auf rechtliche Normen. Die Organisation der öffentlichen Verwaltung, die mit der Durchführung dieses Verfahrens betraut ist (das RKI), bedient dann, wie man am empirischen Material sehr deutlich zeigen kann, in der Verfahrensleitung und -durchführung auch diese rechtliche Erwartung außerordentlich konsequent (Bora 1999). Zugleich lässt sich dieses Verfahren der Öffentlichkeitsbeteiligung auch als Arena beschreiben, in welcher unterschiedliche Organisationen wie die beteiligten Behörden, Umweltschutzverbände oder antragstellende Unternehmen, aber auch nicht organisationsangehörige Personen präsent sind. Das Verfahren stellt dann eine interorganisatorische Arena bereit, in die verschiedene Organisationen, aber auch nicht organisatorisch adressierbare Personen involviert sind. Als weiteres Spezifikum kann man beobachten, dass der Erörterungstermin immer zugleich auch ein Interaktionssystem realisiert. Denn alle seine Kommunikationen laufen unter der Bedingung von Anwesenheit ab. Inklusion von Personen als Partizipationsmöglichkeit gewinnt ihre konkrete Gestalt in der Kommunikation unter der Bedingung von Anwesenheit. Das stellt zwar für die involvierten Organisationen insofern eine Sonderform da, als ihre organisatorischen Kommunikationen selbst (intern) häufig interaktionsfern oder gar interaktionsfrei ablaufen mögen. Andererseits ändert dies nichts an dem Umstand, dass hier in einem organisierten Sozialsystem (Verfahren) unterschiedliche Organisationen sowie nicht organisational adressierbare Personen kommunizieren. Zweck des Verfahrens ist die sachliche Vorbereitung einer Entscheidung durch eine der beteiligten Organisationen (hier das RKI). Auf diesen Zweck hin sind die Verfahrensregeln rechtlich programmiert.

Dieser Fall ist nun in zweierlei Hinsicht für das Verhältnis von Gesellschaft und Organisation besonders instruktiv. Zum einen in intraorganisatorischer Hinsicht, da Multireferentialität Irritationen in der Autopoiesis des Systems verursachen kann, auf die im System reagiert wird. Und diese Reaktion wiederum kann dann differenzierungstheoretisch sehr plausibel rekonstruiert werden, nämlich als Strukturreproduktion bzw. als Struktursicherungsoperation. Zum anderen in interorganisatorischer Hinsicht, denn was sich im Organisationssystem Verfahren als Spezifikum der Strukturreproduktion erweist, stellt in den Leistungsbeziehungen zwischen den Organisationen, die in dieser Arena auftreten, eine Leistungsstörung dar. Man kann sagen: es gibt hier Resonanzprobleme. Diese beiden Gedanken sollen anhand des empirischen Falles kurz ausgeführt werden. Die Analyse, deren Ergebnisse hier kurz dargestellt werden, bezieht sich auf transkribierte Tonbandprotokolle solcher Erörterungen, die insgesamt fünfzehn Verhandlungstage umfassen. Mit hermeneutischen Verfahren der Strukturrekonstruktion wurden hier verschiedene Diskursformationen ermittelt, die sich in den Verhandlungen manifestiert haben (zum Zusammenhang von Systemtheorie und objektiver Hermeneutik vgl. Bora 1997).

Die Kommunikationen des Erörterungstermins verweisen über Referenzen auf gesellschaftliche Funktionssysteme, sie sind aber in keiner Weise mit ihnen identisch. Um diese Tatsache sowie die daraus folgenden Konsequenzen auf der Ebene des Organisationssystems deutlich zu machen, verwende ich den Begriff des Diskurses. Mit dem Begriff „Diskurs" (oder „Diskursformation", beides wird synonym verwandt, bezeichne ich intern ausdifferenzierte Strukturen eines Kommunikationssystems, hier also konkret voneinander unterscheidbare Kommunikationsstrukturen in dem erwähnten Erörterungstermin (vgl. Band 1, Kap. 2 und Bora 1999; Kap. 4). In Diskursen werden externe Referenzen verwendet, um Themen, Rollen, Verknüpfungsregeln usw. festzulegen. Wenn sich in einem System Diskurse bilden, die mit Referenzen auf unterschiedliche Codes (Recht, Wahrheit, Macht, Moral, Geld usw.) operieren, so kann es zwischen derartigen Diskursen zu einem Konflikt kommen, sobald diskurstypische Referenzen, die auf einen solchen Code verweisen, im Ablauf der Kommunikation durch andere Referenzen ersetzt werden. Die Kollision entsteht aus dem Umstand, dass sich Erwartungen, die in verschiedenen Diskursen kommuniziert werden, in Bezug auf die anzuwendenden Selektionsregeln widersprechen. Dazu zählen beispielsweise die jeweils angenommenen Rollendesigns, die Bedingungen eines angemessenen Verfahrens und dessen Störfaktoren sowie die verwendeten Öffentlichkeitsmodelle. Sie stehen in vielfältig widersprüchlichen Beziehungen zueinander, wie an Beispielen deutlich wird: So werden in einem Diskurs die wissenschaftlichen Experten als entscheidende Akteure angesehen, in einem anderen fingieren sie eher als Beistände einer autonom agierenden Öffentlichkeit. Politische Kommunikationen stellen in einem Diskurs einen Störfaktor für ein angemessenes Verfahren dar, ein anderes Mal bilden sie den eigentlichen Kern der Auseinandersetzung. Wissenschaftliches Argumentieren steht teils im Mittelpunkt, teils wird gerade die Eigendynamik von Argumentationen als Hindernis für die notwendige politische Auseinandersetzung betrachtet. Die umfassende sachliche Information der Öffentlichkeit bildet aus der einen Perspektive eine notwendige Voraussetzung für kompetente Beteiligung, aus einer anderen dient sie ausschließlich zur Erzeugung von Vertrauen in die politischen oder wissenschaftlichen Hauptakteure, also zur Herstellung von Akzeptanz. Semantische Konzepte wie „Öffentlichkeit", „Verfahrensgerechtigkeit", „Information", „Risiko" fungieren hier als *contested concepts,*

als sprachliche Vehikel, die durch ihre relativ weiten konnotativen Anschlussmöglichkeiten widersprüchliche Situationsdeutungen transportieren können (Bora
1995; Bora und Epp 2000).

Innerhalb des organisierten Sozialsystems kann nun das Aufeinandertreffen
derartiger konkurrierender Erwartungsmuster als eine Ursache möglicher Konflikte gelten. Die Dynamik des Kommunikationsgeschehens im Erörterungstermin
entwickelt sich in starkem Maße entlang den durch solche Differenzierungen markierten Konfliktlinien. Das lässt sich anhand der Verfahrensprotokolle empirisch
nachweisen. In diesen kann man acht unterschiedliche Diskursformationen identifizieren: einen Rechtsanwendungsdiskurs, einen politisch-strategischen, einen
politisch-basisdemokratischen, einen wirtschaftlichen Diskurs, einen Rechtsgeltungsdiskurs, einen wissenschaftlichen, einen religiösen und einen Ethikdiskurs.
Mithilfe einer Korrespondenzanalyse kann man sodann drei Konfliktfelder identifizieren, in denen sich jeweils einige der genannten Diskurstypen im Zusammenhang mit je charakteristischen Themen und Fragestellungen gegenüberstehen.

Von theoretisch entscheidender Bedeutung ist sodann die Frage, ob es jeweils
Transformationsregeln zwischen diesen konkurrierenden Diskursen gibt und
wovon das gegebenenfalls abhängt. Dabei erweist sich im Ergebnis, dass auf
der Ebene der Situationsdeutungen, dort also, wo es um die der Kommunikation zugrunde liegenden Regeln geht, einige unaufgelöste – und jedenfalls
empirisch unauflösbare – Konflikte lauern, also etwa das, was Lyotard einen
„Widerstreit" nennt (Lyotard 1983). Diskurskollisionen entstehen nämlich im
Verlauf der Kommunikation immer dann, wenn ein Diskurs innerhalb der Interaktion durch Codesubstitution die blinden Flecke eines anderen, vorlaufenden
Diskurses thematisiert, damit dessen mögliche Paradoxien sichtbar macht und
Abwehrreaktionen verschiedenster Art verursacht. Mit diesen Abwehr- oder
Struktursicherungsoperationen reagieren Diskurse auf eine Ersetzung des Codes,
den sie in der Kommunikation benutzen (siehe dazu vor allem Schneider 1997).

Konkret bedeutet dies beispielsweise Folgendes: Vor allem die beiden politischen sowie alle mit moralisierenden Elementen operierenden Diskurse neigen
dazu, die Geltung des Rechtscodes im rechtlich geregelten Verfahren zu bestrei-
ten. Auf sie reagiert die rechtliche Kommunikation mit Schweigen oder mit
Irrelevanzmarkierungen, Verweisen auf Gesetzesbindung usw. Auf der Ebene von
Aggregatdaten lassen sich entsprechende Struktursicherungsoperationen durch
das gesamte Verfahren hindurch nachweisen. Diese Abwehrreaktionen des
Rechtsdiskurses werden ihrerseits vom politischen Diskurs als Codesubstitution,
nämlich als Verrechtlichung der Politik beobachtet. Die politische Kommunikation thematisiert Macht und deren Kontrolle, sieht sich jedoch durch rechtliche
Kommunikationen blockiert. Rechtlich codierte Äußerungen stellen sowohl aus

der eher moralisierenden Perspektive des basisdemokratischen Diskurses der Politik als auch aus dem machtbewussten Blickwinkel des politisch-strategischen Diskurses strukturbedrohende Ersetzungen des politischen Codes dar und werden deshalb auf der operativen Ebene abgewehrt. Und die Abwehr benutzt ebenfalls das diskurstypische Repertoire: Moralisierungen, Demokratiepostulate und Appelle im erstgenannten, Drohung und Verhandlungsangebote im zweiten Fall.

Ähnliches lässt sich auch im Verhältnis zwischen den wissenschaftlichen und den politischen Diskursen beobachten. Anschlussprobleme entstehen in jenen Interaktionssequenzen, in welchen die im Code „Wahrheit" operierende Kommunikation durch politische Codierungen überspielt wird und mit entsprechenden Sicherungsoperationen (in der Regel mit Irrelevanzmarkierungen) reagiert. Politische Diskurse schließen sich umgekehrt gegen informationsorientierte, im Code Wahrheit operierende Kommunikationen ab, sofern sich nicht die Möglichkeit eines strategischen Einsatzes von Sachargumenten ergibt.

Die Multireferentialität der Programmierungen von Verwaltungsentscheidungen provoziert hier also einen intraorganisatorischen Konflikt, soweit die sachlichen Hierarchisierungen, sozialen Professionalisierungen oder zeitlichen Parallelisierungen durch partizipatorische Arrangements außer Kraft gesetzt sind. Der Konflikt wird verständlich gerade aus der Differenzierung zwischen den je impliziten „Logiken" oder „Rationalitäten" jener Systemreferenzen, die kommunikativ zur Programmierung der Operationen des organisierten Sozialsystems eingesetzt werden. Hier schlägt die gesellschaftliche Differenzierung auf das Organisationssystem durch. Zwischen politischen und rechtlichen Referenzen professionell agierend, sieht es sich in Abstimmungsprobleme verwickelt, sobald die routinehaften Hierarchisierungen in der Sachdimension durch die Eigentümlichkeiten der Sozialdimension aufgebrochen werden, die zugleich wegen des Inklusionsmodus der Anwesenheit (Partizipation) keine organisatorischen Parallelführungen erlaubt. Vergleichbares lässt sich auch auf der Ebene der Interaktionen des Erörterungstermins beobachten, über die dann gewissermaßen das Organisationssystem mit den oben geschilderten Problemen infiziert wird.

Auf der interorganisatorischen Ebene lassen die empirischen Analysen nur indirekte Aussagen zu. Denn die Untersuchung war nicht in erster Linie organisationssoziologisch angelegt. Deshalb sind keine direkten Daten über Interorganisationsbeziehungen erhoben worden. Einige der analysierten Diskurse lassen jedoch relativ hohe organisationsspezifische Affinitäten erkennen, so etwa der politisch-strategische Diskurs, der in vieler Hinsicht Perspektiven organisierter Politik verwendet, oder auch der Rechtsanwendungsdiskurs, der zum großen Teil einer der öffentlichen Verwaltung ist. Daraus lassen sich indirekte Schlüsse auf organisationsspezifische Kommunikationen ziehen. Überdies wurden auf der Ebene

persönlicher Befragungen Daten über die Resonanz in der Umwelt des Erörterungstermins auf die beschriebenen Konflikte erhoben (Bora 1999, Kap. 7; Bora
2000; Bora und Epp 2000). Hier zeigt sich eine durchweg geringe Akzeptanz dieses Typs von Verfahren. Man wird daher nicht fehlgehen in der Annahme, dass
sich auch die Abnahmebereitschaft für Verfahrensleistungen in den beteiligten
Organisationen auf die skizzierten Verfahrenseigenschaften abbilden lässt.

10.5   Schluss

Die vorgestellten Überlegungen lassen erkennen, dass die Multireferentialität organisatorischer Kommunikationen – im konkreten Falle das Operieren
öffentlicher Verwaltungen „zwischen" Recht und Politik – begrifflich erklärbar,
empirisch nachweisbar und sinnvoll in die Rekonstruktion von Resonanzproble-
men zwischen den oben dargestellten Diskursen integrierbar ist. Die Stellung
der öffentlichen Verwaltungen „zwischen" Recht und Politik, das sollte mit
den vorgetragenen Überlegungen deutlich gemacht werden, bildet zwar einen
sehr spezifischen Fall, aus dem man jedoch verallgemeinerungsfähige Einsichten
gewinnen kann.

Zum einen machen die dargestellten empirischen Beispiele administrativer
Verfahren recht deutlich, was mit dem Begriff der Multireferentialität organisatorischer Kommunikation gemeint ist. Organisationen programmieren ihre
Entscheidungen durch die Beobachtung funktionssystemspezifischer Codes; sie
referieren in der Regel vorrangig auf einen solchen Code; aber sie tun dies nicht
ausschließlich. Gerade das Beispiel von Verwaltungen zeigt: Neben der Referenz auf rechtliche Unterscheidungen spielt auch eine politische Referenz – und
daneben, hier nicht weiter erörtert, oft auch eine wissenschaftliche Referenz –
eine nicht zu unterschätzende Rolle. Entscheidungen in Organisationen sind in
diesem Sinne multipel programmierbar. Vor dem Hintergrund eines solchen der
Multireferentialität lässt sich sodann theoretisch die Möglichkeit von Gewichtungen und Prioritätensetzungen in der organisatorischen Programmierung sowie
von Verschiebungen innerhalb solcher Gewichtungen begründen und empirisch
nachweisen. Dies wurde am Beispielfall von *Politisierungsprozessen* in primär
rechtlich programmierten Verwaltungsverfahren demonstriert.

Zum anderen wird auch klar, an welchen Stellen entdifferenzierungstheoreti-
sche Kritiken zu kurz greifen. Es ist nämlich schwer zu erkennen, wie sie die hier
diskutierten Konflikte im Verfahren beschreiben könnten. Denn diese lassen sich
letztlich nur aus den Differenzen erklären, die in den Kommunikationen des Organisationssystems über die externen Referenzen auf funktionssystemspezifische

Unterscheidungen entstehen. Diskurse legen mithilfe externer Referenzen ihre Themen, Rollen, Verknüpfungsregeln usw. fest. Wenn sich in einem Verfahren Diskurse bilden, die mit unterschiedlichen Referenzen operieren, so kann es zwischen derartigen Diskursen zu einem Konflikt kommen, sobald diskurstypische Referenzen, die auf den Code eines gesellschaftlichen Funktionssystems verweisen, in der Kommunikation durch andere Referenzen ersetzt werden. So treten beispielsweise politische Diskurse im rechtlich programmierten Verfahren auf und machen Programmierungsrelevanzen in dessen Kommunikationen geltend. Die Kollision besteht dann darin, dass sich Erwartungen, die von verschiedenen Diskursen kommuniziert werden, in Bezug auf die anzuwendenden Anschlussregeln widersprechen. Insgesamt lässt sich nach dieser Analyse dann beobachten, dass die Akzeptanz des Verfahrens aufgrund dieser Konflikte gegen Null tendiert. Im Ergebnis ist niemand bereit, die im Verfahren erzeugten Entscheidungen abzunehmen. Gerade der partizipatorische Aspekt des Verwaltungsverfahrens ist also, wie die differenzierungstheoretische Perspektive zeigen kann, wesentlich für dessen Delegitimation verantwortlich.

Damit weist die hier vorgeschlagene Konzeption insgesamt den Vorteil einer hohen Beobachtungskomplexität auf. Sie ist in der Lage, die im Organisationssystem Verfahren auftretenden Friktionen plausibel zu rekonstruieren, und zwar gerade dadurch, dass sie eine differenzierungstheoretische Beobachtungsperspektive einnimmt. Politisierungsprozesse in Organisationen des Rechts werden so als Verschiebungen der primären Programmierung beobachtbar, gegen die sich in den Kommunikationen des Systems Struktursicherungsoperationen etablieren. Der Konflikt im Verfahren wird so erst vor dem Hintergrund der sozialen Differenzierungen, die über externe Referenzen im Verfahren beobachtet werden, in seiner gesamten Dynamik aufklärbar. Damit gewinnt die differenzierungstheoretische Perspektive nicht zuletzt erhebliche *rechtspolitische Relevanz*. Denn alle Überlegungen zur Weiterentwicklung öffentlicher Verwaltungen (etwa unter den Stichworten Partizipation und Demokratisierung) werden deren Multireferentialität und die daran gekoppelte Problematik von Diskurskollisionen im Auge behalten müssen, wenn sie praktisch erfolgreich sein wollen.

Die breite Bürgerbeteiligung in Verwaltungsverfahren provoziert also eine Politisierung des rechtlich primär codierten Verfahrens, dem dieses mit Struktursicherungsoperationen begegnet, die wiederum aus der Perspektive der beteiligten politischen Diskurse als „kolonisierende" Verrechtlichung erscheinen mussten. Diese Struktursicherungsoperationen resultieren aus der qua Referenz involvierten Autonomie funktionssystemspezifischer Kommunikation. Die Kommunikation von Recht, um am Beispiel zu bleiben, entfaltet selbstverständlich auch, wenn sie von und in Organisationen vollzogen wird, eine Eigendynamik. Man kommt, wie sich im Detail zeigen ließe, auf der Basis dieses Konzepts von Code-Überlagerung auf der Organisationsebene und Systemautonomie auf der Funktionssystemebene im Einzelfall zu einer reichhaltigen Beschreibung der empirisch auftretenden Konflikte und zu einer theoretisch befriedigenden Erklärung ihrer Unlösbarkeit in der gegebenen Konstellation. Das alles bliebe unsichtbar, solange man nur über Verrechtlichung oder Politisierung auf Gesellschaftsebene spräche.

Teil III
Inklusion, Partizipation

„Wer gehört dazu?" – Überlegungen zur Theorie der Inklusion

Der Begriff der Inklusion hat unter verschiedenen Gesichtspunkten an Bedeutung gewonnen. Zum einen bietet er systemtheoretischen Argumentationen die Möglichkeit, an klassische Fragestellungen anzuknüpfen, die mit Konzepten von Klasse, Schicht und ähnlichen Differenzierungen nicht mehr hinreichend deutlich beobachtet werden können. Zum anderen sorgt er für eine Neubelebung der Diskussion um spezifisch politische Formen der Attribution von Zugehörigkeit im Rahmen der Auseinandersetzungen um Staatsbürgerschaft. Schließlich hilft er auch in nicht spezifisch politischen Kontexten, Partizipations- und Integrationstheorien neu zu bewerten. Dieses Kapitel beschäftigt sich mit diesem zuletzt genannten Aspekt der Inklusion in die Funktionssysteme der modernen Gesellschaft und in Organisationen.

Dabei soll vor allem gezeigt werden, dass man mit einem in näher zu erläuternder Hinsicht modalisierten und gradualisierten Inklusions-Begriff eine Reihe von empirischen Phänomenen präziser beobachten kann als mit konkurrierenden Ansätzen. Um diese Vermutung transparent machen zu können, ist im Prinzip dreierlei erforderlich: Zum ersten sind die erwähnten empirischen Phänomene kurz darzustellen, zum zweiten ist deren Deutung durch konkurrierende Theorieangebote zu erläutern, und zum dritten muss dazu der eben angesprochene modalisierte und gradualisierte Inklusions-Begriff eingeführt und auf die empirischen Fälle angewendet werden. Da die empirischen Daten und deren theoretische Deutungen, auf die sich die folgenden Überlegungen beziehen, an anderer Stelle bereits ausführlich vorgestellt wurden (Kap. 9 und 10; Bora 1999, 2000; Bora

Zuerst veröffentlicht in Hellmann und Schmalz-Bruns (Hg.) 2002, S. 60–84. Portugiesische Übersetzung: „Quem participa?" Reflexões sobre teoria da inclusão. *Revista Brasileira de Sociologia do Direito*. 6 (2019), 3, S. 339 ff..

© Der/die Autor(en), exklusiv lizenziert an Springer Fachmedien Wiesbaden GmbH, ein Teil von Springer Nature 2023
A. Bora, *Reflexion des Rechts – Beiträge zur responsiven Rechtssoziologie*,
https://doi.org/10.1007/978-3-658-40787-2_11

und Epp 2000), konzentriert sich dieses Kapitel auf den zweiten und den dritten Punkt, nämlich die Auseinandersetzung mit Integrationstheorien und die
darauf aufbauende Diskussion des Inklusions-Begriffs, und beschränkt sich darauf, die erwähnten empirischen Fälle nur ganz kurz zu streifen. Im Einzelnen
wird wie folgt vorgegangen: Zunächst wird die Idee einer gesellschaftlichen
Integration durch Inklusion im Modell der „deliberativen Öffentlichkeit" aufgegriffen und mit knappen Hinweisen auf empirische Beobachtungen kontrastiert
(11.1). Sodann werden auf der Grundlage des differenzierungstheoretischen Konzepts der neueren Systemtheorie der Inklusionsbegriff allgemein sowie dessen
modaler und gradueller Charakter entwickelt (11.2). Partizipation kann in ihrer
empirischen Problematik auf dieser Grundlage dann besser als in den integrationstheoretischen Konzepten verstanden werden, nämlich als – empirisch nicht
unproblematischer – Versuch einer Vollinklusion auf der Differenzierungsebene
der Organisation (11.3).

11.1   Gesellschaftliche Integration durch Inklusion?

Nach einer in der Soziologie gängigen Vorstellung wird gesellschaftliche Integration über die Einbindung von Personen in soziale Prozesse, mit anderen Worten
über ihre Teilnahme erzeugt; Partizipation stellt dann eine notwendige Voraussetzung gesellschaftlicher Integration dar. Solche Theorien behandeln entsprechend
häufig die Nicht-Beteiligung von Personen als einen zu überwindenden Zustand,
als ein auszugleichendes Defizit; das korrespondiert dann mit einer kritischen
Beobachtung von Gesellschaft. Solche zeitgenössischen Theorievarianten greifen
in je spezifischer Weise auf Ideen zurück, die vor allem bei Talcott Parsons und
Emile Durkheim entwickelt worden sind.

   In Abgrenzung zu Spencers Utilitarismus und im Gegensatz zu diesem
benötigt Durkheim in seinem Modell des unter Konkurrenzbedingungen entste-
henden Differenzierungsdrucks, der von der mechanischen zur organischen Form
der Arbeitsteilung führt, einen Mechanismus normativer Integration. Die individuellen Formen der Kooperation sind demnach in modernen Gesellschaften
eingebettet in nichtkontraktuelle Grundlagen des Vertrages, staatliche Regulierungen, verbandsförmige Organisation von Berufsrollen und in eine Moralstruktur
der reflexiven Interessenberücksichtigung (Durkheim 1893, S. 243–286).

   Mit seiner Vorstellung einer Integration qua normativer Solidarität greift Parsons auf diese Ideen zurück. Er fasst Integration als eine der vier Systemfunktio-
nen; dabei ist innerhalb des Handlungssystems das soziale System für Integration

zuständig, während im Gesellschaftssystem diese Funktion von der gesellschaftlichen Gemeinschaft übernommen wird. *Integration* ist hier wie bei Durkheim der normative Hintergrund sozialer Strukturbildung. *Inklusion* stellt dagegen für Parsons einen evolutionären Mechanismus dar, der im System der *societal community* angesiedelt ist. Vier solcher Entwicklungsmechanismen bestimmen die Dynamik gesellschaftlicher Evolution insgesamt: *adaptive upgrading, differentiation, inclusion* und *value generalization*. Während Steigerung der Anpassungsfähigkeit und Differenzierung gewissermaßen das dynamische, Varianz erzeugende Moment bilden, sind Inklusion und Wertverallgemeinerung die mit den normativen Strukturen des Gesellschaftssystems verbundenen integrativen Mechanismen. Inklusion steht dabei für die Einbeziehung neuer Einheiten, Strukturen und Mechanismen in den normativen Rahmen gesellschaftlicher Gemeinschaft. Parsons denkt hier in erster Linie an *„citizenship"*, an die Herausbildung eines Systems staatsbürgerlicher Rechte im Verlaufe der bürgerlichen Revolutionen in England und Amerika (Parsons 1971, S. 92–94), also an Inklusion ins politische bzw. ins Rechtssystem. Sobald einzelne Personen oder Gruppen der Gesellschaft im Laufe von Differenzierungsprozessen spezialisierte Funktionen besetzen, können sie nicht mehr auf dem Wege überkommener, diffuser Unterscheidungen integriert werden, sondern nur über die Ausbildung eines allgemeinen Mechanismus, der quasi differenzierungsunabhängig funktioniert (Parsons 1966, S. 40 f.). Damit ist die Idee einer *Integration durch Inklusion,* die vor allem bei Habermas eine wichtige Rolle spielt und den Begriff der Partizipation ins Spiel bringt, im Keim angelegt.

Jürgen Habermas knüpft an Parsons' normativistisches Integrationsmodell an. In der „Theorie des kommunikativen Handelns" (Habermas 1981) beschreibt er die Kolonisierung der sozial (im Wesentlichen über Normen) integrierten Lebenswelt durch systemische Mechanismen, vor allem durch Verrechtlichung. In „Faktizität und Geltung" (Habermas 1992) wird dann – einem Gedanken von Bernhard Peters (Peters 1993, S. 340) folgend – Integration als institutionelle Verschränkung von Sozial- und Systemintegration beschrieben.

Peters setzt die peripheren (auch: „intermediären") Strukturen politischer Meinungs- und Willensbildung in eine spezifische Beziehung zum rechtlich-politischen Zentrum der Gesellschaft. Diese unter der Bezeichnung *„Schleusenmodell"* bekannt gewordene Beziehung bezeichnet Folgendes: In der Peripherie sind Strukturen und Prozesse der Problemdefinition und Interessenartikulation angesiedelt, die ein System von Schleusen im Bereich des rechtlich-politischen Systems passieren müssen, um vom Zentrum wahrgenommen und in Entscheidungen eingebaut zu werden. Als solche Schleusen kann man sowohl die klassischen Gesetzgebungsverfahren, Wahlen, Einflusskanäle politischer Parteien oder richterliche Rechtsfortbildung betrachten, als auch die wenig oder gar nicht formalisierten Einflussmöglichkeiten von Interessengruppen, sozialen Bewegungen, Massenmedien, Professionen usw. Die Peripherie hat die Funktion, dem im Routinemodus operierenden Zentrum im Wege der öffentlichen Thematisierung, Dramatisierung usw. Problemmasse zuzuführen, die nur den mit „privaten" („bewusst vergesellschafteten") Bereichen in Verbindung stehenden Strukturen verfügbar ist. Auf diesem Wege bringt sich also der „Originalmodus" sozialer Integration gegenüber sozial „verselbständigten" Strukturen zur Geltung. Dass dazu die *Inklusion* aller, d. h. die Möglichkeit der Partizipation für jedermann in egalitären Vergemeinschaftungsprozessen ebenso wie an den Schleusen des System erforderlich ist, ergibt sich bei Peters aus dem Zusammenhang von rationalitäts- und handlungstheoretisch begründetem Originalmodus einerseits und abgeleiteter Objektivation des Sozialen andererseits. Allein die egalitäre – und das heißt die partizipatorische, allen gleiche Chancen gewährende – Struktur peripherer Vergemeinschaftungen ist die Quelle für Problemwahrnehmungen, die dem Zentrum letzten Endes Integrationskraft verleihen.

Habermas spitzt dies mit seinem Gebrauch des Schleusenmodells in „Faktizität und Geltung" weiter zu, indem er die Vermittlungsstelle oder Schleuse als *„deliberative Öffentlichkeit"* konzipiert. Dabei wird soziale Integration als Form der Solidarität verstanden, die nicht mehr, wie noch in der Theorie des kommunikativen Handelns, unmittelbar aus lebensweltlichen Ressourcen schöpft. Sie ist vielmehr an die Ausbildung breit gefächerter autonomer Öffentlichkeiten und rechtsstaatlich institutionalisierter Verfahren der Meinungs- und Willensbildung sowie an die rechtliche Vermittlung dieser Kommunikationen in die Sphären administrativer Macht gebunden. Die Konsenstheorie reagiert hier auf die Beobachtung einer dezentrierten Gesellschaft, in welcher die Politik wohl keinen universalen Steuerungsanspruch mehr behaupten kann (Habermas 1992, S. 369).

An der Schnittstelle zwischen rechtlich-politischem Zentrum und zivilgesellschaftlicher Peripherie, so Habermas, müsse vor allem der Expertendiskurs mit der demokratischen Meinungs- und Willensbildung rückgekoppelt werden, wenn man nicht Gefahr laufen wolle, die Problemwahrnehmungen der Experten gegen die Bürger in Form eines „legitimationsgefährdenden Systempaternalismus" einfach nur durchzusetzen. Deshalb sei es notwendig, die rechtlich geregelten Verfahren administrativer Macht durch „deliberative Politik, nämlich durch den öffentlich organisierten Meinungsstreit zwischen Experten und Gegenexperten" kontrollieren zu lassen (ebd., S. 426). Dies ist, wenn Öffentlichkeit nicht folgenlos bleiben, sondern tatsächlich über den Filter des Rechts die administrative Macht beeinflussen soll, am ehesten möglich über „partizipatorische Formen der Beteiligung, die eine implementierende Verwaltung an die Diskurse ihrer als Staatsbürger ernstgenommenen Klienten anbindet" (ebd.,

S. 428). Politische Öffentlichkeit, die über ihre zivilgesellschaftliche Basis in der Lebenswelt verwurzelt ist (ebd., S. 435), kann somit in den rechtlich institutionalisierten Verfahren wirksam werden, wenn und soweit sie als partizipatorische Kommunikation potenziell Betroffener angelegt ist.

Die Integration der Gesellschaft hängt also nach konsenstheoretischer Vorstellung in der skizzierten Weise an der Ausbildung partizipatorischer Verfahren, mit denen Inklusion sichergestellt werden kann. Diese Pointe lässt sich vielleicht am treffendsten in die These von der gesellschaftlichen Integration durch die Legitimität gesellschaftlicher Entscheidungen zusammenfassen, die ihrerseits durch Partizipation einer deliberativen Öffentlichkeit, das heißt: durch Inklusion von jedermann zustande kommen. Kurz gesagt: *gesellschaftliche Integration durch Inklusion.*

Eines der Probleme dieses Konzepts besteht in seiner Empirie-Resistenz. Diese ist – da es sich um einen normativen Ansatz handelt, der als solcher kontrafaktische Erwartungen kommuniziert – zwar nicht weiter überraschend. Sie weist freilich auf einen komparativen Nachteil der Theorie hin: nämlich empirische Beobachtungen des „Scheiterns" sozialer Integration nicht mehr theoriesprachlich einfassen bzw. erklären zu können, sondern sie in den Bereich des Pathologischen bzw. des zumindest Defizitären abschieben zu müssen.

Solche empirischen Fälle des „Scheiterns" gibt es. Ich habe verschiedentlich gezeigt, dass bestimmte Formen der Öffentlichkeitsbeteiligung, wie sie beispielsweise im modernen Rechtssystem üblich sind für Verfahren der Raumplanung, der Anlagen- oder Vorhabengenehmigung, regelmäßig und mit gewisser Zwangsläufigkeit in einen Widerstreit konkurrierender Diskurse einmünden, also – im Sinne von Lyotard – in eine typische Form des Konflikts, die kommunikative Anschlüsse zwischen solchen Diskursen erschwert bzw. verhindert (Kap. 9, 10, 12 und 13; Bora 1999; Bora und Epp 2000). Der Begriff „Diskurs" bezeichnet dabei intern ausdifferenzierte Strukturen eines Kommunikationssystems. In Diskursen werden externe Referenzen verwendet, um Themen, Rollen, Verknüpfungsregeln usw. festzulegen. Wenn sich in einem System Diskurse bilden, die mit Referenzen auf unterschiedliche Codes (Recht, Wahrheit, Macht, Moral, Geld usw.) operieren, so kann es zwischen derartigen Diskursen zu einem Konflikt kommen, sobald diskurstypische Referenzen im Ablauf der Kommunikation durch andere ersetzt werden. Die Kollision entsteht aus dem Umstand, dass sich Erwartungen, die in verschiedenen Diskursen kommuniziert werden, in Bezug auf die anzuwendenden Selektionsregeln widersprechen. Dazu zählen beispielsweise die jeweils angenommenen Rollen-Designs, die Bedingungen eines angemessenen Verfahrens und dessen Störfaktoren sowie die verwendeten Öffentlichkeitsmodelle.

In partizipatorischen Arenen kann nun das Aufeinandertreffen derartiger konkurrierender Erwartungsmuster als eine Ursache möglicher Konflikte gelten. Die Dynamik des Kommunikationsgeschehens entwickelt sich in starkem Maße entlang den durch solche Differenzierungen markierten Konfliktlinien. Im empirischen Material konnte man beispielsweise acht unterschiedliche Diskursformationen identifizieren: einen Rechtsanwendungsdiskurs, einen politisch-strategischen, einen politisch-basisdemokratischen, einen wirtschaftlichen Diskurs, einen Rechtsgeltungsdiskurs, einen wissenschaftlichen, einen religiösen und einen Ethikdiskurs. Im Ergebnis der Analyse zeigte sich, dass auf der Ebene der Situationsdeutungen, dort also, wo es um die der Kommunikation zugrundeliegenden Regeln geht, einige unaufgelöste – und jedenfalls empirisch unauflösbare – Konflikte lauern, also etwa das, was Lyotard (1983) einen „Widerstreit" nennt.

Was mit dem kurzen Hinweis auf empirische Daten an dieser Stelle angedeutet werden soll, ist der Umstand, dass gerade in partizipatorischen Foren der Öffentlichkeitsbeteiligung integrative Effekte *aus systematischen Gründen* verfehlt werden. Die empirischen Studien von Öffentlichkeitsbeteiligung geben deswegen sehr starke Indizien für die theoretische Vermutung ab, dass der im Modell deliberativer Öffentlichkeit postulierte Zusammenhang von Inklusion und Integration sich nicht belegen lässt.

Es stellt sich dann zwangsläufig die Frage, wie kann man die eben skizzierten Phänomene theoretisch überhaupt erklären. Die im Folgenden vertretene Hypothese lautet: man kann die mit dem Auftreten solcher partizipatorischen Verfahren typischerweise verbundenen Probleme aus differenzierungstheoretischer Perspektive als *Folge* eines Versuchs der *Vollinklusion* in *Organisationen* interpretieren, die sonst durch differenzierte und spezifizierte Modi der Inklusion gekennzeichnet sind. Diese Hypothese benutzt ersichtlich einen in bestimmter Hinsicht abgestuften (also: nicht-binären) Inklusions-Begriff. Dieser soll im Folgenden theoriekonstruktiv-terminologisch und an verschiedenen Beispielen erläutert werden.

11.2 Zugehörigkeiten: Modalisierung und Gradualisierung der Inklusion

Während, wie oben gezeigt wurde, der deliberative Ansatz Integration und Inklusion theoretisch verknüpft, geht die neuere Systemtheorie davon aus, dass die beiden Phänomene theoretisch getrennt zu behandeln sind und empirisch gerade nicht in der oben skizzierten Weise zusammenhängen. Die Frage nach der Integration der Gesellschaft betrifft die Leistungsbeziehungen zwischen den gesellschaftlichen Funktionssystemen, diejenige nach der Inklusion von Menschen in die Gesellschaft behandelt dagegen das Thema: „Wer gehört dazu?" Inklusion handelt von Zugehörigkeiten von Menschen zu Sozialsystemen, Integration dagegen von Leistungen zwischen Sozialsystemen. Beides sind getrennt zu behandelnde Sachverhalte.

Den Begriff der *Integration* beschreibt die neuere Systemtheorie als Begleiterscheinung funktionaler Differenzierung. Luhmanns Theorie autopoietischer Systeme, deren zentrales Paradigma die Differenz von System und Umwelt ist (Luhmann 1984b, S. 242, 1986), verändert ihre Problemsicht gegenüber Parsons in entscheidender Hinsicht. Zwar bleibt auch hier die Frage bestehen, wie gesellschaftliche Teilsysteme ihre Aktivitäten aufeinander abstimmen. Sie tritt aber hinter diejenige nach der systeminternen Erzeugung der Einheit des Systems in einer komplexen Umwelt zurück. Integration der Gesellschaft kann unter diesen Voraussetzungen als paralleles, zeitgleiches Operieren von wechselseitiger Geschlossenheit und Offenheit der Teilsysteme beschrieben werden. Das Konzept der sozialen Integration ergibt sich insgesamt aus einem spezifischen Typ von Fragen, die für systemtheoretische Ansätze charakteristisch sind. Immer geht es um die Bedingungen der Emergenz von Ordnung aus Rauschen, von Strukturen aus einem Ereignisstrom, von Identität aus Differenz. Soziale Differenzierung kann als evolutionäre Folge des selbstreferentiellen Operierens von Gesellschaftssystemen im Grunde zwar beliebigen Unterscheidungen folgen und damit vielfältige Formen annehmen. Tatsächlich haben jedoch nur einige wenige Differenzierungsformen sich auch evolutionär bewähren können. Die moderne Gesellschaft ist funktional differenziert, benutzt aber andere Unterscheidungen (segmentäre Differenzen, Zentrum/Peripherie, z. B.) mit und bildet so verschiedene Teilsysteme aus (Luhmann 1986, S. 89 ff.).

Die funktionalen Teilsysteme der Gesellschaft sind autopoietische, operativ geschlossene Systeme. Ihre Operationsweisen sind untereinander in einem strikten Sinne inkompatibel. Die Integration funktional differenzierter Gesellschaft lässt sich deshalb nicht auf eine, die Funktionssysteme verbindende, über- oder vorgeordnete Einheit zurückführen. Denn moderne Gesellschaft ist azentrisch und polykontextural; sie verfügt deshalb nicht über „Zentralorgane" (Luhmann 1981c, S. 22). Dadurch gerät der Integrationsbegriff in ein näher zu bestimmendes Komplementärverhältnis zur Differenzierungstheorie. Da Systeme sich selbst und ihre Umwelt beobachten können, sind sie in der Lage, die Operationen von Systemen in ihrer Umwelt als Störung beziehungsweise als Leistung zu kommunizieren, mit anderen Worten: Resonanz zu erzeugen – dies freilich jeweils aus der Systemperspektive operationeller Geschlossenheit. Deshalb stehen derartige strukturelle

Kopplungen zwischen einem System und seiner Umwelt nicht im Widerspruch zur These selbstreferentieller Geschlossenheit. Immer kann es nur darum gehen, Systeme für ihre Autopoiese mit intern prozessierbaren Irritationen zu versehen. Das schließt wechselseitige Abhängigkeiten zwischen Systemen keineswegs aus. Sie kommen aber nur unter der Bedingung wechselseitiger Indifferenz zum Tragen. Für das Recht und die Politik bedeutet das: „Das Rechtssystem setzt sich selbst durch Bereitstellung von Möglichkeiten der Gesetzgebung politischen Einflüssen aus. Das politische System setzt sich selbst durch Demokratisierung den Verlockungen aus, Initiativen zur Änderung des Rechts zur Entscheidung zu bringen. Die Selbstreferenz der Systeme nimmt dann den Umweg über Einbeziehung der Umwelt in das System." (Luhmann 1993, S. 48). Soziale Integration bedeutet unter diesen Voraussetzungen „die Reduktion der Freiheitsgrade von Teilsystemen, die diese den Außengrenzen des Gesellschaftssystems und der damit abgegrenzten internen Umwelt dieses Systems verdanken." (Luhmann 1997, S. 603). Sie besteht also in der Reduktion der durch die Gesellschaft selbst für die Funktionssysteme geschaffenen Optionen durch strukturelle Kopplungen dieser Teilsysteme. Diese vergleichsweise sparsame Vorstellung gesellschaftlicher *Integration* qua struktureller Kopplung kommt, wie man auf den ersten Blick erkennt, ohne Begrifflichkeiten wie Subjekt oder Individuum aus. Sie beantwortet deswegen auch *nicht* die Frage: „Wer gehört dazu?".

Diese Frage der Zugehörigkeit berührt vielmehr das Thema „Inklusion". Denn mit *Inklusion* ist eine *Form der Adressierbarkeit von Menschen in Kommunikationssystemen* bezeichnet (Luhmann 1995e, S. 241; Stichweh 2000; Fuchs 1997), nämlich die Art und Weise, in der Menschen in Kommunikationszusammenhängen als „Personen" behandelt werden. Diese Begrifflichkeit geht davon aus, dass Menschen und deren Handlungen nicht Bestandteil von Kommunikationssystemen sind, sondern dass sie von Kommunikationen beobachtet werden. Handlungen, und mit ihnen die Autoren bzw. Adressaten dieser Handlungen, werden mit anderen Worten sozial konstruiert (ausführlich Schneider 1994). Alles Weitere hängt dann allein von der Art und Weise ab, in der die den Personen zugeschriebenen Äußerungen und Handlungen als für das Kommunikationssystem relevante Ereignisse markiert werden. Und dies geschieht insbesondere mit Hilfe der Unterscheidung „zugehörig/nicht zugehörig" für Personen bzw. „relevant/irrelevant" für die den Personen zugeschriebenen Kommunikationen.

Im Gebrauch der Unterscheidung „zugehörig/nicht zugehörig" hat sich in der frühneuzeitlichen Anthropologie aus der Spannung von struktureller Differenzierung der Gesellschaft und einem in der gesellschaftlichen Semantik historisch vorgeprägten Inklusionsdruck insbesondere der Begriff des „Subjekts" ausgebildet. Er hat die für moderne Gesellschaft wesentliche Eigenschaft, niemanden auszuschließen und dadurch eine moderne, und das heißt insbesondere eine nicht mehr familial oder ständisch geprägte Form von Inklusion zu ermöglichen. Personen werden als Subjekte oder wie es bald heißt, als Individuen beschrieben, die aus traditionalen Bindungen gelöst und deshalb mit Inklusionsmöglichkeiten für alle Systeme ausgestattet sind. So betrachtet, ist das Subjekt als Form der Adressierbarkeit „die Inklusionsformel par excellence" (Luhmann 1981a, S. 239).

Dieser allgemeine, auf Adressierbarkeit von Menschen in Kommunikationssystemen zugeschnittene Inklusions-Begriff der neueren Systemtheorie soll im Folgenden auf zwei Eigenschaften hin etwas genauer untersucht werden, die in der bisherigen Debatte noch nicht vollständig geklärt worden sind, derer es aber, wie oben erwähnt, zur Aufklärung jener empirisch beobachteten Partizipationskonflikte bedarf. Die beiden Eigenschaften überschneiden sich zum Teil, sind jedoch aus systematischen Gründen getrennt zu behandeln. Die Rede ist von Inklusion als modalem und graduellem Begriff:

a) *Inklusion als Modalbegriff:* Mit dem neuzeitlichen Begriff des Individuums als unteilbarer und unzugänglicher Einheit taucht nun – man ist versucht zu sagen: paradoxerweise – eine hochgradig exklusive Semantik auf. Sie bezeichnet das, was jemand „aus sich heraus" ist, wodurch eine Person sich von allen anderen Personen unterscheidet. Moderne Individualität privilegiert und verpflichtet jeden dazu, „er/sie selbst" zu sein und es zu bleiben, die Exklusion quasi in die Inklusion mit hineinzunehmen (Luhmann 1990, S. 350, 1989, S. 158, S. 367; Weisenbacher 1993). Die derart hochgetriebene Individualitätssemantik zieht deshalb eine ganze Vielzahl von Inklusionsformeln nach sich, mit denen die einzelnen Funktionssysteme Individuen beobachten: Rechtsuchende, Wähler, Gläubige, Käufer, Patienten, Studenten. Es muss angesichts der hohen Exklusivität, mit der das Individuum belegt ist, jeweils festgestellt werden, *in welcher Hinsicht* es als Person dazugehören soll. Die Kombination von Universalität und hoher Spezifizität im Begriff des Individuums erlaubt Differenzierungen zwischen Personen; man kann sie unter verschiedenen Prämissen beobachten, ohne ihre allgemeine Inklusion in die Gesellschaft (Subjekthaftigkeit, Individualität) auszuschließen, ohne jedoch zugleich auch alle Subjekte/Individuen in der gleichen Weise beobachten zu müssen. Der Begriff der Inklusion ist also modal, er bezeichnet eine *bestimmte* Art und Weise des Einschließens: nicht nur „Wer gehört dazu?", sondern vielmehr *„In welcher Hinsicht gehört wer wo dazu?"*.

Diese Modalisierung zeigt sich insbesondere auch dann, wenn man die drei Typen sozialer Systeme betrachtet. Denn Inklusion ist begrifflich keineswegs auf das Gesellschaftssystem beschränkt. Grundsätzlich kommt Inklusion – also bestimmte Formen der Adressierbarkeit von Menschen – in jedem Typ von Kommunikationssystem vor. Um nur einige Beispiele zu nennen: In Interaktionen kann es etwa unterschiedliche Modi für die Inklusion von Kindern und Erwachsenen geben. Kinder sind in vielen Fällen trotz Anwesenheit aus der Interaktion von Erwachsenen ausgeschlossen oder gehören etwa im Sinne mitlaufender Aufmerksamkeit und gelegentlicher Zuwendung eben nur in einem ganz speziellen Sinne dazu. In Organisationen wird man beispielsweise verschieden ausgeformte Leistungs- und Publikumsrollen beobachten, mit denen Personen in unterschiedlich weitem Umfange inkludiert werden. Auf der Ebene von Gesellschaft kann man Inklusion generell als Beteiligung aller Personen am jeweiligen Funktionsbereich der Gesellschaft charakterisieren. Entsprechend groß ist also die Zahl möglicher Inklusionsformeln, zumal Funktionssysteme zusätzlich noch über die Möglichkeit verfügen, Organisationen zur Inklusion von Personen zu benutzen.

Diese Einschaltung von Organisationen wird in vielen Funktionssystemen, besonders aber in Recht und Politik, deutlich sichtbar. Den theoretischen Ansatzpunkt für die Vermittlung von Inklusion über Organisationen in Funktionssysteme liefert die von Luhmann in „Politik der Gesellschaft" verschiedentlich angesprochene Unterscheidung dreier Ebenen der Differenzierung des politischen Systems der Weltgesellschaft: der funktionalen, der segmentären und der organisatorischen. Gesellschaftliche Subsystembildung macht von der Autopoiesis der Organisation Gebrauch, und die Inklusion aller Personen in das politische Funktionssystem läuft über dessen „spezielle Einrichtungen", also Parteien, Wahlen, staatliche Institutionen (Luhmann 2000a, S. 137, S. 244). Funktionssysteme setzen somit die besondere Kommunikationsfähigkeit von Organisationen ein, die als solche adressierbar sind und deshalb auch umgekehrt als zurechenbare Akteure von Kommunikation sich selbst an andere Adressaten wenden können.

Die Bedeutung von Inklusion in Organisationen spielt damit für die funktional differenzierte Gesellschaft eine ebenso wichtige Rolle wie die allgemeine Inklusion in die Funktionssysteme (Luhmann 1989, S. 253; Nassehi und Nollmann 1997; Nassehi 1997). In Organisationen bezeichnet Inklusion die Art und Weise, in der Personen als Mitglieder oder Klienten behandelt werden. Das geht von den reinen Beitritts- und Ausschlussregeln bis hin zu differenzierteren Programmen der Besetzung von Funktionsstellen mit unterschiedlichen Entscheidungskompetenzen (Stichweh 1988, 1997). Für Organisationen ist vor allem die Möglichkeit von Interesse, Publikums- und Leistungsrollen variantenreich abzustufen und so die Unterscheidung innen/außen kontextabhängig zu programmieren. Dies geschieht vielfach mithilfe von Rollenasymmetrien, mit Unterscheidungen wie etwa Produzent/Konsument, Regierung/Regierte, Arzt/Patient (Luhmann 1990, S. 346 f.; zur Professionalisierung im Erziehungssystem Stichweh 1992). Wie vielfältig Inklusionsmechanismen sind und wie sehr sie auf Koevolution beispielsweise mit biographischen Merkmalen angewiesen sind, zeigen zahlreiche Studien (z. B. Brose et al. 1994; zum Wohlfahrtsstaat als Inklusionsmechanismus vgl. Luhmann 1981a, Kap. 2).

In der modernen Gesellschaft sind derartige Rollenasymmetrien meist nicht mehr hierarchisch, sondern nach dem Schema von Zentrum und Peripherie organisiert, wie man etwa an der Stellung von Gerichten im Rechtssystem – und selbstverständlich an den Organisationen des politischen Systems: Staat, Parteien – sieht (Luhmann 1993, S. 321). Hier werden die modalen Qualitäten der Inklusion in vielgestaltigen Formen personaler Adressierbarkeit deutlich sichtbar.

b) *Inklusion als gradueller Begriff:* Man erkennt mit dem eben Gesagten zugleich, dass Inklusion ein Steigerungsbegriff ist, der Graduierungen enthalten kann. Prinzipiell herrscht Vollinklusion aller in die Gesellschaft. Damit ist aber noch nicht gesagt, in welcher Weise ein Funktionssystem in einem spezifischen Kontext Inklusion vollzieht. Diese Graduierung von Inklusion kommt durch Selektionsleistungen der einzelnen Funktionssysteme und vor allem durch die vorhin erwähnten Differenzierungsebenen zustande. Auf der Grundlage *allgemeiner Inklusionsprinzipien* – Menschenrechte, Freiheit, Gleichheit, allgemeine Rechts- und Geschäftsfähigkeit, allgemeine Schulpflicht usw. – setzen *funktionssystemspezifisch und ebenenspezifisch differenzierte Modi der Inklusion* an. Ebenen werden dabei verstanden im Sinne von Differenzierungsebenen, wie sie beispielsweise von Luhmann in Bezug auf das politische System der Weltgesellschaft angesprochen werden (Luhmann 2000a, S. 244). Das soll an einer Reihe von Beispielen aus Recht und Politik noch einmal deutlich gemacht werden.

Betrachten wir als besonders klares Beispiel zunächst das Rechtssystem: Zur Vermeidung von Missverständnissen sei gesagt: die folgenden erörterten juristischen Inklusionsmodi sind unter Umständen nicht weltweit zu beobachten. Daraus lässt sich freilich zunächst nur auf den Entwicklungsstand des Weltrechtssystems schließen (nämlich auf operative Inkonsistenzen, die vermutlich über segmentäre Differenzierungen abgedeckt werden). *Soweit* das Recht allerdings Inklusionsformeln enthält – sich also als Funktionssystem auf die Adressierbarkeit von Menschen auf möglichst vielen Ebenen einstellt – werden sie als Formen jedenfalls die hier dargestellten Inklusionsaufgaben zu bearbeiten versuchen, also in ihrer empirischen Variabilität allenfalls formal unterschiedliche Lösungen für funktional gleiche Problemlagen anbieten (funktionale Äquivalente). Jedermann hat ein Recht auf Inklusion in das Recht, wird vom Recht als Rechtsperson adressiert – insofern ist von Vollinklusion zu sprechen. *Vollinklusion* ins Recht („Wer gehört dazu?") wird durch die juristische Figur der Rechtsfähigkeit gewährleistet, das heißt der rechtlich zugeschriebenen Fähigkeit von Personen, Träger von Rechten und Pflichten zu sein. Rechtsfähigkeit umfasst buchstäblich alle Menschen. Jeder Mensch ist nach den Vorschriften des Bürgerlichen Gesetzbuches, dem alle anderen gesetzlichen Regelungen insoweit folgen, rechtsfähig von der Vollendung der Geburt bis zum Tode.Alle Menschen werden insofern vom Recht als Personen behandelt und vollständig inkludiert. Diese Vollinklusion ins Rechtssystem ist nicht von Zweitcodierungen wie beispielsweise der Staatsangehörigkeit abhängig, sondern regelt davon unabhängig die prinzipielle Adressierbarkeit von Menschen als „Personen" im Rechtssystem.

Außer dieser Form der allgemeinen, gesellschaftsweiten Vollinklusion können über die Abstufung insbesondere organisationsbezogener Regeln weitere *spezifische Inklusionsmodi* unterschieden werden, die näher bezeichnen, in welcher Weise Menschen als rechtlich relevante Personen behandelt werden („In welcher Weise gehört wer im Recht dazu?"). Hier spielt dann beispielsweise auch die eben erwähnte Staatsbürgerschaft als besonderer Modus rechtlicher Inklusion eine wichtige Rolle. Derartige Inklusionsmodi machen sich auf der dritten von Luhmann in „Die Politik der Gesellschaft" erwähnten Differenzierungsebene bemerkbar, im Falle des Rechts also in den Organisationen und Verfahren des Rechtssystems. Sie benutzen in erster Linie die Unterscheidung von Leistungs- bzw. Akteurs- und Publikumsrollen. Auf die Frage, wer im Betrieb des Rechts als relevanter Akteur auftreten kann, gibt die allgemeine Rechtsfähigkeit noch keine abschließende Antwort. Jeder ist rechtsfähig, aber keineswegs jeder kann in eigener Person wirksam Verträge schließen, Klage erheben oder eine Baugenehmigung beantragen. Hier kommen anders programmierte Kriterien zur Geltung. Da ist zunächst die rechtliche Handlungsfähigkeit zu nennen, wobei zwischen Geschäfts- und Deliktsfähigkeit unterschieden wird. Geschäftsfähig ist, wer gültige Willenserklärungen abgeben und damit Rechtsgeschäfte wirksam tätigen, also etwa Verträge schließen oder ein Testament verfassen kann. Hier sind Minderjährige bis zum vollendeten siebten Lebensjahr völlig ausgeschlossen. Sie werden vom Recht als geschäftsunfähig angesehen. Jugendliche gelten bis zur Volljährigkeit als *beschränkt* geschäftsfähig, ebenso Personen, die sich in einem nicht nur vorübergehenden Zustand krankhafter, die freie Willensbestimmung ausschließender Geistesstörung befinden. Vergleichbares gilt für die Deliktsfähigkeit, mit der die Haftung für schuldhaftes unberechtigtes Eingreifen in fremde Rechte begründet wird. Bedingte Strafmündigkeit beginnt dagegen mit vierzehn Jahren. Ähnliche altersabhängige, rechtserhebliche Inklusions-Kriterien gibt es etwa für Religionsmündigkeit, aktives und passives Wahlrecht, für das Recht zur Teilnahme an öffentlichen Tanzveranstaltungen, die Befähigung zum Schöffenamt, für Beginn und Ende der Wehrpflicht, für die Befähigung zum Amt des Bundespräsidenten usw.; die Liste der Kriterien, nach denen Personen kontextabhängig differenziert als kommunikativ (hier: rechtlich) relevante Adressen behandelt werden, lässt sich beliebig verlängern. Rechtliche Handlungsfähigkeit legt also fest, ob bzw. in welcher Hinsicht Handlungen bzw. Kommunikationen rechtlich auf Personen zugerechnet werden. Es handelt sich um ein *graduelles* Selektionskriterium für die *Inklusion* von Personen.

Während Rechts- und Handlungsfähigkeit sich darauf beziehen, ob jemand überhaupt rechtsverbindlich auftreten kann, regeln die Organisationen des Rechts die Inklusion in ihre Verfahren durch eine ganze Reihe weiterer Kriterien. Sie geben an, ob, unter welchen Voraussetzungen und in welchen Formen Personen vor den Gerichten als Akteure in Erscheinung treten. An erster Stelle steht die Parteifähigkeit, die den Ausschlag dafür gibt, ob jemand im Prozess Kläger oder Beklagter sein kann. Sie stellt das prozessuale Gegenstück zur Rechtsfähigkeit dar, mit der sie sich inhaltlich weitgehend deckt. Das heißt, natürliche und juristische Personen können klagen und verklagt werden. Damit werden sie freilich nicht automatisch zu Akteuren vor Gericht. Denn nicht jeder hat das Recht, Prozesshandlungen selbst vorzunehmen oder durch einen selbstgewählten Vertreter (Prozessbevollmächtigten) vornehmen zu lassen. Minderjährige sind hier zum Beispiel ausgeschlossen. Die Prozessfähigkeit ist damit das Gegenstück zur Handlungsfähigkeit. Auch wenn sie gegeben ist, resultiert daraus nicht immer die Möglichkeit, als Akteur vor Gericht in Erscheinung zu treten. Dazu ist die sogenannte Postulationsfähigkeit erforderlich, d. h. die Fähigkeit, den Prozess selbst zu führen. Sie fehlt überall dort, wo Anwaltszwang herrscht, also beispielsweise vor Landgerichten und Gerichten des höheren Rechtszuges, in bestimmten Familiensachen und so weiter. Einen weiteren Filter stellt die Prozessführungsbefugnis dar, das heißt das Recht, in eigenem Namen über ein eigenes oder fremdes Recht zu prozessieren. Sie kann zum Beispiel dann ausgeschlossen sein, wenn das Vermögen eines Klägers staatlicher Beschlagnahme durch Konkurs, Zwangsverwaltung oder Verwaltung eines Testamentsvollstreckers unterliegt. Das verwaltungsgerichtliche Verfahren verlangt darüber hinaus regelmäßig, dass der Kläger die Verletzung eines eigenen Rechtes durch die Behörde geltend macht (Klagebefugnis). Dies schließt normalerweise aus, dass jemand fremde Rechte oder Interessen der Allgemeinheit vor Gericht kommuniziert. Ähnlich wie vor den Gerichten ist auch die Beteiligung von Personen in Verwaltungsverfahren geregelt.

Damit sind nur einige wenige Beispiele für graduell abgestufte Inklusions-modi auf der Differenzierungsebene von Organisationen genannt. Man sieht daran vor allem eines: die Vollinklusion durch das Funktionssystem schließt graduelle, modal gestaltete Inklusion in den Organisationen und Verfahren kei-neswegs aus. Im Gegenteil, das Funktionssystem macht sich diese Eigenschaft von Organisationen, Kommunikationen und Personen in abgestufter Form ein-und auszuschließen, sogar zunutze.

Bevor ich auf organisatorische Inklusionsformen noch einmal zu sprechen komme, muss zunächst noch ein kurzer Blick auf das Funktionssystem der Politik geworfen werden. Hier – auf der Ebene von Funktionssystemen – sind trenn-scharfe begriffliche Abgrenzungen notwendig, um theoretische Verwirrungen so weit wie möglich zu vermeiden. Im politischen System lassen sich nämlich Ver-hältnisse beobachten, die den im Falle des Rechtssystems geschilderten ähnlich sind. Vollinklusion ins politische System bedeutet zunächst die Adressierung aller Personen als „politische Subjekte", unabhängig vom rechtlich zugeschriebenen Status, vom Bildungsabschluss, Vermögen oder von der Religionszugehörigkeit. Personen werden, soweit Vollinklusion ins politische System vorliegt, als Adres-sen behandelt, denen im politischen Funktionssystem relevante Kommunikationen zugeschrieben werden. Und das bedeutet vor allem, dass es sich hierbei um Kom-munikationen handelt, die in irgendeiner Weise mit dem Anspruch aufwarten, kollektiv verbindliche Entscheidungen zu thematisieren. Soweit sie im politischen Funktionssystem Anschlussfähigkeit erzeugen, werden sie deshalb an ihrer Ori-entierung auf Macht (und nicht etwa: auf Recht, Geld, Wahrheit) erkennbar sein. Ersichtlich ist diese Möglichkeit, Personen als politische Adressen – Akteure – zu behandeln, nicht an die Zuschreibung von Rechten gebunden. Dass sie häu-fig damit einhergeht und wie dieser Umstand theoretisch zu verorten ist, dazu sogleich. Vollinklusion ins politische System bedeutet nach alledem nicht mehr und nicht weniger als die Adressierung von Personen als „politische Subjekte". Auf diese Vollinklusion setzen wie in den anderen Funktionssystemen dann Spe-zifizierungen auf, insbesondere diejenige zwischen Peripherie und Zentrum, aber auch rollenförmige Differenzierungen und ähnliche modale Formen (Stichweh 1988). Die Zuteilung wohlfahrtsstaatlicher Leistungen hängt unter anderem dann von Einfluss, Macht, allgemein also von der Stellung im Zentrum-Peripherie-Verhältnis ab. Die Inklusion ins politische System regelt in allen diesen Fällen allein die Politik.

Mit dieser allgemeinen theoretischen Positionsbestimmung auf der Ebene von Funktionssystemen sind weitergehende, komplexe Kopplungs- und Abhängigkeitsverhältnisse zwischen Recht, Politik, Ökonomie usw. nicht ausgeschlossen. Sie müssen allerdings vor diesem Hintergrund einer allgemeinen Theorie der Inklusion analysiert werden. Eine Quelle häufiger Missverständnisse liegt dabei, wie oben schon kurz erwähnt wurde, in der Diskussion um Staatsbürgerschaft, Staatsangehörigkeit und Citizenship. Mit diesen Begriffen verbinden sich häufig Ideen einer gesellschaftlichen Integration durch Inklusion, die ja eingangs bereits kritisch beleuchtet wurden. Und so kommt es häufig zu theoretisch wenig befriedigenden Amalgamierungen von normativen und analytischen Kategorien. Dies geschieht übrigens aus naheliegenden und nachvollziehbaren Gründen: Die Citizenship-Debatte ist – wie sich im Kontext des Inklusionsbegriffs besonders deutlich zeigt – weithin mit politischen Kämpfen um mehr und gleiche Bürgerrechte, gegen die Benachteiligung von Migranten usw. verbunden. Das zeigen die für die Citizenship-Debatte maßgeblichen Arbeiten von Thomas H. Marshall (1949), an die viele Autoren mehr oder minder eng anknüpfen (vgl. Brubaker 1992). Aber auch in differenzierungstheoretischen Diskussionsbeiträgen werden die erforderlichen begrifflichen Abgrenzungen meines Erachtens nicht immer mit der wünschenswerten Klarheit getroffen. So wendet sich beispielsweise Klaus Holz in mehreren pointiert formulierten Kritiken gegen die integrationstheoretische Sichtweise (Holz 2000, 2001). Insbesondere kritisiert er die verbreitete Charakterisierung von Citizenship als „Mitgliedschaft in der Gesellschaft" (Holz 2000, S. 189 ff.). Holz bemerkt zu Recht, dass Mitgliedschaft ein Kennzeichen von Organisationen und gerade nicht von Gesellschaft und ihren Funktionssystemen ist und schlägt konsequenterweise vor, „Mitgliedschaft" im Kontext von Citizenship als Mitgliedschaft „bezüglich eines Staates (Staatsangehörigkeit)" zu verstehen (ebd., S. 191 ff.). Diesem Vorschlag schließe ich mich im Folgenden an. „Staat" wird dann im Hinblick auf Citizenship als Organisation beobachtet. Die Wahl dieser Beobachtungsperspektive sollte freilich nicht zu dem (ontologischen) Fehlschluss verleiten, „Staat" werde hier allein als Organisation behandelt. Ich greife vielmehr im Anschluss an Luhmann (2000a, S. 196, S. 243 f.) *eine* der Differenzierungsebenen des politischen Systems der Weltgesellschaft heraus, die besonders aufschlussreich für das Verständnis der Probleme ist, welche in der Citizenship-Debatte auftreten. Damit muss jedoch keineswegs bestritten werden, dass sich ein vollständiges Verständnis der Funktion von Staaten in der Weltgesellschaft nicht mehr *allein* auf deren Organisations-Eigenschaften stützen kann. Als Organisation rekrutiert der Staat jedoch seine Mitglieder selbst und kann dies unter Orientierung an rechtlichen wie politischen Programmierungen tun (zur Multireferentialität der Programmierung vgl. Kap. 10). Es zeigt sich dann, dass die Annahme modalisierter und gradualisierter Inklusion eine hochauflösende analytische Kombinatorik ermöglicht, mit deren Hilfe sehr komplexe Sachverhalte einer einfachen Beschreibung zugänglich gemacht werden können. Wie Holz (a.a.O.) bemerkt, ist der Modus organisationaler Vollinklusion (Mitgliedschaft) als solcher binär codiert. Jemand ist Mitglied oder nicht. Gleichzeitig eröffnen sich für jede Organisation aber sehr vielfältige Inklusionsmodi, die in unterschiedlichen *Modalitäten* und *Abstufungen* der *Adressierbarkeit* von Mitgliedern wie Nichtmitgliedern ihren Ausdruck finden. So lassen sich je nach Kontext adressierbare Mitglieder von nicht adressierbaren Mitgliedern unterscheiden, geschäftsfähige von nicht geschäftsfähigen Staatsbürgern etwa, um an die oben erläuterten rechtlichen Inklusionsmodi zu erinnern; oder nicht adressierbare Mitglieder von nicht adressierbaren Nicht-Mitgliedern, also minderjährige Staatsangehörige von minderjährigen Nicht-Staatsangehörigen; oder adressierbare Nicht-Mitglieder von adressierbaren Mitgliedern, etwa nicht staatsangehörige Steuerzahler von staatsangehörigen; und so weiter. Man sieht an diesen wenigen Beispielen, wie wichtig es ist, auf der begrifflichen Ebene die Inklusion in Funktionssysteme von der organisatorischen Mitgliedschaft zu unterscheiden. Denn in allen erwähnten Beispielen ergibt sich die politische, aber auch die rechtliche *Adressierbarkeit* von Mitgliedern wie Nicht-Mitgliedern *nicht* bereits aus deren Organisations*mitgliedschaft*, sondern aus den Kommunikationsstrukturen der Funktionssysteme. Und an diesem Punkt geht dann auch Holz nicht mehr mit der nötigen Konsequenz zu Werke. Da er sich argumentativ sehr auf die Auseinandersetzung mit der Integrationstheorie und auf die Unterschiede zwischen funktionaler und segmentärer Differenzierung konzentriert, führt er die von ihm selbst benutzte Unterscheidung zwischen Funktionssystemen und Organisationen nicht mehr folgerichtig zu Ende. So kommt er zu dem begrifflich wenig befriedigenden Resultat, die im Kontext von Citizenship stehenden *Rechte* seien „*politisch*" (Holz 2000, S. 195, Fn. 5). Das meint freilich nicht die Multireferentialität von Kommunikationen in Organisationen, sondern eine – theoretisch unklare –Art politischer plus rechtlicher Doppelcodierung Diese begriffliche Amalgamierung von Funktionssystem-Referenzen lässt sich vermeiden, wenn man sieht, dass die Mitgliedschaft in Staaten (Staatsangehörigkeit, Staatsbürgerschaft) eine Form der Inklusion in Organisationen darstellt und nicht mit der Inklusion in Funktionssysteme gleichzusetzen ist. Die Organisation Staat regelt ihre Mitgliedschaft durch Entscheidungen und benutzt zur Programmierung dieser Entscheidungen die Beobachtung funktionssystemspezifischer Codes. Da sie Organisation des politischen Systems ist, orientiert sie sich vorrangig an politischen Unterscheidungen. Das schließt das Ausnutzen spezifisch rechtlicher

Codierungen keineswegs aus. Staatsangehörigkeit bezeichnet folglich eine rechtliche Inklusionsformel, die sich auf Organisationsmitgliedschaft bezieht. In diesem Sinne können rechtliche, politische, aber dann eben auch ökonomische und in manchen Fällen, wie es scheint, auch religiöse Inklusionsformeln in Staatsorganisationen lose gekoppelt und in durchaus *unterschiedlichen Modalitäten und graduellen Abstufungen* vorliegen. Die beispielsweise von Brubaker (1992) beobachtete soziale Schließung von Staaten mithilfe des Mittels der rechtlich (ius sanguinis vs. ius soli) begründeten Staatsangehörigkeit lässt sich vor diesem Hintergrund problemlos beschreiben. Andere Beispiele in der Citizenship-Debatte (Bös 2000, S. 97; Habermas 1992, S. 650 ff.) weisen sehr deutlich darauf hin, dass rechtliche und politische Inklusion teils inkongruent sind, teils parallel nebeneinander laufen.

Zusammenfassend kann am Ende dieses Abschnitts gesagt werden: Recht und Politik, aber wohl auch alle anderen Funktionssysteme, kennen außerordentlich fein *abgestufte* und *modalisierte* Formen der Inklusion (Stichweh 2000 mit Hinweisen für die Ökonomie). Wichtig ist darüber hinaus jedoch – und darauf macht jedenfalls Luhmann in „Politik der Gesellschaft" aufmerksam –, dass nicht alle Inklusion von Personen (und vielleicht noch nicht einmal alle politisch „problematischen" Fälle) über Funktionssysteme läuft. Ich habe versucht, an verschiedenen Beispielen ausführlicher zu demonstrieren, dass grundsätzlich alle Typen sozialer Systeme das Problem der Adressierbarkeit von Personen behandeln und auf ihre je systemspezifische Weise lösen. Mitgliedschaft als Form von Inklusion kommt dabei nur in Organisationen vor; die Zuschreibung von Mitgliedschaft kann rechtlich, politisch, ökonomisch usw. programmiert werden. Die Inklusion in Funktionssysteme wird davon nicht berührt.

Vor dem Hintergrund dieser begrifflichen und theoretischen Klärungsversuche soll nun abschließend noch einmal das Ausgangsproblem der gesellschaftlichen „Integration durch Inklusion/Partizipation" in den Blick genommen werden. Was folgt aus der Feststellung differenzierter Inklusionsmodi in allen Typen sozialer Systeme für die Beobachtung „scheiternder" Partizipation? Wie lassen sich solche sozialen Arrangements mit den bis hierher entwickelten theoretischen Mitteln beobachten?

11.3 Partizipation als Vollinklusion in Organisationen

Mithilfe von unterschiedlichen Inklusionsmodi beschreiben soziale Systeme also die Adressierbarkeit von Personen. Die Inklusionsmodi haben unter anderem die Gestalt von *Programmen,* mit deren Hilfe die Anwendung der binären

Unterscheidungen geregelt wird, in denen die Funktionssysteme ebenso wie die Organisationen operieren. Inklusion, so war gesagt worden, meint zunächst ganz allgemein die Beobachtung von Personen in Kommunikationssystemen mithilfe der Unterscheidung „zugehörig/nicht zugehörig" zum jeweiligen Funktionsbereich. Die Unterscheidung hat als Form zwei Seiten (Luhmann 1995c, S. 237 ff.). Wie immer diese Differenz zustande kommen mag, stets geht es dabei um die nähere Bestimmung der Personen, die als relevante Sprecher und Adressaten behandelt werden. Zur Bestimmung der Personen muss die Form gehandhabt, die Unterscheidung also programmiert werden. Programme ermöglichen es, qualitative und quantitative Varianz einzuführen, also im Falle von Inklusionsprogrammen in unterschiedlichen Kontexten dieselben Menschen anders zu behandeln, je nach Gelegenheit unterschiedlich viele nach je spezifischen Kriterien als dazugehörig zu bezeichnen usw. Diese variable Programmierung der Unterscheidung von innen und außen ist gemeint, wenn von unterschiedlich weit reichenden *Modi der Inklusion* die Rede ist.

Und mit dieser Begrifflichkeit kann man dann die eingangs erwähnten Fälle der Bürgerbeteiligung analysieren, die einerseits von der normativen Programmatik her so perfekt in das Modell der deliberativen Öffentlichkeit passen, andererseits aber so offenkundig – und nach übereinstimmender Beurteilung aller Beteiligten und Beobachter – ihr legitimatorisches – und das hieße ja nach der deliberativen Theorie: ihr sozialintegratives – Ziel verfehlen. Differenzierungstheoretisch lässt sich das mithilfe des modalisierten und gradualisierten Inklusionsbegriffs dagegen ganz gut verstehen:

Partizipation ist nämlich als einer unter vielen denkbaren Inklusionsmodi zu interpretieren. Der Begriff selbst stammt aus einer vorsystemtheoretischen Tradition. Innerhalb der Systemtheorie käme die Beschreibung von Teilnahme im Sinne von *Teil* und *Ganzem* einem ontologischen Missverständnis gleich. Partizipation kann hier nur heißen: Beobachtung von Personen über die Unterscheidung von „zugehörig/nicht zugehörig" oder – was, wie wir gesehen haben, das Gleiche ist – als kommunikativ „relevant/irrelevant". Wichtig ist dann die vorhin diskutierte Unterscheidung von Vollinklusion und organisationsbezogener Inklusion, die über Rollen, Peripherie/Zentrum usw. erfolgt. Daraus ergeben sich zwei Ebenen der Partizipation mit unterschiedlichen Inklusionsmodi, die sich wie entsprechend den von Luhmann erwähnten Differenzierungsebenen (Luhmann 2000, S. 244) folgt unterscheiden.

Zum einen meint Partizipation die Vollinklusion von Jedermann in die Funktionssysteme. Umgekehrt heißt das: Mit den Etiketten „Alte", „Behinderte", „Frauen", „Ausländer" usw. kann gesellschaftliche Exklusion unter Bedingungen der Moderne nicht mehr begründet werden; denn alle sind in gleicher Weise im System moderner Gesellschaft als Personen adressierbar. Partizipationsforderungen reklamieren auf dieser Ebene die Einhaltung des Versprechens der Vollinklusion, von Menschen- und Bürgerrechten und ihrer tatsächlichen Beachtung. Dieser Aspekt wurde im Zusammenhang mit politischen und rechtlichen Inklusionsmodi bereits ausführlich erörtert.

Zum anderen aber greifen vollinklusive Partizipationsformen auch auf die spezifischen, differenzierten Inklusionsmodi zu, die in Organisationen und Verfahren verwendet werden. Deren differenzierte Inklusionsformeln, die nach Zentrum und Peripherie, professionellem Akteur und Klient, Leistungs- und Publikumsrolle usw. unterscheiden, werden heute oftmals mit normativem Rekurs auf das Postulat sozialer Integration erheblich erweitert; die einleitenden Hinweise auf die Theorie deliberativer Öffentlichkeit und die erwähnten Fälle der Bürgerbeteiligung sollten eben dies verdeutlichen. Damit kopieren diese Partizipationsformen in gewisser Weise die allgemeine gesellschaftliche (Voll-) Inklusion, die sie organisationsintern im Bereich stärker abgestufter Inklusionsmodi noch einmal etablieren. Das Prinzip der Vollinklusion wird dann beispielsweise in Organisationen in der Form kopiert: „Alle sollen entscheiden". Dieser Transformationsprozess wird in seiner empirischen Motivation unmittelbar einsichtig, wenn man sich klar macht, dass solche Partizipationsformen aufs engste mit Protestthemen und -bewegungen verknüpft sind. Diese beobachten sich selbst als von Marginalisierung bedroht. „Selbstregierung", „Selbstverwaltung", Öffentlichkeitsbeteiligung usw. sind dann die Stichworte, mit denen man organisatorisch differenzierte Inklusionsmodi durch Vollinklusion ersetzt. Was damit nicht ohne weiteres erreicht wird, sofern die hier entfalteten theoretischen Prämissen tragfähig sind, ist ein höheres Maß an sozialer Integration – egal, wie man diese im Einzelnen definieren mag. Die Frage ist viel eher, wie Luhmann in „Politik der Gesellschaft" bemerkt hat, „ob und wie auf der Organisationsebene funktionale Differenzierung durchzuhalten ist" (Luhmann 2000, S. 81).

Dass hier ein Strukturproblem auf der Ebene von Organisationen und Verfahren entsteht und wie es kommunikativ kleingearbeitet wird, hat sich empirisch sehr gut in Fällen der Jedermann-Beteiligung im Rechtssystem nachweisen lassen, die Präsenzöffentlichkeit mit Beteiligungsrechten verbinden. Bemerkenswert an diesem Partizipationsmodell ist vor allem der Umstand, dass es eine echte Jedermann-Beteiligung ermöglicht, und zwar unabhängig von der individuellen Betroffenheit durch das strittige Projekt. Insofern liegt hier beispielsweise eine Inklusion breitester Personenkreise in das Rechtssystem vor. Im Sinne einer derart ausgestalteten Zugangsberechtigung für jede Person ist dann Öffentlichkeitsbeteiligung eine Inklusionsformel im Sinne von Vollinklusion auf der Ebene organisatorischer Differenzierung. Sie transportiert Vollinklusion von der

Ebene der Rechtsfähigkeit in den organisatorisch-prozeduralen Rahmen des Verwaltungsverfahrens. Diese erweiterte Form der Inklusion über die Formel „Jedermann" plus „aktive Beteiligung" kann prekär werden, da sie den im Normalfall über Rollendefinitionen geschützten – also exklusiv gehandhabten – Inklusionsbereich der Verfahrensbeteiligten öffnet. Für die soziologische Theorie stellen solche Arenen der Öffentlichkeitsbeteiligung einen besonders instruktiven Fall dar, an welchem sich zentrale Behauptungen einer normativistischen Theorie der sozialen Integration überprüfen lassen. Beobachtet man hier doch einen Versuch, die Postulate eines Modells deliberativer Öffentlichkeit in die Rechtswirklichkeit zu übertragen. Soziale Integration soll hier durch Vollinklusion in die Verfahren des Rechtssystems – durch Jedermann-Beteiligung also – erreicht werden. Empirische Schwierigkeiten mit der Öffentlichkeitsbeteiligung müssten vor dem Hintergrund einer normativistischen Theorie als rein praktische Unzulänglichkeiten gedeutet werden, die im Vergleich zum theoretisch ausgewiesenen Ziel eigentlich nur noch als Pathologien beschrieben werden können. Die konkurrierende differenzierungstheoretische Sichtweise lässt dagegen verständlich werden, weshalb Schwierigkeiten mit der Partizipation systematisch zu erwarten sind. Vor diesem Hintergrund wird die These zunehmend unplausibel, erweiterte Formen der Inklusion könnten positive Effekte auf soziale Integration haben. Partizipation als Form erweiterter Inklusion, die nach den Prognosen der normativistischen Ansätze sozialintegrative Effekte zeigen sollte, mündet nach systemtheoretischer Ansicht mit gewisser Notwendigkeit in ein Dilemma. Inklusion ist nach dieser Ansicht weder eine notwendige noch gar eine hinreichende Bedingung für soziale Integration. Aus systemtheoretischer Perspektive kann man deshalb den Schluss ziehen, dass Integrationsprobleme nicht auf eine mangelhafte Praxis zurückzuführen sind, sondern systematische Ursachen haben: Wegen (und nicht etwa trotz) der erweiterten Inklusion, so war festzustellen, kommt es zu einer Störung der Leistungsbeziehungen zwischen den Funktionssystemen und zu sinkender Abnahmebereitschaft für Leistungen des Rechtssystems.

Zusammenfassend lässt sich somit feststellen: Man kann mit dem differenzierungstheoretischen Ansatz im Ergebnis ein theoretisches Instrumentarium für die Analyse dilemmatischer Konsequenzen von Partizipation bereitstellen, muss dazu allerdings aus der differenzierungstheoretischen Perspektive eine Modalisierung und Gradualisierung des Inklusionsbegriffs auf der Ebene der Differenzierung von Organisationen voraussetzen. Vor diesem Hintergrund erscheint dann die Jedermann-Partizipation in den Organisationen und Verfahren des Rechts und der Verwaltung als eine Kopie des vollinklusiven Modus auf eine Differenzierungsebene, auf der sonst spezifische, etwa über Rollenzuschreibungen abgestufte

Inklusionsmodi vorzufinden sind. Damit werden in diesen Kontexten kommunikative Referenzen eingespielt, die im Normalfall im Exklusionsbereich der operativen Routinen liegen. Das „Scheitern" der deliberativen (partizipativen) Formen ist dann analysierbar als eine eben durch Partizipation verursachte Form der kommunikativen Strukturbildung: als sozialer Konflikt (Widerstreit).

Das alles setzt also – und darin liegt, um es noch einmal hervorzuheben, der Kern der vorgetragenen Überlegungen – einen in spezifischer Hinsicht verfeinerten Inklusionsbegriff voraus. Dieser scheint sich theoriekonstruktiv ohne größere Mühen in die neue Systemtheorie einzupassen. Wie verschiedentlich angemerkt wurde, lassen sich dafür gerade in Luhmanns späten Schriften einige Anhaltspunkte finden. Letztlich wird – das sollten nicht zuletzt die Hinweise auf die empirischen Beobachtungen veranschaulichen – das Urteil über die Tragfähigkeit dieses theoretischen Instrumentariums weniger mit Hilfe der Klassikerexegese zu fällen sein als vielmehr an Hand der Frage, was man mit diesem Instrumentarium sehen kann – und was nicht.

„Partizipation" als politische Inklusionsformel

12

In den Kommunikationen des politischen Systems der funktional differenzierten Gesellschaft spielt die Semantik der „Partizipation" eine zentrale Rolle. In den wissenschaftlichen Beschreibungen dieses Phänomens lassen sich zwei divergierende gesellschaftstheoretische Interpretationen beobachten, die für die Rekonstruktion der empirisch beobachtbaren Phänomene relevante Konsequenzen haben. „Partizipation" kann, wie dies in der alltäglichen Praxis und in einem nicht unerheblichen Teil der gesellschaftswissenschaftlichen Theorie geschieht, als wesentlicher Aspekt der Integration von Gesellschaft und damit als Problemlösungs-Semantik angelegt sein. Sie kann umgekehrt aber auch als Problemerzeugungs-Formel beschrieben werden. Dies ist denkbar, wenn man „Partizipation" als Inklusionsformel versteht, wie dies hier vorgeschlagen wird. Man sieht dann, auf welche Herausforderungen diese Inklusionssemantik reagiert und vermag von daher auch Schwierigkeiten zu rekonstruieren, welche in der Folge von Inklusionsprozessen auftreten, die mit dem Postulat der „Partizipation" verbunden sind. Im Folgenden werden zunächst der gesellschaftstheoretische Hintergrund sowie Begriff und Funktion von Partizipation erörtert (12.1). Dass dabei das Attribut „politisch" weggelassen wird, ist dem Umstand geschuldet, dass der Begriff der Partizipation selbst bereits als politische Inklusionsformel interpretiert wird. Diese Inklusionsformel ist vor allem im Kontext von Organisationen und Verfahren relevant, auch von solchen, die man selbst nicht ohne weiteres zur Politik rechnen würde. Das weist dann auf die Funktion des Partizipationsbegriffs hin, auf das Problem, das er bearbeitet: „Partizipation", so wird argumentiert, ist vor allem ein politischer Reflexionsbegriff, der Politisierungen

---

Zuerst veröffentlicht in: Gusy und Haupt (Hg.) 2005, S. 15–34.

© Der/die Autor(en), exklusiv lizenziert an Springer Fachmedien Wiesbaden GmbH, ein Teil von Springer Nature 2023 243

A. Bora, *Reflexion des Rechts – Beiträge zur responsiven Rechtssoziologie*, https://doi.org/10.1007/978-3-658-40787-2_12

fordert und legitimiert (12.2). Im nächsten Schritt wird dann die Vielfalt möglicher Partizipationsformen und -felder auf mögliche Systematisierungen vor dem
Hintergrund der begrifflichen Festlegungen untersucht. Akteure, Verfahren und
Leistungen werden dabei die zentralen Dimensionen bilden. Zu aktuellen Entwicklungen politischer Partizipation werden abschließend einige Beobachtungen
und Vermutungen skizziert (12.3).

12.1   Gesellschaftstheoretischer Hintergrund

In der soziologischen Theorie findet sich an vielen Stellen eine Annahme über
den Zusammenhang von Partizipation und gesamtgesellschaftlicher Integration,
die sich wahrscheinlich über weite Strecken mit gängigen Alltagsvorstellungen
über die Bedeutung der Einbindung von Personen in soziale Prozesse, über ihre
Teilnahme am gesellschaftlichen Leben also, deckt. Partizipation stellt nach dieser Annahme eine notwendige Voraussetzung gesellschaftlicher Integration dar.
Solche Theorien behandeln entsprechend häufig die Nicht-Beteiligung von Personen als einen zu überwindenden Zustand, als ein auszugleichendes Defizit; das
korrespondiert dann mit einer kritischen Beobachtung von Gesellschaft. Diese
Theorien können sich auf soziologische Klassiker berufen. Sie münden, wie in
Kap. 11 ausführlich beschrieben wurde, in die von Habermas und Peters vertretene These der Integration der Gesellschaft durch Inklusion. Letztere beruht nach
konsenstheoretischer Auffassung weitgehend auf partizipatorischen Verfahren.

Partizipation hat in den Theorien deliberativer Öffentlichkeit die Funktion einer Problemlösungs-Semantik, die auf praktisch wahrgenommene oder
theoretisch diagnostizierte Integrationsanforderungen der modernen Gesellschaft
reagiert. Mehr und bessere Partizipation verspricht dann ein Mehr an gesellschaftlich (und theoretisch) erwünschter Integration. Eine Schwierigkeit, die mit dieser
Sichtweise verbunden ist, besteht in deren Unmöglichkeit, soziale Phänomene zu
verstehen, die auf einen Zusammenhang von Partizipation und sozialen Konflikten
hinweisen. Solche Phänomene werden aus der integrationstheoretischen Perspektive regelmäßig als „pathologisch" abgewertet (dazu Bora 1999). Eine Soziologie,
die sich die Aufgabe stellt, die Strukturen sozialer Phänomene und deren Entstehung zu erklären, wird mit einer solchen Beobachtungsweise kaum zufrieden sein
können. Ihr stellt sich vielmehr die Frage nach den strukturellen Ursachen solcher „Pathologien". Um dieser Frage nachgehen zu können, empfiehlt sich ein
Perspektivenwechsel.

12.2 „Partizipation" als politische Inklusionsformel

In den bislang dargestellten Theorien taucht politische Partizipation, wie wir gesehen haben, als Mechanismus der gesellschaftlichen Integration auf. Diese Figur der gesellschaftlichen Integration qua Partizipation lebt allerdings von theoretischen Vorannahmen, deren Gültigkeit nicht unbestritten ist. Um welche Vorannahmen es sich dabei handelt, wird sichtbar, sobald man den Begriff der Partizipation auf seinen theoretischen Gehalt hin untersucht. Bei dem Begriff der „Partizipation", so soll im Folgenden argumentiert werden, handelt es sich um eine semantische Formel, mit der Inklusionsverhältnisse thematisiert werden. Inklusion stellt eine Seite einer Unterscheidung (Exklusion/Inklusion) dar, nämlich die Seite, welche die Form der Adressierbarkeit von Menschen in Kommunikationssystemen bezeichnet, etwa die Art und Weise, in der Menschen als „Personen" behandelt werden. Dies geschieht etwa mit der Unterscheidung „zugehörig/nicht zugehörig" für Personen bzw. „relevant/irrelevant" für die den Personen zugeschriebenen Kommunikationen.

Zwei Aspekte sind in diesem Zusammenhang von Bedeutung:
Wenn man erstens auf die Unterscheidung von Inklusion und Exklusion abstellt, so wird schnell sichtbar, dass alle Personen aus der ganz überwiegenden Zahl aller sozialen Systeme erfolgreich und dauerhaft ausgeschlossen sind. Dies ist eine der unhintergehbaren Bedingungen für die Evolution komplexer Gesellschaften. Allein in frühen Jäger- und Sammlergesellschaften mag die vollständige Inklusion in alle Sozialsysteme noch im Ansatz denkbar gewesen sein. Aber selbst unter diesen relativ einfachen Bedingungen werden kaum alle Personen jederzeit in alle laufenden Interaktionen inkludiert sein können. Dies gilt dann erst recht für (segmentär, stratifikatorisch oder funktional) differenzierte Gesellschaften. Deren Bedingung ist, wie gesagt, der erfolgreiche Ausschluss aus den allermeisten Sozialsystemen. Er ist die Kehrseite der Möglichkeit von Inklusionsbeziehungen in nur einige Bereiche.

Zweitens hängt damit dann zwangsläufig eine theoretische Abstinenz gegenüber normativen Prämissen für Inklusion zusammen. Es gibt aus der Perspektive der soziologischen Theorie keinen Grund, Inklusion gegenüber Exklusion zu bevorzugen. Vielmehr zeigt sich, dass solche Präferenzen aus überlagerten Zweitcodierungen folgen. So wird Exklusion immer dort zum Problem, wo sie mit Gleichheitspostulaten kollidiert, wo also der Ausschluss als Verstoß gegen ein aus Gleichbehandlungsansprüchen abgeleitetes Inklusionsgebot gedeutet werden kann. Soziale Ungleichheit ist deshalb diejenige Perspektive, aus welcher Exklusion prinzipiell zur Problemsemantik wird. Umgekehrt lässt sich aber zeigen, dass es Fälle gibt, in denen gerade Inklusion als kritisierbar angesehen wird. Immer dann, wenn die Einbeziehung in Sozialsysteme als Übergriff, als Verstoß gegen einen aus persönlicher Autonomie und aus Freiheitsrechten resultierenden Anspruch auf Exklusion beschrieben werden kann, wird die Präferenz deutlich auf Exklusion liegen. Debatten um informationelle Selbstbestimmung, wie sie neuerdings auch in rechtspolitischen Überlegungen zur Zulässigkeit und zur Regulierung sogenannter Bio-Banken zum Ausdruck kommen, lassen diesen Punkt deutlich sichtbar werden.

Die Anwendung der Unterscheidung von Inklusion und Exklusion ist weiterhin nicht auf gesellschaftliche Funktionssysteme (Politik, Wissenschaft, Recht, Religion usw.) beschränkt. Als Form der Adressierbarkeit von Menschen kommt Inklusion in jedem Typ von Kommunikationssystem vor, also in Interaktionen, Organisationen und gesellschaftlichen Funktionssystemen. Häufig benutzen sogar Funktionssysteme, etwa Recht und Politik, Organisationen zur Inklusion von Personen. So vollzieht sich die Inklusion aller Personen in das politische Funktionssystem über dessen „spezielle Einrichtungen", also Parteien, Wahlen, staatliche Institutionen. Funktionssysteme setzen die besondere Kommunikationsfähigkeit von Organisationen ein, die als solche adressierbar sind und deshalb auch umgekehrt als zurechenbare Akteurinnen und Akteure von Kommunikation sich selbst an andere Adressaten wenden, insbesondere auch diesen verschiedene Formen der Mitgliedschaft/Zugehörigkeit attribuieren können. Organisationen wiederum inkludieren Personen als Mitglieder oder Klienteln. Das geht von den reinen Beitritts- und Ausschlussregeln bis hin zu differenzierteren Programmen der Besetzung von Funktionsstellen mit unterschiedlichen Entscheidungskompetenzen. Für Organisationen – und damit auch für jede Art von Verfahren – ist vor allem die Möglichkeit von Interesse, Publikums- und Leistungsrollen variantenreich abzustufen und so die Unterscheidung innen/außen kontextabhängig zu programmieren.

„Partizipation" ist vor diesem Hintergrund als besonderer Typ oder Modus von Inklusion zu interpretieren, nämlich als Inklusion in Organisationen (1), die politisch begründet ist (2). Diese beiden Aspekte lassen sich wie folgt verdeutlichen:

1. *Inklusion in Organisationen:* Auch Partizipation markiert die Beobachtung von Personen über die Unterscheidung von „zugehörig/nicht zugehörig" und in diesem Sinne dann als kommunikativ „relevant/irrelevant"; sie versieht diese Beschreibung aber begrifflich („pars") mit dem zusätzlichen Merkmal des „Teil-Seins" oder der „Teilhabe". Das weist bereits darauf hin, dass es empirisch beim Partizipationsbegriff wohl weniger um die Inklusion in

Funktionssysteme geht, sondern vielmehr um Mitgliedschaft oder ähnliche Positionierungen in Organisationen oder Verfahren. Nur diese Typen sozialer Systeme kennen die Möglichkeit, Mitgliedschaften im Sinne von Teilhaberschaften auszubilden. Sie unterscheiden sich, was die Möglichkeiten der Inklusion von Personen betrifft, dadurch signifikant von den Funktionssystemen der Gesellschaft. Inklusion in die Funktionssysteme (insbesondere Politik, Recht, Ökonomie) betrifft unter den Bedingungen der Moderne in aller Regel die Einhaltung des Versprechens der Vollinklusion, also etwa im Falle des Rechtssystems die Zuschreibung von Menschen- und Bürgerrechten und ihrer tatsächlichen Beachtung auf alle Personen. Diese generelle Ausstattung mit Menschenrechten und vergleichbare Formen der Inklusion in die anderen Funktionssysteme scheinen mit dem Begriff der Partizipation üblicherweise nicht gemeint zu sein. Damit soll nicht ausgeschlossen werden, dass auch dieser Begriffsgebrauch empirisch vereinzelt zu beobachten sein mag. Es geht vielmehr um die Gewichtung.

Partizipationsformeln greifen, so steht zu vermuten, in erster Linie nicht auf Funktionssysteme, sondern auf die Inklusionsmodi zu, die in Organisationen und Verfahren verwendet werden. Deren differenzierte Inklusionsformeln, die nach Zentrum und Peripherie, professionellem Akteur und Klient, Leistungs- und Publikumsrolle usw. unterscheiden, werden heute oftmals mit Rekurs auf politische (insbesondere Demokratie-) Postulate erheblich erweitert. Wo Partizipation thematisch wird, weist dies darauf hin, dass Inklusion in Verfahren, Organisationen, Institutionen umstritten ist und eingefordert wird. Häufig handelt es sich um die Verallgemeinerung der im politischen System entstandenen, demokratietheoretisch legitimierten Inklusion mithilfe von Konzepten wie etwa „Öffentlichkeits"-, „Bürger"- oder „Betroffenenbeteiligung". Aus der öffentlichen Diskussion ist dieser Typ von Partizipations-Forderung nach mehr oder angemessener Bürgerbeteiligung seit Jahrzehnten nicht mehr wegzudenken. Von der Montanmitbestimmung bis zur Schülermitverwaltung reichte in den sechziger und siebziger Jahren des vergangenen Jahrhunderts die Palette jener gesellschaftlichen Organisationssysteme, die demokratisiert, und das heißt vor allem partizipatorisch ausgestaltet wurden (vgl. Vilmar 1973; DeSario und Langton 1987; zur Demokratietheorie Dahl 1994; Zilleßen et al. 1993). In allen Bereichen des Erziehungs- und des Wissenschaftssystems vom Kinderladen bis zur verfassten Studentenschaft sind in einer ersten großen Welle Mitbestimmungsrechte erweitert worden. Im Verhältnis von politischen Eliten zu ihren Klientelen kann man Trends zur innerparteilichen

oder innergewerkschaftlichen Demokratisierung beobachten. Basisdemokratische Verfahren haben seit längerem nicht nur bei den Grünen Einzug gehalten,
sondern auch bei den Altparteien. Diese erste Welle wurde von einer zweiten,
stärker auf Verfahren einerseits sowie auf zivilgesellschaftliche Akteure andererseits sich erstreckenden Phase der demokratischen Partizipation abgelöst,
die in den achtziger Jahren begann und – durch „Beschleunigungsgesetze" und
Deregulierungspolitiken der Nachwendezeit allenfalls gebremst, aber keineswegs beendet – anhält. Das gilt etwa für die kommunale Ebene (Gessenharter
1996; Feindt 1997), oder auch für innerparteiliche Beteiligung (Niclauß 1997),
um nur zwei Bereiche zu nennen (vgl. auch die Übersicht über Formen der
Partizipation bei Renn et al. 1995).

Die Hinweise sollten noch einmal verdeutlichen, dass Partizipation sich in
aller Regel auf die Inklusion in Organisationen und/oder Verfahren bezieht.
Partizipationsforderungen sind somit – soweit sie in Organisationen artiku-
liert bzw. an diese adressiert werden – sachlich nicht auf ein Funktionssystem
zugeschnitten, also insbesondere nicht nur in politischen Organisationen anzutreffen. Selbstverständlich geht es in vielen Fällen um politische Institutionen.
Aber Partizipation geht weit über diesen Bereich hinaus. Sie betrifft nahezu
alle Arten von Organisationen.

2. *Partizipation als politisch begründete Inklusion:* Wenn Partizipation die Thematisierung von Teilnahme/Teilhabe in allen möglichen Arten von Organisationen
und Institutionen bezeichnen kann, so ist doch diesen Thematisierungen
ihre politische Motivation gemeinsam. Immer geht es bei Partizipation um
die politisch (in der Regel demokratietheoretisch) legitimierte Thematisierung, Einforderung, Veränderung von Mitgliedschaft und ähnlichen Rollen mit
politischer Begründung (Programmierung).

Dieses ist in organisierten Sozialsystemen deshalb so leicht möglich, weil sie
zwar regelmäßig ihre Entscheidungen unter Rekurs auf einen gesellschaftlichen Funktionssystemcode programmieren, dabei aber nicht ausschließlich
einem Funktionssystem gewissermaßen zuzuordnen sind, wie in Kap. 11
ausführlich gezeigt wurde. Organisationen sind Sozialsysteme, deren kommunikative Letztelemente aus Entscheidungen bestehen und die sich mithilfe von
Mitgliedschaftsregeln strukturieren, Rollen spezifizieren und Personalrekrutierungen steuern. Das Personal ist über die Zuordnung zu Stellen inkludiert,
andere Personen gegebenenfalls über Publikumsrollen. Organisationen legen
Programme fest, an denen sich ihre Entscheidungen orientieren; sie bestimmen
typische Entscheidungswege, die in der Regel über eine Abfolge von Stellen laufen. Entscheidungen als Elemente von Organisationssystemen werden

unter anderem programmiert durch die Beobachtung von Funktionssystem-Codes. Organisationen orientieren sich in diesem Sinne an Funktionssystemen, beziehen sich meist auf mehrere Funktionssystem-Codes bei gleichzeitiger Priorisierung einer dieser Referenzen. Diese theoretische Perspektive multipler Programmierung macht Verschiebungen in den organisatorischen Programmierungsprioritäten verständlich und erwartbar, wie wir an Beispielen der Politisierung und der Verrechtlichung diskutiert haben (Kap. 11).

Partizipation ist vor diesem Hintergrund eine Semantik, mit welcher die Relevanz (im Sinne von „Zugehörigkeit") von Kommunikationsadressen (das heißt von Sprechern/Personen) thematisiert bzw. verschoben werden kann. Zum Beispiel werden bisher nicht am Verwaltungsverfahren Beteiligte, die sich aber gleichwohl als „Betroffene" wahrnehmen, in partizipatorischen Verfahren der Bürger- oder Öffentlichkeitsbeteiligung nunmehr als relevante Adressen behandelt. Entscheidungsprozesse, die zuvor technokratischen Eliten vorbehalten waren, werden aus politischen Gründen für Stakeholder geöffnet, die im Interesse des Gemeinwohls partizipieren. Diese politisch bedingte Erweiterung des Kreises relevanter Sprecher lässt sich selbst in Fällen noch nachweisen, in denen die Inklusion zunächst auf nicht-politische Gründe gestützt wurde. So wurden etwa bei der Ausweitung der Bürgerbeteiligung im Verwaltungsverfahren Anfang der siebziger Jahre juristische Gesichtspunkte benötigt und auch mobilisiert, um entsprechende Veränderungen in den betreffenden Rechtsinstituten einleiten zu können. Die Komplexität des Argumentationsprozesses und der Umstand, dass am Grunde aller Begründungen die (rechtsexterne) Akzeptanz/Abnahmebereitschaft der (politischen) Öffentlichkeit für die Entscheidungen der Verwaltung standen, mögen allerdings als Indiz dafür gelten, dass auch hier politische Rationalität den Anstoß für die teilweise doch signifikante Ausweitung der Inklusion ins Verwaltungsverfahren gab (zu den Details der Begründung vgl. Bora 1994).

Diese theoretischen Überlegungen sollen vor allem eines deutlich machen: Man sieht aus dieser soziologischen Perspektive bereits auf rein abstrakter Ebene, dass Partizipation nicht schon per se Entscheidungsverfahren verbessern oder zu deren Gelingen beitragen muss. Sie kann im Gegenteil auch die Zahl der zu treffenden Entscheidungen und damit die Komplexität der Kommunikation erhöhen (Luhmann 1987). In welcher Weise sich die politisch motivierte Inklusion von Personen in spezifische Entscheidungskontexte auswirkt, hängt von den Umständen der Situation, vom Entscheidungsproblem, den konkret Beteiligten sowie den Modalitäten der Beteiligung ab. Es mag also durchaus Fälle geben, in welchen durch die Inklusion die Probleme der Technikbewertung nicht gelöst, sondern verschärft werden.

Vor diesem Hintergrund kann dann aus einer nicht normativen Perspektive
nach der Funktion von Partizipation gefragt werden. Aus soziologischer,
rekonstruierender Sicht nähert man sich der Funktionsbestimmung am besten dadurch, dass man zu bestimmen versucht, welches Problem ein soziales
Phänomen wie Partizipation eigentlich bearbeitet. Bei der Beschreibung unterschiedlicher Beispiele für Partizipation fällt auf, dass der Begriff meist in
spezifischer Weise asymmetrisch gebraucht wird: im Sinne eines Defizits,
eines nicht erreichten, aber aus normativ hochwertigen Gründen anzustreben-
den, insofern legitimen Zustandes. Partizipation ist insofern ein politischer
Reflexionsbegriff, der Inklusionsaktivitäten fordert und legitimiert. Man kann
„Politisierung" im Sinne der oben angesprochenen Prioritätenverschiebung als
Funktion des Partizipationsbegriffs bezeichnen.

12.3   Formen, Funktion und Folgen von Partizipation

Angesichts der Vielfalt von Inklusionsmöglichkeiten in Organisationen, Verfahren, gesellschaftlichen Institutionen wird es nicht möglich sein, einen abschließenden Formenkatalog aufzustellen. Hier dürfte es so viele Möglichkeiten der
Partizipation geben, wie es Kontexte gibt, in und an denen partizipiert werden
kann. In dieser Flexibilität dürfte nicht zuletzt auch die hohe Durchsetzungs-
fähigkeit des Partizipationsbegriffs begründet sein. Partizipation findet überall
da statt, wo soziale Systeme die Unterscheidung Inklusion/Exklusion mit politischer Orientierung handhaben, um relevante von irrelevanten Kommunikationen
zu trennen. In dieser Fassung – das heißt als rein klassifikatorische – macht die
Frage also keinen sonderlichen Sinn.

Auf den zweiten Blick sieht man aber, dass „Partizipation" als Postulat, das
heißt als politische Mobilisierungssemantik nicht ubiquitär verteilt ist, sondern in
der Tat an spezifischen Stellen der Gesellschaft, nämlich auf politisch brisanten
Feldern gehäuft auftritt.

Das betrifft zunächst die etablierten Verfahren und Institutionen der repräsentativen Demokratie. Hier wird „Partizipation" interessanterweise in manchen
Kontexten nicht von bislang exkludierten Personen als Inklusionsdesiderat formuliert (vgl. dazu Bora 2019). Vielmehr beobachtet man verstärkt die Aufforderung
von Leistungsrollenträgern (Angehörigen der politischen Eliten, Abgeordneten,
Regierungsmitgliedern) an die Wählerschaft, ihre Rechte auch tatsächlich wahr-
zunehmen, in diesem Sinne also am politischen Geschehen zu partizipieren. Auch
hier, etwa im Falle der Wahl-Aufforderung, hat die Partizipationssemantik Mobilisierungsfunktion, die sich interessanterweise aber nicht aus dem Kontrast von

Inklusion und Exklusion speist, sondern an der Unterscheidung von politischer Handlungsmöglichkeit und deren Aktualisierung ansetzt. Man sieht aus dieser Perspektive sehr schnell die paradoxe Form dieser speziellen Partizipationsforderung. Sie hat die Gestalt einer an *andere* adressierten Aufforderung, sich in den Kreis der politisch Aktiven zu inkludieren, um dem *Auffordernden* (dem politischen Rollenträger) eine Legitimation zu verschaffen, die sich doch per definitionem allein nur auf den autonomen, auf freier Entscheidung beruhenden Wahlakt der Bürger stützen und insofern gerade nicht durch eine Aufforderung zur Selbstinklusion herbeigeführt werden kann. Die paradoxe Gestalt solcher Partizipations-Diskurse mag zugleich auch deren Wirkungslosigkeit gegenüber der in der Wahlverweigerung gerade realisierten, autonomen Handhabung der Unterscheidung zwischen Möglichkeit und Aktualisierung erklären.

Betrachten wir deshalb Fälle, in denen der Mobilisierungscharakter von Partizipationssemantiken in unverstellter Gestalt – wenngleich ebenfalls nicht immer in problemloser Weise – sichtbar wird. Es geht um alle Fälle, in denen Inklusion von Exkludierten oder in deren Namen gefordert wird, in denen sie also eine politische Mobilisierungsfunktion im Sinne der Forderung nach Inklusion (oder deren Verstärkung, Ausweitung usw.) erfüllt. Es sind dies, wie wir in den gesellschaftstheoretischen Überlegungen gesehen haben, auch die von den Theorien gesellschaftlicher Integration bevorzugt in Anspruch genommenen Fälle.

In der Regel wird man derartige Partizipationsforderungen in politisch umkämpften Feldern finden, die Politik krisenhaft werden lassen und in denen eine Veränderung bzw. Erweiterung des Inklusionsmodus als erweiterte politische Beteiligung zum Instrument der Krisenbewältigung werden soll. Als Beispiele seien neben den sozialen Konflikten der sechziger und siebziger Jahre (Arbeitsmarkt- und Sozialpolitik, intergenerationelle Konflikte, sog. Studentenrevolte) in erster Linie die technik- und umweltpolitischen Großkonflikte der vergangenen Jahrzehnte genannt, die in erster Linie dafür gesorgt haben, dass der eingangs erwähnte Trend einer Erweiterung von Partizipation sich auf breiter Linie in vielen Bereichen der Gesellschaft durchsetzte. Als Beispiel dafür kann etwa das 1998 auf der vierten Pan-Europäischen Ministerkonferenz „Umwelt für Europa" in Århus, Dänemark, von der UNECE (United Nations Economic Commission for Europe) beschlossene „Übereinkommen über den Zugang zu Informationen, die Öffentlichkeitsbeteiligung an Entscheidungsverfahren und den Zugang zu Gerichten in Umweltangelegenheiten" (Århus-Konvention) erwähnt werden, das am 30. Oktober 2001 in Kraft trat und mittlerweile von 50 Staaten ratifiziert worden ist (Stand: Dezember

2022, vgl. https://treaties.un.org/pages/ViewDetails.aspx?src=TREATY&mtdsg_no=XXVII-13&chapter=27&clang=_en#1). Es bezieht sich auf die 1992 von der UNO-Konferenz über Umwelt und Entwicklung in Rio der Janeiro verabschiedete „Erklärung von Rio zu Umwelt und Entwicklung" (Rio-Deklaration). Im Århus-Abkommen verpflichten sich die teilnehmenden europäischen Staaten, den Zugang der Bürger zu Informationen im Umweltbereich zu verbessern, die Beteiligungsrechte der Bürger in umweltrelevanten Entscheidungsverfahren zu stärken und den Zugang zu Gerichten in Umweltangelegenheiten zu garantieren.

Verschiedene theoretische Erklärungen ließen sich für diesen Entwicklungstrend heranziehen. So stehen in der rechts- und politikwissenschaftlichen Debatte demokratietheoretische, rechtsstaatstheoretische und steuerungstheoretische Deutungsangebote im Mittelpunkt (Bora 1999). Aus einer soziologischen Perspektive lässt sich außerdem auch eine risikosoziologische Interpretation denken. Deren Pointe besteht darin, partizipative Arrangements als Reaktion auf Risiko-Situationen zu deuten. Der Mechanismus läuft zum einen über das Postulat der Einbeziehung Betroffener in riskante Entscheidungen, zum anderen über die Forderung nach gemeinsamer, öffentlicher Entscheidung über Gemeinwohlfragen. Für die Entscheidungsinstanzen liegt ein Vorteil der Partizipation dabei in der Streuung des Entscheidungsrisikos. Wer mitentschieden hat, kann sich schlechter über Folgen beklagen. Zurechnungsprobleme bei Risikoentscheidungen lassen es verlockend erscheinen, sich die Zustimmung der potenziell Betroffenen zu sichern, also etwa im Falle von raumzeitlich schwer eingrenzbaren Folgen neuer Technologien jedermann die Teilnahme am konkreten Normbildungs- und Entscheidungsprozess zu gestatten, um mögliche Gefahren zu identifizieren, das Verfahren zu kontrollieren und genehmigungsrelevante Sachverhalte zu präzisieren. Dies ändert nicht die Unsicherheit der Entscheidung. Durch Partizipation werden jedoch Kausalattribution und Verantwortung für nachteilige Folgen breit gestreut. Dies nimmt im vorgestellten Idealfall den Druck von der Entscheidungsinstanz und fördert gleichzeitig die Abnahmebereitschaft bei den Adressaten durch ihre Einbindung in den Prozess. Insofern kann dann Partizipation bei potenziell Betroffenen in der konkreten Situation auch starke Abwehr hervorrufen, nämlich dann, wenn sie sich plötzlich in einen Entscheidungsprozess involviert sehen, dessen mögliche Konsequenzen sich für sie durchaus nachteilig auswirken könnten.

Da es, wie zu Beginn des Abschnitts dargelegt, nicht so sehr um die „Aktivierung" bestehender Rechte und institutioneller Handlungsmöglichkeiten als vielmehr um deren Erweiterung und „partizipatorische" Ergänzung geht, sind gerade auf dem Feld der Technologie- und Risikopolitik vor allem die so genannten „alternativen" Verfahren von Interesse. Die neuen Verfahren, von denen hier die Rede ist, zeichnen sich durch das Moment der Beteiligung von Personen aus, die herkömmlich nicht in Prozesse der Technikbewertung involviert waren, also vor allem Laien und/oder Interessenvertreter (Stakeholder). Sie werden deshalb als partizipatorische Verfahren bezeichnet (Abels und Bora 2004). Wissenschaftliche Expertise nimmt in diesen Verfahren eine wesentliche Rolle ein, allerdings steht die Deliberation – das Beratschlagen und entscheidungsbezogene Erörtern von Problemen – von Laien bzw. Stakeholdern mit Expertinnen und Experten in den meisten Fällen im Vordergrund. Die Beteiligung korporatistischer Akteure ist denkbar, prägt aber nicht die partizipativen Verfahren. Meist sind diese Verfahren deliberativer Natur, zum geringen Teil haben sie aber auch eine (allerdings schwache) Entscheidungskomponente.

Empirisch lassen sich eine ganze Reihe partizipativer Verfahren im Umfeld der Technikfolgenabschätzung und -bewertung beobachten (zu den Details siehe Abels und Bora 2004). Die partizipative Technikfolgenabschätzung im engeren Sinne (z. B. das „WZB-Verfahren"), verschiedene sogenannte Diskursverfahren (z. B. das „Loccumer Verfahren", der „Unilever-Diskurs" oder der „Diskurs Grüne Gentechnik"), sodann Bürgerforen und ähnlich auf dem Modell der Konsensuskonferenz beruhende Verfahren (z. B. die „Dresdener Bürgerkonferenz" ebenso wie das vorliegende Diskursprojekt des MDC), Szenario-Workshops oder auch einzelfallorientierte Verfahren wie z. B. Bürgerbeteiligungen in administrativen Genehmigungsverfahren (Kap. 9–11) wären zu nennen. In diesen Fällen geht es um Verfahren der Technikbewertung, die außerhalb der etablierten, über Parlamente, Verwaltungen und wissenschaftliche Kommissionen verlaufenden Pfade wissenschaftlicher, politischer, ökonomischer und rechtlicher Bewertung und Regulierung von riskanter Technologie angesiedelt sind (Benz 1997). Bei diesen partizipativen Verfahren der Technikbewertung geht es vor allem darum, die Sach- und Sozialdimension in spezifischer Hinsicht zu verknüpfen und daraus Optionen für die Politikberatung zu schaffen. Durch die Partizipation zumindest potenziell betroffener Bürger – als Laien und Interessenvertreter (Stakeholder) – sowie von (ggf. „repräsentativ" ausgewählten) Experten soll eine sachlich richtige Entscheidung ermöglicht werden; umgekehrt soll aus der sachlichen Angemessenheit des Ergebnisses eine sozialintegrative Wirkung resultieren. Anders gesprochen: es wird über das Verfahren eine den Input (das Verfahren) und Output (das Ergebnis) verbindende Form der Legitimation herzustellen gesucht.

Zum Zwecke der Systematisierung der Vielfalt denkbarer Formen partizipativer Verfahren empfiehlt sich die Beschreibung mithilfe dreier Dimensionen, des „Wer?", des „Wie?" und des „Wozu?" der Partizipation. Konkrete Beteiligungsformen kombinieren die Merkmale der drei Dimensionen dann auf je spezifische Weise:

„Wer partizipiert?" – Hier geht es um die Frage, welche Adressen überhaupt als kommunikativ relevant ausgewählt werden. Zwei bekannte und hinreichend voneinander unterschiedene Verfahren sind die Repräsentation auf der einen sowie die breite Beteiligung aller (auch „Öffentlichkeitsbeteiligung" oder „Jedermann-Beteiligung" genannt) auf der anderen Seite. Im Falle der Repräsentation sind nur die Repräsentanten inkludiert. Nur die auf sie zurechenbaren Kommunikationen sind im System unmittelbar relevant. Bei der Abstimmung im Bundestag zählen eben nur die Stimmen der stimmberechtigten Abgeordneten. Anders bei der Öffentlichkeitsbeteiligung, die Beteiligungsrechte für unbegrenzt große Personenkreise eröffnet.

„Wie?" – Damit sind unterschiedliche Beteiligungsrollen angesprochen. Hier stehen auf der einen Seite aktive Leistungsrollen unterschiedlichster Art (eben je nach Systemkontext) und auf der anderen Seite Publikumsrollen zur Verfügung. Dass auch die Publikumsrolle eine – wenngleich schwache und meist als unzureichend kritisierte – Form der Inklusion über Partizipation ist, zeigt die Bedeutung, welche beispielsweise der Sitzungsöffentlichkeit bei Gericht für die Durchsetzung politischer Kontrolle über rechtliche und politische Entscheidungsgremien zugemessen wird. Auch in der Publikumsrolle liegt die Möglichkeit, als relevante Kommunikationsadresse behandelt zu werden.

„Wozu?" – Damit ist die Frage angesprochen, ob Partizipation sich auf die zu treffende Entscheidung bezieht oder ob sie eher beratenden Charakter hat. Letzteres ist in zahlreichen Fällen gegeben. Deliberation scheint – ohne dass dazu ausreichend quantifizierbares Material zur Verfügung stünde – empirisch der Hauptzweck partizipativer Verfahren zu sein (Abels und Bora 2004). Häufig scheint in der Praxis das Problem aufzutauchen, dass dieser deliberative Charakter nicht allen Beteiligten bewusst ist; darauf weisen Studien zur Öffentlichkeitsbeteiligung im Verwaltungsverfahren hin (Kap. 9–11; Bora 1999; Münte und Bora 2004).

Dies dürfte eine Heuristik sein, die eine einigermaßen trennscharfe Beschreibung der in der Praxis vorfindlichen partizipativen Formen erlaubt. Ein darauf fußender Überblick über die weltweit zur Verfügung stehenden Informationen zu partizipativer Technikbewertung ergibt ein gutes Dutzend klar voneinander abgrenzbarer Verfahrenstypen, vom reinen Stakeholder-Verfahren bis zu komplexen, Entscheider, Stakeholder, Experten und die Allgemeinheit inkludierenden Verfahren. Die bisweilen erörterte Frage der Legalität/Illegalität der Partizipation oder etwa diejenige nach deren gewaltsamen oder gewaltlosen Charakter scheinen mir gegenüber den formalen Charakteristika eher abgeleiteter Natur zu sein. Wenn es zutrifft, dass Partizipation eine zu Legitimationszwecken eingesetzte politische Semantik ist, wird eine gewisse Affinität zu legalen Formen leicht erklärlich.

Diese ist aber begrifflich – jedenfalls was den soziologisch-rekonstruktiven Ansatz betrifft – nicht vorausgesetzt, ebenso wenig wie Gewaltlosigkeit, sodass etwa auch gewaltsame Proteste als Forderung nach Inklusion in politische Kommunikationszusammenhänge zu verstehen sind.

Mit den erwähnten partizipativen Verfahren der Technikbewertung sind zum Teil weit reichende demokratietheoretische Erwartungen und Hoffnungen verknüpft. Allerdings verbinden sich mit ihnen auch Probleme wie beispielsweise ein Mangel an politischer Repräsentation, mögliche Machtunterschiede durch die unterschiedliche Verfügung über materielle und kognitive Ressourcen zwischen den Verfahrensbeteiligten oder eine Enttäuschung der Partizipationseuphorie bei den Beteiligten ob der Effekte und Bedeutung *(impacts)* von partizipativen Verfahren. Eine wesentliche Ursache dieser Probleme liegt darin, dass die institutionellen und prozeduralen Modalitäten sowie deren Anbindung an die Institutionen der repräsentativen Demokratie nicht hinreichend geklärt sind, was mit Konsequenzen für die Leistungsfähigkeit und Legitimation der Verfahren verbunden ist. In den meisten Fällen bleiben die normativen Funktionsbeschreibungen der Verfahren vage. Empirisch belegte Evaluationen der beobachtbaren Verfahrensleistungen im Hinblick auf eine demokratische Technikbewertung sind selten. Vor weiteren – womöglich mit etwas überzogenen politischen Hoffnungen befrachteten – Experimenten müsste deshalb aus der Sicht der Wissenschaftsforschung zunächst einmal die Analyse der Kommunikations-, Lern- und Entscheidungsprozesse in den bereits durchgeführten Verfahren stehen. Sie wird nicht mit einer standardisierten und auf subsumtionslogischen Schlüssen beruhenden Methode, sondern nur mithilfe einer präzisen Rekonstruktion der sozialen Strukturbildungsprozesse in derartigen Arrangements zu leisten sein. Leider findet sich bislang in der wissenschaftlichen Literatur kaum eine systematische Auseinandersetzung mit der Frage, welche Verfahrensformen unter welchen institutionellen Rahmenbedingungen welche Leistungen zu erbringen geeignet sind. Diese Forschungslücke macht sich bei der politischen Bewertung von Partizipationsverfahren schmerzhaft bemerkbar, da die Präferenzen für „mehr" oder „weniger" Partizipation bislang praktisch nicht auf konkret spezifizierte, wissenschaftlich aussagekräftige Leistungsbewertungen einzelner Verfahrenstypen zurückgreifen können.

Wenn man angesichts der beschriebenen Funktion von „Partizipation" (politische Inklusionssemantik) und der beobachtbaren Formenvielfalt allein auf dem Gebiet der Technologiepolitik nach neueren Entwicklungen und einem möglichen Trend beim Einsatz partizipativer Verfahren fragt, so fällt es schwer, mit wenigen Worten zu bestimmen, welche Karrieren unterschiedliche Formen der Partizipation unter welchen Bedingungen durchlaufen. Als Ursachen für einen allgemeinen Trend zu mehr oder erweiterter Partizipation werden vor allem die

steigende Komplexität moderner Gesellschaften, die Steuerungsprobleme nach
sich zieht und deswegen kooperative Formen politischen Handelns nahelegt,
sowie schwindende Akzeptanz staatlichen Handelns ausgemacht (für Technikkonflikte vgl. dazu van den Daele und Neidhardt 1996, S. 14 ff.; Fietkau und Weidner
1998; Dally et al. 1994). Partizipationskonjunkturen werden in engem Zusammenhang mit den Karrieren von politischen „Groß-Semantiken" weiterhin zu
erwarten sein. Das dürfte etwa für die Themenkomplexe „Kapital/Arbeit", „Ge-
schlecht", „Umwelt/Technik/Risiko", „Migration" zutreffen. Als Katalysatoren
für das Aufkommen von Partizipationsforderungen ebenso wie für deren zügige
Diffusion dienen dabei sowohl die Massenkommunikationsmedien wie auch die
sozialen Bewegungen. Beide besitzen zur Partizipation thematisch affine Orientierungen, im Fall der Medien über den Begriff der Öffentlichkeit, im Fall der
Bewegungen über denjenigen der Betroffenheit. Wenn, wie oben skizziert wurde,
allgemein im Zuge der Ausbreitung von Risikokommunikationen eine Zunahme
von partizipativen Formen zu beobachten ist, so macht diese risikosoziologische
Perspektive auch sichtbar, dass die Ausweitung von Risikokommunikationen auf
der Seite der politischen Klienteln zu gesteigerten Aspirationen führen wird,
was die Leistungsfähigkeit des politischen Systems betrifft. Hier entstehen in
aller Regel Erwartungen, die notwendig enttäuscht werden müssen und die dann
nicht selten in Staats- oder Politikversagens-Semantiken und konsequenterweise
in erneut erhöhte Erwartungen an partizipative Verfahren münden. „Partizipation"
erscheint aus diesem Blickwinkel dann als Problemerzeugungsformel, die unter
den Bedingungen einer funktional differenzierten modernen Gesellschaft immer
wieder neue Konjunkturen erleben wird, die aber mit gewisser Notwendigkeit
immer wieder auch Schwierigkeiten hervorrufen wird. Aus dieser distanzier-
ten Beschreibung folgt kein Plädoyer für „mehr" oder „weniger" Partizipation.
Vielmehr sollten Partizipationsforderungen Anlass geben, im Einzelfall präzise
Auskunft über die hinter politischen Inklusionsforderungen stehenden Zweitcodierungen zu verlangen: Was genau soll mit erweiterter Inklusion erreicht
werden? Welche Leistungen sollen die betreffenden Verfahren erbringen? Auf
welche Diagnose stützt sich der angenommene Bedarf? Wer soll – und an welcher Stelle – inkludiert werden? Welche kommunikativen Probleme resultieren
gegebenenfalls aus erweiterter Inklusion? Analysen der sogenannten „alternativen" Verfahren der Technikbewertung zeigen, wie angedeutet, dass diese Fragen
bislang nur in den seltensten Fällen gestellt, geschweige denn zufriedenstellend
beantwortet werden.

Grenzen der Partizipation? Risikoentscheidungen und Öffentlichkeitsbeteiligung im Recht

13

Die Bürgerbeteiligung ist ins Gerede gekommen: Nicht nur kritische Stimmen in der Wissenschaft diagnostizieren ein Versagen der partizipatorischen Demokratie (Lindner 1990). Auffälliger ist vielmehr, dass Umweltverbände die empirischen Belege für solche Thesen gleich mehrfach zu liefern scheinen; die Rückzüge aus „Runden Tischen", Technikfolgenabschätzungen und anderen Formen der Bürgerbeteiligung häufen sich unverkennbar. Als besonders prägnantes Beispiel ist etwa der Abschied der Umweltgruppen von der vom WZB organisierten Technikfolgenabschätzung herbizidresistenter Nutzpflanzen im Jahr 1994 zwei Tage vor dem Abschluss des Verfahrens zu nennen (van den Daele 1994). Der Gesetzgeber, der diese Trends auch registrierte, zog kurzentschlossen die Konsequenzen: das novellierte Gentechnikgesetz enthält neben einer Reihe anderer Neuerungen eine wesentliche Einengung der bisherigen Öffentlichkeitsbeteiligung; das Investitionserleichterungs- und Wohnbaulandgesetz bringt vergleichbare Veränderungen für einzelne Bereiche des Abfallrechts; weitere Beispiele ließen sich finden. Heißt dies, dass Bürgerbeteiligung theoretisch für gescheitert erklärt werden sollte? Oder empfiehlt es sich, die genannten Phänomene eher als Symptome eines Anpassungsprozesses, als Antworten auf unvermeidliche Komplexitätssteigerungen in sozialen Teilsystemen zu begreifen und nach besser angepassten Beteiligungsformen zu suchen? Diese Frage soll in diesem Kapitel erörtert werden.

Dabei wird wie folgt argumentiert: am Beispiel des Umwelt- und insbesondere des Gentechnikrechts soll gezeigt werden, dass Partizipations-Semantiken in der Folge gesellschaftlicher Differenzierung als Integrationsversuche zwischen der Politik und anderen ausdifferenzierten Teilsystemen entstanden sind. Speziell

Zuerst erschienen in: *Zeitschrift für Rechtssoziologie 15* (1994), 2, S. 126–152.

© Der/die Autor(en), exklusiv lizenziert an Springer Fachmedien Wiesbaden GmbH, ein Teil von Springer Nature 2023
A. Bora, *Reflexion des Rechts – Beiträge zur responsiven Rechtssoziologie*,
https://doi.org/10.1007/978-3-658-40787-2_13

im Rechtssystem stellen sie ein funktionales Äquivalent für ausbleibende Programmierungsleistungen der Politik dar. Öffentlichkeitsbeteiligung ist hier, wie zu erläutern sein wird, vor allem auch als Kompensation für die fehlschlagende Externalisierung von Entscheidungs-Risiken zu erklären. Gleichzeitig verursacht sie aber Irritationen, die aus einer durch die Partizipation bewirkten Überlagerung der Codes einzelner Teilsysteme resultieren und die jetzt in der Konsequenz zu Systemschließungen – also beispielsweise zur Abschaffung des mündlichen Erörterungstermins im gentechnikrechtlichen Genehmigungsverfahren – führen. Die These, die dargestellt werden soll, lautet dementsprechend: Wir erleben einen Trend zur Stabilisierung von Differenz dort, wo das Recht mit Funktionsverlusten infolge von Partizipation zu kämpfen hat.

Aus diesen differenzierungstheoretischen Überlegungen wird dann eine – vorläufige und hypothesenförmige – Schlussfolgerung abgeleitet: da das Rechtssystem auch weiterhin auf Programmierungsleistungen aus anderen Bereichen angewiesen bleibt, er scheint es angesichts der empirischen Schwierigkeiten mit den bisherigen Formen der Öffentlichkeitsbeteiligung ratsam, die „Schnittstellen" des Rechts zu Wissenschaft und Politik in Sonderformen wie „Runden Tischen" und Technikfolgenabschätzungen zu untersuchen.

Dieser Gedankengang wird in vier Schritten ausgearbeitet. Zuerst werden der Über gang vom sozialen zum ökologischen Rechtsstaat und damit einhergehende Flexibilisierungsforderungen und -tendenzen im Rechtssystem kurz dargestellt (13.1). Diese Entwicklung bedeutet zugleich auch die Übernahme von Risikoentscheidungen in das Recht hinein, die durch Partizipation wieder ein Stück weit werden sollen (13.2). Partizipation verursacht im Recht jedoch neue Dilemmata, denen man mit Abwehr begegnet (13.3). Am Ende steht ein Plädoyer dafür, die Ursachen des häufig registrierten Scheiterns der Bürgerbeteiligung im Recht näher zu untersuchen und gegebenenfalls nach Ansatzpunkten für alternative Formen der Partizipation Ausschau zu halten (13.4).

13.1 Ökologischer Rechtsstaat und die Flexibilisierung des Rechts

13.1.1 Vom sozialen zum ökologischen Rechtsstaat

Die Entwicklung der letzten 20 Jahre lässt sich in groben Zügen als Wandel vom sozialen zum „ökologischen" Rechtsstaat charakterisieren. Dies bedeutet zwar nicht notwendig, dass nach den klassischen Übergängen zum bürgerlichen

Staat, Rechtsstaat, demokratischem Rechtsstaat und Wohlfahrtsstaat jetzt gewissermaßen von einem fünften Modernisierungsschub die Rede sei. Gleichwohl gibt es Anzeichen dafür, dass die westlichen Industriegesellschaften in dem genannten Zeitraum folgenreiche Veränderungen in ihren gesellschaftlichen Semantiken erlebt haben, die sich unter anderem auch in der Struktur des Rechtssystems niederschlagen. Der Begriff des „ökologischen Rechtsstaates" ist der Rechtstheorie, also in der Selbstbeschreibung des Rechtssystems geprägt worden: Bosselmann (1992). Er lässt sich auch in der Rechtssoziologie gebrauchen, da er breitere Veränderungen im Gegenstandsbereich wiedergibt.

Während die ersten drei klassischen Übergänge (bürgerlicher Staat, Rechtsstaat, demokratischer Rechtsstaat) doch in erster Linie als Ausdifferenzierungsprozesse gesellschaftlicher Teilsysteme begriffen werden können, zeigt der Wohlfahrtsstaat bereits früh ambivalente Züge eines sich zugleich vollziehenden Differenzierungs- und Überlagerungsvorgangs. Diese Doppelbewegung macht sich im Rechtssystem als Spannung zwischen eher formalen, freiheitsverbürgenden Instituten und eher materialen, sozialen Teilhaberechten bemerkbar. Der Wohlfahrtsstaat trägt von Anfang an die Spannung zwischen dem formalen, freiheitsverbürgenden Recht und dem materiell begründeten sozialen Verfassungsrecht in sich (Maier 1980, S. 270). Habermas' Kolonialisierungsthese setzt mit der Verrechtlichungskritik bekanntlich an diesem Punkt an (Habermas 1981, Bd. 2). Die Ökologisierung des Rechtsstaates verstärkt zum einen den Trend der gegenseitigen Abhängigkeit gesellschaftlicher Teilsysteme. So beobachtet man ein komplexer werdendes Geflecht wechselseitiger Leistungsbeziehungen zwischen Recht, Wirtschaft, Wissenschaft und Politik. Zum anderen hat die gesteigerte Differenzierung aber auch dazu geführt, dass in jedem Bereich die Umwelt aller Teilsysteme und der Gesellschaft als ganzer gleichzeitig mitberücksichtigt werden muss. Die Resultate solcher Beobachtungen fließen wiederum in die Beziehungen zwischen den Systemen ein (Luhmann 1986). Das bringt nicht nur eine „quantitative" Komplexitätssteigerung mit sich, sondern provoziert zugleich auch qualitativ neue Probleme, wie sie beispielsweise Beck (1986) im Begriff der „reflexiven Modernisierung" beschreibt.

Derartige Problemlagen lassen sich mit dem Begriff der Verrechtlichung nicht voll ständig erfassen. Es ist eine unzulässige Vereinfachung, Modernisierungsprozesse ausschließlich oder auch nur vorrangig als Verrechtlichung zu begreifen. Eine derartige Sichtweise will vor allem die „Verrechtlichungskosten" hervorheben, die in gesellschaftlichen Teilsystemen unter anderem dadurch entstehen, dass das Recht auf Veränderungen seiner Umwelt reagiert. Umgekehrt gerät dabei jedoch aus dem Blick, welche Kosten im Rechtssystem selbst durch die gleichzeitig sich vollziehenden Veränderungen in anderen Subsystemen entstehen können.

Partizipationssemantiken z. B. sind von Haus aus eine Form der Demokratisierung der Politik, haben aber im Recht eine eigene, von den ursprünglichen
Intentionen eher abgelöste Bedeutung. Und sie verursachen hier Folgekosten. Von
solchen Politisierungskosten soll in diesem Kapitel die Rede sein.

Zuvor ist es jedoch angebracht, einige Charakteristika der Ökologisierung
des Rechts näher zu betrachten. Sie lassen sich mit folgenden drei Begriffen
umschreiben: Temporalisierung der Normgeltung, zunehmende Normbildungs-
Aufgaben in klassischen Normanwendungsverfahren und schließlich Prozeduralisierung mit entsprechenden Partizipationsforderungen. Dies zeigt sich in verschiedenen Reformdiskussionen vor allem im Bereich des Umweltverwaltungs- und
Technikrechts. Diese werden im nächsten Abschnitt unter dem Sammelbegriff
„Flexibilisierung des Rechts" erörtert.

13.1.2 Flexibilisierung des Rechts

Mit Temporalisierung der Normgeltung wird der Umstand bezeichnet, dass eine
Rechtsnorm selbst schon auf eine Veränderung der ihr zugrundeliegenden Sachverhalte zugeschnitten und insofern zukunftsoffen ist (Luhmann 1993, S. 557).
Frühe Trends zur Reform des materiellen Umwelt- und Technikrechts, die stärker auf eine dem Modell wohlfahrtsstaatlicher Regelungen nachempfundene
Re-Materialisierung des Umweltrechts zielten, setzten im Sinne eines verdich-
teten normativen Entscheidungsprogramms eher auf eine Stärkung quantitativer
Grenzwerte und Umweltstandards in den gesetzlichen Tatbeständen selbst. Demgegenüber wird nun aus der Einsicht, dass Grenzwerte und technische Standards
stets unter dem Vorbehalt besseren Wissens stehen, die Folgerung gezogen, dass
das materielle Recht ein „Recht auf Zeit" zu sein habe (Wolf 1986, S. 427,
1987). Die Ökologisierung des Rechts setzt damit eher auf abstrakte Programme
mit explizitem zeitlichem Horizont. Sie unterscheidet sich damit von „neoklas-
sischen" Rechtskonzepten, die sich mit guten Gründen ebenfalls als Reaktion
auf tatsächliche oder postulierte Materialisierungstendenzen deuten lassen, wie
Savelsberg (1992) zeigt. Denn in der Risikogesellschaft gibt es keine umfassende öffentliche Garantie für die Sicherheit der Gesellschaft vor den Risiken
der Technik, sondern allenfalls politisch-administrative Programme zur Risikosteuerung. Der Begriff der Sicherheit müsse deshalb auch, so wird gefordert, aus
dem Zentrum inhaltlicher Normen des Umweltrechts genommen und durch „Ri-
sikoeinschätzungen und Risikotoleranzen" ersetzt werden (Wolf 1987, S. 386).
Dadurch, dass Umweltgesetze den Stand der Technik rezipieren, so wird weiter
argumentiert, stabilisierten sie die gegenwärtig verfügbaren Umwelttechnologien

und blockierten die Entwicklungsmöglichkeiten komplexer, integrierter Prozess-technologien. Durch den Verweis auf den Stand der Technik fördere das Recht sogenannte End-of-pipe-Lösungen. Deshalb müsse die Aufmerksamkeit von der Außensteuerung der Technik auf temporale Flexibilisierung des Rechts gelenkt werden. Während das öffentliche Interesse herkömmlich in ökonomischen Kal-külen externalisiert wird und der Staat lediglich als Vertreter des Gemeinwohls auftritt, käme es stattdessen darauf an, „das öffentliche Interesse sozusagen pro-zedural in die Definition von Technologien mit einzubauen und nicht durch eine Fülle von immer differenzierteren Ge- oder Verboten vorzugeben" (Ladeur 1988, S. 318).

Nicht nur die konditional programmierte, am Sicherheitsbegriff orientierte „Gefahrenabwehr" wird als problematisch angesehen, sondern auch die Tatsache, dass die Technikkontrolle zu einem guten Teil an die Technik selbst delegiert wird. Die gesetzlichen Eingriffstatbestände verweisen letztlich auf nicht oder nur schwer beeinflussbare Normbildungsprozesse in der Technik. Dabei wird insbesondere auch die techniktypische Risikobewertung als untaugliche Entschei-dungshilfe kritisiert (Kaplan und Garrick 1993, S. 120; Rohrmann 1993; Winter 1986). Der Risikobegriff komme so über den Status eines juristischen Modeworts nicht hinaus (Di Fabio 1994, S. 359). Technik müsse stattdessen als Resultat selbstorganisierender, nicht linearer Prozesse begriffen werden (Ladeur 1993). Schließlich wird auch ein Vakuum gerichtlicher Kontrolle diagnostiziert. Das Recht habe auf Kritiken an Grenzwertkonzepten und Risikomodellen im Wesent-lichen nur mit der nicht weniger problematischen Formel von der richterlichen Selbstbeschränkung reagiert. Dies führt zu der Frage nach dem Verhältnis von Recht und Wissenschaft. Den herkömmlichen rechtlichen Instrumenten nach-träglicher Auflagen und der Dynamisierung des „Standes von Wissenschaft und Technik" wird Versagen attestiert, weil sie nicht systematisch in ein komple-xeres Verfahren organisierter rechtlicher Selbstevaluation und -korrektur von Entscheidungen eingebaut seien (Ladeur 1987, S. 61).

Das ökologisierte Recht der Risikogesellschaft sollte, so wird gefordert, auf Risikolimitierung eingestellt sein, sollte von Politikinhalten auszugehen haben, die sehr viel vager, pluraler, implementierungsbedürftiger zu sein hätten, es sollte seine Eingriffsschwellen nicht an Kausalmodellen, sondern an verwaltungsprag-matischen Indikatoren und an abstrakten Systemzielen orientieren. Technische und politische Steuerung sollten somit das Prinzip der Fehlerfreundlichkeit beach-ten, in jedem Fall aber mindestens auf die Schaffung vollendeter Tatsachen verzichten, gezieltes Nachfassen/Nachbessern vorsehen, begrenzte Zeithorizonte der Steuerung und Wirkungsdimensionen von Risiken synchronisieren, allgemein Techniken diversifizieren und Optionen offenhalten, Alternativen anbieten (Wolf

1991, S. 358 ff.; Groth 1988, S. 261). Eine etwas andere Lösung peilt Winter (1992) an, wenn er eine Alternativen-Abschätzung im Rahmen einer rechtlichen Bedarfsprüfung vorschlägt. Ein solches, die antizipatorische Umsetzung von Nachbesserungspflichten verwirklichendes reflexives Recht sei gewissermaßen die „prozeduralisierte Fassung der Wesentlichkeitstheorie" (Wolf 1986, S. 440). Dieses Prinzip der Fehlerfreundlichkeit und des bewussten Inkaufnehmens von Nachbesserungen ergibt sich insbesondere auch bei Collingridge (1980). Dies gelte insbesondere auch für die Regelungen des Gentechnikgesetzes. Gerade wenn man davon auszugehen habe, dass hier im Unterschied zur Atomkraft eine „völlig unstrukturierte Risikokonstellation" herrsche, müsse man komplementär dazu Evaluationsinstrumente fordern: begleitende Testverfahren (Risikoforschung), Abstimmung aller zu einem Zeitpunkt stattfindenden Freiland-Versuche, Technologie-Kommissionen, deren Ziel es wäre, „nicht objektives Wissen zu produzieren, sondern ein Verfahren zu finden, in dem die entscheidenden Fragen identifiziert werden" (Ladeur 1987, S. 67). Eine derartige „reflexive" Techniksteuerung verlange weiterhin auch ein besonderes Verwaltungsinformationsrecht zur Ausnutzung und Steuerung von Informations- und Kommunikations-Techniken. Staatliche „Informationsvorsorge" habe zum Ziel, „die involvierten unterschiedlichen und zum Teil gegenläufigen Interessen von technologischem System, sozialer Umwelt und staatlicher Risikosteuerung durch den informationsgespeisten sozialen Dialog zu einem funktionsfähigen Ausgleich zu bringen" (Pitschas 1989, S. 800).

Wenn sich in diesen und einigen vergleichbaren Strömungen des „reflexiven" oder „strategischen" Rechts insgesamt eine Temporalisierung der Rechtsgeltung bemerkbar macht, so wird zugleich sichtbar, dass mit diesem „Recht auf Zeit" zusätzliche Normbildungsprozesse im Rechtssystem erforderlich werden. Da das Recht in dem beschriebenen Sinne offen ist, erreicht die traditionelle konditionale Programmierung nicht den ganzen Normbestand. „Recht auf Zeit" heißt deshalb notwendigerweise auch, Normbildungsprozesse mit Normanwendungsverfahren rückzukoppeln, also das Recht für die Auswirkungen seiner eigenen Operationen zu sensibilisieren und außerdem Rechtsentscheidungen nicht nur vom rechtlichen Programm, sondern auch von Auswirkungen früherer Rechts-Entscheidungen abhängig zu machen. Pitschas nennt diesen Vorgang, bei dem sich staatliche Funktionsträger die Legitimationsgrundlage ihres Entscheidens zum Teil selbst noch schaffen müssen, „kommunikative Selbstregulierung" (Pitschas 1990, S. 490).

Im geltenden Recht ist diese zeitliche „Öffnung" an verschiedenen Stellen durchaus sichtbar. Hier seien nur einige Beispiele zur Verdeutlichung genannt: Das Pflanzenschutzgesetz sieht in § 16 eine zehnjährige Laufzeit der Zulassung vor, nach deren Ablauf auf Grund des dann aktuellen Standes von Wissenschaft und Technik neu zu entscheiden ist. Wesentlich weiter gehen dann schon Vorschriften, die über Widerrufsmöglichkeiten (§§ 7, 12 Wasserhaushaltsgesetz) oder das Mittel nachträglicher Auflagen (§ 5 Wasserhaushaltsgesetz mit entschädigungslosem Widerruf, § 17 Bundesimmissionsschutzgesetz, § 17 1.3. Atomgesetz) einer Anpassung der Erlaubnis oder Genehmigung an veränderte Verhältnisse den Weg ebnen. So ist man auch im Falle des Gentechnikgesetzes verfahren. Dessen § 19 S. 3 sieht die nachträgliche Anordnung von Auflagen vor und gewährt damit dem Betreiber nur einen eingeschränkten Bestandsschutz. Er erlaubt die zeitlich offene Anpassung an geänderte rechtliche oder tatsächliche Verhältnisse, das Nachholen von Anordnungen, die in der Genehmigung übersehen wurden und ähnliche Entscheidungen. Einziger Schutz vor einer direkten „Politisierung" der Entscheidung: die Vorschrift ist relativ streng auf die Sicherstellung der Genehmigungsvoraussetzungen bezogen und ermöglicht deshalb – nach freilich nicht ganz unumstrittener Ansicht – keine nachträglichen Auflagen aufgrund einer veränderten „Sicherheitsphilosophie" oder neuer politischer Rahmenbedingungen. Ergänzend sei auch auf die generalklauselartigen Eingriffsbefugnisse nach § 26 Gentechnikgesetz hingewiesen, die ebenfalls nachträgliche Anpassungen verschiedenster Art legitimieren.

Neben dieser Öffnung des materiellen Rechts deutet sich auch eine Verlagerung von Problemlösungsfunktionen auf Verfahrensregeln (Prozeduralisierung) an, soweit die Normbildung „intern", also im Verwaltungsverfahren selbst stattfindet. Dabei gewinnen zwei Aspekte an Relevanz (Wolf 1986, S. 428): Zum einen dient Prozeduralisierung der rechtlichen Programmentwicklung und Programmimplementation. Konkret heißt das, wie sich oben schon andeutete: reflexive und iterative Mechanismen, Rechtsetzung auf Zeit bzw. unterschiedliche Überprüfungsmechanismen, institutionelle Frühwarnsysteme wie etwa Technikfolgenabschätzung oder begleitende Sicherheitsforschung werden zunehmend genutzt. Zum anderen heißt Prozeduralisierung aber typischerweise auch: Einfordern von Teilhaberechten, von erweiterter Öffentlichkeitsbeteiligung (Winter 1991; Luf 1992; Conrad 1990). Verfahrensrechte bzw. Verfahrensgerechtigkeit (Röhl 1993), die früher im Hintergrund standen, rücken ins Zentrum des Interesses. Dies hat im Umweltrecht seinen Niederschlag gefunden. In vielen Bereichen des Umweltverwaltungs- und Technikrechts (Gentechnikgesetz, Atomgesetz, Bundesimmissionsschutzgesetz, Planfeststellungsverfahren nach Verwaltungsverfahrensgesetz) ist oder war ein sogenanntes Anhörungsverfahren mit öffentlicher Bekanntmachung des Vorhabens, Auslegung der Unterlagen, der Möglichkeit von schriftlichen Einwendungen und einem mündlichen Erörterungstermin vorgesehen. Wie in den meisten Fällen konnte bis Ende 1993 auch nach

§ 18 Gentechnikgesetz, § 5 Gentechnikanhörungsverordnung jedermann Einwendungen – etwa gegen eine geplante Freisetzung gentechnisch veränderter Pflanzen – erheben. Das dehnte den Kreis derjenigen, die am Anhörungsverfahren zu beteiligen waren, gegenüber den klagebefugten Personen erheblich aus und stellte eine echte Jedermann-Beteiligung dar. Denn es waren nicht nur solche Einwände zu erörtern, die sich auf die Verletzung subjektiver Rechte potenziell Betroffener erstreckten, sondern auch solche, die der Wahrnehmung eines öffentlichen Interesses dienten.

Diese breite Öffentlichkeitsbeteiligung ist aus rechtstheoretischer Sicht nicht nur ein Äquivalent für die nachlassende Exaktheit gesetzlicher Steuerung und für eingeschränkte richterliche Kontrolldichte, sondern zugleich auch eine Form vorgezogenen Rechtsschutzes gegen die Schaffung vollendeter Tatsachen im Verfahren (Lang 1988, Bd. 2, S. 9 f.; Bora 1994). Rechtssoziologisch betrachtet erfüllt sie eine Entlastungsfunktion, die mit der Häufung riskanter Entscheidungen im Rechtssystem zusammenhängt, wie im nächsten Abschnitt erläutert wird.

13.2 Riskante Entscheidungen im Rechtssystem

Das ökologische Recht ist voller Risiken. Riskante Entscheidungen häufen sich hier, sofern die Programmierung des Rechts nicht mehr – wie im Normalfall des konditionalen Programms – für eine Weiterleitung des Risikos, für eine Zurechnungsverschiebung an Politik, Wissenschaft, Wirtschaft usw. sorgt. Normbildung im Rechtssystem, wie z. B. eine „reflexive" Programmierung der rechtlichen Genehmigung neuer Technologien bewirkt, dass das Rechtssystem hier selbst zum Zurechnungssubjekt für eventuelle Folgen wird. In den vorangegangenen Abschnitten ist auf eine Besonderheit „implementierender Rechtsgewinnung" hingewiesen worden, nämlich auf die Tatsache, dass mit der Ökologisierung des Rechts die Verwaltung mehr und mehr planerisch-gestaltende Kompetenzen hinzugewinnt, die den einfachen Vollzug rechtlicher Programme um den Aspekt der Normbildung ergänzen. Aus rechtssoziologischer Sicht wird nun eine Folge dieses Kompetenz- und Verantwortungszuwachses erkennbar, nämlich die Häufung riskanter Entscheidungen im Rechtssystem. Verwaltungen sind zwar Teil des politischen Systems (Dammann et al. 1994), sie operieren aber mit Recht. Aus der verwaltungstheoretischen Sicht wird Recht dann zur „Ressource sich (von der Politik) autonomisierender Verwaltungssysteme" (Japp 1994, S. 139). Uns soll hier eine komplementäre Sichtweise interessieren, die nicht verwaltungssoziologisch (vgl. Hiller 1994), sondern am Rechtssystem ansetzt. Denn es geht hier speziell darum zu zeigen, dass durch die Öffentlichkeitsbeteiligung im umweltrechtlichen Verwaltungsverfahren rechtliche und politische Rationalität miteinander in Konflikt geraten. Dies soll im Folgenden dargestellt und in seinen Konsequenzen erörtert werden. Eine kurze Erörterung soziologischer Aspekte des Risiko-Begriffs soll die Überlegung vorbereiten, dass das Abwälzen riskanter Technologie-Entscheidungen von Politik und Wissenschaft auf das Rechtssystem typischerweise Partizipationsforderungen nach sich zieht.

13.2.1 Risiko und Entscheidung

Der Begriff des Risikos ist abhängig von theoretischen Grundannahmen. So haben die Verhaltenswissenschaften schon seit längerem darauf hingewiesen, dass der „formal-normative" Risikobegriff, wie er in der Seeschifffahrt und im Versicherungsgewerbe entwickelt wurde, gewisse Probleme mit sich bringt (Bechmann 1993). Verlusterwartung pro Zeiteinheit (Schadenshöhe mal Eintrittswahrscheinlichkeit) lässt sich nicht als einheitliches Risikomaß etablieren. Zum einen fällt es vielfach schwer, Nutzen und Schaden auf einer Skala zu quantifizieren, um sie gegeneinander aufrechnen zu können. Weiterhin fehlt oft ein Kriterium für die Bestimmung des Schadens. Schließlich sind gerade diejenigen Fälle die gesellschaftlich umstrittensten, in denen sich mangels empirischer Erfahrung keine Wahrscheinlichkeiten berechnen lassen. Und zuletzt zeigen zahlreiche Studien, dass die kaufmännische Risikokalkulation typischerweise quer zu den Risiko-Perzeptionen des Alltags und der politischen Öffentlichkeit liegen. Psychologisch-kognitive Ansätze der Risikoforschung legen deswegen den Schwerpunkt auf die individuelle und kollektive Wahrnehmung und Bewertung von Risiken (Jungermann und Slovic 1993). Sie untersuchen zum Beispiel, wovon die Bereitschaft zu riskantem Verhalten abhängt und nach welchen Kategorien die Zuschreibung von Verantwortung erfolgt.

Die soziologische Risikoforschung konzentriert sich auf gesellschaftliche Kommunikationsprozesse, aus denen solche Risikosemantiken hervorgehen (vgl. Hiller 1993). Sie versucht, die gesellschaftlichen Bedingungen für Thematisierungschancen zu beleuchten, indem sie zeigt, welche Risiko-Konzepte bei welchen Gelegenheiten ihre Konjunktur erleben und welches die begünstigenden Einflüsse dafür sind. So haben Douglas und Wildavsky (1982) auf die soziale Konstruktion von Risiken hingewiesen. Beck hat mit dem Begriff „Risikogesellschaft" maßgeblich dazu beigetragen, dass „Umwelt-Probleme" heute als Gesellschafts-Probleme thematisiert werden (Beck 1986).

Auf den Zusammenhang von Risiko und Entscheidung macht die neuere Systemtheorie besonders aufmerksam. Als Risiko-Entscheidung oder riskante Entscheidung wird dabei die Auswahl zwischen Optionen bezeichnet, die möglicherweise nachteilige Konsequenzen für Dritte hat und die den Dritten gegenüber dann verantwortet werden muss (Luhmann 1991b). Begrifflich wird das Risiko des Entscheidens von der Gefahr eines Schadens abgegrenzt. Ob etwas als Risiko oder Gefahr begriffen wird, hängt zunächst davon ab, ob es jemandem als Verursacher zurechenbar ist (vgl. auch Douglas 1990). Risiko ist demnach im Unterschied etwa zu Naturkatastrophen eine gesellschaftlich selbst geschaffene Schadensmöglichkeit Diese Differenzierung macht nicht nur darauf aufmerksam, dass es in der historischen Verteilung von Gefahren und Risiken einen Trend gibt: immer mehr Tatbestände werden von der Gefahr zum Risiko, die gesellschaftliche Entscheidungsmasse und damit auch der Anteil an Kontingenz wächst. Sie bezieht auch den Umstand mit ein, dass sich in modernen Gesellschaften das Verhältnis zur Zukunft verändert hat. In immer fernerer Zukunft liegende Folgen müssen heute mit bedacht werden. Und Handlungs- wie Nichthandlungsfolgen sind oft gleichermaßen komplex und ungewiss. Schließlich ergibt sich daraus eine für den ökologischen Rechtsstaat charakteristische Unterscheidung: diejenige zwischen den Entscheidern und den Betroffenen, bei denen sich möglicherweise die Gefährdung realisiert. Die Differenzierung zwischen dem Risiko gesellschaftlicher Entscheidungen und einer möglichen Gefahr geht mit neuen sozialen Differenzierungen einher.

Welche Komplikationen entstehen grundsätzlich, wenn riskante Entscheidungen zu treffen sind? Ganz allgemein kann man feststellen, dass Entscheidungen verschiedene, typische Dilemmata und Paradoxien enthalten. Da wäre zunächst das Kontroll-Dilemma zu nennen, auf das bereits Collingridge (1980) hingewiesen hat. Es besteht darin, dass zu dem Zeitpunkt, wo die Kontrolle des Entstehens neuer Technik noch möglich ist, unser technisches Wissen dasjenige über die sozialen Folgen bei weitem übersteigt. Die sozialen Folgen sind in diesem Moment noch nicht vorhersagbar. Wenn sie entdeckt werden, ist die Technik in der Gesellschaft bereits so fest verankert, dass wir sie praktisch nicht mehr – oder nur sehr langsam oder mit hohen Kosten – kontrollieren können. Dieses Dilemma macht auf die Zeitstruktur riskanter Entscheidungen aufmerksam. Obgleich es selbst noch keine Paradoxie enthält, weist es doch bereits auf ein entscheidendes Moment dessen hin, was als Risiko-Paradox bezeichnet wird: auf den konstitutiven Zusammenhang von Entscheidungsdruck und Nicht-Wissen-Können (Luhmann 1991b). An dieses Moment von Unsicherheit knüpft ein Paradox an, das Clausen und Dombrowsky als Warn-Paradox charakterisiert haben (Clausen und Dombrowsky 1984). Es macht darauf aufmerksam, dass Warnungen vor Gefahren die Risikoentscheidung prinzipiell nicht erleichtern können: ob die Warnung berechtigt war, kann man nur wissen, wenn man sie nicht beachtet hat. Und wenn man sie beachtet, wird man nicht erfahren, ob sie begründet war.

13.2.2 Risiko-Übernahme und Zurechnungsverschiebung

Wenn man vor diesem Hintergrund die Übernahme riskanter Entscheidungen in das Rechtssystem betrachtet, stellt sich vor allem die Frage, ob für riskantes Entscheiden rechtliche Programme bereitstehen. Für die klassische konditionale Programmierung ist dies zu bejahen. Das Rechtssystem kann mit solchen Risikoentscheidungen umgehen. Es hat dafür normalerweise verschiedene Programmtypen zur Verfügung. Entweder verfährt es auch hier in der gleichen Weise wie bei der Beurteilung fremder Risikoentscheidungen, indem es sich aus anderen Bereichen der Gesellschaft (Wissenschaft, Wirtschaft) bestimmte Kriterien dafür holt, welches Verhalten als erlaubt, welches als unerlaubt zu codieren ist. Dynamische Verweisungen und Grenzwerte stehen als Beispiele für diese Form. Oder es trägt der Unsicherheit des Entscheidens Rechnung, indem es auf der Rechtsfolgenseite einen Ermessensspielraum eröffnet oder aber auf der Tatbestandsseite Temporalisierungsregeln einbaut, wie wir sie oben erwähnt haben. § 19 Gentechnikgesetz mit der Möglichkeit nachträglicher Auflagen bei geänderten Tatbestandsvoraussetzungen ist, wie gesagt, ein Beispiel dafür.

Einen weiteren Beispielsfall für diese Standardsituation finden wir etwa im Bereich des Insolvenzstrafrechts vor. Zahlungsunfähigkeit und Überschuldung stellen nach §§ 283 ff. StGB Kriterien für die Unterscheidung zwischen erlaubtem und unerlaubtem Handeln dar. Bis zu dieser Schwelle fallen bestimmte, unter Umständen riskante und für Dritte schädliche unternehmerische Entscheidungen wie etwa die Veräußerung von Betriebsvermögen in den Bereich des rechtlich Erlaubten, nach Überschreiten der Schwelle sind sie strafbar. Das Beispiel verdeutlicht den Standardfall: das Rechtssystem beobachtet und beurteilt fremdes riskantes Verhalten mithilfe der Unterscheidung von Recht und Unrecht. Diese Unterscheidung knüpft an außerrechtliche Kriterien an, im Beispielsfalle an wirtschaftliche, von Buchprüfern festzustellende Tatbestände; damit überträgt das Rechtssystem gleichzeitig die Zurechnung von Entscheidungsfolgen insoweit auf das Wirtschaftssystem, als dieses mit seinen Kriterien die Maßstäbe dafür bereitstellt, unter welchen Umständen jemand für einen Schaden (hier: Konkurs) dann auch rechtlich zur Verantwortung gezogen werden kann. Je schwieriger

die „externen" Codierungen zu werden scheinen, desto stärker zieht sich das
Recht auf „einfacher beobachtbare" Kriterien zurück: So lässt sich beispielsweise
das auffallend häufige Ausweichen auf die Formaldelikte des Insolvenzstrafrechts (vgl. Bora et al. 1992) erklären. Dadurch bleibt die Differenz zwischen
(Kriterien setzender) und programmierter (Kriterien anwendender) Entscheidung
erhalten. Die Auswahl des Beispiels ist übrigens zufällig, es lassen sich nahezu
beliebig viele Fälle überall dort finden, wo es um Zurechnung riskanter Entscheidungen geht. Anschauliche Beispiele stellen etwa die Drittschadensliquidation
oder der Vertrag mit Schutzwirkung für Dritte dar, beides rechtliche Figuren,
mit denen riskante Entscheidungen in der Umwelt des Rechtssystems mit dem
Ziel beurteilt werden, rechtlich kompatible Risikozuweisungen zu erreichen. Eine
gemeinsame Eigenschaft der „klassischen" Programme besteht in ihrer Tendenz,
die Verantwortung für die riskante Entscheidung vom Rechtssystem auf andere
gesellschaftliche Teilsysteme abzuwälzen (vgl. etwa Luhmann 1984a, S. 602).
Grenzwerte und dynamische Verweisungen sind Mechanismen, die dafür sorgen, dass letztlich die Wissenschaft das Risiko trägt, für Irrtümer und falsche
Prognosen verantwortlich gemacht zu werden. Das Recht exekutiert nur deren
Entscheidungen: was unterhalb des (wissenschaftlich – oder politisch – fest-
gesetzten) Grenzwertes liegt, gilt als rechtlich erlaubt. Auch zeitlich flexible
Regelungen wie § 19 Gentechnikgesetz funktionieren in derselben Weise. Die
Vorschrift gestattet Anpassungen an geänderte rechtliche oder tatsächliche Verhältnisse, das heißt sie vollzieht beispielsweise Revisionen von wissenschaftlichen
Aussagen und gesetzgeberischen Gesinnungswandel geschmeidig nach. Ermes-
sensspielräume werden entweder in ganz ähnlicher Weise durch Bezugnahme auf
äußere Kriterien ausgefüllt. Ein Beispiel dafür ist die Rechtsprechung zu den
erlaubten, von den potenziell Betroffenen hinzunehmenden Gefährdungsmöglich-
keiten (Restrisiken), gegen die im Rahmen des Ermessens nach § 7 Atomgesetz
keine Vorsorge notwendig ist (dazu etwa Reich 1989). Oder aber – und das
wäre der Fall echter Risikoentscheidung im Recht – das Entscheidungsrisiko wird
hier durch den Begriff der „Vertretbarkeit" (im Sinne der Pflicht zur hinreichen-
den Ermessensausübung, vernünftigen Abwägung, Sachlichkeit, zweckgerechten
Ermessensausübung, Gleichbehandlungsgebot und Übermaßverbot, dazu Drews
et al. 1986, S. 75–405) vom Recht gewissermaßen absorbiert. Was nicht als
Ermessensüberschreitung, -fehlgebrauch oder ähnlicher Fehler gilt, ist rechtlich
erlaubt und wird insofern auch in seinen möglichen Folgen verantwortet. Hier
übernimmt das Rechtssystem das volle Risiko negativer Entscheidungsfolgen und
rechnet es einer seiner eigenen Instanzen zu. Dies gilt allerdings nur für die
Rechtsfolgenseite. Die tatbestandlichen Voraussetzungen der Anwendung eines
Rechtsprogramms müssen dazu vorweg definiert sein. Und solche Definitionen

tendieren, wie wir angedeutet haben, dazu, Verantwortung zu externalisieren. Auch scheinbar „final" programmierte Rechtsnormen weisen diese Eigenart auf. Die Rechtsfolge tritt dann und nur dann ein, wenn und soweit sich ein Sachverhalt unter den als Tatbestand konstruierten „Zweck" subsumieren lässt (vgl. Luhmann 1993, S. 194 ff.).

Wir kommen also zu dem Schluss, dass das Recht für die Übernahme von Risikoentscheidungen grundsätzlich gerüstet ist. Es kann selbst risikobehaftete Entscheidungen fällen, benutzt dazu allerdings zumeist Konditionalprogramme, die an fremde Codierungen anschließen, um auf diesem Wege das Entscheidungsrisiko letztlich zu externalisieren. Solche Codierungen können, wie wir gesehen haben, Resultate wissenschaftlicher Kommunikation sein. Es kann sich aber auch um politische Entschlüsse handeln, so etwa, wenn qua Gesetzgebung das politische System die Verantwortung dafür übernimmt, dass bestimmte Techniken als grundsätzlich unerwünscht verboten bleiben, wie dies im Falle der Keimbahntherapie und des Embryonenschutzgesetzes geschehen ist. Positivierung und Kodifizierung als Resultate funktionaler Differenzierung der Gesellschaft ermöglichen es dem Rechtssystem, selbst riskante Entscheidungen zu treffen und dabei die Verantwortung weitgehend an andere gesellschaftliche Teilsysteme weiterzugeben. Man kann dies als einen der Effekte formaler Rationalisierung im Weberschen Sinne charakterisieren.

Dieser Mechanismus wird jedoch im Falle neuer Technologien an bestimmten Stellen unterbrochen, wo Politik, Wissenschaft und Wirtschaft das Recht mit dem Entscheidungsrisiko im Stich lassen. Das ist heute insbesondere dann der Fall, wenn außerrechtliche Prozesse des Standard-Settings und der Normbildung versagen oder verweigert werden. Ein derartiges Versagen wird vielfach attestiert. Die Politik etwa ist oft nicht mehr in der Lage, über die Akzeptabilität der Technik zu entscheiden und dies in Gesetzesform zu bringen; die Wissenschaft wird von innerwissenschaftlicher Kritik darauf aufmerksam gemacht, dass ihre Kausalmodelle zu einfach waren, dass sie es im Falle von Technikentwicklungen mit eigensinnigen Verläufen zu tun hat; Grenzwerte werden als „politische" Grenzwerte verstanden; Protestbewegungen formieren sich, die mit „semantischer Politik" (van den Daele 1990, S. 20 f.) dafür sorgen, dass das Thema „Risiken der Technik" nicht von der Tagesordnung verschwindet; die Wirtschaft weigert sich, allein die Haftung für mögliche Schäden in unbegrenzter Höhe zu übernehmen, wenn die Technik insgesamt für gesellschaftlich förderungswürdig gehalten wird (zur Weitergabe von Risiken zwischen Politik, Recht und Wirtschaft Luhmann 1991b, S. 176–199).

Von einer Übernahme der Risiko-Entscheidung in das Recht soll also in denjenigen Fällen gesprochen werden, in denen die Anknüpfung an außerrechtliche Kriterien gar nicht oder nur unvollkommen gelingt. In einigen Fällen des Umgangs mit neuen Technologien, so unsere Vermutung, wird das Recht gezwungen, genau diese Verantwortung zu übernehmen. Es verliert die Unschuld des „neutralen" Beobachters. Das Risiko, das es hier eingeht, liegt darin, durch die der rechtlichen Entscheidung vorhergehende Selbstprogrammierung (Normbildung) einen Schaden mit zu verursachen und sich für die getroffene Wahl zwischen verschiedenen Entscheidungsmöglichkeiten demjenigen gegenüber rechtfertigen zu müssen, der die nachteiligen Folgen zu tragen hat. Normalerweise bildet, wie angedeutet wurde, das konditionale Rechtsprogramm dafür eine ausreichende Rechtfertigungsbasis. Bei neuen Hochtechnologien jedoch versagen in einigen Fällen und aus verschiedenen Gründen diese Mechanismen der Zurechnungsverschiebung.

Wenn wir an dieser Stelle die eher deskriptive Ebene verlassen und nach dem systematischen Gewinn solcher Beobachtungen fragen, so stellen wir fest, dass sich die eingangs dargestellten Entwicklungstendenzen des Umweltverwaltungs- und Technikrechts aus der soziologischen Perspektive als rechtliche Folgeerscheinungen der Entwicklung zur Risiko-Gesellschaft in einem ganz bestimmten Sinne lassen: Der mit den Begriffen Temporalisierung, Normbildung und Prozeduralisierung charakterisierte Trend stellt sich nun als Reaktion auf das Ausbleiben externer Programmierungsleistungen (insbesondere in der Politik) dar. Ein Effekt dieses Trends besteht darin, dem Recht riskante Entscheidungen zuzumuten. Es verfügt dann nicht mehr über klar codierte Programme, die ihm erlauben würden, zumindest einen Teil der Entscheidungslast an andere gesellschaftliche Teilsysteme weiterzugeben. Das Rechtssystem selbst hat hier – außer im Falle von Ermessensspielräumen – kaum Chancen, die Unsicherheit bezüglich möglicher Folgen (Nicht-Wissen-Können) der Wahl einer Option zu absorbieren. Was erlaubt oder verboten ist, kann sich aber nicht allein aus dem Faktum der Unsicherheit ergeben. Jedenfalls ist Unsicherheit per se kein ausreichender Grund, etwas zu verbieten. Das stünde im Widerspruch zu der Dogmatik vom „Restrisiko", das ja schon für so unwahrscheinlich gehalten wird, dass Vorsorgemaßnahmen nicht geboten sind. Es wäre schwer zu rechtfertigen, wollte man demgegenüber bereits aus der Unsicherheit darüber, ob überhaupt eine Gefahr eintreten kann, Verbote oder andere Sanktionen herleiten.

Aus diesem Grunde liegt es nahe, sich wenigstens die Zustimmung der potenziell Betroffenen zu sichern, also etwa im Falle von raumzeitlich schwer eingrenzbaren Folgen neuer Technologien jedermann die Teilnahme am konkreten Normbildungs- und Entscheidungsprozess zu gestatten, um mögliche Gefahren zu

identifizieren, das Verfahren zu kontrollieren und genehmigungsrelevante Sachverhalte zu präzisieren. Dies ändert nicht die Unsicherheit der Entscheidung,
kompensiert aber das Versagen der Politik, die das Recht mit der Entscheidung
über die Genehmigung neuer Technik allein gelassen hat, ohne zuvor gesellschaftlichen Konsens über die wesentlichen Tatbestände sicherzustellen. Durch
Jedermann-Beteiligung werden – jedenfalls theoretisch – Kausalattribution und
Verantwortung für nachteilige Folgen breit gestreut. Dies nimmt den Druck von
der Entscheidungsinstanz und fördert gleichzeitig die Abnahmebereitschaft bei
den Adressaten durch Einbindung in den Prozess. Dass dabei „nur" Verfahrenskontrolle, aber keine Entscheidungskontrolle gewährt wird, stellt allenfalls eine
graduelle Einschränkung dar. Die intendierten Funktionen des Erörterungstermins
(Information der Behörde und der Bürger, Verfahrenskontrolle, Rechtsschutz und
Akzeptanz) zielen direkt auf die oben beschriebene Entlastung (Bora 1994).

Das Fazit dieser Überlegungen lautet: Wenn das Recht Risikoentscheidungen
übertragen bekommt, seine üblichen Programme damit jedoch überfordert sind,
weil sie die Verantwortung für die Entscheidung nicht an andere gesellschaftliche
Teilsysteme weitergeben können, wenn also Programmierungs-, d. h. Normbil-
dungsbedarf entsteht, soll die Partizipation der Öffentlichkeit in der Form der
Jedermann-Beteiligung dieses Defizit kompensieren. Das Postulat der Öffentlichkeitsbeteiligung lässt sich so rekonstruieren als Legitimationsversuch rechtlicher
Risikoentscheidungen unter der Voraussetzung funktionaler Differenzierung bei
gleichzeitiger Stagnation politischer und wissenschaftlicher Programmierung der
Entscheidungsvoraussetzungen.

13.3 Das Partizipations-Dilemma

Bislang haben wir die rechtlichen und soziologischen Hintergründe für die
Öffentlichkeitsbeteiligung in umweltrelevanten Genehmigungsverfahren auf der
Ebene gesellschaftlicher Subsysteme beleuchtet. In den folgenden Argumen-
tationsschritten wenden wir uns den problematischen Konsequenzen solcher
Partizipationsformen zu. Diese Folgen manifestieren sich auf der Ebene der Kom-
munikation im mündlichen Erörterungstermin. Sie können aber nur mit Blick auf
die Eigenschaften der systemspezifischen Codes erklärt werden, die in diesen
Kommunikationen aufeinandertreffen.

Funktionale Differenzierung äußert sich unter anderem darin, dass die unterschiedlichen Teilsysteme eigene Codes benutzen. Das bedeutet, sie operieren mit
Unterscheidungen, die exklusiv gehandhabt werden. Im Rechtssystem kommt

dies beispielsweise dadurch zum Ausdruck, dass die Bindung von Entscheidungen an den Code Recht/Unrecht auf das Verbot aller anderen Optionen (z. B.: Geld, Macht, Liebe, …) hinausläuft. An dieser Festlegung auf einen binären Code hängen unter anderem auch die sozialen Funktionen des Rechts. So ist für die Erwartungssicherung eine Prognose von Entscheidungsresultaten an Hand der Unterscheidung von Recht und Unrecht erforderlich, die Legitimation der Entscheidung ist in analoger Weise davon abhängig, dass deren Richtigkeit nachgeprüft werden kann usw. Die binäre Codierung ist allerdings nicht an eine Kodifizierung gebunden, die Rechtsquellenlehre lässt ebenso ungeschriebenes Gewohnheitsrecht, überpositive Prinzipien oder richterrechtliche Selbstbindung zu. Wesentlich ist nur, dass die Identität des Systems gesichert wird. Dazu gehört interne Stabilität, verstanden als Konsistenz (Gleichmäßigkeit der Programmierung und der Rechtsanwendung) und als Kontinuität (Voraussehbarkeit von Entscheidungen, Rechtssicherheit). Nur durch solche Strukturstabilität ist die Unterscheidung von anderen Systemen und deren Codes, also gesellschaftliche Differenzierung, möglich.

Die im Folgenden zu schildernden Beobachtungen sollen die Annahme stützen, die Öffentlichkeitsbeteiligung neige dazu, innerhalb des Rechtssystems auf der Ebene von Kommunikationen im Erörterungstermin störende Überlagerungseffekte zu provozieren. Denn in derartigen Kommunikationen sieht sich das Recht bestimmten Erwartungen und Ansprüchen nicht-rechtlicher Art gegenübergestellt, die – und das ist bei den genannten Erörterungsterminen besonders ausgeprägt – unmittelbare Entscheidungsrelevanz reklamieren. Das System bewahrt seine Autonomie, so die Vermutung, indem es solche drohenden Eingriffe abzuwehren versucht. Dadurch sinkt jedoch die Bereitschaft zur Abnahme rechtlicher Entscheidungen.

Bis 31.12.1993 schrieb § 18 GenTG eine Bürger-Anhörung in Form einer mündlichen Verhandlung unter anderem immer dann vor, wenn die Freisetzung eines gentechnisch veränderten Organismus beantragt wurde. In einem solchen Fall konnte jedermann – also jede Person im ganzen Land – schriftlich Einwendungen erheben. Das Bundesgesundheitsamt als Genehmigungsbehörde lud alle Einwender zur mündlichen Erörterung ein. Dort mussten dann alle vorgebrachten Argumente diskutiert werden. An diesem Erörterungstermin durften andere Personen als die Einwender zwar grundsätzlich nicht teilnehmen, wurden aber ausnahmslos als Gäste zugelassen. Insofern kann man den mündlichen Termin als halb-öffentlich kennzeichnen. Einwendungen müssen sich in einem solchen Verfahren immer auf die Risiken und Gefahren der gentechnisch veränderten Pflanze beziehen. Eine Entscheidungskontrolle im Sinne einer Abstimmung über Genehmigung oder Versagung ist nicht gegeben, wohl aber eine Verfahrenskontrolle, die eine substantielle Einflussnahme auf das Verfahrensresultat auf dem Wege sachlicher Einwände zumindest grundsätzlich ermöglicht (vgl. Bora 1994).

Prinzipiell lassen sich wenigstens fünf Arten von Argumenten denken, mit denen die Entscheidungsinstanzen in solchen Situationen konfrontiert werden könnten: 1. wissenschaftliche, 2. materiellrechtliche, 3. verfahrensrechtliche, 4. substitutive und 5. methodologisch-evaluative. Unter diesen sind nur die beiden letztgenannten als problematisch anzusehen. Wissenschaftliche ebenso wie materiell- oder verfahrensrechtliche Gesichtspunkte können vom Recht problemlos aufgenommen und in der Routine von Anwendungsdiskursen verarbeitet werden. Im Vollzug der Gesetzesanwendung bzw. -auslegung spielen kognitive Fragen für die Sachverhaltskonstruktion eine ausschlaggebende Rolle. Sachverständige streiten sich dann darüber, was als „Fall" zu gelten hat. Daran knüpft die rechtliche Bewertung an, die sich außerdem mit allen nur denkbaren, materiellen und prozessualen Fragen der Auslegung geltenden Rechts zu beschäftigen hat. Größere Schwierigkeiten bereiten die beiden zuletzt genannten Fälle. Wir erörtern zuerst die substitutiven, sodann die methodologisch-evaluativen Argumenttypen.

Zuvor ist eine Klarstellung angebracht: wenn im Folgenden die „Problemzonen" des Erörterungstermins betrachtet werden, so sollte dabei doch klar sein, dass es auf diesen Veranstaltungen über weite Strecken auch völlig unproblematische Debatten über die Gentechnik und ihre möglichen Gefahren gegeben hat – also hauptsächlich Auseinandersetzungen zu den ersten drei genannten Argumenttypen. Dass hier nur die negativen Seiten zum Vorschein kommen, ist der Fragestellung des Kapitels geschuldet: die negativen Effekte haben schlussendlich zum Misserfolg der Öffentlichkeitsbeteiligung und zu ihrer weitgehenden Streichung im Gentechnikgesetz beigetragen. Die Ursachen dieses Misserfolgs sollten deshalb von Interesse sein.

13.3.1 Substitution des Rechtscodes

Moralische Wertungen, politische Präferenzen und zahlreiche andere Gesichtspunkte werden, wie die Erfahrung zeigt, im Erörterungstermin thematisiert. Alle diese Positionen erheben den Anspruch, dem Rechtssystem relevante Unterscheidungen zu liefern, an die es mit seiner Entscheidung unmittelbar anknüpfen müsse. Der substitutive Argumenttyp als Sonderfall ist daran zu erkennen, dass versucht wird, den Rechtscode „Recht/Unrecht" durch andere Kriterien wie Moral oder Politik zu ersetzen; wäre diese Intervention erfolgreich, würde sie einen Trend zur Überlagerung auslösen, weswegen das System regelmäßig mit Schließung reagieren wird, was in seiner Umwelt als delegitimierend wahrgenommen wird. Der systematische Grund für die Schließung liegt, wie wir sehen werden, unter anderem in der Tatsache, dass durch den Einbruch nichtrechtlicher Argumente in den Rechtsdiskurs dessen Basisparadoxie sichtbar wird. Schließung dient dann dem Zweck der Entparadoxierung bzw. des Unsichtbarmachens dieses Paradoxons. Solche Angriffe nehmen unterschiedliche Gestalt an.

So beobachten wir etwa in Erörterungsterminen zu Freisetzungsanträgen nach dem Gentechnikgesetz (vgl. Kap. 9, 11 und 12) eine Kritik des positiven Rechts mit quasi naturrechtlichen Begründungen und einem direkten Appell an die Entscheidungsinstanzen, sich nicht an das Gentechnikgesetz zu halten. Es gebe, so wird beispielsweise gesagt, ein „Naturgesetz", das im Einklang mit den „wirklichen Menschenrechtsgesetzen" stehe und dem zu folgen „gesunder Menschenverstand" und „Ethik" forderten (zu Umweltethiken Döbert 1994b). Wer dies erkenne, sehe sofort, dass das Gentechnikgesetz ganz einfach „falsch" sei. Man verweist darauf, dass „die größten Verbrechen im Rahmen von Recht und Ordnung" geschehen. Deshalb wird an das „Gewissen" der Behördenvertreter, an ihre „Verantwortung als Mensch" appelliert. Unter diesen Bedingungen ist das Gentechnikgesetz „nicht richtig und ... da dürfen wir uns nicht dran halten".

Das Anhörungs- und Genehmigungsverfahren wird als „Demokratur" gegeißelt, in der „engagierte Bürger" letztlich dazu dienen, eine Sache zu legitimieren, die sie ablehnen. Oder das Gesetzgebungsverfahren wird kritisiert, indem man fragt, ob „die Menschen, die das Gesetz erlassen haben, ... kompetent genug gewesen sind, um die Gefahren abzuschätzen". Die Ungewissheit hinsichtlich möglicher Gefahren sei der entscheidende Punkt, und da „geht es nicht um rechtliche Sachen oder ob ein Gesetz das verbietet oder nicht". Deswegen sei es in jedem Fall Unrecht, die Freisetzung gentechnisch veränderter Pflanzen zu genehmigen.

Dass dies keine für die Rechtsanwendung unmittelbar relevanten Argumente sind, dürfte einleuchten – ganz ähnlich etwa, wie die Entscheidung grundsätzlich nicht damit begründet werden darf, eine Mehrheit der anwesenden Einwender habe es so gewollt. Zwei systematische Gründe lassen sich finden, weshalb solche Argumenttypen in aller Regel mit Verweis auf geltendes Recht abgewehrt werden:

1. Zum einen stellen sie eine Bedrohung der strukturellen Identität des Rechtssystems dar. Sofern nämlich solche Direkt-Interventionen im Rahmen der Öffentlichkeitsbeteiligung unmittelbar an die Entscheidungsinstanzen appellieren, den Rechtscode zu überschreiten, unterscheiden sie sich von den oben dargestellten Mechanismen der Übernahme fremder Codierungen (Wissenschaft, Politik, Wirtschaft ...) in das Rechtssystem dadurch, dass dessen Regeln durch andere ersetzt werden sollen. Nicht mehr das Recht bestimmt,

welche externen Sätze unter welchen Bedingungen relevant werden, sondern externe Codes (insbesondere Moral und Politik) tendieren dazu, an dieser Stelle die Programmierung festzulegen. Aus der Perspektive des Rechtssystems ist dies aber nur in rechtlich anerkannten Verfahren (Gesetzgebungsverfahren z. B.) erlaubt. Denn die Identität des Systems beruht, wie erwähnt, auf Konsistenz und Kontinuität. Einzelne Elemente des Systems sind nicht zufällig miteinander verknüpft, sondern aufgrund von Regeln, die der Leitunterscheidung Recht/Unrecht folgen. Diese Einschränkung von Verknüpfungsmöglichkeiten zwischen Systemelementen (die Struktur des Systems) legt somit fest, in welcher Weise rechtliche Kommunikationen aneinander anschließen können. Sie definiert auch, wann und in welcher Form außerrechtliche Unterscheidungen (etwa Sätze des Wissenschaftssystems) aufgenommen werden dürfen. Wenn allerdings der Zusammenhang zwischen einzelnen Kommunikationen durch andere als rechtliche Regeln hergestellt und gesichert wird, etwa infolge der Dominanz eines anderen gesellschaftlichen Teilsystems in einem Organisations- oder Interaktionskontext, wenn also dieser Zusammenhang aus der Perspektive des Rechtssystems kontingent wird, so bedeutet diese direkte Intervention per definitionem nichts anderes als die Auflösung rechtlicher Strukturen.

Solche strukturellen Einbrüche beeinträchtigen die Funktionsfähigkeit des Systems in einer komplexen Umwelt. Für jedes System stellt die System-Umwelt-Relation ein Komplexitätsgefälle dar (Luhmann 1984b, S. 45–51). Die Umwelt ist stets komplexer als das System. Dieses erzeugt und sichert seine Identität, d. h. seine Abgrenzung von der Umwelt durch Mechanismen der Komplexitätsreduktion. Eine der wichtigen Erkenntnisse der Kybernetik besteht darin, gezeigt zu haben, dass Komplexitätsreduktion nur durch den Aufbau von Eigenkomplexität im System gelingt. Das System muss im Verhältnis zur Umwelt die erforderliche strukturelle Vielfalt (requisite variety, Ashby 1956, S. 206 ff.) aufbringen, um auf die Komplexität der Umwelt zu reagieren und bei anderen Systemen Bereitschaft zur Abnahme von Systemleistungen zu erzeugen. Komplexität wird dabei verstanden als Ausdruck eingeschränkter Verknüpfungsmöglichkeiten zwischen den Systemelementen mit anderen Worten: als Strukturbildung, als strukturierte Komplexität. Sofern also durch den Einfluss nichtrechtlicher Codes die Strukturen des Rechtssystems in Mitleidenschaft gezogen werden, droht die Systemkomplexität so weit zu sinken, dass im Verhältnis zur Umwelt das Komplexitätsgefälle zu hoch wird und der Systembestand bedroht ist.

2. Zum zweiten sind gerade solche Eingriffe in die Struktur des Rechts, wie wir sie hier skizziert haben, besonders prekär. Denn sie machen die Paradoxie

sichtbar, die der Unterscheidung Recht/Unrecht wie jeder anderen Unterscheidung zugrunde liegt und die das Rechtssystem in seinen Routine-Operationen unsichtbar hält (Luhmann 1993). Diese Paradoxie besteht darin, dass keine Unterscheidung auf sich selbst angewendet werden kann. Der „Ursprung" der Unterscheidung bleibt immer ein ausgeschlossenes Drittes. Im Fall des Rechts ist dies dessen „gewaltsamer" Ursprung oder anders gesagt: die Unmöglichkeit festzustellen, ob es Recht ist, zwischen Recht und Unrecht zu unterscheiden. Das lässt sich, wie andernorts gezeigt wurde (vgl. Kap. 9), mit Blick auf Walter Benjamin und Jacques Derrida verdeutlichen. Gegenüber Derrida haben wir versucht darzustellen, wie diese – jeder Unterscheidung zugrundeliegende Basisparadoxie im Rechtssystem dadurch zu Tage tritt, dass beispielsweise qua Öffentlichkeitsbeteiligung die Geltung des binären Codes Recht/Unrecht direkt infrage gestellt wird. In der Aufforderung, das Gesetz nicht zu beachten, wird der nichtrechtliche Ursprung des Rechts lebendig. Die Unmöglichkeit, ein überpositives Recht zum Widerstand aus dem Recht selbst abzuleiten (Hesse 1993, S. 298; Wassermann 1985, S. 101 ff.), muss dazu führen, dass solche Interventionen im Rechtsdiskurs leerlaufen. Sie finden keine Resonanz und werden im Erörterungstermin regelmäßig und geradezu stereotyp mit dem Verweis auf „Recht und Gesetz" oder auf das „geltende Gesetz" abgewehrt. Zwei Motive stehen also gegen die unmittelbare Geltung fremder Codes im rechtlichen Verfahren: Identitätserhaltung und Komplexitätsaufbau sowie Invisibilisierung der Basis-Paradoxie. Es ist deshalb durchaus funktional im Sinne der Strukturreproduktion des Rechts, wenn sich Regelungen herausgebildet haben, die genau solche Eingriffe in die Autopoiese des Rechtssystems abzuwehren versuchen. Positivierung und Gesetzesbindung, Verfahrens- und Kompetenzregeln sorgen dafür, dass die Kommunikationen des Rechtssystems nicht beliebig durch andere ersetzt werden können und dass die Anknüpfung an außerrechtliche Tatbestände nach rechtsinternen Kriterien geregelt ist. Dass dies umgekehrt in den politischen und moralischen Diskursen Unbehagen verursacht, ist eine naheliegende Vermutung.

13.3.2 Anwendungs-Konflikte: Bewertungskriterien und -methoden

Der zweite Argumenttyp war oben mit der Bezeichnung „methodologisch-evaluativ" eingeführt worden. Es gibt, wie die teilnehmende Beobachtung zeigt, in den Erörterungsterminen eine ganze Anzahl von Kontroversen über die allgemeinen Prinzipien, die einem Bewertungs- bzw. Subsumtionsvorgang zugrunde gelegt werden sollen. Damit sind nicht ethische Grundsätze gemeint wie etwa der Schutz von Leben und Gesundheit, Natur und Umwelt, die Berücksichtigung zukünftiger Generationen usw.; diese Gesichtspunkte sind in ihrer abstrakten Form weithin konsentiert. Sondern es geht um Fragen, die mit der Anwendung derartiger Grundsätze im konkreten Fall zusammenhängen. Beispielhaft seien etwa folgende vier Thematiken genannt:

1. Stichwort „hypothetisches Risiko": In der Auseinandersetzung um neue Technik, und ganz speziell um die Gentechnik spielt ein besonderer Typus kognitiver Unsicherheit eine prominente Rolle. Während die klassische juristische Unterscheidung von Gefahr-Risiko-Restrisiko (vgl. Di Fabio 1994) immerhin noch davon ausgeht, dass Kausalitäten (mögliche Verursachungspfade) erkennbar und Eintrittswahrscheinlichkeiten wenigstens in der Größenordnung bestimmbar sind, gelten beim hypothetischen Risiko diese Voraussetzungen nicht. Es unterscheidet sich qualitativ von den anderen Formen dadurch, dass nicht bekannt ist, welches gefährliche Ereignis überhaupt passieren könnte, noch, wie wahrscheinlich es ist oder worin der mögliche Schaden bestehen könnte. Gewöhnlich wird damit argumentiert, dass man irgendeinen katastrophalen Schaden aufgrund der „Neuheit" der Gentechnik nicht ausschließen könne.
Der Pflanzenstoffwechsel, so hieß es beispielsweise in den beobachteten gentechnikrechtlichen Genehmigungsverfahren, sei weitgehend unbekannt und man könne deswegen „nicht ausschließen, dass sich nicht irgendwelche neuen Stoffwechselwege auftun". Die Natur verhalte sich „launisch", deshalb sei es „völlig lächerlich, wenn wir versuchen etwas abzuschätzen". Außerdem gebe es genügend Beispiele aus der Vergangenheit, wo völlig neuartige und unerwartete Effekte – beispielsweise bei der Kreuzung von Bienen oder „der Einführung des Hausschweins nach Australien" – aufgetreten seien, die niemand habe vorhersehen können. Es sei deshalb unbedingt erforderlich, auch „mega-potentiell auftretende negative Effekte" mit in Rechnung zu stellen. Der jeweilige Antragsteller habe das „Nullrisiko" zu beweisen. Schließlich müsse „jeder Hausbauer die Statik nachweisen". Solange dies ausstehe, sei es unverantwortlich, entsprechende Freisetzungen zu genehmigen.
Mit „hypothetischem Risiko" sind also nicht diejenigen Fälle gemeint, in denen unter Hinweis auf Daten bzw. Publikationen die auf bisher schadensfreiem Verlauf beruhende Sicherheitsvermutung erschüttert wird. Das wäre gerade der Standardfall juristisch akzeptabler Beweisführung. Sondern die Logik des Arguments ist hier eine andere: Im ersten Schritt werden die Position des Indeterminismus, die Beobachtung von Natur als „eigenwilligem"

System, die Erfahrung mit Unfällen in der Vergangenheit, dazu benutzt, die generelle Unvorhersagbarkeit der möglichen Folgen einer technischen Innovation hervorzuheben. Im zweiten Schritt wird daraus die Konsequenz gezogen, dass man grundsätzlich bei keiner Neuerung ausschließen kann, dass etwas Unvorhersehbares, Katastrophales passieren wird. Schließlich wird aus dieser unbestreitbar wahren Feststellung die Forderung abgeleitet, im je konkreten Fall sei die gentechnikrechtliche Genehmigung zu versagen.

Dieses Argument löst jedoch Abwehrreaktionen im Recht aus. Denn es läuft unmittelbar auf eine Beweislastumkehr hinaus. Bei aller Offenheit der Programmierung knüpft jedoch das technische Sicherheitsrecht nach wie vor zumindest an die plausible Vermutung von Risiken an. So lange Unsicherheit nicht wenigstens „dem Grunde nach" dargelegt werden kann, gilt eben die Vermutung der Sicherheit. Man kann dies beklagen, und die Rechtstheorie tut dies auch verschiedentlich, wie in den Eingangsabschnitten geschildert wurde. Allerdings lässt sich diese Programmierung nicht im Genehmigungsverfahren beseitigen. Legale Rechtsänderungen sind eben nur legislatorisch, allenfalls richterrechtlich erreichbar. Deswegen wird es kaum verwundern, wenn auf den Topos vom „hypothetischen Risiko" mit Verweis auf geltende Beweislastregeln reagiert wird. Dass dies den Ängsten von potenziell Betroffenen wiederum als „Hohn" erscheinen mag, gehört zu den oft beklagten Folgen solcher Auseinandersetzungen.

2. Stichwort „Wissenschaftskritik": Vielfältige Kritik entzündet sich am unbestimmten Rechtsbegriff „Stand der Wissenschaft". Rechtlich unproblematisch sind dabei all diejenigen Fälle, in denen gesagt wird, die Angaben im Freisetzungsantrag entsprächen nicht dem Stand wissenschaftlicher Erkenntnis, hier müsse nachgebessert werden.

Ganz anders sind dagegen Argumente zu beurteilen, die gegen die Anwendung der Rechtsfigur selbst zielen. Dazu gehören etwa solche Stellungnahmen, die – in gewisser Weise den Gesichtspunkt des hypothetischen Risikos aufgreifend – für „Selbstbeschränkung" im Genehmigungsverfahren plädieren. Weil der Stand der Wissenschaft von Unvorhersehbarkeit und allgemein schlechten Erfahrungen in der Vergangenheit geprägt sei, dürfe man keine Freisetzungen durchführen bzw. genehmigen. Daneben kommen aber auch viel grundsätzlichere Kritiken vor. So wird etwa gesagt, die gesetzliche Anknüpfung an das Wissenschaftssystem sei generell zu verwerfen, weil die Wissenschaft ihren Gegenstand nicht „als Ganzheit" behandle, weil sie nicht an Wahrheit, sondern an den Interessen derer orientiert sei, „denen sie aus der Hand frisst". Oder umgekehrt: die moderne Wissenschaft sei grundsätzlich „unvernünftig", weil sie sich nur für Wahrheit interessiere; sie habe sich einer unheilvollen „Trennung von Sachlichkeit und ethischem Engagement", einer Verdinglichung des Natürlichen verschrieben und lebe in einer unheilvollen Koalition mit einer „durch Paragraphen verhärteten Bürokratie".

Solche Argumente verhallen im Erörterungstermin allerdings weitgehend ungehört. Jedenfalls führen sie nicht dazu, die Entscheidungsträger zur Versagung der Genehmigung zu bewegen, da sie die rechtsinterne Unterscheidung von Gesetzgebung und -anwendung ignorieren.

3. Stichwort „Nutzen-Bewertung": Eine A-Priori-Bedarfsprüfung für neue Technik kennt das geltende Recht nicht. Genau dies wird allerdings im Erörterungstermin unter anderem gefordert. Eine Technik, für die kein gesellschaftlicher Bedarf vorhanden sei, so wird gesagt, dürfe überhaupt nicht genehmigt werden, ganz unabhängig von eventuellen Risiken. Da man die Risiken nicht kenne, müsse in jedem Fall der Nutzen geprüft werden. Demgegenüber setzt die Systematik des technischen Sicherheitsrechts – jedenfalls momentan noch – die Existenz zumindest eines Gefahrenverdachts voraus, um innerhalb des Vorsorgebereichs in die Risiko-Nutzen-Abwägung eintreten zu können.

4. Stichwort „Ethik als Abwägungskriterium": Hier wird beispielsweise gefordert, ethische Erwägungen unmittelbar zum Entscheidungskriterium zu machen, indem man sie als Bestandteil des gesetzlichen Tatbestandes (§ 1 Gentechnikgesetz „Leben und Gesundheit", „Umwelt in ihrem Wirkungsgefüge") interpretiert. Dann seien nämlich „sozialethische" und „wirtschaftsethische" Gesichtspunkte in die Entscheidungsbegründung mit einzubeziehen. Monopolisierungstrends und die „Chancen der bäuerlichen Landwirtschaft" seien in jedem Fall zu berücksichtigen. Dem wird im Erörterungstermin meist mit Schweigen oder mit dem Hinweis auf „geltende" Auslegungsregeln begegnet.

Wir haben an verschiedenen Beispielen kurz anzudeuten versucht, dass und wie bestimmte Ansprüche im Recht abgewehrt werden, Ansprüche, die zwar nicht auf eine Ablösung des Recht/Unrecht-Codes durch andere Unterscheidungen hinauslaufen, die aber Inkonsistenzen und Komplexitätserhöhungen nach sich ziehen könnten. Und genau darin, so ist zu vermuten, besteht auch der systematische Grund für die Abwehrreaktionen.

Denn mit solchen Argumentationen wird versucht, über extensive Gesetzesauslegung die bestehenden Spielräume für die Berücksichtigung unterschiedlicher Gesichtspunkte zu erweitern – ein rechtlich legitimiertes Unterfangen, das gleichwohl auf wenig Resonanz bei den professionellen Rechtsanwendern stößt. Es

handelt sich dabei zum Teil ja um durchaus diskutable Gesichtspunkte, die beispielsweise politisch sehr einsichtig sein können. Dennoch stoßen sie hier auf
Ablehnung oder – zumeist – auf Schweigen. Die vermutete Ursache liegt in
der Tatsache begründet, dass das Recht wie alle Systeme nur begrenzte Flexibilität bereitstellen kann. Die geltenden rechtlichen Lösungen sind zwar in
gewissem Umfange disponibel, aber eben nicht beliebig. Gründe der internen
Konsistenz – d. h. der Gerechtigkeit – zwingen zu diesem Verhalten.

Für das Recht als soziales System besteht in diesen Momenten immer die
Gefahr, in zu hohem Maße auf Umweltanforderungen zu reagieren. Dies würde
interne Schwierigkeiten in Form von System-Ungerechtigkeit hervorrufen. Denn
Komplexität erscheint im Zusammenhang mit rechtlichen Fragen nicht nur als
Aspekt der Adaptation an die Umwelt, sondern auch systemintern. Der Begriff
der „Gerechtigkeit" für das Rechtssystem hat die Aufgabe, „adäquate Komplexität" zu signalisieren, das bedeutet dasjenige Ausmaß an Komplexität, das ohne
Verlust an interner Konsistenz des Systems gerade noch tolerierbar ist und nicht
überschritten werden sollte (Luhmann 1973, S. 390). Wenn Komplexität über
diesen Punkt hinaus anwächst, wird dies als Inkonsistenz und/oder als Kontinui-
tätsbruch erlebt, also als Verstoß gegen den Grundsatz der Gerechtigkeit. Es liegt
dann nahe, dass im Prozess der rechtlichen Risikoentscheidung nur solche externen Gesichtspunkte ohne weiteres verarbeitet werden können, die sich konsistent
in die Strukturen des Rechtssystems integrieren lassen. Weitergehende Ansprüche
werden wohl eher mit dem Argument der Systemgerechtigkeit zurückgewiesen
werden.

13.4 Resümee und Ausblick

Theoretisch darf man somit entweder diagnostizieren, dass durch nichtrechtliche Interventionen ins Rechtssystem dessen Strukturen tendenziell unter das
Mindestmaß an requisite variety abzusinken drohen. Bildlich gesprochen: dem
Rechtssystem droht „Implosion". Oder aber es wird von ihm verlangt, seine Komplexität an die Ansprüche anzupassen und damit über die Obergrenze adäquater
Komplexität zu steigern. Dahinter steht die Gefahr der „Explosion". Beide Effekte
lassen sich nur vermeiden, wenn es dem Rechtssystem gelingt, seine Strukturen
in einem stabilen Zustand zwischen den Extremen auszubalancieren. Zu diesem Zwecke wird es seine Prozesse möglichst gegen Interventionsmöglichkeiten
schließen und Komplexitätserhöhungen eher ablehnen. Deswegen entwickelt sich

eine Tendenz, solche Änderungen auf den „Gesetzgeber" zu schieben, sie jedenfalls nicht ohne Not oder gar in Form aufsehenerregender Umwälzungen in der
Rechtsanwendung zu etablieren.

Die Folgen sind dann abzusehen. Wer gehofft hatte, durch direkte und breit
angelegte Partizipation die Legitimationsbasis rechtlicher Risikoentscheidungen
zu verbessern, sieht diese Hoffnung zumindest theoretisch enttäuscht. Öffentlichkeitsbeteiligung im Rechtsverfahren selbst wird mit großer Wahrscheinlichkeit
delegitimierende Effekte nach sich ziehen, weil alle Kommunikationen innerhalb eines solchen Verfahrens, die sich am Code des Rechts orientieren, dazu
tendieren werden, andere Arten der Kommunikation auszufiltern und vom Entscheidungsprozess fernzuhalten. Wir können damit, wenn diese theoretische
Charakterisierung sich als zutreffend erweisen sollte, aus rechtssoziologischer
Sicht erklären, weshalb die Öffentlichkeitsbeteiligung an der Stelle versagt, wo
es darum geht, das Rechtssystem bei Risiko-Entscheidungen zu entlasten. Dabei
bleibt die Debatte um „Folgenorientierung", „strategisches Recht" in diesen
Schlussfolgerungen ausgeblendet. Es wäre gesondert zu prüfen, ob die vollständige „Öffnung" des materiellen Rechts zu erfolgreicher Öffentlichkeitsbeteiligung
beiträgt. Die am Beispiel der substitutiven Argumentationen vorgetragenen Überlegungen lassen mich jedoch eher zu der Ansicht tendieren, dass „strategisches
Recht" die hier beobachteten Probleme verschärfen würde.

Die Rekonstruktion liefert zunächst auf gesellschaftstheoretischem Niveau
eine noch recht grobe Beschreibung der Beziehungen zwischen dem Rechtssystem und seiner Umwelt im Falle riskanten Entscheidens. Eine genauere Untersuchung des Sachverhalts müsste solche Überlagerungseffekte darüber hinaus auch
auf interaktionstheoretischem Niveau darstellen können. Denn die empirische
Analyse müsste über ein begriffliches Instrumentarium verfügen, um nachzuwei-
sen, dass und wie sich die theoretisch vermuteten Funktionsdefizite der Bürgerbeteiligung im konkreten Erörterungstermin tatsächlich im Spannungsverhältnis
zwischen unterschiedlichen Wahrnehmungsweisen und Kommunikationstypen
niederschlagen (vgl. dazu Kap. 9–12).

Deshalb seien einige abschließende Bemerkungen zu einem diskurstheoreti-
schen Konzept erlaubt. Als Anknüpfungspunkt soll der Begriff der „Diskursformation" dienen (vgl. Kap. 10, auch Band 1 Kap. 2 und ausführlich Bora 1999).
Diskursformation wird hier als das einem Diskurs zugrundeliegende Ensemble
impliziter Regeln verstanden. Als „Diskurs" begreifen wir dabei einen kohärenten Komplex von Kommunikationen, der jedoch nicht notwendigerweise ein
System – etwa im Sinne der autopoietischen Systemtheorie – formieren muss.
Nicht jeder verdichtete Zusammenhang bildet zugleich auch ein System. Aus
diesem Grunde sprechen wir auch von einem „Ensemble" von Regeln; damit ist

ebenfalls angezeigt, dass es sich nicht notwendigerweise um einen systemischen Zusammenhang handeln muss. Der Begriff der „Regel" ist dementsprechend dem Strukturbegriff nachgebildet: eine Regel stellt eine Verknüpfungsbeschränkung zwischen möglichen Kommunikationen dar, wobei offenbleiben kann, ob es sich um semantische oder pragmatische Regeln handelt. Wenn schließlich gesagt wird, dass diese Regeln „implizit" seien, so wird damit klargestellt, dass solche Diskursformationen jenseits des subjektiven Bewusstseins von Akteuren liegen und dass sie insofern als objektive Gebilde zu verstehen sind.

Die Ähnlichkeit des Terminus Diskursformation mit dem Bourdieuschen Habitus-Begriff ist beabsichtigt, reicht aber zur theoretischen Bestimmung nicht aus. In seiner frühen, an Chomsky orientierten Definition versteht Bourdieu den Habitus als ein „System verinnerlichter Muster, die es erlauben, alle typischen Gedanken, Wahrnehmungen und Handlungen einer Kultur zu erzeugen – und nur diese" (Bourdieu 1970, S. 143). In gleicher Weise, wie Habitusformationen sich zu gesellschaftlichen Feldern verhalten, sind in dem hier dargestellten Theoriekontext Diskursformationen in gesellschaftliche Systemzusammenhänge eingebettet, ohne mit ihnen deckungsgleich zu sein. Wie für den Habitusbegriff ist auch für die Diskursformation ein sozial geformtes, transsituatives und transsubjektives Moment und damit auch ein gewisses Eigenleben („Hysteresis"-Effekt) charakteristisch. Jedoch wiegen die Bedenken gegen den von Bourdieu verwendeten Klassenbegriff ebenso wie gegen die Leib-Bezogenheit des Habitus schwer genug, um einer auf funktionale Differenzierung (statt Klassengegensätzen) und Kommunikationstheorie (statt „Inkorporation" des Habitus) bezogenen Begrifflichkeit den Vorzug zu geben (vgl. die Beiträge in Eder 1989). Dies soll in der Bezeichnung „Diskurs" zum Ausdruck kommen. Gleichzeitig sei aber auch darauf verwiesen, dass der Diskursbegriff hier nicht konsenstheoretisch – etwa im Sinne von Habermas und Apel – verwendet wird. Das Konzept knüpft stärker an semiologische, strukturalistische und psychoanalytische Traditionen an, die den Diskursbegriff normativ offenhalten. In dieser Hinsicht folgt sie mehr dem Programm Michel Foucaults und dessen differenztheoretischem und konstruktivistischem Ansatz. Foucault versuchte bekanntlich, Diskurse als gesellschaftliche produzierte und kontrollierte Serien von Kommunikationsereignissen zu beschreiben, die in ihrer Vielfalt zugleich auch die Polykontexturalität von verschiedenen „Diskursgesellschaften" innerhalb einer Gesellschaft repräsentieren. In seiner Inauguralvorlesung „Die Ordnung des Diskurses" hat er seine Theorie in diesem Punkt programmatisch verdichtet (Foucault 1970). Er skizziert nicht nur verschiedene Ausschließungs-, Disziplinierungs- und Verknappungsmechanismen gesellschaftlicher Diskurse, sondern stellt auch dar, wie sich innerhalb der „einen" Gesellschaft zahlreiche Diskurse überlappen.

Eben diese Polykontexturalität prägt auch das kommunikative Geschehen bei der Öffentlichkeitsbeteiligung im Rechtssystem – so jedenfalls lautet die Hypothese, die empirisch zu überprüfen wäre. Erörterungstermine als Kopplungsstellen zwischen verschiedenen gesellschaftlichen Subsystemen und ihren konkurrierenden Rationalitäten (Bora und Döbert 1993) wären demnach wesentlich bestimmt durch die Rivalität solcher Diskursformationen um die jeweils gültige Situationsdefinition bzw. den jeweils maßgeblichen Rationalitätstyp. Wenn sich dies als zutreffend erweisen sollte, wäre zu prüfen, ob nicht ein Teil des Kommunikationsbedarfs durch andere Formen wie Technikfolgenabschätzungen und „Runde Tische" übernommen werden könnte und wie gegebenenfalls die Ergebnisse solcher Dialoge in das Recht zurückgespeist werden könnten.

Dieses theoretische Konzept unterscheidet sich beispielsweise von dem kommunikationstheoretischen Ansatz der Studie über die Öffentlichkeitsbeteiligung bei umweltrelevanten Großvorhaben, die vom Kernforschungszentrum Karlsruhe und dem Forschungsinstitut für öffentliche Verwaltung der Hochschule für Verwaltungswissenschaften in Speyer durchgeführt wurde (Speyerer Forschungsberichte, Bd. 70, vgl. Lang 1988). Der Hauptunterschied liegt darin, dass der hier vorgestellte Ansatz auf unterschiedliche Systemrationalitäten abstellt, deren unmittelbare Kopplung die skizzierten Reibungsverluste erzeugt. Dagegen zielt im Fall der Speyerer/Karlsruher Untersuchung die Beobachtung von „positioneller" und „Einwegkommunikation" eher auf das Verhalten einzelner Verfahrensbeteiligter ab, das sich korrigieren ließe. Solche optimistischen Annahmen über den Erörterungstermin in seiner bisherigen Form erlaubt der hier vorgestellte Ansatz wahrscheinlich nicht.

Außerdem sollte in diesem Kapitel jedoch auch gezeigt werden, dass es gewinnbringend ist, Risikoentscheidungen und Öffentlichkeitsbeteiligung aus rechtssoziologischem Blickwinkel unter die Lupe zu nehmen. Man schärft dadurch den Blick gerade für solche Situationen, in denen die Limitationen des Rechts den Verlauf und den Ausgang von Kommunikationen entscheidend zu beeinflussen vermögen. Wenn so die empirischen Ursachen für Misserfolge der Öffentlichkeitsbeteiligung bei rechtlichen Risikoentscheidungen besser nachvollziehbar würden, bestünde vielleicht auch die Hoffnung, neue Formen und Foren zu finden, in denen sich partizipatorische Absichten besser realisieren ließen als in den anscheinend wenig erfolgreichen alten.

Teil IV
Verantwortung, Zurechenbarkeit

Communicative Shifters—Responsibility as Ultimate Normative Addressability

The semantics of responsibility has made its career in science and social practice. While, for instance, the idea of Corporate Social Responsibility (CSR) has gained a certain prominence in economic discussions (for instance ISO 26000 on Corporate Social Responsibility, see Chap. 3), science has become increasingly sensitive to ethical questions related to responsibility (cf. Deutsche Forschungsgemeinschaft/Nationale Akademie der Wissenschaften—Leopoldina 2014; Bora and Kaldewey 2012). In European politics, "Responsible Research and Innovation" and its corresponding regulatory approaches have become central principles for Governance, as evidenced by the EU's "Horizon 2020" programme (von Schomberg 2013; Grunwald 2011; European Union 2013; European Commission 2011). On the other hand, the current volume is, at least to a certain extent, based on a theoretical doubt about the meaning, scope, and explanatory potential of the semantics of responsibility.

In the following I will discuss the function of responsibility in legal regulation in order to ask whether, to what extent, and with what kind of consequences the social form (semantics) of responsibility can be replaced in new regulatory forms. These new forms have been emerging for some time, particularly in the context of recent developments in the study of governance. My argument will be that in the context of governance and reflexive regulation, we can study new

Revised and extended version, original text published in: *Soziale Systeme* 19 (2016), 2, pp. 457–469, supplemented by "Kommunikationsadressen als digitale Rechtssubjekte. Anmerkungen zu Gunter Teubner: Digitale Rechtssubjekte? Haftung für das Handeln autonomer Softwareagenten" in: *Verfassungsblog*, https://verfassungsblog.de/kommunikations-adressen-als-digitale-rechtssubjekte/.—I am greatly indebted for valuable advice to Kristina Heinrich and Evelyn Schmidt, participants in my research teaching course (*Lehrforschung*) 2020 on Robot Judges.

© Der/die Autor(en), exklusiv lizenziert an Springer Fachmedien Wiesbaden GmbH, ein Teil von Springer Nature 2023
A. Bora, *Reflexion des Rechts – Beiträge zur responsiven Rechtssoziologie*, https://doi.org/10.1007/978-3-658-40787-2_14

forms of responsibility attribution. The changing regulatory landscape, pars pro toto indicated by the term governance, is an implicit point of reference for my argument (cf. Bora and Münte 2012; see also Chaps. 3 and 4). The law is especially inventive in this regard. However, there are some minimal requirements for the attribution of responsibility. The most important of these requirements, as it seems to me, is a certain quality of the social address assuming responsibility. In new forms of regulation, the question is whether these minimum requirements are still fulfilled. The thesis being advocated in this chapter claims that responsibility, in all forms of regulation including the most advanced models of risk-based regulation and ultra-cyclic coupling between autonomous social realms, requires addresses, which operate in the medium of meaning. Against this background the question finally arises, how regulation can work under conditions where it becomes increasingly difficult to identify such addresses. This holds even more true, in a new and challenging way, especially for algorithms involved in judicial decision-making. Here the question arises, how and, if so, in which way, algorithms may be conceived as legal subjects. Communication theory, as I will try to elucidate, offers—if not final solutions—at least some points of reference for a theoretical solution in this respect. I will argue in four steps: First, I will describe responsibility as a normative figure requiring social addresses of a certain kind (14.1). Second, I will discuss different forms of addresses having emerged in legal semantics—from the individual person to organisations, networks, and hybrid regimes (14.2). Third, I will briefly mention a few limitations of responsibility as a means of government and argue that governing without responsibility—as some newer theoretical contributions seem to suggest—might be stretched to its limits. Like other core semantics, responsibility seems to have an ambiguous character (14.3). Fourth, I will deal with an argument put forward by Gunther Teubner claiming that algorithms might be referred to as legal subjects. This being a rather provocative suggestion with respect to legal dogmatic, I will try to indicate that sociological theory of law offers a responsive contribution to the debate, taking dogmatic concerns into consideration, interpreting them as sociologically instructive and answering with a theoretical concept, which could be integrated in both jurisprudence and sociology (14.4).

14.1   Responsibility as a Normative Figure

Responsibility is a venerable issue in philosophy, primarily in ethics (e.g. Glover 1970; McKenna 2012; Bayertz 1995; Jonas 1979), where it originally appeared as theories of guilt or imputation. I will not go into the details here, but rather try to summarize some aspects that seem to be relevant for contemporary questions of societal regulation (cf. Chap. 15). In the aforementioned ethical context, the semantics of responsibility was coined in a very specific way. In ancient Rome, the terms *culpa* and *periculum* described the semantic field of responsibility. The verb *respondere* meant "to answer, to reply". A noun comparable to responsibility did not exist. It cropped up only in late medieval or early modern times. According to its etymological roots, the pre-modern and modern concept of responsibility refers to the social position of a speaker in a conversation, responding to questions or claims. In its nucleus, one may say, responsibility describes a dyadic communicative relation. The German word *Verantwortung* also bears this meaning of answering to another's questions (cf. Lucas 1993). Between the fifteenth and seventeenth century, it was an expression of the Latin *apologia* or *defensio*, for a general defence; and more specifically it was a justification at a court or in front of god's judgement seat; and finally, and very ambiguously, it was for any justification in general. Temporally, responsibility is retrospective, i.e. it refers to an action, decision, or event that lies in the past.

Since the seventeenth century, and at least since Kant, an additional use of the term can be observed. The temporal orientation altered from past to future. As an abstract state, responsibility represented a very general relation between a social address and possible future events. The retrospective act of justification, which coined the original meaning, was now nothing more than a prospective future possibility. In this understanding, responsibility was attributed to a social address, comprising a future justification of an action and its impact. This evoked the possibility of compensation for injurious effects caused by an actor's behaviour. In other words, as a prospective term, responsibility expresses a *normative expectation*. Such attribution of future events to social addresses and their coupling with normative expectations describes a very complex development in societal semantics, which emerged during early modern times as a consequence of the social and cultural revolutions that brought forth new temporal structures in society. As a result, new possibilities of addressing future events to individual actors were enabled, thereby creating the before-mentioned form of prospective responsibility (Koselleck 1979; Hölscher 1999).

In its contemporary understanding, responsibility is being used in both regards: as retrospectively and prospectively meaningful (cf. Werner 2006; Lenk and Maring 2001). In the social dimension it couples social addresses with events in a particular way. Both retrospective and prospective modes imply cognitive (namely causal) and normative (moral, or legal) expectations. The normative aspect of the prospective form is also the *conditio sine qua non* of the retrospective form. Both formulate counterfactually stabilized normative expectations to address future actions, decisions, and events. The retrospective mode of responsibility does so by referring to the past, thereby confirming normative expectations related to actions, decisions, etc. that have already occurred. In other words, "thou shalt" is also the core of the semantic "you should have". In both forms, responsibility couples futures to social addresses, making them cognitively expectable and causally attributable. Moreover, it does so in the form of duties, which manifests modes of expectation that are impervious to disappointment.

Responsibility, then, describes the addressability of a specific normative expectation to basic communicative entities. In doing so, it functions like a "shifter" in linguistic theory, i.e. (Jespersen 1969, pp. 123–124; Jakobson 1990, p. 388) as a very general form that can only be used with reference to a given context and that changes its reference in the process of communication. It operates indexically, as it were. For instance, personal pronouns are shifters.

The lexeme "I" designates both the speaker and the "I" referred to. In a similar way, responsibility only works as mode of addressing normative expectations, insofar as rules or instruments of limitation are operating, which stop the circulation of responsibility. They constitute indexicality and thereby create distinct or, more dramatically, "ultimate" addressability. Responsibility, performing as a communicative concept of addressability, then occurs in the three dimensions of meaning (Luhmann 1995a, Chap. 2). In the temporal dimension, it distinguishes stable, contra-factual versus cognitive expectations. In the factual dimension, it distinguishes causal imputability versus coincidence. In the social dimension, it operates on the distinction between actuality and potentiality, separating meaning-operating addresses as conditions for addressing normative expectations from all other types of addresses.

With these introductory remarks, it should be clear how the semantic construct of responsibility constitutes communicative addresses for normative expectations. In addition, the dyadic form of responsibility has been emphasized as a precondition for the social attribution of events to addresses. Finally, with the term "shifter", the semantics of responsibility's operative character has been highlighted, namely the indexical "fixation" to an "ultimate address".

14.2   Forms of Ultimate Addressability

An additional remark is necessary with regard to responsibility in a sociological context. If we ask what kind of operation would constitute the attribution of responsibility, we can position the semantics of responsibility within the context of system-environment observations. Within this realm, responsibility is a form of second order reflection. Reflection in general is one of three fundamental forms of self-reference. Niklas Luhmann speaks of "basal self-reference when the basic distinction is between element and relation", of "reflexivity (processual self-reference) when the basic distinction is between before and after", and of "reflection when the basic distinction is between system and environment" (Luhmann 1995a, p. 443). Second order reflection, then, means a system's observation of another system's observation of the first system's distinction between system and environment. Through second order reflection, the reflection of an observed system becomes the object of the observing system's reflection. Two observing loops are entangled in a way that can be understood in a way that is similar to what Teubner (1991) calls an ultra-cycle. Second order reflection may be described as a system's ability to understand itself as a part of a complex interconnected whole and to comprehend the functional and evolutionary prerequisites of others' parts (Willke 1992a, p. 77). From this perspective, responsibility functions as a specific form of *responsivity*. In other words, as an ability to reflect on—to answer to—expectations observed in other systems (Bora 1999, pp. 387–392; in a different context see Fisher and Maricle 2014).

This point may be demonstrated with the example of legal responsibility. With regards to subjective rights, legal self-description refers to an "environment in which self-referential systems cause turbulences that can neither be controlled nor be brought in a hierarchical order" (Luhmann 1993, p. 537). It holds true also for duties—the back side of rights—and therefore also for responsibility as a quality of those meaning-operating self-referential entities to which normative expectations can be addressed. As Luhmann notes, the unpredictability of these entities (contingency) is the deeper reason for the normativity of expectations (now also Luhmann 2013). Moreover, their meaning-operating ability, their ability to "respond", so to speak, is the reason for addressing responsibility claims to them.

With this conceptual turn, the notion of responsibility takes on a more generalized meaning compared to its philosophical counterpart and thus becomes more sharply contoured for sociological analysis for two reasons. First, it shows that only systems, which operate in the medium of meaning, are able to observe in the way described above. Second, responsivity—much more than the old European concept of responsibility—refers to any kind of meaning operating system. It enables us to scrutinize contemporary forms of "ultimate addressability", far beyond single persons and their consciousnesses. Under these conditions, a question arises asking what kinds of social entities may serve as addresses in the before-mentioned sense, allowing normative communication to fix the symbol of responsibility to a social anchor. There are a variety of addresses that might function as solutions for "ultimate addressability". Adopting an idea that Karl-Heinz Ladeur (2011) has formulated in the context of the debate on New Constitutionalism, one may distinguish three conceptually different types of addresses. This is done also in a certain historical order of individuals, organizations, and networks.

(1) Individuals (individual persons): the individual person, equipped with subjective rights and complementary duties, may be understood as the basic form of social addressability. All kinds of obligations and normative expectations are traditionally being addressed to persons. The concept of the "person", closely related to "subjective rights" and complementary duties calling for responsibility, is the evolutionary hub for modern understanding (Luhmann 1980). According to this modern attribution, it is the individuality of the person that allows for "ultimate addressability". The individual describes the point of the self-referential system causing turbulences without further causal references. Agency, authorship, and responsibility can be fixed to this point.
Whether or not the concept of "person" is in any way applicable or comparable to machines, respectively *algorithms*, will be discussed further down in part four of this chapter.

(2) Organizations (legal persons): legally, organizations, including the state, take the shape of the legal persons. Their "collective" character, i.e. their communicative complexity and structure, is condensed into a single address, and operates in an analogous manner to individual persons. As legal persons, organizations are equipped with rights and duties, and consequentially with responsibility. Because organizations are socially addressable, this form does not cause any general problems. For example, corporate responsibility can be communicated as if the organization had acted like an individual person. In a second step, this organizational responsibility often ends in personal responsibility. Within the organization, normative expectations are being addressed to persons holding positions. Highly complex regulations like ISO 26000 (Corporate Social Responsibility) bear the burden of re-specifying the "external" unity of the legal person into "internal" differences between organizational (administrative) positions and the responsibilities attributed internally to the individual persons holding those positions. Where this does not work, due to the complexity and sometimes vagueness of organizational programs, responsibility may be superseded by concepts of liability (*Haftung*). Financial, product, and corporate liability, like other forms of strict liability, seem to have this capacity too. However, liability in this sense, i.e. without any

reference to responsibility, does not function perfectly as a form of "ultimate" addressability. The attribution of liability to a social address requires additional justification for tasking this particular address. The juridification is usually delivered by concepts of responsibility.

The first two types of responsibility—addressing individual or legal persons—both make use of their communicative capacity. Individuals and organizations can be treated in communication as addresses with the ability to operate in the medium of meaning, i.e. as meaning-operating systems, and with the additional capacity to "answer" as speakers.

However, if we turn our attention to contemporary phenomena in a more fragmented and polycontextural society, it often seems that responsibility vanishes. This isn't too surprising when considering that society as a whole cannot be addressed in this way. "Society", as Peters Fuchs (2013, p. 103) says, "is not a *responsible being*: it cannot answer" ("… die Gesellschaft ist kein responsible being: Sie kann nicht antworten"). The non-addressability of society causes irritation for critical approaches. As Fuchs (pp. 104–105) points out, "like its functional systems, [society] is in-addressable … and therefore is neither capable of receiving complaints nor providing satisfaction." ("Sie [die Gesellschaft] ist wie ihre Funktionssysteme inadressabel … ist also weder appellations- noch satisfaktionsfähig.") According to Fuchs, the basic lack of addressability is one of the reasons for social critique. Such critique treats society as if it where addressable and therefore able to respond. Ulrich Beck, some time ago, criticized "organized irresponsibility". More recent approaches, some of which are subject of the discussion in this volume, argue in a more differentiated way and without critical impetus. They claim that the symbol of responsibility shifts towards new types of addresses, such as objects, networks, or regimes.

(3) New addresses: The latter positions pose a serious challenge to the concept of responsibility. How can responsibility be conceived of with respect to addresses whose "answering" capacities seem worthy of discussion? I will briefly discuss three phenomena that are candidates to be "new" addressees.

(a) Objects, things: One could argue at this point that objects as physical things may symbolize trust, thereby absorbing responsibility. Such an argument has been put forward by Bruno Latour's actor network theory (ANT) (2005) and by quite a number of sociologists in science and technology studies (cf. Rammert and Schulz-Schaeffer 2002). With good reasons, these approaches look for solutions to the problem of addressing non-human beings. One of the

characteristic discussions in this field treats non-human entities as analogous
to humans. As a result, ANT develops a terminology which employs "actants" and "actors" as synonyms. It refers in a very broad sense to all kinds
of objects that cannot be called meaning-operating. The theoretical point of
ANT, which personifies objects (physical objects, also plants or animals) and
treats them like addressable persons with the ability to answer, is so striking
because it can refer to everyday practices. On the other hand, the analogy between actors and objects seems to be rather audacious. From a sociological
viewpoint, it seems recommendable to ask about the function of personali-
zing objects. For Teubner, this function mainly provides a means of coping
with uncertainty:

> "Economists refer to saving transaction costs in multi-party contracts, sociolo-
> gists point to coordination advantages of resource pooling, while lawyers tend
> to stress the ›legal immortality‹ of incorporated objects—the church, the state,
> the corporation. Luhmann hypothesizes that once social systems are personified,
> they gain considerable positional advantages in contacts with their environment.
> Latour envisions chances to widen the number of potential candidates for partici-
> pating in the political ecology. These are important insights, nevertheless, I would
> like to stress a different aspect. In encounters with non-human entities, their per-
> sonification turns out to be one of the most successful strategies of coping with
> uncertainty. Personification which transforms a subject-object relation into an
> Ego-Alter-relation does not produce Ego's certainty about Alter but makes Ego's
> own action possible in situations where Alter is intransparent. Treating an object
> ›as if‹ it were an actor transforms the uncertainty about causal relations into the
> uncertainty how the partner of the interaction will react to Ego's actions. This
> puts Ego in a position to choose the course of action, to observe Alter's reactions
> and to draw consequences." (Teubner 2006, p. 6).

In order to specify this argument, I would suggest that in coping with uncertainty, objects can somehow symbolize responsibility. Responsibility, as I
tried to argue, is a symbol for the contingency of "ultimate" addresses and in
this sense stands for the reduction of uncertainty. However, treating objects
as if they were actors implies *per definitionem* the attribution of the ability
to answer. As I argued before, this ability distinguishes meaning-operating
systems. Therefore, objects will bear responsibility only by the legal construction of personal or organizational addressability, or an analogous legal
form. Such addressability will usually be attributed—again!—to persons who
are responsible *for* the respective object. The law has provided established
solutions for this since roman times, going back to the figure of *pater fami-
lies* and the concept of property. This was central in expressing how one was

responsible for other persons and objects (i.e. children, slaves, and women). The ultimate address in this case was a person. The same figure still works in modern law with respect to objects. In terms of legal responsibility, objects don't stop the circulation of the symbol but instead refer to persons or organizations behind them. For example, one may think of a car-owner, who is held legally responsible by strict or absolute liability, regardless of his or her culpability. As far as I can see, this holds true for all kinds of objects. The symbol of responsibility is fixed to an individual or legal person. A normative reflection theory, which would like to seriously attribute responsibility to objects would have to conceive of them as meaning-operating. This might be possible, if information technology or biotechnology could create autopoietic, meaning-operating artifacts. There is an old and broad ethical debate on this topic, which I will not continue here.

(b) Hybrids: Perhaps there are more realistic options than autopoietic meaning-operating objects. Teubner (2006) speaks about "hybrids" between machineries and humans. Karl-Heinz Ladeur (2011) has suggested that networks are self-regulating social entities. Referring to Castells and others, he interprets modern society as a network society, which is characterized by disperse textures of social actors and entities. These networks are barely controllable from the outside, but rather constitute their own, internal mechanisms of control. One of his favourite examples is the regulation of the internet, where he suggests building normative expectations on the self-regulation forces of networks and even avatars. The proposal bears the consequence of a rather strong juridification—some even criticize it as juristocracy. To a certain extent it seems as if responsibility would be allocated to legal courts in this model. However, putting aside the details, its structure again entails the attribution of responsibility—as an "ultimate" answer—to individual or legal persons.

(c) Regimes: In an even more abstract form "hybrid regimes", Teubner (2012) suggests new points of addressability. In this respect, debates on new constitutionalism may be related to the issue of responsibility. Fragmented constitutions have, among other aspects, the function of making fragmented regimes in world society socially responsible. They are expected to limit the affluent operations of these regimes.

With these few examples, one can observe how constructs of attributing responsibility, and seemingly also of the shaping addresses, move away from classical models—i.e. the individual, "humans"—and in the direction of organizations; and even more challenging, to objects, networks, and regimes, and algorithms, as we will discuss later. Traditionally, responsibility represented a specific sort of address—a meaning-operating address. The question now is whether and to what extent regulation will function without such addresses. Do we need communicative addresses, in other words, in order to apply legal regulation?

14.3   Governing Without Responsibility?—Ruling as Essential Aspect

Governing and regulation are traditionally designed as modes of social addressing. Observing the semantics of governance, it seems as if the situation has changed. I will not discuss the term governance here (see Chaps. 3 and 4; Bora and Münte 2012) but will rather use it as a semantic indicator for empirical phenomena, which seem to point to new forms of *distributed addressability and diffusing, perhaps fading or vanishing responsibility.*

14.3.1 Limitations of Responsibility

Before asking whether governing without responsibility is possible and what its consequences might be, I would first like to mention a few limitations of responsibility itself.

First, we might say that responsibility is a symbol with rather high mobility. Social addresses of all kinds tend to pass on responsibility whenever possible. Rather strong normative efforts are therefore necessary to fix responsibility to an address. All kinds of normative, especially legal sanctions can be viewed as functionally related to this problem.

Second, due to this mobility, the symbol of responsibility is somewhat unclear. As I mentioned above, prospective responsibility, the appeal to take future attributions into present consideration, influences that future itself. It is part of the causes creating uncertainty about future events. Ethics of responsibility somehow deal with this challenge but are confronted with a certain problem of infinite regress and the question of stopping rules for attributing responsibility for responsibility (*Verantwortungsverantwortung*). In this light, it is easy to see how similar responsibility is to the concept of risk and why this might be one of the reasons for the high mobility of the symbol (Chap. 15).

Responsibility may indeed work smoothly as a means of identifying problems in social systems, as Fuchs (2013) has argued. However, as a means to solving a problem, it has certain weaknesses. It is not only the addressees of responsibility that tend to pass the symbol. Social systems also treat responsibility as a general medium that can be exchanged between different functional systems. The consequences lead to a temporal inflation of responsibility and a complementary—deflationary—exclusion from responsibility on the other side. Politics and law, for instance, may try to export responsibility to science by activation of expertise and the implementation of threshold values as well as other, similar instruments. Politics attempts to alleviate responsibility via juridification, or—much more relevant during the last decades—through economization.

One can say that such mechanisms of displacement seem to be characteristic for the normative symbol of responsibility. They raise the complexity of governance and seem to grow the more abstract the addressees of responsibility become. Altogether, therefore, we seem to observe a certain dissociation of responsibility in modern governance. From a sociological perspective, then, the question arises: is regulation—or in contemporary semantics: governance—possible without reference to responsibility and if so, what are the consequences? With these questions, the current chapter refers to the core element of regulation that has been treated in Chaps. 2 to 6 in this volume.

14.3.2 The Endless Recurrence of Addressing—Responsibility as Vanishing Point

Taking into consideration the recent developments and the phenomena referred to in the last chapter one could perhaps interpret responsibility as a dying semantic concept. One could, for instance, assume future viability (understood as "future-ability", *Zukunftsfähigkeit*, cf. Chap. 15) and learning as functional equivalents to responsibility. Indeed, there are indicators for a shift towards more cognitive mechanisms replacing ultimate addressability. On the other hand, the current chapter argues that these mechanisms will not suffice to replace responsibility completely. The reason for such inertia of responsibility semantics lies in its shifting ability. We have been describing responsibility as a normative shifter, i.e. as a normative symbol, which stops further circulation of normative expectations. In doing so, it also prevents re-entries, namely the self-application of normative claims, which tend to trigger paradoxical effects (Luhmann 2000). Against this background, responsibility occurs as a necessary *and* problematic figure: necessary in order to deal with re-entries and problematic—if not impossible— due to the difficulty of attributing the characteristics of meaning-operations to respective addresses. My assumption is that the most viable form of dealing with both these aspects consists of performing as a "vanishing point". The following remarks aim to outline this idea.

I have discussed a number of phenomena than can be described as new forms of attributing responsibility. If we accept the condition that responsibility at its core means addressing meaning-operating systems, we can see that some of these new forms might even be something different than responsibility. The question then arises: Does governing work without responsibility? I would argue that it clearly does, since there are many other instruments that do not build on normative expectations. One can think of economic incentives for instance, without the kind of responsibility that works with ultimate, social, or other meaning-operating address. To name just one example, the financial markets seem to function to a large extent in this way.

Such a shift towards more cognitive means of regulation also reveals the fact that governing without responsibility means renouncing normative expectations as means of regulation. Niklas Luhmann predicted such a shift from normative to more cognitive modes of expectation. However, it remains an open question of how generalizable such an assumption can be. I would argue that Luhmann's attention was much more directed to issues of normative validity claims and their sociological implications than to empirical predictions (Bora 2012b). The subprime crisis after 2007, and the Euro crisis after 2009 in particular indicated that demands for normative regulation will not fall silent. Therefore, the question, whether and to what extent responsibility will be able to go without what I have claimed to be its minimal requirement, namely the quality of meaning-operating addresses, is still interesting in the realm regulation.

We can identify organizations, networks, hybrid regimes, processes, and herds as potential candidates for the objects of regulation. Indeed, when it comes to the allocation of responsibility, the examples we've been dealing with until this point insinuate that behind all hybrids there are meaning-operating addresses. There is no doubt, of course, that we don't necessarily speak about human beings. The social world provides us with a variety of meaning-making addresses. Under modern conditions and with respect to the plurality of such addresses, human beings might become "the remaining stock for interests that are not worthy of being organized" (Luhmann 1993, p. 537). However, such a drive back to human addresses would not alone change the concept of responsibility at its core. The appearance of objects and machineries on the scholarly scene doesn't force sociological theory to treat them as if they were human actors. Rather, the semantics of responsibility will be adjusted in order to treat these phenomena as if they were part of meaning-operating systems (networks, hybrids etc.).

With respect to the attribution of rights, Ladeur (2011, p. 297) argues that even in the "society of networks": "[t]he reference is still the individual right, and the new supplementary elements only maintain the necessity of reproducing the individual rights within a comprehensive trans-subjective structure that as such remains invisible. One might claim quite rightly that the same is true for responsibility as the complementary figure to rights".

It remains to be seen whether the constitutionalization of regimes will provide for a sufficient normative basis in this respect. Apparently, constitutionalization depends on normativity and responsibility. However, if regulatory principles, values, and commitments should have regulatory effects, they need addresses to which they can be directed. Insofar as such principles, values, and commitments still have a normative character, the addresses will be—not only self-referential and unpredictable, but first and foremost meaning-operating addresses. Regimes, like functional systems, are not addressable (see also Teubner 2012, p. 70). Therefore, it's difficult to imagine how they could be made responsible. The anonymous "matrix" of the global world seemingly becomes "in-addressable" in the same way Fuchs had already characterized society as a whole. At this point, responsibility seems to somehow vanish.

However, in all these theoretical concepts, the vanishing of responsibility does not mean complete disappearance. While it's fading, responsibility simultaneously reconfigures in a certain way, namely as a vanishing point. In drawing, painting, and photography, vanishing points are points in a two-dimensional image where lines that are parallel in the three-dimensional world seem to converge. They are fictions, which help the artist construct the geometry of the picture.

Translating this metaphor to the world of law, we can describe responsibility as normative vanishing point. Like the two-dimensional picture, the binary communication of functional systems "flattens" the world in a sense, by selecting exuberant complexity through the filter of a highly specific, binary observation. In this flat, normative world of the law, responsibility marks a point, where rights and duties, agent and event, expectations and consequences, action and justification, all converge. In a multi-dimensional social world, we observe these lines as never converging, but rather disappearing in infinite spaces of functional systems, organizations, networks, hybrids, noncoded communications, etc. However, this does not aid in drawing a normative picture. As long as social regulation builds upon normative expectations, it is difficult to see how it could do without the vanishing points of ultimate meaning-operating addresses, which operate as indispensable aids to normative construction.

Tying up various aspects from the perspective of legal theory, one could argue that regulation without responsibility is at least one facet among others, an option for more cognitive modes of regulation as well as more mechanistic and more consequentialist versions. Strict liability—the reference to "actants" and networks—and other, similar mechanisms can be observed empirically. They describe challenges to law and to legal theory, which presumably will be solved by using derivative forms of addressability, which always include meaning-operating addresses somewhere in their architecture.

From a sociological perspective, one can conclude that a *complete removal of responsibility as a means of regulation might not be very probable*. Insofar, the aspect of ruling still remains central for every variety of governance (Chaps. 2–4). As a shifting symbol, responsibility enables communication to identify "ultimate" meaning-operating addresses, thus breaking the circulation of normative expectations and banning normative re-entries. This is, in other words, the inevitable function of responsibility in the process of applying normative expectations and law, even if the allocation of responsibility to certain addresses does not entice anything more than a vanishing point. A crucial test for such a theoretical claim can be found in the role of machines and particularly *algorithms as legal subjects*.

14.4 Digital Personhood

Besides persons, objects, and networks, also *algorithms* have become a subject of sociological theory of law, primarily from the perspective of decision-making and the aspect of responsibility connected to it. Artificial intelligence, in other words, has become a relevant issue with respect to the law. Since about 2000, artificial intelligence in the context of law has turned away from knowledge-representation techniques toward machine-learning-based approaches (Surden 2019, p. 1328). The debate about AI and law has since become vast. It is covering a very broad range of questions connected with the manifold legal and technological aspects of AI. Among these questions, there is, of course the potential for bias in algorithmic decision-making given reason to scrutinize effects on "people's lives or liberties (e.g., criminal sentencing), it is important to determine whether the underlying computer models are treating people fairly and equally" (ibid., p. 1335). Furthermore, it has been argued that algorithms may have difficulties in treating issues, which are "conceptual, abstract, value-laden, open-ended, policy- or judgment-oriented, [which] require common sense or intuition [], involve persuasion or arbitrary conversation [], or involve engagement with the meaning of real-world humanistic concepts, such as societal norms, social constructs, or social institutions" (ibid., pp. 1322 f.).

However, before addressing difficult legal issues like the ones just mentioned, the striking question is, whether algorithms can be understood as decision-makers at all, whether the law can, in other words, attribute responsibility to them. With respect to this issue of decision-making, legal science has discussed a very broad and hardly definable subject area of great heterogeneity under the keyword "legal tech" (cf. Cornelius 2019; Sorge 2006). This encompasses a broad spectrum of phenomena ranging from big data to algorithms, artificial intelligence and learning software to autonomous agents (for the following see also Goodenough 2015; Heinrich and Schmidt 2020).

On the one hand, this involves administrative simplification and assistance technologies, i.e. legal tech in the broadest sense, or expert systems such as myright.de, an expert system operating in the field of consumer protection and specialising in fine proceedings in connection with traffic offences. AI technology with administrative simplifying and assisting capabilities supports legal practice operations. These technologies include, for example, legal databases, language recognition programmes, time recording software and document creation programmes. The technical systems are very limited here. They execute programmes and consequently cannot learn independently or act autonomously.

Lawyers can also be assisted by technical expert systems. In some cases, these technical systems can also take over individual automated advisory services and legal activities. This is the case, for instance with, lawyer software or programmes that are used in probation decisions on the basis of automated recidivism forecasts (COMPAS, PSA, etc.; cf. Surden 2019; Mölders 2021a). Through machine learning, the technical systems can learn to recognise and apply patterns and regularities in large amounts of data on the basis of experience. Expert systems are mainly used to make previously standardised legal tasks more efficient and cost-effective. With these technical systems, it can be possible to process several thousand appeal or judicial proceedings in parallel. In the field of consumer protection, expert systems have been widespread for several years, which, among other things, advise consumers on compensation claims for train and flight delays (e.g. Flightright, EUclaim, refund.me), or help to check traffic violations.

In this respect, Legal chatbots are increasingly being used in private legal services in order to simplify client communication and to facilitate and support consumers in enforcing their legal claims. Chatbots are text-based dialogue programmes that have been programmed to conduct a conversation in natural language with a human user or other bots. However, they cannot reproduce the

entire range of communication. As a rule, chatbots are oriented and programmed to a specific task by means of stimulus-response rules. This means that their
interaction process is automated, and they function according to the principle
of "pattern matching". For example, possible answers to customer questions are
stored in a database, which are recognised by the chatbot through keywords and
output as an answer. Chatbots are thus limited in their functionality and not capable of communicating independently. However, they are widely used in the legal
sector. Many law firms now use legal chatbots as an online legal advice system
that can collect information and prepare mandates using an automated question-
and-answer system. These mandates are then processed by human lawyers. The
virtual appearance of a chatbot can vary from a purely textual interface to a virtual embodiment by means of avatars (de Vries and Möbus 2006, pp. 71 f.). The
more human-like a chatbot can communicate and appear, the closer and more
comprehensible a case can be brought to consumers. Legal chatbots are usually
either located on the corresponding company website or the company uses a chat
environment of a social network (e.g. Facebook Messenger, WhatsApp, Telegram
Messenger). A very well-known legal chatbot is called GINA. It laid the foundation for the automation of processes in the Los Angeles Superior Court. GINA
serves as an online assistant to the Court, helping tens of thousands of clients process their traffic citations online. When visiting the traffic section of the court's
website, litigants can interact with GINA to pay traffic tickets, register for traffic
school or schedule a court date.

Document analysis tools (e.g. Legal Smart Documents) are also widespread,
which enable the independent creation of contracts and other legal documents.
The creation of contracts can be (partially) automated by means of smart contracts. These smart contracts are self-executing, autonomous computer protocols
that can facilitate, execute and enforce commercial agreements between two or
more parties (Corrales et al. 2019, p. 5). Practical use cases of smart contracts
already exist in the car rental, insurance and financial services industries, among
others. Smart contracts (mostly) use blockchain technologies. Blockchain technology is a decentralised and distributed cryptographic digital "inventory" (Corrales
et al. 2019, p. 3) used to record transactions. Here, it functions as a consistent
transaction history on which all participating parties ultimately agree. In other
words, the blockchain allows them to send, receive and store value or information across a distributed peer-to-peer network of multiple computers (ibid.). In
addition, law firms are increasingly using software services that support lawyers
in providing legal advice and making legal decisions (e.g. Advocado, Leverton).
One of the legal tech companies in Germany is Lexalgo, which develops expert

systems tailored to lawyers for decision support and legal automation, which are adapted to the specific facts of the case.

On the other hand, and theoretically more challenging, *autonomous machine-based decision-making* processes are increasingly posing challenges to the law. The empirical cases include speed trading (Gruber 2016), and smart contracts (Müller and Seiler 2019). Recently, even digital jurisdiction (robot judges) has been discussed under the topic. In any case, such expectations can be found in the literature, for example with regard to the civil court in Hangzhou, which is sometimes referred to as "China's first digital court" or as a "virtual court" (Lichtenstein and Ruckteschler 2017), although it is likely to be a conventional civil court that has jurisdiction over online contracts and is tried in completely paperless electronic form. The same seems to hold true for the "Beijing Internet Court" (Xinhua and Liangy 2019).

The Robot Judge commissioned by the Estonian government has further ambitions (Velsberg 2019). Despite the name, this is more of an electronic dunning procedure, comparable to the German automated court dunning procedure, than a digital subsumption machine that would be able to legally interpret complex facts of life. However, the ambitions associated with the development of the software explicitly refer to a planned expansion to other areas of jurisdiction (Velsberg 2019). The "Robot Judge", equipped with artificial intelligence, shall be able to analyse legal documents and other relevant information and thus make decisions. It is envisaged that disputing parties will be able to appeal against these AI decisions to a human judge. The project should start in 2019 and begin resolving contractual disputes. Unfortunately, the available sources on the web currently do not go beyond the Estonian promises.

In any event, this type of AI in one way or the other includes autonomous learning AI systems. Technical systems examine, read and understand documents. They search not only for terms, but also for contexts. In doing so, they correspond to the most advanced development phase of AI development, at which they are capable of perceiving, understanding, acting and learning. Such systems could be used to replace entire occupational fields instead of individual tasks, as their task areas are more flexible, and they can act autonomously.

What is indeed exciting about these examples is not so much the question of how far their technical implementation has progressed in individual cases, but rather the fact that legal dogmatics and legal theory picked up on the development early on and are observing it closely. As will be discussed, they are running ahead of sociology and presenting it with challenges.

14.4.1 Autonomy, Association, Networking

In an article published in 2018 Teubner suggested to conceive of algorithms as "non-human members of society" (Teubner 2018, p. 36). AS he argues, these members "pose three new liability risks: (1) the risk of autonomy, which has its origin in stand-alone 'decisions' taken by the software agents, (2) the composite risk, which is due to the close cooperation between people and software agents, and (3) the network risk that occurs when computer systems operate in close integration with other computer systems." (ibid.) This presupposition requires a legal status for autonomous technological systems. In certain contrast to his position in the above-mentioned paper of 2012 his denies the idea of algorithms, software agents, human-computer associations or multi-agent systems as complete legal persons. Instead, he suggests that related the three risks, "a legal status should be granted to each of the algorithmic types that is carefully calibrated to their specific role" (ibid.)

Such a concept is interesting from the perspective of the sociology of law against the above mentioned empirical background because it approaches the large and current topic in a differentiated and comprehensive way. The concept of partial legal subjectivity in the three forms he discusses—autonomy, association, networking—seems particularly plausible from this perspective.

Sociologically speaking, the part on autonomy flags up the capacity of algorithms to act in the shape of a principal-agent problem in parallel to organisations. In doing so, it shifts away from ontological assumptions about human beings to a chain of communications, i.e. a de-psychologization of the legal points of reference. One could at best consider speaking of modalities of autonomy instead of—Teubner's terms—multidimensionally gradualized autonomy, since the concept of gradualization hides problems of scale. At the same time, however, the proximity to the sociological topic of "inclusion" becomes clear, which can be defined as a modally pronounced form of communicative addressability (Chap. 11).

Another sociologically relevant insight concerns the aspect of action. The view is often expressed that it is always the people who "ultimately" make the decisions and never the algorithms. Therefore, one reads the passage about digital contracts in Teubner's essay with all the more approval. It is virtually a collusive relationship between programmer, programme and operator that brings responsibility to disappear (and thus also liability for disruptions in legal relationships) in the programme or algorithm and thus threatens to cause difficulties for dogmatics—after all, they all "act" in compliance with all duties of care relevant to them. Unless one decides to attribute to the software and recognise that "agency" and "addressability" lie in the communication and decision-making process itself, and thus make it a communicative address in legal theory and dogmatics.

Finally, on the topic of "interconnection and networking", I think it is particularly clear that in the end it is about the question of ultimate addressability, i.e. where the "source" of legally relevant operations lies. The traditional answer, tried and tested for centuries, lies in concepts of the subject, the will, the person. Most of the jurisprudential debates mentioned at the beginning cannot do without assumptions about the nature of the person, his/her autonomy and the notions of a free will (as a result, for example, also the work by Chinen 2019). Teubner, however, reminds us with his contribution on "digital legal subjects" that such topoi may have become problematic over time. Philosophy, at least since Nietzsche, has seriously questioned the figure of human free will as the ultimate imputation of legal and moral responsibility. Recent research in developmental psychology and (neuro-)biology seems to support these doubts. The question has also been discussed in legal theory; Kelsen, for example, demystified the concept of person and conceived of it as a figure constructed in the theory of reflection of law (Kelsen 1934, p. 193: "Person" is "a construction of jurisprudence" (*"eine Konstruktion der Rechtswissenschaft"*); cf. also Altwicker 2015). In its reflection, law thus first generates the "personalisation" that it presupposes in its operations.

14.4.2 Personification

What does this "personification" mean from the perspective of sociology in general and the sociology of law in particular? General sociology has so far taken up the topic only very tentatively (cf. Esposito 2017; overview in Muhle 2019). Florian Muhle (2019) takes a sociologically consistent approach to communication theory, and his convincing critique of earlier, essentially essentialist approaches leads to a view that converges with Teubner's theses for the most part.

Muhle objects to the actor-network theory, saying that it propagates a concept that is not very meaningful in terms of social theory and that it leaves the self-supposed concept of the actor empty of content. Berger and Luckmann's social constructivism, on the other hand, makes the concept of the social dependent on the ability of living beings to act communicatively, as Muhle argues (ibid., p. 151). Smart contracts and the like could not be described with this concept. Both approaches, according to Muhle, thus place people at the centre of the analysis, "who interpret their environment against the background of their anthropological characteristics on the one hand and existing social patterns of interpretation on the other." (ibid., p. 153, my transl.) They thus hypostatise an "asymmetrical starting position in which it is already conceptually (...) pre-decided which entities are undoubtedly considered social actors ..." (ibid., my transl).

In Muhle's view, also pragmatist approaches do not help either. They rely, as he says, on a gradualized concept of action and pay the price of a barely con-cealed substantialism, an unclear criteriology of the concept of action as well as some methodological problems (ibid., p. 155). From a sociological point of view, Muhle's conclusion is thoroughly convincing: only communication can "personify", i.e. produce the addresses of attribution of communicative opera-ting that are designed as actors capable of will and action. "Personification is to be understood as a process in which communication calculates attribution points for communications." (ibid., p. 155, my transl.) "Accordingly, persons are not corporeal human beings, but communicative constructions or bundles of expec-tations through which communication gains a foothold in its environment ..." (ibid., p. 156, my transl.). This insight then goes beyond Kelsen's reflection-theoretical construction in the sociology of law: it is not jurisprudence that invents the subjects of attribution, but communicative practice that generates them in execution.

If this outlines the legal-sociological core of the communication-theoretical view, the question remains as to how exactly one should imagine Muhle's "per-sonification". Here his answers are perhaps a little too vague. Dealing with double contingency provokes, as it were, communicated expectations of expectation that merge into the contingency formula of the person. This is particularly convin-cing with regard to sociological systems theory (Luhmann 1995b). However, the aspect of social address or "authorship" is somewhat neglected, i.e. the answer to the question of who communicates something, to which point in the world, in other words, a communication can ultimately be attributed, which is always generated in communicative practice.

14.4.3 Deixis

This communicative task, as I will briefly discuss below, is always solved in every communication of expectations, primarily in the form of deixis and indexica-lity, for example in the use of personal and possessive pronouns, which function as *shifters* and create ultimate addressability. If one asks what communicative function personalizations have, what problem they solve in communication, it is obviously not about presupposed subject properties. Communications, as ope-rative selections of information, communication and connection selection, are not dependent on such theoretical sediments. Rather, one can assume, paradox avoidance lies behind this, which is created by means of the figure of ultimate addressability.

(Socio-)linguistics and communication theory can help decisively with this question of the means by which communications generate addresses. In this context, the role of deixis, and here again the special function of so-called "shifters" as linguistic means of deixis, is particularly striking. As already mentioned above, shifters are linguistic expressions that change their referent when the speaker changes (Jakobson 1971; Jespersen 1969; Fludernik 1991, p. 214). Typically, this happens at turn-taking points in oral interaction (ibid., p. 222). Here, shifters function as a linguistic expression of a (final) address, as it were, and as a linguistic achievement independent of human subjects: "… the position of the addressee, as of a third person,—a potential addressee and speaker—is a linguistic construct projected by langugage and not necessarily filled by the actual presence of 'alien' (alius/alienus) subjects" (Fludernik 1991, p. 219). Shifters symbolise the position of a speaker that can no longer be evaded, which is conventionally referred to as subjectivity (ibid., p. 222).

Shifters are an essential aspect of deixis in interaction. At the interface of language and perception, the situatedness of communication is established (Hausendorf 2003, pp. 263 ff.). Deixis uses linguistic or gestural means to highlight something as communicatively relevant that is based on sensory perception. Such deixis, referring to simultaneous mutual perceptibility ("perceived perception", Hausendorf 2003, pp. 259 f.), can certainly exist in man-machine communication, at least to some extent (cf. here, for example). As far as interaction is concerned, i.e. the premise of simultaneous mutual perceptibility, software agents can operate with shifters insofar as they perform the deictic or indexical speech acts outlined. *The theoretically interesting question is not whether they have a will or whether they resemble humans in this respect, but whether they take over turn-taking as addresses in communications in such a way that the basal reference change (shift) outlined above occurs with the change of speaker.*

14.4.4 Network Communication

However, legal theorists have in mind the far more complex situation of organisational or network communication, which does not take place under the condition of presence. Teubner addresses networked multi-algorithm systems, autonomous software agents whose operations can be described in terms of interaction. Can the sociological and linguistic concepts of interaction theory also be applied in this respect? First of all, clues can be found in linguistic theories of written communication. Here, too, linguistic means produce a minimum of deixis. In written communication, for example, deictic elements can be found in the use of personal and possessive pronouns, which function as shifters in the same way as in interaction, even though in written communication the author does not have to be named but can usually be assumed to be known. Deixis marks a reference space oriented towards the text and thus creates something like "readability". The other person must be able to assume that there is such a thing as authorship. This is facilitated by deictic expressions because they make a writer "readable", so to speak (Hausendorf et al. 2017, pp. 229 ff.).

There is little to be said against assuming shifters in non-oral communication as well, i.e. beyond interaction characterised by simultaneous mutual perceptibility, for example at the level of functional systems. Luhmann, for example, has described the functioning of validity semantics in the communications of the legal system as shifters (Luhmann 1993, pp. 101 ff.). *Geltung* (validity) deals with the problem of paradox, which was formerly occupied by the concept of the source of law and which symbolises the transition from one legal state to another at the operative level, i.e. the unity of the difference of a previously and subsequently valid legal state (p. 102). Validity symbolises belonging to a system (p. 103). It is not itself a norm, because law itself is not "expected" to apply, it does apply. Therefore, law can change without violating a norm as long as it can claim validity (p. 105). The symbol of validity brings about connectivity in the system as a circulating linking symbol that changes its reference depending on the situation and can thus be described as a *shifter* in its functioning and effect (p. 107). This idea of a symbol that only refers to the process that uses it and therefore changes its reference depending on the situation obviously applies to decisions that constitute law as well as to decisions that change law, i.e. to legislation, jurisprudence and also to private law-making through contracts. Person, declaration of will and validity are thus, as it seems to me, closely connected with each other on the level of their communicative functions in the concept of the shifter in the form of an address of attribution.

14.4.5 Authorship

The question of authorship in communications involving algorithms can be answered in an analogous way, namely with the insight that authorship is not generated by engineers and their attempt to build "human-like" machines, but by communication itself. For the theory of law, this might mean that it could consider abandoning subjectivity and will and focus on the formal structure of communication, in which the question of whether something can be attributed to a final address in the sense of classical personal authorship is answered on the basis of the "readability" produced by shifters or other deictic/indexical means.

Where to look for corresponding attribution points in legal dogmatics may still be disputed in detail. When should we attribute a communication to an instance where consequently all possible (liability) risks will accumulate? Whether communicative operations could take over this function would have to be shown by the progress of the debate. With a view to the sociology of law, however, Teubner's essay points to the way that a sociological theory of law could also take. For this reason, the text represents a courageous step in terms of argumentation, which enriches the legal debate with innovative proposals, but which above all also confronts (legal) sociology with the question of what it can contribute to the formation of legal theory concepts at this point—in other words, the question of its interdisciplinary relevance. Sociology, as was indicated above, has dealt with the "actor status" of machines and algorithms as well as their capacity to act in various ways, but only with difficulty overcomes the subject-philosophical hurdles. And at this point, one could argue with Teubner beyond Teubner as follows:

14.4.6 Ultimate Addressability

As far as the ultimate addressability of the "anonymous matrix" is concerned, the concept of "action" seems rather problematic, insofar as action means attribution to an actor. In any case, this is no longer the applicable in some of the examples discussed. Legal communication constructs *vanishing points* but does not make the flow of communication a collective actor. The metaphor of the vanishing point, as I argued above, denotes a communicative construct with the help of which communications grasp a complex, multidimensional and contingent world "two-dimensionally", as it were, just like the perspective drawing in which the three-dimensional world is represented in two dimensions with the help of vanishing points. The ultimate addressability thus destroys contingency. It reduces the distance in complexity between system and environment by increasing internally structured complexity. In this way, endless references—for example in the form of causal chains or externalisations of responsibility—can be stopped. Here, people, persons and subjects help out as long as an autopoietic theory of law is still considered objectionable in jurisprudence and sociology or is still in statu nascendi. As soon as its contours become clearly recognisable, however, one may then dispense with such constructs in legal theory and dogmatics. In the case of computer networks this is easy to understand because the digital world provides no evidence for attribution on which the law could build. In this case, the law creates its own addresses for attribution, which on closer inspection turn out to be vanishing points. Moreover, one could assume that on the operative level, attribution to final addresses brings about a similar solution to communication blockades as externalisations, ultimate rules of recognition, basic norms and symbols of validity are otherwise able to do in the face of threatening legal paradoxes. Against this background, it is then also very easy to understand sociologically how the law can succeed in attributing social and legal communication and decision-making capacity to autonomous algorithms and in describing the human-machine relationship as communication in the strict sense.

    If one takes this from both the sociological and the legal perspective as the impetus of theoretically reflected conceptualisation, the core of digital legal status is to grant legal subjectivity to algorithms as ultimate communicative addresses.

Zukunftsfähigkeit und Innovationsverantwortung – Zum gesellschaftlichen Umgang mit komplexer Temporalität

15

Das Thema Innovationsverantwortung liegt auf den ersten Blick ein wenig abseits des soziologischen Interesses. Denn die Soziologie leistet als Erfahrungswissenschaft keinen direkten Beitrag zu normativen Diskussionen über Verantwortung, sei es im Recht, sei es in der Ethik. Vielmehr erforscht sie zum einen die tatsächlichen Bedingungen, Möglichkeiten und Grenzen normativer Programme. Zum anderen fragt sie nach den hinter konkreten Normen liegenden sozialen Bezugsproblemen und nach Varianten für deren Lösung. In beiden Fällen kann sie die normative Debatte dann vielleicht indirekt befruchten. Im Falle der Innovationsverantwortung besteht das spezifische Angebot der Soziologie in der Analyse gesellschaftlicher Mechanismen, die eventuell ähnliche Funktionen übernehmen wie die Figur der Verantwortung in den genannten normativen Zusammenhängen. Aus einem derartigen Vergleich mit funktionalen Äquivalenten, so die zu Grunde liegende Idee, ergeben sich Möglichkeiten, die gesellschaftliche Leistungsfähigkeit des Konzepts der Innovationsverantwortung einzuschätzen.

Der Ausgangspunkt meiner Überlegungen ist ein wissenssoziologischer, auf die zeitliche Dimension von Verantwortung und ähnlicher Konzepte abstellender. Wenn man sich dem Thema der Innovationsverantwortung zuwendet, fällt auf, dass Innovation und Verantwortung einen Aspekt gemeinsam haben, nämlich eine – jedenfalls in spezifischer Hinsicht ausgeprägte – komplexe Temporalstruktur. Von dieser ausgehend plädiere ich im Folgenden für eine Forschungsperspektive, die den gesellschaftlichen Umgang mit Innovationen im Allgemeinen

15

Zuerst erschienen in: Eifert und Hoffmann-Riem (Hg.) 2009, S. 45–67. Portugiesische Übersetzung: Capacidade de lidar com o futuro e responsabilidade por inovações – para o trato social a tempor. In: Schwartz Germano (ed.) 2011. *Juridição des esferas sociais e fragmentação do direito na sociedade contemporânea.* Porto Alegre: Livraria do Avogado.

© Der/die Autor(en), exklusiv lizenziert an Springer Fachmedien Wiesbaden GmbH, ein Teil von Springer Nature 2023
A. Bora, *Reflexion des Rechts – Beiträge zur responsiven Rechtssoziologie*,
https://doi.org/10.1007/978-3-658-40787-2_15

und die rechtliche Innovationsregulierung im Besonderen auf deren jeweiligen Umgang mit der erwähnten Temporalstruktur befragt. Der entscheidende Gesichtspunkt scheint mir dabei in dem zu liegen, was ich Zukunftsfähigkeit nennen will. Zukunftsfähigkeit, so mein Vorschlag, bezeichnet allgemein die Fähigkeit sozialer Systeme, sich auf komplexe Temporalität einzustellen und in diesem Sinne dann evolutionär erfolgreiche Formen auszubilden. Ein wesentliches Merkmal von Zukunftsfähigkeit betrifft die Frage, ob und wie Gesellschaft und ihre Subsysteme Lernfähigkeit entwickeln und zur Verfügung stellen. Auch wenn ich als Soziologe, wie gesagt, kein normatives Konzept von Verantwortung vertrete, ergibt sich vor diesem Hintergrund die Möglichkeit, die gesellschaftliche Semantik der Verantwortung bzw. Verantwortlichkeit daraufhin zu beobachten, welche Leistung sie im Prozess der Entwicklung gesellschaftlicher Lernmechanismen übernehmen kann. Dieses Kapitel ist in vier Abschnitte gegliedert. Zunächst wird im Rückgriff auf einen früheren Beitrag im Rahmen des Projekts „Innovationsrecht" näher erläutert, inwiefern Innovationsregulierung eine komplexe Temporalstruktur aufweist (15.1). Im zweiten Schritt wird die Semantik der Innovationsverantwortung als eine von mehreren vorstellbaren Reaktionen auf diese Komplexität interpretiert. Zugleich werden die Probleme dieser Form der Komplexitätsreduktion skizziert. Die Zuschreibung von Verantwortung stellt für die Regulierung wissenschaftlich-technischer Innovationen eine an und für sich nahe liegende Lösungsfigur dar. In Folge ihrer strukturellen Verwandtschaft mit dem Konzept des Risikos weist sie allerdings auch einige risikotypische Schwierigkeiten auf (15.2). Im dritten Abschnitt werden deshalb Zukunftsfähigkeit und Lernen als funktionale Äquivalente für Verantwortungszuschreibung untersucht, mit denen die erwähnten Schwierigkeiten vermieden werden. Zukunftsfähigkeit – verstanden als die Fähigkeit zu evolutionär erfolgreichem Operieren in einer komplexen, durch gesellschaftliche Einflüsse selbst dauernd mit veränderten Umwelt – setzt, so die These dieses Kapitels, die Fähigkeit zu sozialem Lernen voraus. Mit dieser These knüpft meine Argumentation an eine in der Soziologie geführte Debatte an, die meines Erachtens in der zurückliegenden Zeit zu Unrecht ein wenig in Vergessenheit geraten ist. Das weite und begrifflich schwierige Feld der soziologischen Lerntheorie wird hier allerdings in keiner Weise vollständig ausgeleuchtet. Vielmehr geht es mir lediglich darum, dessen mögliche Bedeutung für Fragen der Innovationsregulierung einigermaßen plausibel zu machen (15.3). Im vierten Abschnitt versuche ich, den möglichen Gewinn einer solchen Perspektive im Hinblick auf Fragen der Innovationsverantwortung anzudeuten (15.4).

Das Feld der Zukunftsorientierung sozialer Strukturen ist soziologisch noch wenig erforscht. Eine „Sociology of the Future", die sich nicht in futurologischen

Prognoseversuchen erschöpft, sondern auf struktureller Ebene generalisierbare Erkenntnisse über die Funktion und die Formen gesellschaftlicher Zukunftsorientierung zu erlangen sucht, ist wohl erst im Entstehen begriffen und ermangelt noch vielfach der theoretischen Konsistenz (vgl. Adam und Groves 2007; Brown et al. 2000; Grunwald 2007). Dass sie in ausgearbeiteter Form einen Gewinn für das Verständnis der Problemlagen verspricht, die mit dem Konzept der Innovationsverantwortung verbunden sein könnten, soll in diesem Kapitel dargelegt werden. Im Modus des Versprechens liegt allerdings selbst schon ein Stück Konstruktion von Zukunft, das, wie ich sogleich zeigen will, mit Prognosen und Utopien hantiert und nur von daher seinen Gebrauchswert für die je aktuelle Diskussion gewinnen kann.

15.1 Die komplexe Temporalität von Innovationsregulierung

Mit dem Hinweis auf die Zeitstruktur von Innovationsprozessen und auf die Implikationen, die sich daraus für Regulierungsansätze ergeben, greift man auf den ersten Blick ein in der Literatur durchaus bekanntes Phänomen auf. Bei näherer Betrachtung bleiben jedoch spezifisch soziologische Ansätze eher selten.

Die Zeitlichkeit von Innovationen spielt zwar nicht nur in der Ökonomie, sondern auch in der Techniksoziologie und der soziologischen Innovationsforschung eine Rolle, bleibt aber dabei eher ein Nebenaspekt. Sie wird im Wesentlichen unter zwei Aspekten thematisiert. Zum einen sind für die Innovationstheorie zyklische Vorstellungen von Bedeutung, nach denen die Technikentwicklung allgemein einem zeitlichen Rhythmus unterliegt, der möglicherweise in Form allgemeiner Gesetzmäßigkeiten beschrieben werden kann (Braun-Thürmann 2005; Weyer 2008; Freeman und Louça 2001). Von Interesse waren immer schon die besonders langfristigen zeitlichen Strukturen, aus der Makroökonomie stammend und zunächst als Konjunkturzyklen verstanden. Bereits Schumpeter beschreibt Zyklen der Technikentwicklung als Kondratieff-Zyklen (Schumpeter 1939).

Daneben haben überdies Forschungen über Innovationsnetzwerke auf einen besonderen Synchronisationsbedarf zwischen wissenschaftlich-technischer Innovation und deren sozialer Umwelt hingewiesen, der sich aus den Eigentümlichkeiten netzwerkförmiger Innovationsprozesse speist. (Rammert 1997; Rammert und Bechmann 1997; Rollwagen 2008). Vor diesem allgemeinen Hintergrund stellt sich auch Innovationsregulierung als Frage der Synchronisation dar. Das hat beispielsweise Bender (1996) gezeigt, der Regulierung und Standardsetzung als normative Zukunftskonstruktionen betrachtet, die wiederum die Frage nach der Synchronisation mit den Prozessen technologischer Innovation aufwerfen.

Beide Ansätze, der makrostrukturelle Ansatz langer Zyklen wie der eher mesostrukturelle Ansatz der Innovationsnetzwerke führen zu der im Folgenden eingenommenen Perspektive hin, die in Abgrenzung zu den eben erwähnten als mikrostrukturelle Perspektive gekennzeichnet werden kann. Von der ebenfalls auf der Mikroebene angesiedelten ökonomischen Betrachtung von Zeitphänomenen, die insbesondere das richtige „Timing" von Innovationsentscheidungen problematisieren (Rollwagen 2008, S. 24 ff.), unterscheidet sich die mikrosoziologische Perspektive allerdings deutlich. Die Zeitlichkeit von Innovation und deren Regulierung wird in der recht umfangreichen mikroökonomischen Literatur zur zeitlichen Organisation von Innovationsprozessen in Unternehmen vorwiegend im Hinblick auf die Optimierung dieser Prozesse behandelt. Im Unterschied dazu geht es mir um die strukturelle Ebene der Deutungsmuster, vor deren Hintergrund dann solche Strategien erst ihren inhärenten Sinn entfalten. Dabei stößt man auf einen in den Innovationsprozess in viel grundlegenderer Weise eingelassenen Aspekt der Zeitlichkeit. Diese Zeitlichkeit wird sichtbar, wenn man Innovation, wie ich dies im Folgenden tun will, mithilfe einer wissenssoziologischen Begrifflichkeit zu erfassen sucht. Ich knüpfe damit konzeptionell an meine wissenssoziologischen Überlegungen zur Innovationsregulierung an (Kap. 5) und versuche darauf aufbauend die Funktion von Verantwortung zu präzisieren.

Wie Kap. 5 bereits ausführlich gezeigt hat, wird hier ein wissenssoziologischer Ansatz vertreten, mit dessen Hilfe die Herausforderung, die mit der Regulierung von Innovationen verbunden ist, sich in einem etwas anderen Lichte zeigt als aus einer auf die Synchronisation von Unternehmens-, Forschungs- und Verwaltungshandeln ausgerichteten Perspektive. Innovation wird in dieser Sichtweise als Ergebnis eines sozialen Deutungsprozesses verstanden. Damit ist kein naiver Sozialkonstruktivismus verbunden, der gewissermaßen jede Sachdimension hinter den sozialen Deutungen zu leugnen versuchte. Vielmehr geht es lediglich um den Hinweis, dass ein bloßer Wandel in der Sache selbst, das Hervorbringen einer Erkenntnis, die Entwicklung einer Technik als solche noch keine Innovation ausmacht. Diese kommt nach der hier vertretenen Auffassung vielmehr erst mit dem Hinzutreten einer Deutung des Hervorgebrachten *als* innovativ zustande.

Innovation umfasst, wie wir gesehen hatten (Kap. 5), drei Wissensformen, nämlich Inventionswissen (Wissen, das eine geistige oder materielle Hervorbringung ermöglicht), emergentes Wissen (Wissen, das mit der Hervorbringung generiert wird) und Innovations- oder Deutungswissen (Wissen, das die Deutung der Hervorbringung als Innovation bewirkt). Man erkennt vor diesem Hintergrund

die jedenfalls analytische Eigenständigkeit der sozialen Deutung im Innovationsprozess. Auch wenn man de facto von einem eng verzahnten Zusammenwirken
aller drei Aspekte ausgehen wird, so sieht man doch bereits an Hand der begrifflichen Unterscheidung, dass im Vollzug von Innovation das Zusammenspiel dieser
Wissensformen in eine im strengen Sinne rückblickende Deutung einer gegebenen Hervorbringung *als* Innovation mündet. Innovationen sind insofern zeitlich
komplex, als ihre Temporalstruktur die rein chronologische Ordnung der drei
Wissensformen mit einer rückblickenden zeitlichen Festlegung verschränkt. Das
als Innovation Gedeutete wird im Prozess seiner Durchsetzung erst *als neu*
interpretiert.

Innovationsregulierung als Wissensregulierung ist, wie in Kap. 5 gesagt
wurde, an diese Temporalstruktur angelagert (vgl. Rossnagel 1999; Hoffmann-
Riem 2006). Sie macht ihrerseits von verschiedenen Wissensformen Gebrauch,
die man Prognosewissen (Wissen über zukünftig erwartbare Innovationen),
Risikoentscheidungswissen (Wissen um unerkennbare zukünftige Innovations-
folgen und deren Zurechnung auf Entscheidungen) und regulierungstechnisches
Wissen (Wissen über Funktionsweise und Wirkung verschiedener Regulierungsinstrumente zukünftige Innovationen und Risiken) bezeichnen kann. Alle drei
Formen des Regulierungswissens operieren in je spezifischer Weise im Horizont
zukünftiger Ereignisse. Sie verkörpern jeweils den Umgang mit der Zukunftsof-
fenheit sowohl der Innovation als auch ihrer Regulierung. Sie stellen damit, so
kann man aus wissenssoziologischer Sicht sagen, Formen der gesellschaftlichen
Konstruktion von Zukunft dar.

15.2 Innovationsverantwortung und ihre Folgen

Die Semantik der Innovationsverantwortung scheint mir nun im Kern eine Reaktion auf diese komplexe Zeitlichkeit von Innovation und Innovationsregulierung
darzustellen. Dabei ist die Zukunftsorientierung, die auch den Begriff der Verantwortung beinhaltet, meines Erachtens der Schlüssel zum Verständnis dieser Figur.
Ich will dies verdeutlichen, indem ich zunächst etwas näher auf das Konzept der
Verantwortung eingehe und deren Probleme kurz anreiße. Zukunftsorientierung
wird daran anschließend als allgemeinerer Begriff eingeführt.

Verantwortung ist ein altes Thema der Philosophie, insbesondere zunächst der
Ethik (zum Folgenden auch Kap. 14). Dort taucht sie in der Antike wohl eher
in Gestalt von Schuld- bzw. Imputationslehren auf. „Verantwortung" erscheint
im älteren deutschen Sprachgebrauch etwa des 15. bis 17. Jahrhunderts zunächst

folgerichtig als Ausdruck für apologia oder defensio, also für Verteidigung allgemein und spezieller die Rechtfertigung vor Gericht, häufig auch Rechtfertigung vor Gottes Richterstuhl, sodann für Rechtfertigung ganz allgemein. Dazu kommt etwa seit dem 17. Jahrhundert, spätestens aber bei Kant, der Gebrauch im Sinne eines abstrakten Zustands der Verantwortlichkeit, bei welchem die Handlung der Verantwortung nur als Möglichkeit gedacht ist. Daraus erwächst auch der heute eingeführte prospektive Gebrauch im Sinne einer Pflicht, für *zukünftige* zurechenbare Handlungen bzw. Handlungserfolge gegebenenfalls, d. h. im Falle eines Schadenseintritts bei Dritten, Rechenschaft abzulegen, sich zu rechtfertigen oder für die Beseitigung von Folgen einzustehen.

Diese Zurechnung zukünftiger Ereignisse auf Personen und an diese Zurechnung geknüpfte Erwartungen stellt eine neuartige Verschränkung von Zurechenbarkeit und Zeitlichkeit dar, wie sie etwa in Form von Prognose, Vorhersehbarkeit, Folgenabschätzung zum Ausdruck kommt. In der neukantianischen Tradition hat bekanntlich Max Weber mit dem Prinzip der Verantwortungsethik eine solche, auf die Handlungsfolgen abstellende Betrachtung für den Bereich des Politischen etabliert (Weber 1917/19, S. 57 f.). Darin zeigt sich, wie beispielsweise schon bei John Stuart Mill die stark politische Komponente des Verantwortungsbegriffs.

In der heutigen Diskussion (vgl. zum Überblick Werner 2006; Lenk und Maring 2001) wird der Begriff der Verantwortung als Zuschreibungsbegriff in beiderlei Hinsicht verwendet, nämlich sowohl retrospektiv als auch prospektiv. Zurechnung wird dabei als Kopplung eines Ereignisses und eines Akteurs verstanden. Sie bewirkt, dass ein Ereignis mit Erwartungen an diesen Akteur in Verbindung gebracht wird. Die retrospektive Variante umfasst die Zurechnung von Handlungen bzw. Handlungsergebnissen auf konkrete Akteure. Die prospektive enthält die eher auf Rollen und soziale Positionen gemünzte Zuschreibung von Pflichten mit Bezug auf Situationen, Objekte etc. Beiden Verwendungsweisen liegen kognitive (nämlich kausale) und normative (nämlich moralische, rechtliche oder politische) Erwartungsstrukturen zugrunde. Die in der prospektiven Verantwortung enthaltene normative, auf zukünftigen Zustand bezogene Erwartung ist letztlich auch die Bedingung der Möglichkeit retrospektiver Zurechnung, in welcher normative Erwartungen an zukünftiges pflichtgemäßes Verhalten gewissermaßen rückblickend konfirmiert werden. Der prospektive Verantwortungsbegriff enthält damit auch bereits die spezifische verantwortungstypische, nämlich normative Form der Zeitbindung, also der Markierung von Zukunft im Horizont gegenwärtigen Operierens. Mit dem prospektiven Begriff der Verantwortung werden Zukünfte nicht einfach nur als kognitiv erwartbar und damit kausal zurechenbar, sondern enttäuschungsfest in Gestalt von Pflichten an gegenwärtiges Handeln und Entscheiden gebunden. Weitere Implikationen des Verantwortungsbegriffs – Handlungsfreiheit, normative Bedingungen der Auswahl kausaler Verknüpfungen (Sozialadäquanz) usw. – bleiben hier außer Betracht, da ausschließlich auf die Zeitdimension von Verantwortung abgestellt wird, weil sie auf das Moment der gesellschaftlichen Konstruktion von Zukunft im Verantwortungsbegriff aufmerksam macht.

Als prominentes Beispiel sei etwa an Hans Jonas' „ökologischen Imperativ" erinnert, der angesichts der in die „technologische Zivilisation" eingelassenen Gefährdungspotentiale explizit die Zukunftsdimension gegenwärtigen Entscheidens zum Thema macht: „Handle so, dass die Wirkungen deiner Handlung verträglich sind mit der Permanenz echten menschlichen Lebens auf Erden" (Jonas 1979, S. 36). Der Appell an menschliche Verantwortung hat hier ersichtlich prospektive Gestalt und formuliert mit Blick auf zukünftige Verhältnisse normative Erwartungen. Insofern ist die Temporalstruktur einfach gebaut und dem juristischen Blick vertraut. Bei näherer Betrachtung fallen allerdings zwei Schwierigkeiten auf, die mit dem zukunftsorientierten, prospektiven Appell an Verantwortung verbunden sind.

Zum ersten ist die implikative Form dieses Appells zu nennen. Zukünftige Zurechnungen sind nämlich entscheidungsabhängig. Wir setzen die Kausalketten, die wir in Zukunft möglicherweise für die Zurechnung benutzen werden, selbst in Gang. Und die konkrete Auswahl unter den gegenwärtig als Optionen zur Verfügung stehenden Handlungsmöglichkeiten wird als Entscheidung erfahren, die von den gegenwärtigen Deutungen abhängig ist, also von den Normen, Präferenzen und kognitiven Wissensbeständen, die den Horizont je aktuellen Entscheidens bilden. Damit wird jedoch die prospektive Verantwortung, der Appell an die Berücksichtigung zukünftiger Zurechnungsmöglichkeiten, selbst zu einem Teil des Unsicherheit erzeugenden gegenwärtigen Handelns. Mit anderen Worten: in sozialer Hinsicht ist die Berufung auf Verantwortung in die Erzeugung ihrer eigenen Effekte unhintergehbar eingebunden. Man kann nun diese Implikatur ihrerseits noch einmal ethisch – eben verantwortungsethisch – zu lösen versuchen. Dabei wird man mit einem Regressproblem konfrontiert und mit der Frage nach Stoppregeln für die Attribution von Verantwortungsverantwortung. Man kann die geschilderte Komplexität der Temporalstruktur andererseits aber auch in Form von Risikokalkülen klein arbeiten. Dieser Weg weist, wie ich andernorts zu zeigen versucht habe, auf einen wichtigen sozialen Mechanismus der Verantwortungsallokation hin, der allerdings in vergleichbarer Weise mit dem Problem fehlender Stoppregeln behaftet ist (vgl. noch einmal Kap. 5).

Das zweite Problem von Verantwortungsattributionen besteht aus soziologischer Perspektive darin, dass die Semantik der Verantwortung zwar als Form der Selbstbeschreibung in sozialen Systemen geeignet ist, Probleme zu identifizieren, dass die Problemlösung selbst aber in der Semantik keineswegs schon angelegt ist. Im Gegenteil, man kann eher beobachten, dass Verantwortung als generalisiertes Medium fungiert, in welchem Zurechnungsprobleme zwischen sozialen Systemen hin und her geschoben werden, mit der Folge von temporärer Verantwortungsinflation bzw. komplementär dazu mit deflationärer Angst an anderer Stelle, von der Übernahme von Verantwortung abgeschnitten zu sein, einer Angst, die dann beispielsweise gesteigerte Partizipationsforderungen nach sich ziehen kann. Auch dieser zweite Gesichtspunkt macht also Analogien zwischen Verantwortung und Risiko sichtbar und weist damit auch auf eine dem Verantwortungsbegriff innewohnende Schwäche hin.

Zusammenfassend kann man sagen: Verantwortung und Risiko werden typischerweise zwischen Entscheidern verschoben. Politik und Recht externalisieren beispielsweise auf die Wissenschaft durch die Verantwortungszuschreibung für Grenzwerte oder für die Stichhaltigkeit von Prognosen. Ähnliches kann gesagt werden für Prozesse der Verrechtlichung politischer Entscheidungsspielräume, aber auch der Ökonomisierung durch Versicherungslösungen und so weiter. Techniken der Risiko- und Verantwortungsverschiebung sind also ein allgemeiner und grundsätzlicher Aspekt von Innovationsregulierung. Diese Externalisierungs- und Verschiebungsmechanismen funktionieren freilich nicht nach dem Modell eines perpetuum mobile. Vielmehr rufen sie Effekte hervor, die sich als Wiederkehr des Verdrängten erweisen und Verluste erzeugen. So verursachen zum Beispiel die politischen Kosten partizipativer Externalisierung unter Umständen sogar sehr stark delegitimierende Effekte, etwa die so genannte Politikverdrossenheit, die gerade durch das Versprechen zivilgesellschaftlicher Partizipation in Kombination mit strukturell überfrachteten Partizipationsformen gesteigert wird.

Verantwortung erweist sich damit zwar im Umgang mit wissenschaftlich-technischen Innovation als eine nahe liegende – weil die in jede Entscheidung eingelassene komplexe Zeitstruktur aufgreifende – Semantik. In Folge ihrer strukturellen Ähnlichkeit mit dem Risikobegriff kopiert sie allerdings in gewisser Weise auch dessen Probleme. Diese bestehen in sozialer Hinsicht vor allem in einer schwer zu unterbrechenden Dynamik der Verschiebung von Entscheidungsrisiken zwischen den Funktionssystemen der Gesellschaft. Die tiefere Ursache dieser Dynamik liegt in der komplexen Zeitstruktur, die sowohl Risiko als auch Verantwortung charakterisiert und in der die Sachdimension (Gefährdung) und die Sozialdimension (Entscheider/Betroffene) im zukünftigen Zeitpunkt der Zurechnung verborgen das Hier und Jetzt des Entscheidens affizieren. Damit stellt sich aus der soziologischen Perspektive die Frage, ob es neben Risiko und Verantwortung weitere, funktional äquivalente Formen der Zukunftsorientierung gibt und welches gegebenenfalls deren Vor- und Nachteile wären. Gibt es andere bzw. komplementäre Optionen des gesellschaftlichen Umgangs mit komplexer Temporalität, also alternative Formen der gesellschaftlichen Konstruktion von Zukunft? Mit dieser Frage wenden wir uns dem Thema Zukunftsfähigkeit zu.

15.3 Zukunftsfähigkeit und Lernen als funktionale Äquivalente für Verantwortungszuschreibung

Kann man unterschiedliche gesellschaftliche Formen der Zukunftsorientierung in ihrer Leistungsfähigkeit miteinander vergleichen? Zur Beantwortung dieser Frage möchte ich das Konzept der Zukunftsfähigkeit benutzen. Vor dem Versuch einer Antwort ist jedoch ein rascher Blick auf die soziologische Zeittheorie und den Begriff der Zukunft erforderlich. Aus der eben angesprochenen wissenssoziologischen Perspektive hat Zukunft weniger einen ontologischen Charakter im Sinne tatsächlich auf uns zukommender späterer Ereignisse als vielmehr den Status einer zeitlichen Orientierung, die das je aktuelle, gegenwärtige Kommunizieren strukturiert. Zukunft bildet für alle sozialen Systeme den *Horizont* gegenwärtigen Operierens. Dieser Horizont wird in den Erwartungen gebildet, die in zeitlicher Hinsicht das gegenwärtige Operieren der Systeme orientieren. Gegenwärtiges Operieren bezieht sich immer in irgendeiner Weise auf den Horizont der Zukunft und wird von der Art und Weise geprägt, in welcher diese Zukunftsorientierung die Deutung der je gegenwärtigen Situation mitbestimmt. Diese Sichtweise gründet in der sozialphänomenologischen Tradition Edmund Husserls und Alfred Schütz'. Sie hat von dort aus Eingang in die neuere soziologische Systemtheorie gefunden, die sich im Einklang mit dem hier gewählten Ausgangspunkt als kommunikationstheoretisch fundierte Wissenssoziologie interpretieren lässt. Zur Erläuterung sollen einige kursorische Bemerkungen zum Konzept der Zukunft als Horizont bei Alfred Schütz und zur kommunikativen Konstruktion von Zukunft bei Niklas Luhmann dienen.

Alfred Schütz (1972) widmet sich in seinem Aufsatz „Tiresias oder Unser Wissen von zukünftigen Ereignissen" der Frage, in welcher Weise Zukunft das gegenwärtige Handeln zu strukturieren vermag. Letzteres beruht nach sozialphänomenologischer Auffassung stets auf routinehaft eingespielten Typen des Handelns, die Bestandteil des aktuellen, „zuhandenen" (Schütz 1972, S. 264) Wissensvorrats geworden sind und als solche gewissermaßen eine Folie für die Integration zukünftiger Ereignisse darstellen, so als ob diese bereits erfolgt seien. „Zuhandenes" Wissen ist, so Schütz, immer im Hinblick auf seine situative

Relevanz organisiert (ebd., S. 266). Handlungsroutinen schaffen so die Anti-
zipierbarkeit zukünftigen Handelns, das damit Teil des Horizonts je aktuellen
Handelns wird. Die „Typizität" von Erfahrung (ebd.) schafft zugleich die „Typizität zukünftiger Ereignisse" (ebd., S. 271), wobei man sich darunter keine
quasi naturwissenschaftliche Determiniertheit, sondern lediglich eine fallible
Erwartbarkeit „bis auf Widerruf" vorzustellen hat (ebd.). Die Fragilität dieses
Konstrukts und seine begrenzte soziologische Reichweite sind häufig kritisiert
worden und brauchen hier nicht zu interessieren. Wichtig an Schütz' Ansatz
erscheint allerdings auch heute noch die generelle Einsicht, dass Zukunft den
(immer gegenwärtigen) Horizont gegenwärtigen Handelns/Operierens darstellt
und von diesem Ausgangspunkt her soziologisch unter die Lupe zu nehmen
ist (ebd., S. 275). Zukunftshorizonte laufen, so kann man daher sagen, in
allen Situationen gewissermaßen mit und prägen die je gegenwärtigen sozialen
Erwartungen.

Dieses Moment der situativen Relevanz, also des Gegenwartsbezugs von
Zukunft – Grunwald (2007) spricht von der „Immanenz der Gegenwart" – wird
in der soziologischen Systemtheorie Niklas Luhmanns kommunikationstheoretisch eingebettet und damit soziologisch verfügbar gemacht. In einem Aufsatz
mit dem Titel „The Future Cannot Begin" (1976) unterscheidet er drei Konzepte
der Zeit. (1) In einem chronologischen Konzept erscheint die Zeit als kontinu-
ierliche Abfolge von Daten, wobei die Zukunft diejenigen Ereignisse enthält, die
nach der Gegenwart kommen werden. Dieses Konzept fügt sich allerdings nur
mit Mühe der alltäglichen Erfahrung diskontinuierlicher Zeitverläufe. Überdies
erweist es sich im interkulturellen Vergleich als nur eins von vielen möglichen.
(2) Ein modales Konzept der Zeit dagegen unterscheidet drei mögliche Formen
des Sprachgebrauchs – Gegenwart, Vergangenheit, Zukunft –, die gleichberech-
tigt zur Verfügung stehen, mit der Folge, dass man ein Ereignis in jedem der
Modi kommunizieren kann, dies allerdings wiederum nicht gleichzeitig, sondern
nur sequentiell. Dabei erweist sich der Vorteil des Konzepts – Gleichberechti-
gung der Modi – zugleich als Nachteil. Es ist blind gegenüber der Sonderstellung
der Gegenwart. (3) Diese wiederum wird in dem oben eingeführten phänomeno-
logischen Konzept deutlich sichtbar. Zukunft und Vergangenheit erweisen sich
aus dieser Perspektive als Horizont gegenwärtigen Operierens. In diesem Sinne,
so Luhmann, kann Zukunft auch niemals beginnen. Sie ist immer schon in das
Gegenwärtige eingelassen. Als Horizont begrenzt sie das Blickfeld und bleibt
dabei immer unerreichbar. Sie wandert gewissermaßen in gleichem Abstand mit
dem je aktuellen Operieren mit. In dieser Weise, so Luhmann, bildet Zukunft
einen Teil des aktuellen Wissensvorrats und trägt immer zur Definition der je
gegenwärtigen Situation bei (Luhmann 1976, S. 140).

Das Besondere an Luhmanns Argument besteht sodann darin, dass er das phä-
nomenologische Konzept modalisiert und auf chronologische Abläufe anwendet,
es also mit den beiden zuerst genannten Zeitkonzepten verbindet. Dies geschieht
mithilfe der Unterscheidung von gegenwärtigen Zukünften – also Projektionen,
etwa in Gestalt von Utopien oder Leitbildern – und zukünftigen Gegenwarten –
also technologischen Orientierungen, kausalen oder stochastischen Verbindungen
zukünftiger Ereignisse (ebd., S. 140 ff.). Die zu Beginn meiner Argumentation entfaltete Problematik offener Zukunft wird damit in temporaler Hinsicht
komplexer formulierbar, nämlich als gegenwärtige Zukunft, die Raum bietet für
mehrere wechselseitig exklusive zukünftige Gegenwarten (ebd.). Im Unterschied
zu früheren Zeiten erleben wir, so Luhmann, unsere Zukunft als einen Horizont überschießender, kontingenter Möglichkeiten, die wir, je mehr wir uns mit
ihnen befassen, umso stärker begrenzen müssen. Als „Futurisierung" bezeichnet Luhmann folglich die im Gegenwärtigen sich vollziehende Ausweitung von
(gegenwärtigen) Zukünften. Mit „Defuturisierung" bezeichnet er entsprechend
die Einengung gegenwärtiger Zukünfte. Beide Vorgänge bilden zusammen die
zeitliche Integration einer gegebenen sozialen Situation. Luhmann unterscheidet,
wie schon angedeutet, im Wesentlichen zwei Mechanismen der Defuturisierung, nämlich Utopien und Technologien. Während Utopien der Konstruktion
(nie erreichter, sondern in dem oben erwähnten Sinne immer „mitlaufender")
gegenwärtiger Zukünfte dienen, schaffen Technologien zukünftige Gegenwarten
(ebd., S. 143 f.).

Sowohl utopische als auch technische Formen der Defuturisierung kommen in
der modernen Gesellschaft vor. Es gibt in dieser Gesellschaft keine einheitliche,
gewissermaßen allgemein verbindliche Form der gesellschaftlichen Konstruktion
von Zukunft. Vielmehr kommt Zukunft in unterschiedlichen Funktionssystemen
in je spezifischer Weise zum Ausdruck. Der Grund dafür liegt in der charakteristischen Gestalt der Differenzierung moderner Gesellschaft, die als funktionale
Differenzierung zu einer Pluralität gesellschaftlicher Subsysteme geführt hat
(Luhmann 1997). In der Vielfalt gesellschaftlicher Funktionssysteme, so kann
man jedenfalls vermuten, werden wir ebenso vielfältige Formen der Defuturisierung beobachten. Vor diesem Hintergrund kann dann die Frage gestellt werden,
welchen Stellenwert Zukunft in den einzelnen Funktionssystemen erlangt, ob
diese in ihren Operationen etwa gezielt gegenwärtige Zukünfte produzieren oder
ob sie im Gegenteil versuchen, die Thematisierung von Zukunft zu vermeiden
und mit welchen Mitteln dies jeweils geschieht.

Bei der Auswahl solcher zukünftiger Gegenwarten kommen Präferenzen, also
Werte zum Einsatz. Und diese Konstruktion zukünftiger Gegenwarten bringt
neue Kontingenzen ins Spiel, in Form von Überraschungen und Abweichungen

vom vorhergesehenen Ablauf der Dinge. Sie verlangt deshalb in der jeweiligen Gegenwart ihrer Kommunikation nach entsprechenden Mechanismen der Überraschungsverarbeitung (Luhmann 1997, 144). Und hier stehen, wie ich eingangs anzudeuten versucht habe, mehrere Kandidaten als funktionale Äquivalente zur Auswahl: Risiko- und Verantwortungsattribution, aber auch Lernen. Lernen hat als funktionales Äquivalent deswegen eine gewisse Attraktivität, weil, wie wir gesehen haben, die beiden anderen Mechanismen an bestimmten Stellen leer zu laufen drohen.

Bevor ich unterschiedliche Formen der Defuturisierung in der modernen Gesellschaft betrachte, ist eine historische Klarstellung notwendig. Die bislang geschilderte explizite Orientierung gesellschaftlicher Entscheidungsprozesse auf eine offene Zukunft hin ist – auch wenn das erstaunlich klingen mag – eine geschichtlich noch relativ junge Errungenschaft, die sich erst im Übergang zur modernen, funktional differenzierten Gesellschaft entwickelt. Dies belegen historische Studien, etwa von Reinhart Koselleck (1979) und Lucian Hölscher (1999). Noch im Mittelalter waren Vergangenheit, Gegenwart und Zukunft von einem „gemeinsamen geschichtlichen Horizont umschlossen" (Koselleck 1979, 18). Die Zukunft bildete dabei gewissermaßen ein Reservoir von präexistenten bzw. bereits definierten Ereignissen, die aus diesem Reservoir auftauchen und wieder vergehen. Die uns geläufige Vorstellung der chronologischen Linearität spielte dabei keine entscheidende Rolle. Die christliche Tradition, so Koselleck, lebte in der Erfahrung einer andauernden Endzeit, die im Weltuntergang und der Wiederkehr Christi ihre natürliche und feststehende Grenze habe. Mit Beginn der Neuzeit und insbesondere durch die Reformation verstärkte sich einerseits diese eschatologische Haltung; zahlreiche Zeichen wie die Spaltung der Christenheit, der heraufziehende Bürgerkrieg, das Vordringen der Türken schienen das Weltende konkret anzukündigen. Gleichzeitig beförderten diese historischen Ereignisse allerdings auch den Trend zu einer konkreten Datierung des Weltendes. Derartige Datierungsversuche nahmen zu und untergruben damit unwillkürlich die überkommenen Zeitbegriffe. Die Religionskriege und politischen Umwälzungen mündeten weder in den Weltuntergang noch das Jüngste Gericht. Dessen konkrete Terminierung musste fortlaufend angepasst werden. Geschichte konnte kaum mehr unbefangen als Heilsgeschichte aufgefasst werden. Stattdessen wurde sie als Naturgeschichte einerseits (deren nunmehr sehr fernes Ende dann den Weltuntergang markierte) und als politische Geschichte andererseits aufgefasst (ebd., 25). Das Politische emanzipierte sich endgültig als der Bereich gesellschaftlicher Gestaltung.

Die Konsequenzen dieser Entwicklung für das Verständnis von Zukunft sind erheblich. Zeitlich limitierte Vorstellungen einer vom Weltende bestimmten

Zukunft als Reservoir möglicher Ereignisse werden nunmehr durch *Progno-sen* einerseits und *geschichtsphilosophische Konzepte* andererseits abgelöst (ebd., S. 29 ff., 34 ff.). Wir erkennen in diesen beiden Momenten die von Luhmann als Technologie und Utopie charakterisierten Varianten zukünftiger Gegenwart und gegenwärtiger Zukunft.

Am Ende dieses über mindestens drei Jahrhunderte hinweg verlaufenden Modernisierungsprozesses haben wir es im Wesentlichen mit zwei Effekten zu tun. Einerseits beobachten wir die Herausbildung einer universalen Weltzeit (vgl. Dux 1989, 312 ff.). Andererseits werden aber vor dem Hintergrund die-ses weltweiten zeitlichen Referenzrahmens, wie wir bereits gesehen haben, die Temporalstrukturen der modernen Gesellschaft nicht von einem einzelnen Funk-tionssystem reguliert. Vielmehr haben wir es innerhalb weltzeitlicher Einheit mit einer Vielzahl von Zukunftshorizonten zu tun, die mit gleichem Geltungsanspruch nebeneinander existieren. In der techniksoziologischen Literatur spricht man von „contested futures" (Brown et al. 2000; Grunwald 2007), also von untereinan-der nicht unmittelbar kompatiblen Zukunftsentwürfen, die gleichzeitig in der Gesellschaft zirkulieren.

Angesichts dieser Situation stellt sich für die Soziologie die Frage, wie in der modernen Gesellschaft gegenwärtige Zukunft und zukünftige Gegenwart – Uto-pien und Leitbilder, Kausalmodelle und Prognosen – konstruiert werden, welche Bedeutung also der Zukunft für gegenwärtiges Kommunizieren zukommt – Mike Michael (2000, 35) bezeichnet diesen Gebrauch der Zukunft zur Konstruktion von Gegenwart, die Repräsentation der Zukunft im Präsens als „prehension". Bei der Beantwortung dieser Frage ist davon auszugehen, dass grundsätzlich alle Funktionssysteme immer auch im Modus der Zukunft kommunizieren. Alle „ken-nen" gewissermaßen Zukunft. Alle bearbeiten mit ihren je spezifischen Mitteln die Frage, wie mit Überraschungen umzugehen ist, wie diese begrenzt, redu-ziert oder anderweitig verarbeitet werden können. Sie unterscheiden sich jedoch voneinander in operativer und in struktureller Hinsicht:

In operativer Hinsicht unterscheiden sie sich durch die Formen des Erwar-tens, auf die sie jeweils bauen. Als Erwartung soll dabei die Kommunikation von Zukunft in einem der drei Geltungsmodi Wahrheit, Richtigkeit oder Authentizität bezeichnet werden. Als Beispiele für wahrheitscodierte Zukunftskommunikation kann man die Prognose oder die Wette als Fälle kognitiven Erwartens anfüh-ren (Behrend 2005). Richtigkeitscodierte Zukunftskommunikationen sind vor allem normative Erwartungen. Als authentizitätscodiert können wir beispielsweise Wünsche, Hoffnungen oder Befürchtungen bezeichnen.

In struktureller Hinsicht unterscheiden sich Zukunftshorizonte darüber hinaus durch die Art und Weise ihres Umgangs mit Kontingenz. Erzeugen sie geradezu

Kontingenz, um darüber interne Strukturaufbauwerte zu erhalten, wie man das vielleicht dem politischen System attestieren kann? Sind sie intern tendenziell eher kontingenzarm, haben aber Suchinstrumente zur Erzeugung von „externer" Kontingenz ausgebildet, wie man das etwa am Rechtssystem und dessen organisatorischen Einrichtungen zum Aufspüren von „Fällen" beobachten könnte? Wäre die Wissenschaft dann ein System, das in der Bewältigung von Kontingenz, dem Erzeugen von gesetzesförmigem, prognosefähigem Wissen einerseits dauernde Kontingenzvernichtung betreibt, dabei aber stets neue Kontingenzen mitproduziert, die dem System selbst eine zukünftige Gegenwart in Form der Gewissheit stets neuer ungelöster Fragen garantieren?

In einem ersten, noch unvollständigen und unabgeschlossenen Überblick kann man versuchsweise die Formen der Defuturisierung in einigen wichtigen Funktionssystemen der modernen Gesellschaft folgendermaßen charakterisieren:

In der Wissenschaft geht es primär um kognitive Erwartungen. Mittels Prognosen werden zukünftige Gegenwarten in einer Form kommuniziert, die der Überprüfung und ggf. der Korrektur fähig ist. Das Instrument der Enttäuschungsverarbeitung ist mit anderen Worten in den Operationsmodus des Systems mit eingebaut, da wissenschaftliche Erwartungen im Enttäuschungsfalle auf Lernen hinauslaufen. Dies gilt auch für die in gewisser Hinsicht abgeleiteten Formen technologischen Wissens, das primär nicht auf Wahrheitsfähigkeit, sondern eher auf reibungsloses Funktionieren ausgerichtet ist, im Enttäuschungsfall aber gleichfalls mit Lernen reagiert.

Die Politik ist demgegenüber insgesamt stärker auf gegenwärtige Zukünfte in Gestalt politischer Leitbilder und Utopien hin ausgerichtet. Auf dieser Basis erzeugt sie zugleich zukünftige Gegenwarten durch kollektiv verbindliche Entscheidungen. Die Reaktionen im Enttäuschungsfall sind vielgestaltig. Eine wichtige Rolle dürfte das Vergessen spielen, das in der Produktion neuer, gewissermaßen voraussetzungsloser Entscheidungen zum Ausdruck kommt. Gleichzeitig spielt jedoch auch in diesem Fall Lernen eine mögliche Rolle, jedenfalls dann, wenn die neuen Entscheidungen in spezifischer Weise an die Beobachtung früherer anschließen. Zu guter Letzt kommt hier außerdem noch eine normative Variante der Enttäuschungsverarbeitung in Frage, nämlich das kontrafaktische Konfirmieren enttäuschter Erwartungen. Das Beispiel macht zugleich sichtbar, dass die Auswahl einer konkreten Form der Enttäuschungsverarbeitung situativ variiert und deshalb nur empirisch erforscht, nicht jedoch begrifflich vorab festgelegt werden kann.

Im Rechtssystem dominiert die zuletzt genannte Form normativen Erwartens. Zukunft wird in Gestalt von Normsätzen konstruiert, in denen gegenwärtige Zukünfte zum Ausdruck kommen, nunmehr allerdings nicht in Gestalt von

Utopien, sondern von tatbestandlich definierten Verhaltensanforderungen. Die Enttäuschungsverarbeitung hat hier in der Regel die Gestalt der Sanktion, mit welcher die ursprüngliche Erwartung konfirmiert wird. Noch eher selten findet sich ins Rechtssystem eingelassen die Figur des Lernens. Lernendes Recht ist gewissermaßen die rechtsinterne Reaktion auf ausbleibende Programmierungsleistungen in Gestalt gesetzgeberischen politischen Handelns. Es enthält im Vergleich zum rein normativen Erwarten eine gewisse Flexibilität der Defuturisierungsformen und gewinnt aus diesem Grunde in der Rechtstheorie und in Teilen der Praxis eine gewisse Attraktivität. Auf dem Gebiet der Zukunftsfähigkeit spielt es daher eine prominente Rolle; dazu sogleich mehr.

Diese knappen Bemerkungen zu Wissenschaft, Politik und Recht sollten lediglich beispielhaft die analytische Perspektive auf moderne Formen der Zukunftsorientierung verdeutlichen. Für weitere Funktionssysteme der modernen Gesellschaft lassen sich dann vergleichbare Überlegungen anstellen, die in der folgenden Tabelle (Tab. 15.1) zusammenfassend angedeutet sind:

Auf der Basis dieses Ansatzes ist es grundsätzlich denkbar, die Frage nach der analytischen Vergleichbarkeit solcher funktional äquivalenter Formen der Zukunftsorientierung zu stellen. Ein möglicher Gesichtspunkt für eine solche Systematisierung liegt im Aspekt der Zukunftsfähigkeit.

Der Begriff der Zukunftsfähigkeit bedarf der Erläuterung, da er deskriptive und evaluative Aspekte enthält und außerdem semantisch in gewisser Nähe zu Konzepten wie Nachhaltigkeit und Ähnlichem steht. Im vorliegenden Zusammenhang soll er jedoch abstrakter und genereller verwendet werden, nämlich als Bezeichnung für das spezifische Leistungsvermögen unterschiedlicher Defuturisierungsformen der modernen Gesellschaft. Unter *Zukunftsfähigkeit* verstehe ich deshalb im Folgenden *die gesellschaftlichen Bedingungen der Möglichkeit evolutionär erfolgreichen Operierens in einer komplexen, durch gesellschaftliche Einflüsse selbst dauernd mit veränderten Umwelt.*

Ich benutze damit einen voraussetzungsreichen Begriff, der mit dem Aspekt des evolutionären Erfolgs eine problematische, weil in den gängigen Evolutionskonzepten selbst nicht unmittelbar angelegte Bedingung – nämlich diejenige des Erfolges – formuliert. Diese begriffliche Hürde zu überwinden lohnt sich freilich. Denn soweit sich damit eine Möglichkeit abzeichnet, einen solchen anspruchsvollen Begriff in eine operationalisierbare Form zu gießen, verspricht der Ansatz insgesamt ein recht hohes Erklärungspotential im Hinblick auf den Vergleich unterschiedlicher Formen des Umgangs mit Zukunft.

Die Suche nach einem solchen Vergleichsgesichtspunkt erscheint möglicherweise weniger überraschend, wenn man sich klar macht, dass damit ein Anliegen der klassischen Soziologie wieder aufgegriffen wird, nämlich die Frage, ob sich

Tab. 15.1 Zukunftsmodi gesellschaftlicher Funktionssysteme

	Primärer Zukunftsmodus	Formen der Erwartungsbildung	Umgang mit Enttäuschung
Wissenschaft	Kognitive Erwartungen (zukünftige Gegenwarten)	Prognosen Technologien	Lernen
Politik	Leitbilder/Utopien (gegenwärtige Zukünfte und zukünftige Gegenwarten)	Erzeugen von Zukunft durch Entscheidungen	Vergessen (neue Entscheidungen) Lernen Konfirmieren
Recht	Normative Erwartungen (gegenwärtige Zukünfte)	Normen	Konfirmieren (Sanktion) Lernendes Recht
Ökonomie	Kognitive Erwartungen (zukünftige Gegenwarten)	Knappheit Zahlungen Risiko-Kalkulation Wette	Lernen Risiko (Rück-) Versicherungen als Entparadoxierungsinstanzen – Knappheit verknappen
Erziehung	Erziehungsziele, Werte, Menschenbilder etc. (gegenwärtige Zukünfte und zukünftige Gegenwarten)	Curricula Didaktik	Konfirmieren (Attribuierung auf Personen: Notenskalen etc.)
Religion	Offenbarung Prophetie (gegenwärtige Zukünfte)	Heilsgeschichte	Konfirmieren und anpassen (ggf. neue Prophetie)

(Fortsetzung)

Tab. 15.1 (Fortsetzung)

	Primärer Zukunftsmodus	Formen der Erwartungsbildung	Umgang mit Enttäuschung
Medien	Kollektive/öffentliche Entwürfe (gegenwärtige Zukünfte)	Öffentliche Debatte	Konfirmieren der Form (Debatte), Vergessen der Themen
Soziale Bewegungen	(negative) Utopien (gegenwärtige Zukünfte und zukünftige Gegenwarten)	Erzeugen von Zukunft durch Warnungen	Konfirmieren der Form, Vergessen der Themen (neue Warnungen)

in der gesellschaftlichen Entwicklung Trends ausmachen lassen. Nun ist seit den fünfziger Jahren des vergangenen Jahrhunderts das Vertrauen in die Bearbeitung derart großer Fragen eher geschwunden. In vielen der tonangebenden Theorien gibt es kaum noch eine in großem Maßstab ausgearbeitete Theorie der gesellschaftlichen Entwicklung. Dort, wo eine solche Entwicklungskomponente weiterhin eine wichtige konzeptionelle Rolle spielt, hat sie allerdings ihre im neunzehnten und frühen zwanzigsten Jahrhundert ausschlaggebende, auf der Erforschung von Entwicklungsgesetzen beruhende prognostische Funktion zugunsten eines streng evolutionistisch gebauten Modells verloren. In Evolutionsmodellen gelten Prognosen als schwierig bis unmöglich. Die evolutionären Teilprozesse Variation, Selektion und Restabilisierung sind in vielfacher Hinsicht kontingent und ermöglichen allenfalls ex post die Rekonstruktion funktionaler Äquivalente, nicht jedoch ex ante eine Bestimmung vorhersehbarer Verläufe.

Diese Sichtweise hat insbesondere auch die Schwierigkeiten von Prognosen in ein helleres Licht treten lassen. Planung und Steuerung sozialer Prozesse, das ist das zentrale Ergebnis der seit den siebziger Jahren geführten Steuerungsdebatte in den Sozialwissenschaften, werden nur in eingeschränktem Maße für möglich gehalten. Wissenschaftliche Bemühungen, die darauf anzielen, Entscheidungen auf zukünftige Folgen hin vollständig rationalisierbar und damit Zukunft planbar zu machen, gelten eher als gescheitert. Das technokratische Programm weitreichender Planbarkeit von Zukunft hat sich wissenschaftlich nicht durchgesetzt.

Hinter diesen Stand der sozialwissenschaftlichen Auseinandersetzung mit der Frage nach der Gestaltbarkeit gesellschaftlicher Zukünfte kann man wohl nicht mit guten Gründen zurückgehen. Gleichwohl wird man fragen dürfen, ob die in den vergangenen Jahrzehnten vorherrschende wissenschaftliche Zurückhaltung im Umgang mit dem Thema Zukunft – und damit der Rückzug aus diesem Forschungsthema und die Überlassung desselben an die Futurologie – angesichts des Standes der Forschung noch zwingend ist.

Wenn man beispielsweise nochmals bei Luhmanns Unterscheidung von zukünftigen Gegenwarten und gegenwärtigen Zukünften anknüpft, so kann man ja immerhin fragen, ob es jenseits der Dichotomie von Utopien und Technologie weitere Möglichkeiten der Defuturisierung gibt. Bereits in dem oben zitierten Aufsatz von 1976 ist das Verhältnis der beiden Seiten letztlich ambivalent oder sogar unklar. Die Prognose-Seite wird rein technologisch interpretiert, nämlich letztlich im Sinne quantifizierender Vorhersagen. Demgegenüber hatte beispielsweise schon Koselleck in einem Beitrag über Lorenz von Stein (in Koselleck 1979) deutlich gemacht, dass es zwei Arten von Prognose geben kann,

nämlich eine quantifizierende und eine, die man in soziologischen Begrifflichkeiten als strukturrekonstruktive, also eher hermeneutisch-interpretativ verfahrende
kennzeichnen würde. Damit thematisiert Koselleck mehr als lediglich eine methodische Unterscheidung. Denn die Bedingung der Möglichkeit von Prognose
überhaupt liegt für ihn – zutreffend, wie ich meine – im Strukturbegriff (ähnlich
Behrend 2005). Strukturen machen soziale Phänomene jenseits der Kontingenz von Ereignissen sichtbar, ohne damit die Seite der Utopie in Luhmanns
Unterscheidung von gegenwärtigen Zukünften und zukünftigen Gegenwarten zu
bezeichnen. Luhmann hat, so mein Eindruck, ein technokratisches Verständnis
von Prognose übernommen, das zu der Zeit, als der besagte Aufsatz entstand,
sicherlich die wissenschaftliche Debatte noch in gewissem Umfang prägte. Damit
übersah er freilich eine grundlegende Eigenschaft von Prognosen, die letztlich das Wissen um Kausalzusammenhänge, auf denen sie immer basieren, aus
der Erkenntnis sozialer Strukturen gewinnen müssen. In einem solchen Sinne
erhält dann die oben skizzierte Perspektive der Zukunftsfähigkeit eine zeitge-
mäße Gestalt: als vergleichende Frage nach strukturellen Eigenschaften sozialer
Phänomene.

Wenn man die Prämisse akzeptiert, dass eine soziologische Analyse des gesellschaftlichen Umgangs mit Zukunft in vergleichender Perspektive Einsichten über
die Zukunftsfähigkeit je spezifischer sozialer Strukturen in unterschiedlichen
Bereichen, etwa gesellschaftlichen Funktionssystemen, aber auch Organisationen,
zu Tage fördert, so bleibt die Frage nach der konkreten Umsetzung des Kriteriums
der Zukunftsfähigkeit zu klären. Ich kann das damit umrissene wissenschaftliche
Programm hier bestenfalls noch andeuten. Neben allen Detailfragen ist in diesem
Zusammenhang der Begriff des Lernens von entscheidender Bedeutung, da er
der Operationalisierung des Kriteriums „evolutionärer Erfolg" dienen kann. Der
Begriff enthält theoriekonstruktive Schwierigkeiten und kann hier nicht ausführlich behandelt werden (umfangreiche Überlegungen dazu Mölders 2009, 2011).
An dieser Stelle geht es lediglich darum, den Stellenwert eines solchen Ansatzes
für die Innovationsregulierung herauszuarbeiten.

Wenn man annimmt, dass Strukturen, die Lernen ermöglichen, sich als in dem
oben genannten Sinne zukunftsfähig erweisen, stellt die Lernfähigkeit sozialer
Systeme eine wesentliche Bedingung der Zukunftsfähigkeit dar. Auf dem Gebiet
des Rechts allgemein, aber auch der rechtlichen Innovationsregulierung knüpfen
wir mit diesem Ansatz, wie oben bereits erwähnt wurde, an eine seit langem
geführte Debatte über reflexives und lernendes Recht an. Ich erinnere zunächst
an einige wesentliche Charakteristika dieser Debatte, um sodann einen neueren Ansatz aufzugreifen, der unter dem Stichwort „prospektives Recht" vertreten
wird.

Aus den steuerungstheoretischen Diskussionen der siebziger und achtziger Jahre heraus entwickelte sich bekanntlich eine länger anhaltende Auseinandersetzung über die Frage, welche Qualitäten das Recht in der modernen Gesellschaft aufweise beziehungsweise aufweisen müsse, um sich auf die plurale Gesellschaft der Moderne einstellen zu können. Diese Debatte wurde vor allem durch den Aufsatz von Gunther Teubner und Helmut Willke „Kontext und Autonomie: Gesellschaftliche Selbststeuerung durch reflexives Recht" (Teubner und Willke 1984) angestoßen (dazu und zum Folgenden Mölders 2013, 2021b; siehe auch Kap. 2–6). Reflexivität – verstanden als Sensibilisierung für die Bedingungen des eigenen Operierens ebenso wie für dessen Auswirkungen in der Umwelt –, verbunden mit einer radikalen Dezentrierung gesellschaftstheoretischer Konzepte, führte in der Folge zu Modellen eines „ökologischen", „relationalen" oder „postmodernen" Rechts (Willke 1992b; Ladeur 1992). Aus dem problematisch werdenden Verhältnis des Rechts zu Wissenschaft und Technik, vor allem zu neuen, möglicherweise risikobehafteten Technologien, resultierte in dieser Phase die Vorstellung eines „lernenden" Rechts. Von der reinen, quasi passiven Rezeption wissenschaftlicher Erfahrung, so hat vor allem Karl-Heinz Ladeur immer wieder gefordert, solle das Rechtssystem zu der Fähigkeit gelangen, Prozesse der Modellierung unter Ungewissheitsbedingungen anzustoßen (Ladeur 1995). Dieser Ansatz reagiert damit auf den Ausfall von Programmierungsleistungen in Wissenschaft und Politik, den ich oben bereits kurz erwähnt habe. In diesem Zusammenhang wird unter anderem auch der Einsatz von Szenariomethoden und Simulationsverfahren angeregt, die Ungewissheiten sichtbar machen. Verfahren des Monitoring und Selbstbeobachtung sollen dann Lernprozesse sowohl im Recht als auch in den regulierten gesellschaftlichen Bereichen anstoßen (Ladeur 1995, S. 143 ff.). Das Augenmerk in dieser Debatte lag sehr stark auf organisatorischen Aspekten der regulierten Lebensbereiche. Ladeur regte die Bildung „hybrider", „grenzüberschreitender" Institutionen in einem interorganisatorischen Netzwerk an (ebd., S. 149 f.). Neben Marktmodellen der umweltrechtlichen Regulierung solle auch ein „kognitivistischer" Ansatz verfolgt werden, der gewissermaßen an der Schnittstelle zwischen dem Recht und den Systemen in seiner Umwelt Lernprozesse in diesen Systemen anstößt. Damit werde es möglich, die Fähigkeit beispielsweise von Unternehmen zur Wahrnehmung von Problemsichten ihrer natürlichen und sozialen Umwelt zu erhöhen, ebenso aber auch die Flexibilität des Verwaltungshandelns und die „wechselperspektivische Verschränkung von Fremd- und Selbstbeobachtung" (ebd., S. 244). An anderer Stelle (Ladeur 2008) werden diese organisationsbezogenen Überlegungen dann auch auf die öffentliche Verwaltung ausgedehnt, in welcher „joint administrations"

als organisationsübergreifende „Expertengemeinschaften" fungieren, in denen
Wissensbestände und Entscheidungen reflektiert werden.

Eine der Formen, in denen das Recht selbst mit Szenarien operiert, ist die
bisweilen diskutierte und in wenigen Einzelfällen experimentell eingesetzte „prospektive Gesetzesfolgenabschätzung". Hinter dem Wortungetüm verbirgt sich der
Versuch, mittels vergleichender Folgenbeurteilungen verschiedene in einer konkreten Situation gegebene Regelungsalternativen auf ihre Zweckmäßigkeit zur
Erreichung einer gegebenen Regelungsintention hin zu prüfen und damit letztlich
auch die Regelungsintention selbst kritisch zu reflektieren (vgl. Bräunlein 2004;
BMI 2002; Böhret und Konzendorf 2001; Mölders 2009). Der in der Realität eher
wenig bedeutende Fall ist für uns ausschließlich deshalb von Interesse, weil an
ihm der konkrete Gehalt lernenden Rechts exemplarisch vorgeführt werden kann.
Eine solche exemplarische Analyse war das Ziel einer Untersuchung von Marc
Mölders (Mölders 2009, 2011). Mölders untersuchte die prospektive Gesetzesfolgenabschätzung als ein Instrument, mit dem das Rechtssystem mögliche Konflikte
sucht, um sie vorausschauend zu bearbeiten. „Das prospektive Recht", so Mölders, „ist ein Immunsystem, das Infektionen simuliert, um dann vorsorglich
Antikörper zu bilden." (Mölders 2009, S. 5). Um diese eher bildhafte Vorstellung
soziologisch nutzbar machen zu können, bedarf es eines Lernbegriffs, der nicht
vorwiegend auf Organismen und psychische Systeme, sondern nun vor allem auch
auf soziale Systeme anwendbar ist. Mölders zeigt in Auseinandersetzung mit der
soziologischen Lerntheorie (vgl. Miller 2006) und mit den Ergebnissen der sozial-
psychologischen Lernforschung in der Tradition Jean Piagets, dass von sozialem
Lernen gesprochen werden kann, wenn ein Strukturwandel in einem sozialen
System geeignet ist, Probleme zu lösen, auf welche die bisherige Struktur des
Systems keine Antwort hatte (Mölders 2011). Induziert werden derartige lernenden Strukturveränderungen durch Irritationen, also quasi nicht in das vorhandene
Schema „passende" Beobachtungen. Ein solcher Lernbegriff steht konzeptionell
in gewisser Nähe zu einem evolutionstheoretisch interpretierten Innovationsbegriff, wie er etwa bei John (2005) vertreten wird. Dieser trägt allerdings gewisse
normative Züge, die mit dem hier eingangs vorgeschlagenen wissenssoziologischen Ansatz gerade vermieden werden sollen. Und auch der Lernbegriff, wie
ihn Mölders (2011) entwickelt, steht eher in der Tradition des Äquivalenzfunk-
tionalismus und von dessen Evolutionstheorie als in derjenigen der klassischen
Evolutionskonzepte. Ein derartiger, an Problemlösungskapazitäten festgemach-
ter Lernbegriff erfüllt die oben formulierten Bedingungen für ein Kriterium der
Zukunftsfähigkeit. Soziale Systeme, die sich in diesem Sinne als lernfähig erweisen, können im Vergleich zu anderen, denen diese Problemlösungskapazität fehlt,
als zukunftsfähig bezeichnet werden. Zugleich wird auch sichtbar, dass es immer

mehrere in diesem Sinne evolutionär erfolgreiche Lösungen geben kann, dass Lernen also keineswegs als unilineares Konzept missverstanden werden sollte, das in jedem Falle auf eine einzige beste Lösung verweist. Vielmehr ermöglicht es im Einklang mit den oben formulierten Bedingungen eine komparatistische Sicht auf funktional äquivalente Strukturen, in denen zukünftige Gegenwarten und gegenwärtige Zukünfte reflexiv gehandhabt werden. Man kann dann Leitbilder und Utopien ebenso wie Technologien und Prognosen auf ihre Lernpotentiale und damit auf ihre strukturelle Problemlösungskapazität hin befragen.

Am Ende dieses Abschnitts lässt sich zusammenfassend folgendes festhalten: Zukunftsfähigkeit und Lernen können im Kontext von Innovationsregulierung als funktionale Äquivalente zur Verantwortungsattribution und deren komplexer Zeitstruktur interpretiert werden. Der generelle Gesichtspunkt im Umgang mit komplexer Temporalität von Innovationsprozessen liegt nach der hier vertretenen These in dem, was eher vorläufig und noch in suchender Bewegung mit Zukunftsfähigkeit bezeichnet wird. Zukunftsfähigkeit, so wurde argumentiert, steht für das Vermögen sozialer Systeme, in institutioneller und prozessualer Hinsicht Lernbereitschaft und Lernfähigkeit vorzuhalten. Dieses Vermögen stattet soziale Systeme bei der Konstruktion ihrer Zukünfte mit der Fähigkeit aus, Erwartungen beim Auftreten von Problemen in ihrer Struktur so zu verändern, dass neue Problemlösungsmöglichkeiten entstehen können.

15.4 Innovationsverantwortung als Form der Erzeugung von Zukunftsfähigkeit?

Insgesamt kann man damit also Zukunftsfähigkeit als komplementäres Konzept zu Innovationsverantwortung verstehen, als Konzept, in dem das Hauptaugenmerk weniger den möglichen normativen Begründungen als vielmehr den evolutionären Folgen gilt. Die weit über die Soziologie hinausgreifende Frage betrifft dabei die *allgemeinen* Bedingungen und Formen von Zukunftsfähigkeit, vor allem auch unter Einschluss sozialer Innovationen. Im interdisziplinären Dialog geht es vor dem konzeptionellen Hintergrund der Zukunftsfähigkeit darum, verallgemeinerbare Erkenntnisse über evolutionär erfolgreiche Entwicklungen und die Möglichkeiten zu gewinnen, diese Bedingungen zu beeinflussen. Von daher könnte gegebenenfalls dann auch die Verantwortungs-Semantik zusätzliche und neue Impulse erhalten.

Grundsätzlich stellt Verantwortung einen Mechanismus der sozialen Attribution und damit letztlich der Absorption von Risiken durch Zuschreibung auf

Akteure dar. Wenn sich das Risiko realisiert, muss zum Beispiel die „verantwortliche" Person ihren Posten innerhalb einer Organisation räumen. Oder sie wird straf- oder haftungsrechtlich mit Sanktionen bzw. Kompensationen belegt. Das mindert weder das ursprüngliche Entscheidungsrisiko noch beseitigt es in jedem Falle die später eingetretenen Schäden nachhaltig. Es bewirkt allerdings – zumindest innerhalb des Rechtssystems – die Externalisierung des Risikos, das nunmehr qua Verantwortungssemantik mit einer konkreten Person verknüpft gewissermaßen in eine andere Sphäre wechselt und nicht weiter in den Kommunikationen des Rechts (bzw. der Politik, die von diesem Mechanismus profitiert) zirkuliert. Ob es von der besagten personalen Adresse aus dann qua Moralisierung oder als Verlangen nach Rechtsänderung wiederkehrt, bleibt offen. Insofern fungiert der Person-Begriff im Zusammenspiel mit dem Konzept der Verantwortung dann als *kommunikative Letztadresse,* wie wir in Kap. 14 gesehen hatten. Die Möglichkeit der Wiederkehr von Risiken macht zugleich auch die immanenten Grenzen von Verantwortungszuschreibungen sichtbar: sie können nicht beliebig ausgeweitet werden bzw. nur um den Preis nicht intendierter Rückschlag-Effekte. Wenn zuviel Verantwortung auf Personen und/oder Organisationen abgeladen wird, werden erneut Risiko-Externalisierungen in Gang kommen. Verantwortungszuschreibung, das zeigen diese abstrakten Überlegungen, ist ebenso wenig wie andere Formen des Umgangs mit Entscheidungsrisiken geeignet, Risiken aus der gesellschaftlichen Kommunikation endgültig zu eskamotieren. Vielmehr erweisen sich diese verschiedenen Formen als funktionale Äquivalente der Risikoregulierung, die mit je spezifischen Stärken und Schwächen behaftet sind. Vor diesem Hintergrund standen die vorgestellten Überlegungen zur Zukunftsfähigkeit. Als zukunftsfähig wird sich danach nämlich ein soziales System dann erweisen, wenn es in der Lage ist, aus den geschilderten Externalisierungseffekten selbst wiederum zu lernen und seine Strukturen in irgendeiner Weise darauf einzustellen.

Innovationsverantwortung zeigt sich aus der hier eingenommenen Perspektive schließlich als einer von vielen denkbaren Modi der Zukunftsorientierung. Und insofern stechen erst einmal eher die Ähnlichkeiten mit den anderen Formen ins Auge. Dieser Umstand dämpft dann vielleicht ein wenig mögliche Erwartungen in die Steuerungsleistungen von Verantwortungsattributionen. Er führt nach allem, was oben gesagt wurde, jedoch nicht zu einem generellen Steuerungspessimismus. Als Instrument der Innovationsregulierung ist Verantwortungsattribution generell ebenso erfolgreich und erfolglos wie ihre funktionalen Äquivalente. Die Frage wird daher eher sein, in welchen Situationen man sich klugerweise auf Verantwortung beruft. Dass dieser Rekurs beispielsweise in politischen Kommunikationen vorwiegend eine symbolische Funktion hat, darf man ohne Risiko vermuten.

Vor diesem Hintergrund wurde hier dafür plädiert, das Konzept des Lernens wieder wissenschaftlich in den Blick zu nehmen. Es hat in den siebziger und achtziger Jahren die gesellschaftstheoretische Debatte ebenso geprägt wie die Diskussionen in einzelnen Teildisziplinen, etwa der Rechtssoziologie. Vor dem Hintergrund einer inzwischen wesentlich weiter entwickelten soziologischen Begrifflichkeit könnte ein Anknüpfen an dieses soziologische Lernkonzept der Debatte um die gesellschaftliche Konstruktion von Zukunft neue Impulse verleihen. Dies zeigt sich, wie ich meine, in besonders deutlicher Weise am Gegenstand der Innovationsregulierung. Lernen, so der aus den vorgetragenen Argumenten resultierende Vorschlag, könnte als funktionales Äquivalent zu Verantwortung begriffen und im Hinblick auf die Konstruktion von Zukunftsfähigkeit näher analysiert werden.

Die vorgetragenen Überlegungen hatten in vieler Hinsicht einen offenen und experimentellen Charakter. Diese Offenheit findet auch in dem eingangs erwähnten Versprechen einer „Sociology of the Future" ihren Ausdruck, jenseits futurologischer Prognosen generalisierbare Erkenntnisse über die Funktion und die Formen gesellschaftlicher Zukunftsorientierung zu generieren und damit einen Gewinn für das Verständnis der unter dem Stichwort Innovationsverantwortung angesprochenen Probleme zu erreichen. Allerdings ist dieses Versprechen selbst eine soziale Konstruktion von Zukunft. Es entfaltet seine Wirkung nicht erst dann, wenn es in einer zukünftigen Gegenwart eingelöst wird, sondern vielmehr immer schon im je gegenwärtigen Handeln, wenn sich nämlich dieses in Folge des Versprechens ändert. Dabei enthält auch das Versprechen die Erwartung zukünftiger Zurechnung gegenwärtig noch unbekannter Folgen. Und insofern bleibt es – ebenso wie das Sich-darauf-Einlassen und das Ablehnen – riskant. Man muss daher, in der Innovationsforschung mehr noch als auf anderen Feldern, je gegenwärtig im Hinblick auf den Horizont gegenwärtiger Zükünfte über die Annahme solcher Deutungsangebote entscheiden, ohne wissen zu können, ob zukünftige Gegenwarten dies werden rechtfertigen können.

Literatur

Abegg, Andreas. 2009. Public-Private Contractual Networks and Third Parties' Right – The Contracting State as a Challenge for Private Law. In: Calliess, Gralf-Peter, Andreas Fischer-Lescano, Dan Wielsch und Peer Zumbansen (Hg.), *Soziologische Jurisprudenz. Gunther Teubner zum 65. Geburtstag.* Berlin: De Gruyter, 201–213.

Abels, Gabriele. 2002. Experts, citizens, and Eurocrats: towards a policy shift in the governance of biopolitics in the EU. European Integration online Papers 6, 19. http://eiop.or.at/eiop/texte/2002-019.htm.

Abels, Gabriele und Alfons Bora. 2004. *Demokratische Technikbewertung.* Bielefeld: transcript.

Adam, Barbara und Chris Groves. 2007. *Future matters: action, knowledge, ethics.* Leiden u. a.: Brill.

Ahvenharju, Sanna, Mikko Halonen, Susanne Uusitalo, Veikko Launis und Mari Hjelt. 2006. Comparative analysis of opinions produced by national ethics councils. Report for the European Commission. Contract No RTD-C3-2004-TOR1. Helsinki: Gaia Group.

Albert, Mathias, David Jacobson und Yosef Lapid. (Hg.). 2001. *Identities, Borders, Orders. Rethinking International Relations Theory. An interdisciplinary Exploration of the Role of Sovereignty, National Identity, And Borders in International Politics.* Minnesota: University of Minnesota Press.

Altwicker, Tilmann. 2015. Rechtsperson im Rechtspositivismus. In: Gröschner, Rolf, Stephan Kirste und Oliver W. Lembcke (Hg.), *Person und Rechtsperson.* Tübingen: Mohr Siebeck, 225–244.

Arendt, Hannah. 1970. *On Violence.* Deutsch: *Macht und Gewalt.* München Piper.

Ashby, W. Ross. 1956. *An Introduction to Cybernetics.* London: Chapman & Hall.

Ayres, Ian und John Braithwaite. 1992. *Responsive Regulation: Transcending the Deregulation Debate.* New York: Oxford University Press.

Badura, Peter. 1996. *Staatsrecht.* 2., neubearbeitete Auflage, München: Beck.

Baldwin, Robert und Julia Black. 2007. *Really Responsive Regulation.* London: LSE Law, Society and Economy Working Paper 15/2007.

Baldwin, Robert, Martin Cave und Martin Lodge. 2013. *Understanding Regulation: Theory, Strategy, and Practice,* 2nd edition. Oxford and New York: Oxford University Press.

Baudrillard, Jean. 1976. *Der symbolische Tausch und der Tod.* Mit einem Essay von Gerd Bergfleth. München: Matthes & Seitz 1976.

© Der/die Herausgeber bzw. der/die Autor(en), exklusiv lizenziert an Springer Fachmedien Wiesbaden GmbH, ein Teil von Springer Nature 2023
A. Bora, *Reflexion des Rechts – Beiträge zur responsiven Rechtssoziologie,*
https://doi.org/10.1007/978-3-658-40787-2

Baumgartner, Mary P. 2001. The Sociology of Law in the United States. *The American Sociologist* 32, 2, 99–113.

Bayertz, Kurt. (Hg.). 1995. *Verantwortung. Prinzip oder Problem?* Darmstadt: Wissenschaftliche Buchgesellschaft.

Bechmann, Gotthard. (Hg,). 1993. *Risiko und Gesellschaft.* Opladen: Westdeutscher Verlag.

Beck, Ulrich. 1986. *Risikogesellschaft. Auf dem Weg in eine andere Moderne.* Frankfurt am Main: Suhrkamp.

Beck, Ulrich. 1988. *Gegengifte. Die organisierte Unverantwortlichkeit.* Frankfurt am Main: Suhrkamp.

Beck, Ulrich. 1993. *Die Erfindung des Politischen. Zu einer Theorie reflexiver Modernisierung.* Frankfurt am Main: Suhrkamp.

Beck, Ulrich, Anthony Giddens und Scott Lash. 1996. *Reflexive Modernisierung. Eine Kontroverse.* Frankfurt am Main: Suhrkamp.

Behrend, Olaf. 2005. Forschen und Wetten. Zum Verhältnis von Diagnose und Prognose. In: Hitzler, Ronald und Monika Pfadenhauer (Hg.), *Gegenwärtige Zukünfte: interpretative Beiträge zur sozialwissenschaftlichen Diagnose und Prognose.* Wiesbaden: Verlag für Sozialwissenschaften, 81–94.

Bender, Gerd. 1996. *Gegenwartserzeugung durch Zukunftssimulation: transnationale Technologieentwicklung als eine Form der europäischen Integration.* Frankfurt am Main: Lang.

Benjamin, Walter. 1921. *Zur Kritik der Gewalt und andere Aufsätze.* Frankfurt am Main: Suhrkamp. 1965.

Benz, Arthur. 1997. Kooperativer Staat? Gesellschaftliche Einflußnahme auf staatliche Steuerung. In: Klein, Ansgar und Rainer Schmalz-Bruns (Hg.), *Politische Beteiligung und Bürgerengagement in Deutschland – Möglichkeiten und Grenzen.* Bonn: Bundeszentrale für politische Bildung, 88–113.

Bizer, Kilian, Martin Führ und Christoph Hüttig (Hg.). 2002. *Responsive Regulierung. Beiträge zur interdisziplinären Institutionenanalyse und Gesetzesfolgenabschätzung.* Tübingen: Mohr Siebeck.

Black, Julia. 1997. *Rules and Regulators.* Oxford: Clarendon Press.

Black, Julia. 1998a. Talking about Regulation. *Public Law* 1, 1, 77–105.

Black, Julia. 1998b. Regulation as Facilitation: Negotiating the Genetic Revolution. *The Modern Law Review* 61, 5, 621–660.

Black, Julia. 2002. *Critical Reflections on Regulation.* London: CARR-Discussion paper 4.

Blankenburg, Erhard. 1977. Über die Unwirksamkeit von Gesetzen. *Archiv für Rechts- und Sozialphilosophie* 63, 1, 31–57.

Blumenthal, Julia. 2005. Governance – Eine kritische Zwischenbilanz. *Zeitschrift für Politikwissenschaft* 15, 1149–1180.

Bobbio, Norberto. 1984. *Il Futuro della Democrazia. Una Difesa delle Regole del Gioco.* Turin: Einaudi.

Bogner, Alexander. 2010. Let's disagree! Talking Ethics in Technology Controversies. Science. *Technology & Innovation Studies* 6, 183–201.

Bogner, Alexander. 2011. *Die Ethisierung von Technikkonflikten: Studien zum Geltungswandel des Dissenses.* Weilerswist: Velbrück.

Böhret, Carl und Gottfried Konzendorf. 2001. *Handbuch Gesetzesfolgenabschätzung. Gesetze, Verordnungen, Verwaltungsvorschriften.* Baden-Baden: Nomos.

Böhret, Carl und Gottfried Konzendorf. 2004. *Guidelines on Regulatory Impact Assessment (RAI)*. Speyer: Forschungsinstitut für Öffentliche Verwaltung.

Bös, Mathias. 2000. Die rechtliche Konstruktion von Zugehörigkeit. Staatsangehörigkeit in Deutschland und den USA, In: Holz, Klaus (Hg.), *Staatsbürgerschaft. Soziale Differenzierung und politische Inklusion*, Wiesbaden: Westdeutscher Verlag, 93–118.

Böschen, Stefan. 2005. Reflexive Wissenspolitik. Formierung und Strukturierung von Gestaltungsöffentlichkeiten. In: Bogner, Alexander und Helge Torgersen (Hg.), *Wozu Experten? Ambivalenzen der Beziehung von Wissenschaft und Politik*. Wiesbaden: Verlag für Sozialwissenschaften 241–263.

Bolsinger, Eckard. 2001. Autonomie des Rechts? Niklas Luhmanns Rechtspositivismus – Eine kritische Rekonstruktion. *Politische Vierteljahresschrift* 42, 3–29.

Bonacker, Torsten. 2001. Die Unvollkommenheit des Rechts. Was kann die soziologische Rechtstheorie von der Dekonstruktion lernen? *Zeitschrift für Rechtssoziologie* 22, 2, 259–280.

Bora, Alfons, Karlhans Liebl, Peter Poerting und Hedwig Risch. 1992. *Polizeiliche Bearbeitung von Insolvenzkriminalität*. Wiesbaden: Bundeskriminalamt.

Bora, Alfons. 1994. Schwierigkeiten mit der Öffentlichkeit. Zum Wegfall des Erörterungstermins bei Freisetzungen nach dem novellierten Gentechnikgesetz. *Kritische Justiz* 27, 306–322.

Bora, Alfons. 1997. Sachhaltigkeit versus Verfahren? Einige methodologische Konsequenzen konstruktivistischer Wissenschaftssoziologie. In: Sutter, Tilman (Hg.), *Beobachtung verstehen, Verstehen beobachten. Perspektiven einer konstruktivistischen Hermeneutik*. Opladen: Westdeutscher Verlag, 228–252.

Bora, Alfons. 1999. *Differenzierung und Inklusion. Partizipative Öffentlichkeit im Rechtssystem moderner Gesellschaften*. Baden-Baden: Nomos.

Bora, Alfons. 2000. Verhandeln und Streiten im Erörterungstermin – Zur Bürgerbeteiligung in gentechnikrechtlichen Genehmigungsverfahren. In: Barben, Daniel und Gabriele Abels (Hg.), *Biotechnologie – Globalisierung – Demokratie. Politische Gestaltung transnationaler Technologieentwicklung*. Berlin: Edition Sigma, 335–357.

Bora, Alfons. 2001. Referenz und Resonanz – Zur Funktion von Methoden in Rechtstheorie, Rechtslehre und Rechtspoiesis. *Rechtstheorie* 32, 2/3, 259–272.

Bora, Alfons. 2006a. Biopolitics, Citizenship, And the ‚Iron Cage‘ of Law. *Science, Technology & Human Values* 35, 1, 3–28.

Bora, Alfons. 2006b. Licensing Plant GMOs. A Brief Overview over European regulatory conditions for the Deliberate Release of Gentically Modified Plants. In: *Hausendorf, Heiko und Alfons Bora* (Hg.), *Analysing Citizenship Talk. Social positioning in political and legal decision-making processes*. Amsterdam: John Benjamins, 50–60.

Bora, Alfons. 2006c. Technology Assessment als Politikberatung. In: Weingart, Peter und Niels Taubert (Hg.), *Das Wissensministerium. Ein halbes Jahrhundert Forschungs- und Bildungspolitik in Deutschland*. Weilerswist: Velbrück, 92–114.

Bora, Alfons. 2006d. Risk, Risk Society, Risk perception. Ritzer, George (Hg.). *Blackwell Encyclopedia of Sociology*. Malden Mass.: Blackwell, 3926–3932.

Bora, Alfons. 2006e. Wissenschafts- und Technikkonflikte in demokratischen Gesellschaften – Zur Bedeutung „alternativer" Verfahren. In: Göpfert Jörg und Thorsten Moos (Hg.), *Konfliktfelder beackern. Dialog- und Partizipationsverfahren bei fundamentalen Technikkonflikten am Beispiel der Grünen Gentechnik*. Münster u.a.: Lit-Verlag, 2009, 185–201.

Bora, Alfons. 2007a. „Gesellschaftsberatung" oder Politik? – Ein Zwischenruf. In: Legge-
  wie, Claus (Hg.), *Von der Politik- zur Gesellschaftsberatung. Neue Wege öffentlicher
  Konsultation.* Frankfurt am Main/New York: Campus, 117–132.
Bora, Alfons. 2007b. Die disziplinären Grundlagen der Wissenschaft. In: Bogner Alexander,
  Karin Kastenhofer und HelgeTorgersen (Hg.), *Inter- und Transdisziplinarität im Wandel?
  Neue Perspektiven auf problemorientierte Forschung und Politikberatung.* Baden-Baden:
  Nomos, 2010, 25-55.
Bora, Alfons. 2010. Technoscientific Normativity and the 'Iron Cage' of Law. *Science Tech-
  nology & Human Values* 35, 3–28.
Bora, Alfons. 2012a. Wissenschaft und Politik. Von Steuerung über Governance zu Regu-
  lierung. In: Maasen, Sabine Mario Kaiser, Martin Reinhart und Barbara Sutter (Hg.),
  Handbuch Wissenschaftssoziologie. Wiesbaden: Verlag für Sozialwissenschaften, 341–
  355.
Bora, Alfons. 2012b. Das Recht der Gesellschaft. In: Jahraus, Oliver, Armin Nassehi,
  Mario Grizelj, Irmhild Saake, Christian Kirchmeier und Julian Müller (Hg.), *Luhmann-
  Handbuch. Leben – Werk – Wirkung.* Stuttgart und Weimar: Metzler, 230–236.
Bora, Alfons. 2019. Distinktion und Inklusion. Die Beobachtung von „Diversität" im Recht.
  Zeitschrift für Rechtssoziologie 39, 2, 278–297.
Bora, Alfons. 2022. Medialität des Wissens. In: Schuppert, Gunnar Folke, Roland A. Röm-
  hildt und Peter Weingart (Hg.). *Herrschaft und Wissen,* Baden-Baden: Nomos, 295–324.
Bora, Alfons und Wolfgang van den Daele. 1997. Partizipatorische Technikfolgenabschätzung. Das WZB-Verfahren zu Kulturpflanzen mit gentechnisch erzeugter Herbizidresistenz. In: Köberle, Sabine, Fritz Gloede und Leonhard Hennen (Hg:), *Diskursive Verständigung? Mediation und Partizipation in Technikkontroversen.* Baden-Baden: Nomos,
  124–148.
Bora, Alfons und Rainer Döbert.1993. Konkurrierende Rationalitäten – Politischer und tech-
  nischwissenschaftlicher Diskurs im Rahmen einer Technikfolgenabschätzung von gentechnisch erzeugter Herbizidresistenz in Kulturpflanzen. *Soziale Welt* 44, 1, 75–97.
Bora, Alfons und Astrid Epp. 2000. Die imaginäre Einheit der Diskurse. Zur Funktion von
  „Verfahrensgerechtigkeit". *Kölner Zeitschrift für Soziologie und Sozialpsychologie* 52, 1,
  1–35.
Bora, Alfons und Heiko Hausendorf. 2004. PARADYS – Participation and the Dynamics of
  Social Positioning. Final Report to the European Commission. 600 pages. http://www.
  uni-bielefeld.de/iwt/bora/PARADYS/final-report-update.pdf.
Bora, Alfons und Heiko Hausendorf. 2006a. Communicating Citizenship and Social Posi-
  tioning: Theoretical Concepts. In: Hausendorf, Heiko and Alfons Bora (Hg.), *Analysing
  Citizenship Talk. Social positioning in political and legal decision-making processes.*
  Amsterdam: Benjamins, 85–97.
Bora, Alfons und Heiko Hausendorf. 2006b. Participatory science governance and the com-
  municative construction of citizenship. *Science and Public Policy* 33, 7, 478–488.
Bora, Alfons und David Kaldewey. 2012. Die Wissenschaftsfreiheit im Spiegel der Öffent-
  lichkeit. In: Voigt, Friedemann (Hg.), *Freiheit der Wissenschaft. Beiträge zu ihrer
  Bedeutung, Normativität und Funktion.* Berlin: de Gruyter, 9–36.
Bora, Alfons und Peter Münte (Hg). 2012. *Mikrostrukturen der Governance: Beiträge zur
  materialen Rekonstruktion von Erscheinungsformen neuer Staatlichkeit.* Baden-Baden:
  Nomos.

Bosselmann, Klaus. 1992. *Im Namen der Natur. Der Weg zum ökologischen Rechtsstaat.* Bern u. a.: Scherz.

Bourdieu, Pierre. 1970. *Zur Soziologie der symbolischen Formen.* Frankfurt am Main: Suhrkamp.

Braithwaite, John. 2011. The Essence of Responsive Regulation. Fasken Lecture. *UBC Law Review* 44, 3, 475–520.

Braithwaite, John, Cary Coglianese und David Levi-Faur. 2007. Can Regulation and Governance Make a Difference? *Regulation & Governance* 1, 1–7.

Bräunlein, Tobias. 2004. *Integration der Gesetzesfolgenabschätzung ins Politisch-Administrative System der Bundesrepublik Deutschland. Beiträge zur Politikwissenschaft.* Frankfurt am Main: Peter Lang.

Braun, Dietmar. 1993. Politische Steuerungsfähigkeit in intermediären Systemen am Beispiel der Forschungsförderung, MPIFG discussion paper 1993, 3. Köln: Max-Planck-Institut für Gesellschaftsforschung.

Braun-Thürmann, Holger. 2005. *Innovation.* Bielefeld: transcript.

Briken, Kendra und Kai Dröge. 2009. Governance. *Soziologische Revue* 32, 1, 122–131.

Bröchler, Stephan, Georg Simonis und Karsten Sundermann (Hg). 1999. *Handbuch Technikfolgenabschätzung.* Berlin: Sigma. 3 Bände.

Brose, Hanns-Georg, Ursula Holtgrewe und Gabriele Wagner. 1994. Entwicklungsvarianten von Inklusionsverhältnissen. *Zeitschrift für Soziologie* 23, 4, 255–274.

Brown, Nick, Brian Rappert und Andrew Webster. 2000. *Contested Futures. A sociology of prospective techno-science.* Burlington: Ashgate Publishing.

Brubaker, Rogers. 1992. *Citizenship and Nationhood in France and Germany.* Cambridge MA: Harvard University Press.

Brunkhorst, Hauke, Regina Kreide und Andreas Niederberger (Hg). 2008. *Transnationale Verrechtlichung: nationale Demokratien im Kontext globaler Politik.* Frankfurt am Main: Campus.

Bryde, Brun-Otto. 1993. *Effektivität von Recht als Rechtsproblem.* Berlin: de Gruyter.

Bryde, Brun-Otto. 1994. Die bundesrepublikanische Volksdemokratie als Irrweg der Demokratietheorie. *Staatswissenschaften und Staatspraxis* 5, 305–330.

Bryde, Brun-Otto. 1998. Die Verfassungsgerichtsbarkeit in der Rechtssoziologie. In: Brand, Jürgen und Dieter Strempel. (Hg.). *Soziologie des Rechts. Festschrift für Erhard Blankenburg zum 60. Geburtstag.* Baden-Baden: Nomos, 491–504.

Buchholz, Kai. 2007. *Voraussetzungen und Widersprüche der wissenschaftlichen Politikberatung. Zur Professionalisierungsbedürftigkeit politikberatenden Handelns.* Dissertation: Universität Bielefeld.

Buckel, Sonja, Ralph Christensen und Andreas Fischer-Lescano. (Hg). 2006. *Neue Theorien des Rechts,* Stuttgart: Lucius & Lucius.

Bundesministerium des Innern. (Hg). 2002. *Moderner Staat – Moderne Verwaltung. Leitfaden zur Gesetzesfolgenabschätzung.* http://www.g-i-s-a.de/res.php?id=151.

Bundesministerium für Umwelt, Naturschutz und Reaktorsicherheit. (Hg). 1998. Umweltgesetzbuch (UGBKomE). Entwurf der Unabhängigen Sachverständigenkommission zum Umweltgesetzbuch beim Bundesministerium für Umwelt, Naturschutz und Reaktorsicherheit. Berlin: Duncker & Humblot.

Bush, Vannevar. 1945. *Science The Endless Frontier.* A Report to the President by Vannevar Bush, Director of the Office of Scientific Research and Development, July 1945. Washington: United States Government Printing Office.

Buß, Eugen und Martina Schöps. 1979. Die gesellschaftliche Entdifferenzierung. *Zeitschrift für Soziologie* 8, 4, 315–329.

Busse, Dietrich. 1992. *Recht als Text. Linguistische Untersuchungen zur Arbeit mit Sprache in einer gesellschaftlichen Institution.* Tübingen: Niemeyer.

Calliess, Gralf-Peter, Andreas Fischer-Lescano, Dan Wielsch und Peer Zumbansen. (Hg.). 2009. *Soziologische Jurisprudenz. Gunther Teubner zum 65. Geburtstag.* Berlin: De Gruyter 2009.

Carmel, Emma. 2017. "Bringing the Social back in": governance analysis as a mode of inquiry. In: Paul, Regine, Marc Mölders, Alfons, Bora, Michael Huber und Peter Münte, (Hg.), *Shaping Society: New Modes of Intentional Change in Regulation and Governance,* Cheltenham: Edward Elgar, 38–56.

Carson, Rachel. 1962. *Silent Spring.* Boston, Mass.: Mifflin.

Carvalho, Henrique. 2016. *Verfassungen in der globalisierten Weltgesellschaft. Ein systemtheoretischer Beitrag zur Verfassungssoziologie.* Baden-Baden: Nomos.

Chinen, Mark. 2019. *Law and Autonomous Machines. The Co-Evolution of Legal responsibility and Technology.* Cheltenham: Edward Elgar.

Clausen, Lars und Wolf R. Dombrowsky. 1984. Warnpraxis und Warnlogik. *Zeitschrift für Soziologie* 13, 4, 293–307.

Coase, Ronald. 1937. The Nature of the Firm. In: Williamson, Oliver E. und Sidney G. Winter (Hg.),*The Nature of the Firm: Origins, Evolution and Development.* Oxford und New York: Oxford University Press, 1971, 18–33.

Coglianese, Cary und Robert A. Kagan. (Hg.). 2007. *Regulation and Regulatory Processes.* Aldershot: Ashgate.

Collingridge, David. 1980. *The Social Control of Technology.* London: Frances Pinter.

Commission of the European Communities. 2000. *Commission Working Document. Science, society and the citizen in Europe – SEC (2000) 1973.* Brussels.

Commission of the European Communities. 2001. *European Governance. A White Paper – COM (2001) 428.* Brussels.

Conrad, Jobst. 1990. Die Risiken der Gentechnologie in soziologischer Perspektive. In: Halfmann, Jost und Klaus-Peter Japp (Hg.), *Riskante Entscheidungen und Katastrophenpotentiale: Elemente einer soziologischen Risikoforschung.* Opladen: Westdeutscher Verlag, 50–175.

Cornelius, Kai. 2019. Autonome Softwareagenten im Verbandssanktionenrecht. *Zeitschrift für Rechtspolitik* 2019, 8.

Corrales, Marcelo, Mark Fenwick und Helena Haapio. 2019. *Legal Tech, Smart Contracts and Blockchain.* Taipei: Springer Nature.

Cottier, Michelle, Josef Estermann und Michael Wrase (Hg.). 2010. *Wie wirkt Recht?* Baden-Baden: Nomos.

Czada, Roland und Manfred G. Schmidt. (1993). *Verhandlungsdemokratie, Interessenvermittlung, Regierbarkeit, Festschrift für Gerhard Lehmbruch.* Opladen: Westdeutscher Verlag.

Daele, Wolfgang van den. 1990. Risiko-Kommunikation: Gentechnologie. In: Jungermann, Helmut, Bernd Rohrmann und Peter M. Wiedemann (Hg.), *Risiko-Konzepte, Risiko-Konflikte, Risiko-Kommunikation*. Jülich: Forschungszentrum Jülich, 11–58.

Daele, Wolfgang van den. 1993. Zwanzig Jahre politische Kritik an den Experten. Wissenschaftliche Expertise in der Regulierung technischer Risiken; die aktuelle Erfahrung. In: Huber, Joseph und Georg Thurn (Hg.), *Wissenschaftsmilieus: Wissenschaftskontroversen und soziokulturelle Konflikte*. Berlin: Edition Sigma, 173–194.

Daele, Wolfgang van den. 1994. *Technikfolgenabschätzung als politisches Experiment*. Berlin: Wissenschaftszentrum für Sozialforschung. WZB-discussion-paper FS II 94–301.

Daele, Wolfgang van den und Friedhelm Neidhardt 1996. „Regierung durch Diskussion" – Über Versuche, mit Argumenten Politik zu machen. In: dies. (Hg.), *Kommunikation und Entscheidung. Politische Funktionen öffentlicher Meinungsbildung und diskursiver Verfahren*. Berlin: Edition Sigma, 9–50.

Daele, Wolfgang van den, Alfred Pühler, Herbert Sukopp, Alfons Bora, Rainer Döbert, Susanne Neubert und Viola Siewert. 1996. *Grüne Gentechnik im Widerstreit. Modell einer partizipativen Technikfolgenabschätzung zum Einsatz transgener herbizidresistenter Pflanzen*. Weinheim u. a.: VCH.

Dahl, Robert A. 1994. A democratic dilemma: system effectiveness versus citizen participation. *Political Science Quarterly* 109, 23–34.

Dally, Andreas, Helmut Weidner und Hans-Joachim Fietkau (Hg.). 1994. *Mediation als politischer und sozialer Prozeß. Workshop, 24. November 1993*. Rehburg-Loccum: Evangelische Akademie Loccum.

Damm, Reinhard. 1999. Rechtliche Risikoregulierung aus zivilrechtlicher Sicht. Theoretische Steuerungskonzepte und empirische Steuerungsleistungen. In: Bora, Alfons (Hg.), *Rechtliches Risikomanagement. Form, Funktion und Leistungsfähigkeit des Rechts in der Risikogesellschaft*. Berlin: Duncker & Humblot, 93–128.

Dammann, Klaus, Dieter Grunow und Klaus P. Japp. (Hg.). 1994. *Die Verwaltung des politischen Systems. Neuere systemtheoretische Zugriffe auf ein altes Thema*. Opladen: Westdeutscher Verlag.

Derrida, Jacques. 1991. *Gesetzeskraft: Der „mystische Grund der Autorität"*. Frankfurt am Main: Suhrkamp.

Derrida, Jacques. 1995. *Marx' Gespenster. Der verschuldete Staat, die Trauerarbeit und die neue Internationale*. Frankfurt am Main: Suhrkamp.

Derrida, Jacques. 2005. *Force de Loi*. Paris: Editions Galilée.

DeSario, Jack und Stuart Langton (Hg.). 1987. *Citizen participation in public decision making*. New York: Greenwood.

Deutsche Forschungsgemeinschaft/Nationale Akademie der Wissenschaften – Leopoldina (Hg.). 2014. *Wissenschaftsfreiheit und Wissenschaftsverantwortung. Empfehlungen zum Umgang mit sicherheitsrelevanter Forschung*. Bonn/Halle/Saale. http://www.leopoldina.org/en/publications/detailview/?publication[publication]=592&cHash=7f5d42f22f79dd4852b95cac2fe23a.

Di Fabio, Udo. 1991. Entscheidungsprobleme der Risikoverwaltung. Ist der Umgang mit Risiken rechtlich operationalisierbar? *Natur + Recht* 13, 8, 353–359.

Di Fabio, Udo. 1994. *Risikoentscheidungen im Rechtsstaat. Zum Wandel der Dogmatik im öffentlichen Recht, insbesondere am Beispiel der Arzneimittelüberwachung*. Tübingen: J.C.B. Mohr (Paul Siebeck).

Dierkes, Meinolf und Lutz Marz. 1998. Leitbilder als Katalysatoren des Organisations-
lernens. Technikentwicklung als Anwendungsfeld. In: Albach, Horst, Meinolf Dierkes,
Ariane Berthoin Antal und Kristina Vaillant (Hg.), *Organisationslernen – institutionelle
und kulturelle Dimensionen*. Berlin: WZB-Jahrbuch. Edition Sigma, 373–397.

Döbert, Rainer. 1994a. *Handlungs-/Partizipationskosten und die Reproduktion neokonstruk-
tivistischer Relativismen – Ein Blick auf ein erhellendes Ende einer Technikfolgenabschätzung*. Berlin: Wissenschaftszentrum für Sozialforschung. Manuskript.

Döbert, Rainer. 1994b. Die Überlebenschancen unterschiedlicher Umweltethiken. *Zeitschrift
für Soziologie* 23, 4, 306–322.

Döbert, Rainer. 1996. Paragraph 218 vor dem Bundesverfassungsgericht. Verfahrenstheore-
tische Überlegungen zur sozialen Integration. In: van den Daele, Wolfgang und Friedelm
Neidhardt (Hg.), *Kommunikation und Entscheidung. Politische Funktionen öffentlicher
Meinungsbildung und diskursiver Verfahren*. Berlin: Edition Sigma, 327–367.

Döbert, Rainer. 1997. Rationalitätsdimensionen von partizipativer Technikfolgenabschätzung. In: Köberle, Sabine, Fritz Gloede und Leonhard Hennen (Hg.), *Diskursive Verständigung? Mediation und Partizipation in Technikkontroversen*. Baden-Baden: Nomos,
200–213.

Döhler, Marian und Kai Wegrich. 2010. Regulierung als Konzept und Instrument moderner Staatstätigkeit. *dms – der moderne staat. Zeitschrift für Public Policy, Recht und
Management* 1, 31–52.

Dose, Nicolai und Rüdiger Voigt (Hg.). 1995. *Kooperatives Recht*. Baden-Baden: Nomos.

Douglas, Mary und Aron Wildavsky. 1982. *Risk and Culture. An Essay on the Selection of
Technical and Environmental Dangers*. Berkeley u. a.: University of California Press.

Douglas, Mary. 1990. Risk as a Forensic Resource. *daedalus* 119, 4, 1–16.

Drews, Bill, Wacke, Gerhard, Vogel, Klaus und Wolfgang Martens. 1986. *Gefahrenabwehr.
Allgemeines Polizeirecht (Ordnungsrecht) des Bundes und der Länder*. 9. Aufl., Köln usw.:
Heymanns.

Durkheim, Emile. 1893. *Über die Teilung der sozialen Arbeit. Studie über die Organisation
höherer Gesellschaften*. Frankfurt am Main: Suhrkamp 1977. 2. Auflage 1988.

Dux, Günter. 1989. *Die Zeit in der Geschichte. Ihre Entwicklungslogik vom Mythos zur
Weltzeit*. Frankfurt am Main: Suhrkamp.

Edelman, Lauren B. und Marc C. Suchman. 1999. When the "Haves" Hold Court: Spe-
culations on the Organizational Internalisation of Law. *Law & Society Review* 33, 4,
941–991.

Eder, Klaus (Hg.). 1989. *Klassenlage, Lebensstil und kulturelle Praxis. Theoretische und
empirische Beiträge zur Auseinandersetzung mit Pierre Bourdieus Klassentheorie*. Frankfurt am Main: Suhrkamp.

Ehrlich, Eugen. 1913. *Grundlegung der Soziologie des Rechts*, 4. Aufl. (1989). Berlin:
Duncker & Humblot.

Eifert, Martin und Wolfgang Hoffmann-Riem (Hg.). 2009. *Innovationsfördernde Regulierung*. Berlin: Duncker & Humblot.

Engel, Christoph, Halfmann Jost und Martin Schulte (Hg.). 2002. *Wissen, Nichtwissen,
unsicheres Wissen*. Baden-Baden: Nomos.

Esposito, Elena. 2017. Artificial Communication? The Production of Contingency by Algorithms. *Zeitschrift für Soziologie* 46, 4, 249–256.

European Commission. 2011. Horizon 2020 – The Framework Programme for Research and Innovation (COM / 2011 / 0808). http://eur-lex.europa.eu/legal-content/EN/ALL/?uri= CELEX:52011DC0808.

European Union. 2013. Options for Strengthening Responsible Research and Innovation. Report of the Expert Group on the State of Art in Europe on Responsible Research and Innovation. Luxembourg: Publications Office of the European Union.

EUROpTA. 2000. European Participatory Technology Assessment: Participatory Methods in Technology Assessment and Technology Decision-Making. http://www.tekno.dk/eur opta.

Feindt, Peter Henning. 1997. Kommunale Demokratie in der Umweltpolitik. Neue Beteiligungsmodelle. *Aus Politik und Zeitgeschichte* B 27/1997, 39–46.

Fietkau, Hans-Joachim und Helmut Weidner. 1998. *Umweltverhandeln. Konzepte, Praxis und Analysen alternativer Konfliktregelungsverfahren.* Berlin: Edition Sigma.

Fisher, Erik und Geneviev Maricle. 2014. Higher-level responsiveness? Socio-technical integration within US and UK nanotechnology research priority setting. *Science and Public Policy* 41, 1–14.

Fleck, Ludwig. 1935. *Entstehung einer wissenschaftlichen Tatsache. Einführung in die Lehre vom Denkstil und Denkkollektiv.* Basel: Schwabe.

Fleischer, Torsten, Michael Decker und Ulrich Fiedeler. 2005. Assessing emerging technologies – Methodological challenges and the case of nanotechnologies. *Technological Forecasting & Social Change* 72, 1112–1121.

Fludernik, Monika. 1991. Shifters and Deixis. Some Reflections on Jakobson, Jespersen, and Reference. *Semiotica* 86, 193–230.

Foucault, Michel. 1970. *Die Ordnung des Diskurses. Inauguralvorlesung am College de France – 2. Dezember 1970.* Frankfurt am Main usw.: Ullstein 1977.

Foucault, Michel. 1979. On Governmentality. *Ideology and Consciousness* 6, 5–21.

Freeman, Chris und Francisco Louçã. 2001. *As time goes by: from the industrial revolutions to the information revolution.* Oxford: Oxford University Press.

Frerichs, Sabine. 2006. *Judicial Governance in der Europäischen Rechtsgemeinschaft: Integration durch Recht jenseits des Staates, (Judicial Governance in the European Legal Community: Integration by Law beyond the State).* Baden-Baden: Nomos.

Frerichs, Sabine. 2014. „Governance Ping-Pong: Serving Facts, Returning Norms, Ruling the Game." *Paper presented at the Conference „Institutional Transformation in European Political Economy: Corporatism, Neo-Corporatism and Governance Reconsidered ",* Copenhagen Business School, January 30–31.

Fuchs, Michael. 2005. *National Ethics Councils: Their Backgrounds, Functions and Modes of Operation Compared.* Berlin: Nationaler Ethikrat.

Fuchs, Peter. 1997. Weder Herd noch Heimstatt – Weder Fall noch Nichtfall. Doppelte Differenzierung im Mittelalter und in der Moderne. *Soziale Systeme* 3, 2, 413–437.

Fuchs, Peter. 2013. Die Unbeeindruckbarkeit der Gesellschaft. Ein Essay zur Kritikabilität sozialer Systeme. In: Amstutz, Marc und Andreas Fischer-Lescano (Hg.), *Kritische Systemtheorie. Zur Evolution einer normativen Theorie.* Bielefeld: transcript, 99–110.

Führ, Martin. 2014. REACH als lernendes System. Wissensgenerierung und Perspektivenpluralismus durch Stakeholder Involvement In: Bora Alfons, Anna Henkel und Carsten Reinhardt (Hg.), *Wissensregulierung und Regulierungswissen.* Weilerswist: Velbrück, 109–134.

Fuller, Steve. 2000. *The Governance of Science: Ideology and the Future of the Open Society.* Buckingham, UK: Open University Press.

Funtowicz, Silvio O. und Jerome R. Ravetz. 1993. The Emergence of Post-Normal Science. In: Schmoberg, René von (Hg.), *Science, Politics and Morality. Scientific Uncertainty and Decision Making.* Dordrecht: Kluwer, 85–123.

Geiger, Theodor. 1964. *Vorstudien zu einer Soziologie des Rechts.* Neuwied/Berlin: Luchterhand.

Gerhards, Jürgen. 1991. Funktionale Differenzierung der Gesellschaft und Prozesse der Entdifferenzierung. In: Fischer, Hans Rudi (Hg.), *Autopoiesis. Eine Theorie im Brennpunkt der Kritik.* Heidelberg: Auer, 263–280.

Gessenharter, Wolfgang. 1996. Warum neue Beteiligungsmodelle auf kommunaler Ebene? Kommunalpolitik zwischen Globalisierung und Demokratisierung. *Aus Politik und Zeitgeschichte.* B 50/96, 6. Dezember 1996, 3–13.

Gessner, Volkmar. 2002. Rechtspluralismus und globale soziale Bewegungen. *Zeitschrift für Rechtssoziologie* 23, 2, 277–305.

Gibbons, Michael, Camille Limoges, Helga Nowotny, Simon Schwartzman, Peter Scott und Martin Trow. 1994. *The New Production of Knowledge. The Dynamics of Science and Research in Contemporary Societies.* London/Thousand Oaks/New Delhi: SAGE.

Gigerenzer, Gerd. 2002. Intelligente Heuristiken: Rationalität aus darwinistischer Sicht. In: Engel, Christoph, Jost Halfmann und Martin Schulte (Hg.), *Wissen, Nichtwissen, unsicheres Wissen.* Baden-Baden: Nomos, 191–225.

Glagow, Manfred und Helmut Willke (Hg.). 1987. *Dezentrale Gesellschaftssteuerung. Probleme der Integration polyzentrischer Gesellschaft.* Pfaffenweiler: Centaurus.

Glagow, Manfred, Helmut Willke und Helmut Wiesenthal (Hg.). 1989. *Gesellschaftliche Steuerungsrationalität und partikulare Handlungsstrategien.* Pfaffenweiler: Centaurus.

Glover, Jonathan. 1970. *Responsibility. International Library of Philosophy and Scientific Method.* London et al.: Routledge & Paul.

Gonçalves, Maria Eduarda und Maria Inês Gameiro. 2011. *Hard Law, Soft Law and Self-regulation: Seeking Better Governance for Science and Technology in the EU.* Lisbon: DINÂMIA-CET – Centre for Socioeconomic and Territorial Studies and ISCTE-University Institute of Lisbon, http://www.value-isobars.no/filestore/WP4_2.2_HardLaw Softlawandself-regulation.pdf.

Goodenough, Oliver R. 2015. *Legal Technology 3.0.* https://www.huff-post.com/entry/legal-technology-30_b_6603658.

Göpfert Jörg und Moos Torsten. (Hg.). 2009. *Konfliktfelder beackern. Dialog- und Partizipationsverfahren bei fundamentalen Technikkonflikten am Beispiel der Grünen Gentechnik.* Münster u. a.: Lit-Verlag

Görlitz, Axel (Hg.). 1989. *Politische Steuerung sozialer Systeme.* Pfaffenweiler: Centaurus. Rechtspolitologische Texte.

Görlitz, Alex und Ulrich Druwe (Hg.). 1990. *Politische Steuerung und Systemumwelt.* Pfaffenweiler: Centaurus.

Görlitz, Axel und Rüdiger Voigt (Hg.). 1990. *Postinterventionistisches Recht.* Pfaffenweiler: Centaurus.

Görsdorf, Alexander. 2012. *Das offene Gespräch und seine Grenzen.* Baden-Baden: Nomos.

Grimm, Dieter. 1987. *Recht und Staat der bürgerlichen Gesellschaft.* Frankfurt am Main: Suhrkamp.

Grimm, Dieter (Hg.). 1990. *Wachsende Staatsaufgaben – sinkende Steuerungsfähigkeit des Rechts.* Baden-Baden: Nomos.

Groth, Klaus-Martin. 1988. Die gentechnische Herausforderung. Kritische Justiz 21: 247–262.

Gruber, Malte-Christian. 2016. Flashmobs, Flashboys und Flashbacks des automatisierten Handelns: zur rechtlichen Konstruktion neuer Verantwortlichkeiten. *Soziale Systeme* 19, 2, 327–349.

Grunwald, Armin. 2002. *Technikfolgenabschätzung – eine Einführung. Gesellschaft – Technik – Umwelt.* 2. Aufl. Berlin: Edition Sigma, 2010.

Grunwald, Armin. 2007. Umstrittene Zukünfte und rationale Abwägung. Prospektives Folgenwissen in der Technikfolgenabschätzung. *Technikfolgenabschätzung – Theorie und Praxis* 16, 1, 54–63.

Grunwald, Armin. 2011. Responsible Innovation: Bringing together Technology Assessment, Applied Ethics, and STS research. *Enterprise and Work Innovation Studies* 7, 9–31.

Grupp, Hariolf und Barbara Breitschopf. 2006. Innovationskultur in Deutschland. Qualitäten und Quantitäten im letzten Jahrhundert. In: Weingart, Peter und Niels C. Taubert (Hg.), *Das Wissensministerium. Ein halbes Jahrhundert Forschungs- und Bildungspolitik in Deutschland.* Weilerswist: Velbrück, 169–199.

Guston, David H. und Daniel Sarewitz. 2002. Real-time technology assessment. *Technology in Society* 24, 93–109.

Gusy Christoph und Haupt Heinz-Gerhard (Hg.), 2005. *Inklusion und Partizipation. Politische Kommunikation im historischen Wandel.* Frankfurt am Main: Campus.

Habermas, Jürgen. 1981. *Theorie des kommunikativen Handelns.* Frankfurt am Main: Suhrkamp.

Habermas, Jürgen. 1996. *Die Einbeziehung des Anderen. Studien zur politischen Theorie.* Frankfurt am Main: Suhrkamp.

Habermas, Jürgen. 1992. *Faktizität und Geltung. Beiträge zur Diskurstheorie des Rechts und des demokratischen Rechtsstaats.* Frankfurt am Main: Suhrkamp.

Halfmann, Jost. 2002. Wissenschaft, Methode und Technik. Die Geltungsprüfung von wissenschaftlichem Wissen durch Technik. In: Engel, Christoph, Jost Halfmann und Martin Schulte (Hg.), *Wissen, Nichtwissen, unsicheres Wissen.* Baden-Baden: Nomos, 227–251.

Haraway, Donna. 1991. *Simians, Cyborgs and Women: The Reinvention of Nature.* New York: Routledge.

Hardin, Garrett. 1968. The Tragedy of the Commons. *Science* 162, 1243–1248.

Hartmann Eva und Poul F. Kjaer (Hg.). 2015. *The Evolution of Intermediary Institutions in Europe. From Corporatism to Governance.* Basingstoke: Palgrave Macmillan.

Hausendorf, Heiko. 2002. Innovativität als Kommunikationsproblem. Anmerkungen aus sprachwissenschaftlicher Sicht. In: Kugler, Hartmut (Hg.), *"www.germanistik.de".* Vorträge des Erlanger Germanistentags. Band 2. Bielefeld: Aisthesis, 1035–1048.

Hausendorf, Heiko. 2003. Deixis and speech situation revisited. In: Lenz, Friedrich (Hg.), *Deictic Conceptualisation of Space, Time, and Person.* Amsterdam: J. Benjamins, 249–269.

Hausendorf, Heiko und Alfons Bora. 2006a. Reconstructing Social Positioning in Discourse. Methodological Basics and their Implementation from a Conversation Analysis Point of View. In: Hausendorf und Bora 2006b, 85–97.

Hausendorf, Heiko und Alfons Bora (Hg.). 2006b. *Analysing Citizenship Talk. Social positioning in political and legal decision-making processes*. Amsterdam: Benjamins.

Hausendorf, Heiko, Wolfgang Kesselheim, Hiloko Kato und Martina Breitholz. 2017. *Textkommunikation: ein textlinguistischer Neuansatz zur Theorie und Empirie der Kommunikation mit und durch Schrift*. Berlin und Boston: de Gruyter.

Heck, Philipp. 1914. Gesetzesauslegung und Interessenjurisprudenz. *Archiv für die civilistische Praxis* 112, 1, 1.

Heinrich, Kristina und Evelyn Schmidt. 2020. *KI-Systeme im Recht. Eine systemtheoretische Untersuchung eines Kommunikationssystems mit technischen und physischen Entitäten*. Unveröffentlichtes Manuskript: Bielefeld 2020.

Hennen, Leonhard. 1999. Participatory technology assessment: a response to technological modernity? *Science and Public Policy* 26, 5, 303–312.

Hellmann Kai-Uwe und Rainer Schmalz-Bruns (Hg.). 2002. *Theorie der Politik. Niklas Luhmanns politische Soziologie*. Frankfurt am Main: Suhrkamp.

Hennen, Leonard. 2003. Experten und Laien – Bürgerbeteiligung in der Technikfolgenabschätzung in Deutschland. In: Schicktanz, Silke und Jörg Naumann (Hg.), *Bürgerkonferenz: Streitfall Gendiagnostik. Ein Modellprojekt der Bürgerbeteiligung am bioethischen Diskurs*. Opladen: Leske + Budrich, 37–47.

Héritier, Adrienne (Hg.). 2002. *Common goods: reinventing European and international governance*. Lanham, Md.: Rowman & Littlefield.

Hesse, Konrad. 1993. *Grundzüge des Verfassungsrechts der Bundesrepublik Deutschland*. 19. Aufl. Heidelberg: C.F. Müller.

Hiller, Petra. 1993. *Der Zeitkonflikt in der Risikogesellschaft. Risiko und Zeitorientierung in rechtsförmigen Verwaltungsentscheidungen*. Berlin: Duncker & Humblot.

Hiller, Petra. 1994. Risiko und Verwaltung. In: Dammann, Klaus, Dieter Grunow und Klaus P. Japp (Hg.), *Die Verwaltung des politischen Systems. Neuere systemtheoretische Zugriffe auf ein altes Thema*. Opladen: Westdeutscher Verlag, 106–125.

Hiller, Petra. 1999. Hiller, Petra. Probleme prozeduraler Risikoregulierung. In: Bora, Alfons (Hg.), *Rechtliches Risikomanagement. Form, Funktion und Leistungsfähigkeit des Rechts in der Risikogesellschaft*. Berlin: Duncker & Humblot, 29–40.

Hiller, Petra. 2001. *Organisationswissen. Eine Studie zur Wissensgenese in Verwaltungsorganisationen am Beispiel ostdeutscher Kommunalverwaltungen*. Habilitationsschrift. Universität Bielefeld: Fakultät für Soziologie.

Hölscher, Lucian. 1999. Die *Entdeckung der Zukunft*. Frankfurt am Main: Fischer-Taschenbuch-Verlag.

Hof, Hagen und Gertrude Lübbe-Wolff (Hg.). 1999. *Wirkungsforschung zum Recht*. Baden-Baden: Nomos.

Hoffmann-Riem, Wolfgang. 2001. Sozialwissenschaften in der Rechtsanwendung am Beispiel der Nutzung der Medienforschung in der Rechtsprechung zum Medienrecht. *Zeitschrift für Rechtssoziologie* 22, 1, 3–24.

Hoffmann-Riem, Wolfgang. 2005. Risiko- und Innovationsrecht im Verbund. *Die Verwaltung* 38, 2, 145–176.

Hoffmann-Riem, Wolfgang. 2006. Innovationsoffenheit und Innovationsverantwortung durch Recht. Aufgaben rechtswissenschaftlicher Innovationsforschung. *Archiv des öffentlichen Rechts* 131, 2, 278–290.

Holmes, Oliver Wendell. 1897. The Path of Law. *Harvard Law Review* 10, 8, 457–478.

Holmes, Pablo. 2013. *Verfassungsevolution in der Weltgesellschaft: Differenzierungspro-bleme des Rechts und der Politik im Zeitalter der Global Governance.* Baden-Baden: Nomos.

Holz, Klaus (Hg.). 2000. *Staatsbürgerschaft. Soziale Differenzierung und politische Inklu-sion.* Wiesbaden: Westdeutscher Verlag.

Holz, Klaus. 2001. Funktionale und segmentäre Differenzierung der Politik. Zur Gesell-schaftstheorie der Staatsbürgerschaft. *Zeitschrift für Rechtssoziologie,* 22, 1, 53–78.

Hood, Christopher, Henry Rothstein und Robert Baldwin. 2001. *The Government of Risk: Understanding Risk Regulation Regimes.* Oxford: Oxford University Press.

Hunt, Alan. 1993. *Explorations in Law and Society. Toward a Constitutive Theory of Law.* New York-London: Routledge.

International Standardization Organization (ISO). 2010. ISO 26000, Guidance on Social Responsibility. https://www.iso.org/obp/ui/#iso:std:iso:26000:ed-1:v1:en

Irwin, Alan. 2001. Constructing the Scientific Citizen: Science and Democracy in the Bios-ciences. *Public Understanding of Science* 10, 1, 1–18.

Jakl, Thomas, Joas, Reinhard, Nolte, Rainer F., Schott, Rudolf und Andreas Windsperger. 2003. *Chemikalien-Leasing. Ein intelligentes und integratives Geschäftsmodell als Per-spektive zur nachhaltigen Entwicklung in der Stoffwirtschaft.* New York, NY: Springer.

Jakobson, Roman. 1971. Shifters, verbal categories, and the Russian verb. In: ders., *Selected Writings II.* The Hague: Mouton, 30–147.

Jakobson, Roman. 1990. Shifters and Verbal Categories. In: ders., *On Language.* Cambridge MA: Harvard University Press, 386–392.

Jansen, Dorothea. 2003. Soziologie, Rechtssoziologie und Rechtswissenschaft. In: Machura, Stefan und Stefan Ulbrich (Hg.), *Recht – Gesellschaft – Kommunikation: Festschrift für Klaus F. Röhl.* Baden-Baden: Nomos, 24–39.

Japp, Klaus P. 1994. Verwaltung und Rationalität. In: Dammann, Klaus, Dieter Grunow und Klaus P. Japp *(Hg.), Die Verwaltung des politischen Systems. Neuere systemtheoretische Zugriffe auf ein altes Thema.* Opladen: Westdeutscher Verlag, 126–141.

Japp, Klaus P. 1996. *Soziologische Risikotheorie: funktionale Differenzierung, Politisierung und Reflexion.* Weinheim u. a.: Juventa.

Japp, Klaus P. 1997. Die Beobachtung von Nichtwissen. Soziale Systeme. *Zeitschrift für soziologische Theorie* 3, 2, 289–313.

Japp, Klaus P. 1999. Risikoreflexion – Beobachtung der Gesellschaft im Recht. In: Bora, Alfons (Hg.), *Rechtliches Risikomanagement. Form, Funktion und Leistungsfähigkeit des Rechts in der Risikogesellschaft.* Berlin: Duncker & Humblot, 237–256.

Jasanoff, Sheila. 1995. *Science at the bar: law, science, and technology in America.* Cambridge, MA: Havard University Press.

Jasanoff, Sheila. 2004. Science and Citizenship: a new synergy. *Science and Public Policy* 31, 2, 90–94.

Jasanoff, Sheila. 2005. *Designs on Nature. Science and Democracy in Europe and the United States.* Princeton and Oxford: Princeton University Press.

Jellinek, Georg. 1914. *Allgemeine Staatslehre: unter Verwertung des handschriftlichen Nach-lasses durchgesehen und ergänzt von Walter Jellinek.* 3. Aufl., 4. Neudruck der Ausgabe von 1914, Berlin: Häring 1922.

Jespersen, Otto. 1969. *Language. Its nature, development and origin.* London: Allen & Unwin.

John, René. 2005. Innovationen als irritierende Neuheiten. Evolutionstheoretische Perspektiven. In: Aderhold, Jens und René John (Hg.), *Innovation. Sozialwissenschaftliche Perspektiven*. Konstanz: UVK, 49–64.

Joly, Pierre-Benoit und Gérald Assouline. 2001. *Assessing Public Debate and Participation in technology assessment in Europe (ADAPTA)*. Final Report. Grenoble: INRA.

Jonas, Hans. 1979. *Das Prinzip Verantwortung. Versuch einer Ethik für die technologische Zivilisation*. Frankfurt am Main: Suhrkamp.

Joss, Simon und Sergio Bellucci. 2002. Participatory technology assessment in Europe: Introducing the EUROPTA research project. In: dies. (Hg.), *Participatory technology assessment. European perspectives*. London: University of Westminster, 3–11.

Jungermann, Helmut und Paul Slovic. 1993. Die Psychologie der Kognition und Evaluation von Risiko. In: Bechmann, Gotthard (Hg.), *Risiko und Gesellschaft*. Opladen: Westdeutscher Verlag, 167–208.

Kaldewey, David. 2013. *Wahrheit und Nützlichkeit. Selbstbeschreibungen der Wissenschaft zwischen Autonomie und gesellschaftlicher Relevanz*. Bielefeld: Transcript.

Kaldewey, David. 2015. Die responsive Struktur der Wissenschaft: ein Kommentar. In: Matthies, Hildegard, Dagmar Simon und Marc Torka (Hg.). *Die Responsivität der Wissenschaft: Wissenschaftliches Handeln in Zeiten neuer Wissenschaftspolitik*. Bielefeld: transcript, 209–230.

Kantorowicz, Hermann U. 1911. *Rechtswissenschaft und Soziologie. Aus den Verhandlungen des Ersten Deutschen Soziologentages vom 19.–22. Oktober 1910 in Frankfurt am Main*: 275–309. Separatausgabe des am 22. Oktober daselbst gehaltenen Vortrages. Tübingen: Mohr (Paul Siebeck).

Kaplan, Stanley und John B. Garrick. 1993. Die quantitative Bestimmung von Risiko. In: Bechmann, Gotthard (Hg.), *Risiko und Gesellschaf*. Opladen: Westdeutscher Verlag, 91–124.

Kay, Lily E. 2000. *Who wrote the book of life? A history of the genetic code*. Stanford, Calif.: Stanford University Press.

Kelsen, Hans. 1934. *Reine Rechtslehre: Einleitung in die rechtswissenschaftliche Problematik*. 2. Neudruck der 1. Auflage. Tübingen: Mohr-Siebeck 2008.

Kerner, Max (Hg.). 1997. *Aufstand der Laien. Expertentum und Demokratie in der technisierten Welt*. Aachen: Thouet.

Kirchheimer, Otto. 1928. Zur Staatslehre des Sozialismus und Bolschewismus. *Zeitschrift für Politik* 17, 593–611. Wiederabgedruckt in: Stammen, Theo (Hg.), 100 Jahre „Zeitschrift für Politik", ZfP Sonderband 2, Baden-Baden: Nomos 2008, 124–142.

Kjaer, Poul F. 2014a. *Constitutionalism in the Global Realm: A Sociological Approach*. Hoboken: Taylor and Francis.

Kjaer, Poul F. 2014b. Towards a Sociology of Intermediary Institutions: The Role of Law in Corporatism, Neo-Corporatism and Governance. In: Rask Madsen, Mikael und Chris Thornhill (Hg.), *Law and the Formation of Modern Europe: Perspectives from the Historical Sociology of Law*. Cambridge: Cambridge University Press, 117–141.

Kjaer, Poul F., Paulius Jurcys und Ren Yatsunami. 2013. *Regulatory Hybridization in the Transnational Sphere*. Leiden: Martinus Nijhoff Publishers.

Knie, Andreas. 1991. „Generierung" und „Härtung" technischen Wissens: Die Entstehung der mechanischen Schreibmaschine. *Technikgeschichte* 58, 101.

Knie, Andreas. 1994. *Wankel-Mut in der Autoindustrie. Anfang und Ende einer Antriebsalternative*. Berlin: edition sigma.

Knorr Cetina, K. 1992. Zur Unterkomplexität der Differenzierungstheorie. Empirische Anfragen an die Systemtheorie. *Zeitschrift für Soziologie* 21, 6, 406–419.

Knorr-Cetina, K. 1999. *Epistemic Cultures – How the Sciences Make Knowledge*. Cambridge: Harvard University Press.

Köberle, Sabine, Fritz Gloede und Leonhard Hennen (Hg.). 1997. *Diskursive Verständigung? Mediation und Partizipation in Technikkontroversen*. Baden-Baden: Nomos.

Kooiman, Jan. 2002. Governance: A Social-Political Perspective. In: Grote, Jürgen und Bernard Gbikpi (Hg.), *Participatory Governance: Political and Societal Implications*. Opladen: Leske + Budrich, 71–96.

Koop, Christel und Martin Lodge. 2017. What is regulation? An interdisciplinary concept analysis. Regulation and Governance. *Regulation & Governance* 11, 1, 95–108.

Koselleck, Reinhart. 1979. *Vergangene Zukunft. Zur Semantik geschichtlicher Zeiten*. Frankfurt am Main: Suhrkamp.

Kowol, Uli und Wolfgang Krohn. 2000. Innovation und Vernetzung. In. Weyer, Johannes (Hg.), *soziale Netzwerke*: München: Oldenbourg, 135–160.

Krohn, Wolfgang. 1997. Rekursive Lernprozesse: Experimentelle Praktiken in der Gesellschaft. Das Beispiel der Abfallwirtschaft. In: Rammert, Werner (Hg.), *Innovation – Prozesse, Produkte, Politik*. Jahrbuch für Technik und Gesellschaft 9. Frankfurt am Main: Campus, 65–89.

Kuhlmann, Stefan. 2007. *Governance of innovation: Practice, policy, and theory as dancing partners*. Manuscript. University of Twente.

Küppers, Günter und Wolfgang Krohn. 1992. Zur Emergenz systemspezifischer Leistungen. In: dies. (Hg.), *Emergenz: Die Entstehung von Ordnung, Organisation und Bedeutung*. Frankfurt am Main: Suhrkamp, 161–188.

Kutscher, Hauke-Hendrik. 2016. *Politisierung oder Verrechtlichung? der Streit um die Verfassungsgerichtsbarkeit in Deutschland (1921–1958)*. Historische Politikforschung. Frankfurt am Main: Campus.

Ladeur, Karl-Heinz. 1987. Rechtliche Steuerung der Freisetzung von gentechnologisch manipulierten Organismen: Ein Exempel für die Entscheidung unter Ungewißheitsbedingungen. *Natur und Recht* 9, 60–67.

Ladeur, Karl-Heinz. 1988. Umweltrecht und technologische Innovation. *Jahrbuch des Umwelt- und Technikrechts*, 305–333.

Ladeur, Karl-Heinz. 1992. *Postmoderne Rechtstheorie. Selbstreferenz – Selbstorganisation – Prozeduralisierung*. Berlin: Duncker & Humblot.

Ladeur, Karl-Heinz. 1993. Risiko und Recht. Von der Rezeption der Erfahrung zum Prozeß der Modellierung. In: Bechmann, Gotthard (Hg.), *Risiko und Gesellschaft*. Opladen: Westdeutscher Verlag, 209–233.

Ladeur, Karl-Heinz. 1995. *Das Umweltrecht der Wissensgesellschaft*. Berlin: Duncker & Humblot.

Ladeur, Karl-Heinz. 1999. Risikobewältigung durch Flexibilisierung und Prozeduralisierung des Rechts – Rechtliche Bindung von Ungewissheit oder Selbstverunsicherung des Rechts? In: Bora, Alfons (Hg.), *Rechtliches Risikomanagement. Form, Funktion und Leistungsfähigkeit des Rechts in der Risikogesellschaft*. Berlin: Duncker & Humblot, 41–64.

Ladeur, Karl-Heinz. 2002. *The changing role of the private in public governance.* EUI working papers. LAW no.2002/9.

Ladeur, Karl-Heinz. 2008. Die Kommunikationsinfrastruktur der Verwaltung. In: Hoffmann-Riem, Wolfgang, Eberhard Schmidt-Aßmann und Andreas Voßkuhle (Hg.), *Handbuch der Verwaltungsrechtswissenschaft,* Band 2. München: C.H. Beck.

Ladeur, Karl-Heinz. 2010. *'Theory of Governance',* Max-Planck Encyclopedia of Public International Law. Heidelberg/Oxford: Oxford University Press.

Ladeur, Karl-Heinz. 2011. Constitutionalism and the State of the ›Society of Networks‹: The Design of a New Control Project for a Fragmented Legal System. *Transnational Legal Theory* 2, 4, 463–475.

Lang, Stephan. 1988. *Das atomrechtliche Genehmigungsverfahren für das Gemeinschaftskernkraftwerk Neckar, Block II (GKN II) – Praktische Erfahrungen und Versuch einer Wertung aus rechtswissenschaftlicher Sicht.* Forschungsinstitut für öffentliche Verwaltung/Kernforschungszentrum Karlsruhe. Speyerer Forschungsberichte 70: 1–14.

Larenz, Karl. 1991. *Methodenlehre der Rechtswissenschaft.* 6., neubearbeitete Auflage. Berlin: Springer.

Latour, Bruno. 1991. *Nous n'avons jamais été modernes. Essai d'anthropologie symétrique. Paris: Éditions La Découverte.* Dt. Wir sind nie modern gewesen. Versuch einer symmetrischen Anthropologie. Berlin: Akademie Verlag.

Latour, Bruno. 2002. *La fabrique du droit. Une ethnographie du Conseil d'État.* Paris: Éditions La Découverte.

Latour, Bruno. 2005. *Reassembling the Social: An Introduction to Actor-Network-Theory.* Oxford: Oxford University Press.

Leggewie, Claus (Hg.). 2007. Von der Politik- zur Gesellschaftsberatung: Neue Wege öffentlicher Konsultation. Frankfurt am Main: Campus-Verlag.

Lehmbruch, Gerhard und Philippe C. Schmitter (Hg.). 1979. *Trends Toward Corporatist Intermediation.* Beverly Hills CA und London: SAGE.

Lenk, Hans und Matthias Maring. 2001. *Verantwortung:* Historisches Wörterbuch der Philosophie, Vol. 11. Darmstadt: Wiss. Buchgesellschaft, Spalten 569–575.

Lerch, Kai D. (Hg.). 2004. *Die Sprache des Rechts: Studien der Interdisziplinären Arbeitsgruppe Sprache des Rechts der Berlin-Brandenburgischen Akademie der Wissenschaften.* Berlin u. a.: de Gruyter.

Levidow, Les und Claire Marris. 2001. Science and governance in Europe: lessons from the case of agricultural biotechnology. *Science and Public Policy* 28, 5, 345–360.

Levi-Faur, David. 2014. The Welfare State: A Regulatory Perspective. *Public Administration* 92, 3, 599–614.

Lezaun, Javier. 2004. Subjects of Knowledge: Epistemologies of the Consumer in the GM Food Debate. In: Stehr, Nico (Hg.), *The Governance of Knowledge.* New York: Transaction Books.

Liberatore, Angela und Silvio Funtowicz. 2003. "'Democratising expertise', 'expertising' democracy: what does this mean, and why bother?" *Science and Public Policy* 30, 3, 146–150.

Lichtenstein, Falk und Dorothee Ruckteschler. 2017. Chinas erstes Digitalgericht. *Legal Tribune Online* 29.09.2017 (https://www.lto.de/recht/hintergruende/h/china-gericht-justiz-online-digital-zivilverfahren-legal-tech/aufgerufen 09.09.2019).

Lieckweg, Tania und Christof Wehrsig. 2001. Zur komplementären Ausdifferenzierung von Organisationen und Funktionssystemen. Perspektiven einer Gesellschaftstheorie der Organisation. In: Tacke, Veronika (Hg.), *Organisation und gesellschaftliche Differenzierung*. Wiesbaden: Westdeutscher Verlag, 39–60.

Limbach, Jutta. 1999. Missbrauch des Bundesverfassungsgerichts durch die Politik. Gegenwartskunde. *Zeitschrift für Gesellschaft, Wirtschaft, Politik und Bildung* 48, 11–18.

Lindner, Clausjohann. 1990. *Kritik der Theorie der partizipatorischen Demokratie*. Opladen: Westdeutscher Verlag.

Lovell, Heather. 2007. The governance of innovation in socio-technical systems: the difficulties of strategic niche management in practice. *Science and Public Policy* 34, 1, 35–44.

Lucas, John R. 1993. *Responsibility*. Oxford et al.: Clarendon Press.

Luckmann, Thomas. 1998. *Moral im Alltag. Sinnvermittlung und moralische Kommunikation in intermediären Institutionen*. Gütersloh: Bertelsmann-Stiftung.

Luf, Gerhard. 1992. Probleme der Verrechtlichung am Beispiel der Gentechnologie. In: Koller, Peter, Csaba Varga und Ota Weinberger (Hg.), *Theoretische Grundlagen der Rechtspolitik. Ungarisch-Österreichisches Symposium der Internationalen Vereinigung für Rechts- und Sozialphilosophie 1990*. 28–36. ARSP-Beiheft Nr. 54. Stuttgart: Steiner.

Luhmann, Niklas. 1972a. *Rechtssoziologie*. Reinbek bei Hamburg: Rowohlt.

Luhmann, Niklas 1972b. *Kontingenz und Recht. Rechtstheorie im interdisziplinären Zusammenhang*. Berlin: Suhrkamp, 2013.

Luhmann, Niklas. 1973. Gerechtigkeit in den Rechtssystemen der modernen Gesellschaft. In: ders., *Ausdifferenzierung des Rechts. Beiträge zur Rechtssoziologie und Rechtstheorie*. Frankfurt am Main: Suhrkamp 1981, 374–418.

Luhmann, Niklas. 1976. The Future Cannot Begin: Temporal Structures in Modern Society. *Social Research* 43, 1, 130–152.

Luhmann, Niklas. 1981a. *Gesellschaftsstruktur und Semantik. Studien zur Wissenssoziologie der modernen Gesellschaft*. Band 2. Frankfurt am Main: Suhrkamp.

Luhmann, Niklas. 1981b. *Ausdifferenzierung des Rechts. Beiträge zur Rechtssoziologie und Rechtstheorie*. Frankfurt am Main: Suhrkamp.

Luhmann, Niklas. 1981c. *Politische Theorie im Wohlfahrtsstaat*. München: Olzog.

Luhmann, Niklas. 1984a. Soziologische Aspekte des Entscheidungsverhaltens. *Die Betriebswirtschaft* 44, 4, 591–603.

Luhmann, Niklas. 1984b. *Soziale Systeme. Grundriß einer allgemeinen Theorie*. Frankfurt am Main: Suhrkamp.

Luhmann, Niklas. 1985. *A Sociological Theory of Law* (trans. from Rechtssoziologie 1972). London: Routledge und Kegan Paul.

Luhmann, Niklas. 1986. *Ökologische Kommunikation. Kann die moderne Gesellschaft sich auf ökologische Gefährdungen einstellen?* 2. Auflage 1988. Opladen: Westdeutscher Verlag.

Luhmann, Niklas. 1987. Partizipation und Legitimation: Die Ideen und die Erfahrungen. In: ders., *Soziologische Aufklärung 4. Beiträge zur Funktionalen Differenzierung der Gesellschaft*. Opladen: Westdeutscher Verlag, 237–264.

Luhmann, Niklas. 1988. The Third Question: The Creative Use of Paradoxes in Law and Legal History. *Journal of Law and Society* 15, 153–165.

Luhmann, Niklas. 1989. *Gesellschaftsstruktur und Semantik. Studien zur Wissenssoziologie der modernen Gesellschaft.* Band 3. Frankfurt am Main: Suhrkamp.

Luhmann, Niklas. 1990. *Die Wissenschaft der Gesellschaft.* Frankfurt am Main: Suhrkamp.

Luhmann, Niklas. 1991a. Steuerung durch Recht? Einige klarstellende Bemerkungen. *Zeitschrift für Rechtssoziologie* 12, 1, 42–146.

Luhmann, Niklas. 1991b. *Soziologie des Risikos.* Berlin/New York: de Gruyter. Engl.: *Risk: a sociological theory,* translated by Barrett, Rhodes. New York: A. de Gruyter, 1993.

Luhmann, Niklas. 1992. Ökologie des Nichtwissens. In: ders., *Beobachtungen der Moderne.* Opladen: Westdeutscher Verlag, 149–220.

Luhmann, Niklas. 1993. *Das Recht der Gesellschaft.* Frankfurt am Main: Suhrkamp.

Luhmann, Niklas. 1994. Gesellschaft als Differenz. Zu den Beiträgen von Gerhard Wagner und von Alfred Bohnen. *Zeitschrift für Soziologie* 23, 6, 477–481.

Luhmann, Niklas. 1995a. *Social systems,* translated by John Bednarz Jr., with Dirk Baecker; foreword by Eva M. Knodt. Stanford, CA: Stanford University Press.

Luhmann, Niklas. 1995b. Die Form "Person". In *Soziologische Aufklärung 6. Die Soziologie und der Mensch.* Ders., 142–151. Opladen: Westdeutscher Verlag.

Luhmann, Niklas. 1995c. Inklusion und Exklusion. In: ders., *Soziologische Aufklärung 6. Die Soziologie und der Mensch.* Opladen: Westdeutscher Verlag, 152–160.

Luhmann, Niklas. 1995d. Das Paradox der Menschenrechte und drei Formen seiner Entfaltung. In: ders., *Soziologische Aufklärung 6. Die Soziologie und der Mensch.* Opladen: Westdeutscher Verlag, 229–236.

Luhmann, Niklas. 1995e. *Soziologische Aufklärung 6. Die Soziologie und der Mensch.* Opladen: Westdeutscher Verlag.

Luhmann, Niklas. 1997. *Die Gesellschaft der Gesellschaft.* Frankfurt am Main: Suhrkamp.

Luhmann, Niklas. 2000a. *Die Politik der Gesellschaft.* Frankfurt am Main: Suhrkamp.

Luhmann, Niklas. 2000b. Die Rückgabe des zwölften Kamels. *Zeitschrift für Rechtssoziologie* 21, 1, 3–60.

Luhmann, Niklas. 2000c. *Organisation und Entscheidung.* Opladen: Westdeutscher Verlag.

Luhmann, Niklas. 2021. *Die Grenzen der Verwaltung.* Hg. Johannes F.K. Schmidt und Christoph Gesigora. Berlin: Suhrkamp.

Lyotard, Jean-Francois. 1983. *Le Différend.* Deutsch: Der Widerstreit. 2. Aufl. 1989. München: Fink.

MacNeil, Michael, Neil Sargent und Peter Daniel Swan. 2002. *Law, regulation, and governance.* Oxford: Oxford University Press.

Maier, Hans. 1966. *Die ältere deutsche Staats- und Verwaltungslehre.* 2. Aufl. 1980. München: Beck.

Majone, Giandomenico. 1996. *Regulating Europe.* London and New York: Routledge.

Majone, Giandomenico. 1997. From the Positive to the Regulatory State: Causes and Consequences of Change in the Mode of Governance. *Journal of Public Policy* 17, 2, 139–167.

Mankiw, N. Gregory. 2008. *Principles of Economics,* 5th edn., Mason OH: South Western Education.

Mannheim, Karl. 1964. *Wissenssoziologie.* Auswahl aus dem Werk. Eingeleitet und herausgegeben von Kurt H. Wolff. Berlin u. a.: Luchterhand.

Marshall, Thomas H. 1949. Citizenship and social class. In: ders., *Class, Citizenship, and Social Development.* Chicago/London: University of Chicago Press 1977, 71–134.

Martinsen, Renate und Georg Simonis (Hg.). 2000. *Demokratie und Technik. (K)eine Wahlverwandschaft?* Opladen: Leske + Budrich.

Mayntz, Renate, Bernd Rosewitz, Uwe Schimank und R. Stichweh (Hg.). 1988. *Differenzierung und Verselbständigung. Zur Entwicklung gesellschaftlicher Teilsysteme.* Frankfurt am Main/New York: Campus.

Mayntz, Renate. 1998. *New Challenges to Governance Theory.* Jean Monet Chair Paper 50. Florence: European University Institute.

Mayntz, Renate. 2004. „Governance im modernen Staat." In: Benz, Arthur (Hg.), *Governance – Regieren in komplexen Regelsystemen: Eine Einführung.* Wiesbaden: VS Verlag für Sozialwissenschaften, 65–76.

Mayntz, Renate. 2005. Governance Theory als fortentwickelte Steuerungstheorie? In: Schuppert, Gunnar Folke (Hg.), *Governance-Forschung: Vergewisserung über Stand und Entwicklungslinien.* Baden-Baden: Nomos, 11–20.

McKenna, Michael. 2012. *Conversation and Responsibility.* Oxford et al.: Oxford University Press.

Merton, Robert K. 1973. *The sociology of science: theoretical and empirical investigations.* Chicago: University. of Chicago Press.

Meulen, Barend van der und Arie Rip. 1998. Mediation in the Dutch science system. *Research Policy* 27, 757–769.

Meyer, John, John Boli, George Thomas und Francisco Ramirez. 1997. World Society and the Nation-State. *American Journal of Sociology* 103, 144–181.

Michael, Mike. 2000. Futures of the Present: From Performativity to Prehension. In: Brown, Nick, Brian Rappert und Andrew Webster (Hg.), *Contested Futures. A sociology of prospective techno-science.* Burlington: Ashgate Publishing, 21–42.

Miller, Max. 2006. *Dissens. Zur Theorie diskursiven und systemischen Lernens.* Bielefeld: transcript.

Mitnick, Barry Michael. 1980. *The political economy of regulation. Creating, designing, and removing regulatory forms.* New York: Columbia University Press.

Mölders, Marc. 2009. Lernen für die Zukunft? Prospektives Recht an der Schwelle von Evolution und Lernen. *Zeitschrift für Rechtssoziologie* 30, 1, 59–83.

Mölders, Marc. 2011. *Die Äquilibration der kommunikativen Strukturen.* Weilerswist: Velbrück.

Mölders, Marc. 2013. Kluge Kombinationen. Zur Wiederaufnahme systemtheoretischer Steuerungskonzepte im Governance-Zeitalter. *Zeitschrift für Rechtssoziologie* 33, 1, 5–30.

Mölders, Marc. 2015. Das Janusgesicht der Aufklärung und der Lenkung. Irritationsgestaltung: Der Fall ProPublica. *M&K Medien & Kommunikationswissenschaft* 63, 1, 3–17.

Mölders, Marc. 2017. Shaping pressure: on the regulatory effect of publicity. In Paul et al. 2017, 121–137.

Mölders, Marc. 2019. *Die Korrektur der Gesellschaft: Irritationsgestaltung am Beispiel des Investigativ-Journalismus.* Bielefeld: transcript.

Mölders, Marc. 2021a. Legal Algorithms and Solutionism: Reflections on Two Recidivism Scores. *SCRIPTed. Journal of Law, Technology & Society* 18, 1, 57–82.

Mölders, Marc. 2021b. Irritation Design: Updating Steering Theory in the Age of Governance. *Politics and Governance* 9, 2, 393–402.

Moran, Michael. 2002. Review Article: Understanding the Regulatory State. *British Journal of Political Science* 32, 2, 391–413.

Müller, Lukas und Reto Seiler. 2019. Smart Contracts aus Sicht des Vertragsrechts – Funktionsweise, Anwendungsfälle und Leistungsstörungen. *Aktuelle Juristische Praxis* 27, 3, 317–328.

Müller-Jentsch, Walther. 1982. Gewerkschaften als intermediäre Organisationen. *Kölner Zeitschrift für Soziologie und Sozialpsychologie*, Sonderheft 24, 408–433.

Münch, Richard. 1991. *Dialektik der Kommunikationsgesellschaft.* Frankfurt am Main: Suhrkamp.

Münch, Richard. 1992. Recht als Medium der Kommunikation. *Zeitschrift für Rechtssoziologie* 13, 1, 65–87.

Münch, Ingo von. 1993. *Staatsrecht.* 5., neubearbeitete Auflage. Stuttgart-Berlin-Köln: Kohlhammer.

Münch, Richard. 1995. Elemente einer Theorie der Integration moderner Gesellschaften. Eine Bestandsaufnahme. *Berliner Journal für Soziologie* 5, 1, 5–24.

Münte, Peter. 2012. Das Mediationsverfahren als sozialtechnologische Form herrschaftstechnischer Versachlichung und inszenierter Herrschaftsfreiheit: Eine Analyse eines Entwurfs der Vereinbarung über eine Mediation zum Ausbau des Flughafens Wien, In: Bora, Alfons und Peter Münte (Hg.), *Mikrostrukturen der Governance. Beiträge zur materialen Rekonstruktion von Erscheinungsformen neuer Staatlichkeit.* Baden-Baden: Nomos Verlagsgesellschaft, 217–260.

Münte, Peter und Alfons Bora. 2004. *Strukturprobleme der Kommunikation zwischen Genehmigungsbehörde und Bürgern im Verwaltungsverfahren. Rechtspolitische Empfehlungen für das BMBF auf der Grundlage einer Untersuchung der Kommunikationsstrukturen im gentechnikrechtlichen Anhörungsverfahren.* Abschlußbericht im Rahmen des Projektteils „Dialog" des Projektverbundes „Kommunikationsmanagement in der Biologischen Sicherheitsforschung" im BMBF-Förderschwerpunkt „Sicherheitsforschung und Monitoring". Unveröffentlichtes Manuskript: Universität Bielefeld. https://pub.uni-bielefeld. de/record/1961226.

Muhle, Florian. 2019. Sozialität von und mit Robotern? Drei soziologische Antworten und eine kommunikationstheoretische Alternative. *Zeitschrift für Soziologie* 47, 3, 147–163.

Nahamowitz, Peter. 1988. Autopoiesis oder ökonomischer Staatsinterventionismus? *Zeitschrift für Rechtssoziologie* 9, 1, 6–73.

Nahamowitz, Peter. 1995. Hierarchie und Kooperation als staatliche Handlungsmuster. Ein Plädoyer für Steuerungsrealismus und Rechtsstaatlichkeit. In: Voigt, Rüdiger (Hg.), *Der kooperative Staat. krisenbewältigung durch Verhandlung?* Baden-Baden: Nomos, 119–141.

Nassehi, Armin. 1993. Das Identische „ist" das Nicht-Identische. Bemerkungen zu einer theoretischen Diskussion um Identität und Differenz. *Zeitschrift für Soziologie* 22, 6, 477–481.

Nassehi, Armin. 1997. Inklusion, Exklusion, Integration, Desintegration. Die Theorie funktionaler Differenzierung und die Desintegrationstheorie. In: Heitmeyer, Wilhelm (Hg.), *Was hält die Gesellschaft zusammen?* Bundesrepublik Deutschland: Auf dem Weg von der Konsens- zur Konfliktgesellschaft, Band 2. Frankfurt am Main.: Suhrkamp, 113–148.

Nassehi, Armin und Gerd Nollmann. 1997. Organisationssoziologische Ergänzungen der Inklusions-/Exklusionstheorie. *Soziale Systeme* 3, 2, 391–411.

Nelkin, Dorothy. 1984. Science and Technology Policy and the Democratic Process. In: Peterson, James C. (Hg.), *Citizen Participation in Science Policy.* Amherst: University of Massachusetts Press, 18–39.

Neves, Marcelo. 2013. *Transconstitutionalism.* Oxford and Portland Oregon: Hart Publishing.

Niclauß, Karlheinz. 1997. Vier Wege zur unmittelbaren Bürgerbeteiligung. *Aus Politik und Zeitgeschichte.* B 14/97: 3–12.

Nowotny, Helga. 2003. Democratising expertise and socially robust knowledge. *Science and Public Policy*, 30, 3, 151–156.

Nowotny, Helga, Peter Scott und Michael Gibbons. 2001. *Re-thinking science: knowledge and the public in an age of uncertainty.* Cambridge u. a.: Polity Press.

Nowotny, Helga, Peter Scott und Michael Gibbons (Hg.). 2004. *Wissenschaft neu denken: Wissen und Öffentlichkeit in einem Zeitalter der Ungewißheit.* Weilerswist: Velbrück.

Nußbaum, Arthur. 1940. Die Rechtstatsachenforschung. *Columbia Law Review* 40, 189–219.

Nußbaum, Arthur. 1968. *Die Rechtstatsachenforschung. Programmschriften und praktische Beispiele.* Berlin: Duncker & Humblot.

Offe, Claus. 2008. Governance – »Empty signifier« oder sozialwissenschaftliches Forschungsprogramm? In: Schuppert, Gunnar Folke und Michael Zürn (Hg.), *Governance in einer sich wandelnden Welt.* Wiesbaden:Verlag für Sozialwissenschaften, 61–76.

Ostrom, Elinor. 1990. *Governing the Commons: The Evolution of Institutions for Collective Action,* Cambridge-New York: Cambridge University Press.

Parsons, Talcott. 1966. *Societies. Evolutionary and Comparative Perspectives.* Deutsch: Gesellschaften. Evolutionäre und komparative Perspektiven. Frankfurt am Main: Suhrkamp 1975.

Parsons, Talcott. 1971. *The System of Modern Societies.* Deutsch: Das System moderner Gesellschaften. München: Juventa 1972.

Paschen, Herbert und Thomas Petermann. 1991. Technikfolgen-Abschätzung: Ein strategisches Rahmenkonzept für die Analyse und Bewertung von Techniken In: Paschen, Herbert und Thomas Petermann (Hg.), *Technikfolgen-Abschätzung als Technikforschung und Politikberatung.* Frankfurt/M.: Campus, 1991, 19–41.

Paul, Jonas. 2007. *Langwieriges Ringen um bessere Gesetze – Die EU-Initiative better regulation.* CAP-Analyse 2. München: CAP.

Paul, Regine, Marc Mölders, Alfons Bora, Michael Huber und Peter Münte (Hg.). 2017. *Society, Regulation and Governance. New modes of shaping social change?* Cheltenham, UK: Edward Elgar.

Perrow, Charles. 1984. *Normal accidents.* New York: Basic Books.

Petermann, Thomas (Hg.). 1991. *Technikfolgen-Abschätzung als Technikforschung und Politikberatung.* Frankfurt am Main: Campus.

Peters, Bernhard. 1993. *Die Integration moderner Gesellschaften.* Frankfurt am Main: Suhrkamp.

Piaget, Jean. 1970. *Biologie et connaissance: essai sur les relations entre les régulations organiques et les processus cognitifs.* Paris: Gallimard.

Pirie, Madsen. 1988. *Micropolitics.* Aldershot: Wildwood House.

Pierre, Jon und Guy Peters. 2000. *Governance, politics and the state.* Basingstoke: Palgrave Macmillan.

Pitschas, Rainer. 1989. Die Bewältigung der wissenschaftlichen und technischen Entwicklungen durch das Verwaltungsrecht. *Die Öffentliche Verwaltung* 42, 18, 785–800.

Pitschas, Rainer. 1990. *Verwaltungsverantwortung und Verwaltungsverfahren. Strukturprobleme, Funktionsbedingungen und Entwicklungsperspektiven eines konsensualen Verwaltungsrechts.* München: Beck.

Popitz, Heinrich. 1968. *Über die Präventivwirkung des Nichtwissens. Dunkelziffer, Norm und Strafe.* Tübingen: Mohr.

Pound, Roscoe. 1907. The Need of a Sociological Jurisprudence: *Green Bag* 19, 607.

Pound, Roscoe. 1923. *Interpretations of legal history.* Cambridge: Cambridge University Press.

Pound, Roscoe. 1927. Sociology and Law. In: Ogburn, William Fielding und Alexander Goldenweider (Hg.), *The Social Sciences and Their Interrelations*, New York: Houghton Mifflin, 319–328.

Pruzan, Peter und Ole Thyssen. 1994. The Renaissance of Ethics and the Ethical Accounting Statement. *Educational Technology* 34, 23–28.

Rammert, Werner. 1997. Innovation im Netz. Neue Zeiten für technische Innovationen: global verteilt und heterogen vernetzt. *Soziale Welt* 48, 4, 397–417.

Rammert, Werner. 2003. Zwei Paradoxien einer innovationsorientierten Wissenspolitik: Die Verknüpfung heterogenen Wissens und die Verwertung impliziten Wissens. *Soziale Welt* 54, 4, 483–508.

Rammert, Werner und Gotthard Bechmann (Hg.). 1997. *Innovationen – Prozesse, Produkte, Politik.* Frankfurt am Main/New York: Campus.

Rammert, Werner und Ingo Schulz-Schaeffer (Hg.). 2002. *Können Maschinen handeln? Soziologische Beiträge zum Verhältnis von Mensch und Technik.* Frankfurt am Main: Campus.

Ravetz, Jerome R. 1999. What is Post-Normal Science? *FUTURES* 31, 7, 647–653.

Ravetz, Jerome R. 2004. The post-normal science of precaution. *FUTURES* 36, 3, 347–357.

Renn, Ortwin, Webler, Thomas und Peter Wiedemann (Hg.). 1995. *Fairness and competence in citizen participation: evaluating models for environmental discourse.* Dordrecht: Kluwer Academic Publishers.

Reich, Andreas. 1989. *Gefahr – Risiko – Restrisiko. Das Vorsorgeprinzip am Beispiel des Immissionsschutzrechts*, Umweltrechtliche Studien 5. Düsseldorf: Werner.

Rheinberger, Hans-Jörg. 1994. Experimental Systems: Historiality, Deconstructions, and the 'Epistemic Thing'. *Science in context* 7, 65–81.

Rip, Arie. 2006. A co-evolutionary approach to reflexive governance – and its ironies. In: Voß, Jan-Peter, Dierk Bauknecht und René Kemp (Hg.), *Reflexive governance for sustainable development.* Cheltenham: Edward Elgar, 82–100.

Ritter, Ernst-Hasso. 1990. Das Recht als Steuerungsinstrument im kooperativen Staat. In: Grimm, Dieter (Hg.), *Wachsende Staatsaufgaben – sinkende Steuerungsfähigkeit des Rechts*, Baden-Baden: Nomos, 69–112.

Rodrigues, Maria. Joao. 2005. *An overview of the Lisbon Strategy. The European agenda for competitiveness, employment and social cohesion.* Background Paper. Brussels: 2004.01.05.

Rogowski, Ralf 1994. The Paradox of Law and Violence: Modem and Postmodem. Readings of Benjamin's „Critique of Violence". *New Comparison* 18, 131–151.

Röhl, Klaus F. 1993. Verfahrensgerechtigkeit (Procedural Justice). Einführung in den Themenbereich und Überblick. *Zeitschrift für Rechtssoziologie* 14, 1, 1–34.

Rohrmann, Bernd. 1993. Die Setzung von Grenzwerten als Risiko-Management. In: Bayerische Rück (Hg.), *Risiko ist ein Konstrukt. Wahrnehmungen zur Risikowahrnehmung.* Gesellschaft und Unsicherheit, Band 2. München: Knesebeck, 293–311.

Rollwagen, Ingo. 2008. *Zeit und Innovation. Zur Synchronisation von Wirtschaft, Wissenschaft und Politik bei der Genese von Virtual-Reality-Technologien.* Bielefeld: transcript.

Ropohl, Günter. 1996. *Ethik und Technikbewertung.* Frankfurt am Main: Suhrkamp.

Rosenau, James N. 1995. Governance in the Twenty-First Century. *Global Governance* 1, 13.

Rosenau, James N. 2000a. Governance and Democracy in a Globalizing World. In: Held, David and Anthony McGrew (Hg.), *The Global Transformations Reader.* Cambridge: Cambridge University Press, 181–190.

Rosenau, James N. 2000b. Change, complexity, and governance in globalizing space. In: Pierre, Jon (Hg.), *Debating Governance: Authority, Steering, and Democracy.* Oxford: Oxford University Press, 167–200.

Rosenau, James N. und Ernst-Otto Czempiel (Hg.). 1992. *Governance Without Government: Order and Change in World Politics,* Cambridge: Cambridge University Press.

Rossnagel, Alexander. 1999. Das Neue regeln, bevor es Wirklichkeit geworden ist – Rechtliche Regelung als Voraussetzung technischer Innovation. In: Sauer, Dieter und Christa Lang (Hg.), *Paradoxien der Innovation. Perspektiven sozialwissenschaftlicher Innovationsforschung.* Frankfurt am Main/New York: Campus, 193–209.

Rottleuthner, Hubert. 1987. *Einführung in die Rechtssoziologie.* Darmstadt: Wissenschaftliche Buchgesellschaft.

Rottleuthner, Hubert. 1994. Das Ende der Fassadenforschung: Recht in der DDR (Teil 1). *Zeitschrift für Rechtssoziologie* 15, 2, 208–243.

Sabel, Charles F. und Jonathan Zeitlin. 2012. Experimentalist Governance. In: Levi-Faur, David (Hg.), *Oxford Handbook of Governance.* Oxford: Oxford University Press, 169–183.

Sack, Detlef. 2012. Governance, depolitisierende Rhetorik und soziale Positionierung in partizipativen Verfahren. In: Bora, Alfons und Peter Münte (Hg.), *Mikrostrukturen der Governance: Beiträge zur materialen Rekonstruktion von Erscheinungsformen neuer Staatlichkeit.* Baden-Baden: Nomos, 29–50.

Savelsberg, Joachim J. 1992. Law That Does Not Fit Society: Sentencing Guidelines as a Neoclassical Reaction to the Dilemmas of Substantivized Law. *American Journal of Sociology* 97, 5,1346–1381.

Schaal, Gary S. 2000. Vertrauen in das Bundesverfassungsgericht und die Akzeptanz seiner Entscheidungen als Indikatoren der Geltung und Akzeptanz konstitutioneller Ordnungsvorstellungen. *Zeitschrift für Rechtssoziologie* 21, 2, 419–446.

Scharpf, Fritz W. 1970a. *Die politischen Kosten des Rechtsstaats. Eine vergleichende Studie der deutschen und amerikanischen Verwaltungskontrollen.* Tübingen: Mohr.

Scharpf, Fritz W. 1970b. *Demokratietheorie zwischen Utopie und Anpassung.* Konstanz: Universitätsverlag.

Scharpf Fritz W. 1988. Verhandlungssysteme, Verteilungskonflikte und Pathologien der politischen Steuerung. In: Schmidt, Manfred G. (Hg.), *Staatstätigkeit: international und historisch vergleichende Analysen.* Opladen: Westdeutscher Verlag, 61–87.

Scharpf, Fritz W. 1989. Politische Steuerung und politische Institutionen. *Politische Viertel-jahresschrift* 30, 10–21.

Scheuner, Ulrich. 1978. *Staatstheorie und Staatsrecht. Gesammelte Schriften.* Berlin: Duncker & Humblot.

Schicktanz, Silke (Hg.). 2003. *Bürgerkonferenz Streitfall Gendiagnostik: Ein Modellprojekt der Bürgerbeteiligung am bioethischen Diskurs.* Opladen: Leske + Budrich.

Schmalz-Bruns, Rainer. 1995. *Reflexive Demokratie. Die demokratische Transformation moderner Politik.* Baden-Baden: Nomos.

Schmitt, Carl. 1932. *Der Begriff des Politischen.* Text von 1932 mit einem Vorwort und drei Corollarien, 6. Auflage 1996. Berlin: Akademie Verlag.

Schneider, Wolfgang Ludwig. 1994. *Die Beobachtung von Kommunikation. Zur kommunikativen Konstruktion sozialen Handelns.* Opladen: Westdeutscher Verlag.

Schneider, Wolfgang Ludwig. 1997. Die Analyse von Struktursicherungsoperationen als Kooperationsfeld von Konversationsanalyse, objektiver Hermeneutik und Systemtheorie. In: Sutter, Tilmann (Hg.), *Beobachtung verstehen, Verstehen beobachten. Perspektiven einer konstruktivistischen Hermeneutik.* Westdeutscher Verlag, 164–227. Opladen.

Schneider, Wolfgang Ludwig. Systemtheorie und sequenzanalytische Forschungsmethoden. In: Kalthoff, Herbert, Stefan Hirschauer und Gesa Lindemann (Hg.), *Theoretische Empirie*, Frankfurt am Main: Suhrkamp, 129–62.

Scholz, Rupert. 1999. Das Bundesverfassungsgericht: Hüter der Verfassung oder Ersatzgesetzgeber. *Aus Politik und Zeitgeschichte* B 16.

Schomberg, René von. 2013. A vision of responsible innovation. In: Owen, Richard, Maggy Heintz und John Bessant (Hg.), *Responsible Innovation.* London: John Wiley, 51–74.

Schulte, Martin. 2004. The use of knowledge in the legal system: the relationship between scientific expertise and legal decisions. In: Stehr, Nico (Hg.), *The Governance of Knowledge.* New Jersey: Transaction Books, 211–226.

Schulze-Fielitz, Eckhard. 1990. Staatsaufgabenentwicklung und Verfassung. Zur normativen Kraft der Verfassung für das Wachstum und die Begrenzung der Staatsaufgaben. In: Grimm, Dieter (Hg.), *Wachsende Staatsaufgaben – sinkende Steuerungsfähigkeit des Rechts*, Baden-Baden: Nomos, 11–47.

Schumpeter, Joseph A. 1939. *Business Cycles. A Theoretical, Historical, and Statistical Analysis of the Capitalist Process.* New York/London: McGraw Hill. Zitiert nach der deutschen Erstausgabe: *Konjunkturzyklen. Eine theoretische, historische und statistische Analyse des kapitalistischen Prozesses.* Göttingen: Vandenhoeck & Ruprecht 1961.

Schuppert, Gunnar Folke. 2010. *Von der Gesetzgebungslehre zur Regelungswissenschaft oder Governance by Rule-Making.* Vierter Teil: Rule-Making als Regulierung. Berlin: Manuscript.

Schuppert, Gunnar Folke und Christian Bumke (Hg.). 2000. *Bundesverfassungsgericht und gesellschaftlicher Grundkonsens.* Baden-Baden: Nomos.

Schuppert, Gunnar Folke und Michael Zürn (Hg.). 2008. *Governance in einer sich wandelnden Welt.* Wiesbaden: Verlag für Sozialwissenschaften.

Schütz, Alfred. 1972. Tiresias oder unser Wissen von zukünftigen Ereignissen. In: ders., *Gesammelte Aufsätze II. Studien zur soziologischen Theorie.* Den Haag: Martinus Nijhoff, 259–278.

Scott, Colin. 2012. Regulating everything: From mega- to meta-regulation. *Administration*, 60, 1, 61–89.

Scott, Joanne und David M. Trubek. Law and New Approaches to Governance in the European Union. In *European Law Journal* 13, 3, 1–18.

Selznick, Philip. 1985. Focusing Organisational Research on Regulation. In Noll, Roger G. (Hg.), *Regulatory Policy and the Social Sciences*. Berkeley: University of California Press, 363–364.

Shapin, Steven und Simon Shaffer. 1985. *Leviathan and the Air-Pump. Hobbes, Boyle and the Experimental Life*. Princeton: Princeton University Press.

Silbey, Susan. 2011. The Sociological citizen: Pragmatic and relational regulation in law and organizations. *Regulation & Governance* 5, 1, 1–13.

Silbey, Susan und Patricia Ewick. 2003. The Architecture of Authority: The Place of Law in the Space of Science. In: Sarat, Austin and Martha Umphrey (Hg.), *The Place of Law*. Ann Arbor: University of Michigan Press, 75–108.

Simmel, Georg. 1908. *Soziologie. Untersuchungen über die Formen der Vergesellschaftung*. Georg Simmel. Gesamtausgabe, Band 11, 1992. Frankfurt am Main: Suhrkamp.

Smismans, Stijn. 2006. *New modes of governance and the participatory myth*. European Governance Papers No. N-06-01. http://edoc.vifapol.de/opus/volltexte/2011/2460/.

Sorge, Christoph. 2006. *Softwareagenten. Vertragsschluss, Vertragsstrafe, Reugeld*. Karlsruhe: Universitätsverlag. (https://publikationen.bibliothek.kit.edu/1000003768/2523 aufgerufen 13.09.2019).

Stehr, Nico. 2003. *Wissenspolitik: die Überwachung des Wissens*. Frankfurt am Main: Suhrkamp.

Stehr, Nico. (Hg.)2004. *The governance of knowledge*. New Brunswick, NJ: Transaction Publ.

Stehr, Nico. 2008. *Moral Markets: How Knowledge and Affluence Change Consumers and Products*. Boulder CO: Paradigm Publishing.

Stehr, Nico und Bernd Weiler (Hg.). 2008. *Who owns knowledge? Knowledge and the law*. New Brunswick and N.J. u. a.: Transaction Publishers.

Stentzel, Rainer. 2000. Zum Verhältnis von Recht und Politik in der Weimarer Republik. Der Streit um die sogenannte Fürstenenteignung. *Der Staat* 39, 275–297.

Stichweh, Rudolf. 1988. Inklusion in Funktionssysteme der modernen Gesellschaft. In: Mayntz, Renate, Bernd Rosewitz, Uwe Schimank und Rudolf Stichweh (Hg.), *Differenzierung und Verselbständigung. Zur Entwicklung gesellschaftlicher Teilsysteme*. Frankfurt am Main/New York: Campus, 261–293.

Stichweh, Rudolf. 1992. Professionalisierung, Ausdifferenzierung von Funktionssystemen, Inklusion. Betrachtungen aus systemtheoretischer Sicht. In: Dewe, Bernd, Wilfried Ferchhoff und Frank-Olaf Radtke (Hg.), *Erziehen als Profession: zur Logik professionellen Handelns in pädagogischen Feldern*. Opladen: Leske + Budrich, 36–48.

Stichweh, Rudolf. 1997. Inklusion/Exklusion, funktionale Differenzierung und die Theorie der Weltgesellschaft. *Soziale Systeme* 3, 1, 123–136.

Stichweh, Rudolf, 2000. Zur Theorie der politischen Inklusion. In: Holz, Klaus (Hg.), *Staatsbürgerschaft. Soziale Differenzierung und politische Inklusion*. Wiesbaden: Westdeutscher Verlag, 159–170.

Stigler, George J. 1971. The Theory of Economic Regulation. *Bell Journal of Economics and Management Science* 2, 1, 3–21.

Strathern, Marylin und Alain Pottage. 2003/4. Who Owns Academic Knowledge? *Cambridge Anthropology* 23, 2, 24, 1.

Strempel, Dieter. 1998. Zur Institutionalisierung von Rechtswirkungsforschung (RWF). *LeGes* 1, 1, 75–90.

Strüwe, Klaus. 1997. Der „Gang nach Karlsruhe". Die Opposition im Bundestag als Antragstellerin vor dem Bundesverfassungsgericht. *Zeitschrift für Parlamentsfragen* 28, 545–557.

Surden, Harry. 2019. Artificial Intelligence and Law: An Overview. *Georgia State University Law Review* 35, 4, 1305–1337.

Tacke, Veronika (Hg.). 2001. *Organisation und gesellschaftliche Differenzierung*, Wiesbaden: Westdeutscher Verlag.

Teubner, Gunther. 1986. After Legal Instrumentalism? Strategic Models of Post-Regulatory Law. In: ders. (Hg.), *Dilemmas of Law in the Welfare State*. Berlin/New York: de Gruyter, 299–325.

Teubner, Gunther. (Hg.). 1987. *Juridification of Social Spheres: A Comparative Analysis of the Areas of Labor, Corporate, Antitrust and Social Welfare Law*. Berlin/New York: de Gruyter.

Teubner, Gunther. (Hg.). 1988. *Autopoietic Law. A New Approach to Law and Society*. Berlin: de Gruyter.

Teubner, Gunther. 1989. *Recht als autopoietisches System*. Frankfurt am Main: Suhrkamp, 1989.

Teubner, Gunther. 1991. Steuerung durch plurales Recht. Oder: Wie die Politik den normativen Mehrwert der Geldzirkulation abschöpft. In: Zapf, Wolfgang (Hg.), *Die Modernisierung moderner Gesellschaften. Verhandlungen des 25. Deutschen Soziologentages in Frankfurt am Main 1990*. Frankfurt am Main: Campus, 528–551.

Teubner, Gunther. 1992. The Two Faces of Janus: Rethinking Legal Pluralism. *Cardozo Law Review* 13, 1443–1462.

Teubner, Gunther. 1996. Globale Bukowina. Zur Emergenz eines transnationalen Rechtspluralismus. *Rechtshistorisches Journal* 15, 255–283.

Teubner, Gunther. 1997a. *Global Law Without a State*. Aldershot u. a.: Dartmouth.

Teubner, Gunther. 1997b. Verrechtlichung – Ein ultrazyklisches Geschehen: Ökologische Rekursivität im Verhältnis Recht und Gesellschaft. In: Voigt, Rüdiger (Hg.), *Evolution des Rechts*. Baden-Baden: Nomos, 193–213.

Teubner, Gunther. 1999. Eigensinnige Produktionsregimes: Zur Ko-Evolution von Wirtschaft und Recht in den varieties of capitalism. *Soziale Systeme* 5, 7–26.

Teubner, Gunther. 2002. Hybrid Laws: Constitutionalizing Private Governance Networks. In: Kagan, Robert und Kenneth Winston (Hg.), *Legality and Community*. Berkeley: Berkeley Public Policy Press, 311–331.

Teubner, Gunther. 2003. The Autonomy of Law: Introduction to Legal Autopoiesis. In: Schiff, David and Richard Nobles (Hg.), *Jurisprudence*. Chapter 19. London: Butterworth.

Teubner, Gunther. 2006. Rights of Non-Humans? Electronic Agents and Animals as New Actors in Politics and Law. *Journal of Law and Society* 33, 497–521.

Teubner, Gunther. 2012. *Verfassungsfragmente. Gesellschaftlicher Konstitutionalismus der Globalisierung*. Berlin: Suhrkamp.

Teubner, Gunther. 2015. Exogenous self-binding: How social sub-systems externalise theier foundational paradoxes in the process of constitutionalisation, In: Febbrajo, Alberto und

Giancarlo Corsi (Hg.), *Sociology of Constitutions: A Paradoxical Perspective*, Farnham: Ashgate, 30–48.

Teubner, Gunther. 2018. Digitale Rechtssubjekte? Zum privatrechtlichen Status autonomer Softwareagenten. Digital Personhood? The Status of Autonomous Software Agents in Private Law. *Ancilla Iuris* 2018, 35–78.

Teubner, Gunther. 2020. Die Verfassung gesellschaftlicher Mehrwerte. *Zeitschrift für Rechtssoziologie* 40, 1–2, 117–150.

Teubner, Gunther und Helmut Willke. 1984. Kontext und Autonomie: gesellschaftliche Selbststeuerung durch reflexives Recht. *Zeitschrift für Rechtssoziologie*, 5, 1, 4–35.

Teubner, Gunther und Peer Zumbansen. 2000. Rechtsverfremdungen: Zum gesellschaftlichen Mehr wert des zwölften Kamels. *Zeitschrift für Rechtssoziologie* 21, 1, 189–215.

Thompson, Grahame F. 2012. *The Constitutionalization of the Global Corporate Sphere?* Oxford: Oxford University Press.

Thornhill, Christopher. 2011. *A Sociology of Constitutions: Constitutions and State Legitimacy in Historical-Sociological Perspective.* Cambridge: Cambridge University Press.

Trubek, David M. und Louise G. Trubek. 2006. *New Governance and Legal Regulation: Complementarity, Rivalry or Transformation.* Madison Wisconsin: University of Wisconsin-Madison.

Trute, Hans-Heinrich, Doris Kühlers und Arne Pilniok. 2007. Rechtswissenschaftliche Perspektiven. In: Benz, Arthur, Susanne Lütz, Uwe Schimank und Georg Simonis (Hg.), *Handbuch Governance. Theoretische Grundlagen und empirische Anwendungsfelder.* Wiesbaden: Verlag für Sozialwissenschaften, 240–252.

Ulrich, Günter. 1994. *Politische Steuerung. Staatliche Intervention aus systemtheoretischer Sicht.* Opladen: Leske + Budrich.

Velsberg, Ott. 2019. Government Chief Data Officer of Estonia: robot judges, artificial intelligence and the future of digitalization. http://www.thetechnolawgist.com/2019/06/18/ott-velsberg-government-chief-data-officer-of-estonia-robot-judges-artificial-intelligence-and-the-future-of-digitalisation/.

Viellechner, Lars. 2013. *Transnationalisierung des Rechts.* Weilerswist: Velbrück.

Vilmar, Fritz. 1973. *Strategien der Demokratisierung.* 2 Bände. Darmstadt/Neuwied: Luchterhand.

Voigt, Rüdiger (Hg.). 1980. *Verrechtlichung. Analysen zu Funktion und Wirkung von Parlamentarisierung, Bürokratisierung und Justizialisierung sozialer, politischer und ökonomischer Prozesse.* Königstein:Taunus: Athänäum.

Voigt Rüdiger. 1983. *Gegentendenzen zur Verrechtlichung. Jahrbuch für Rechtssoziologie und Rechtstheorie 9.* Wiesbaden: Verlag für Sozialwissenschaften.

Voigt, Rüdiger. (Hg.). 1995. *Der kooperative Staat. Krisenbewältigung durch Verhandlung?* Baden-Baden: Nomos.

Voß, Jan-Peter, Dierk Bauknecht und René Kemp. (Hg.). 2006. *Reflexive Governance for Sustainable Development.* Cheltenham u. a.: Edward Elgar.

Voß, Jan-Peter; Kamp, René (2006). Sustainability and reflexive governance: introduction. In: Voß, Jan-Peter, Dierk Bauknecht und René Kemp. (Hg.). 2006. *Reflexive Governance for Sustainable Development.* Cheltenham u. a.: Edward Elgar, 3–28.

de Vries, Holger und Claus Möbus. 2006. Gesprächskompetenz digitaler Agenten. In: Möbus, Claus, Andreas Eißner, Jan Feindt, Claudia Janßen, Jens Krefeldt, Sven Siverding, Stefan Sölbrandt, Jörg Stumpe, Holger de Vries und Stefan Willer (Hg.), *Web-Kommunikation mit OpenSource-Chatbots, Virtuelle Messen, Rich-Media-Content*. Berlin/Heidelberg: Springer, 69–76.

de Vries, Holger und Claus Möbus. 2006a. Avatare im E-Learning und E-Business. *Web-Kommunikation mit OpenSource Chatbots, Virtuelle Messen, Rich-Media-Content*. Xpert.press. Berlin, Heidelberg: Springer, https://doi.org/10.1007/3-540-29093-1_7.

de Vries, Henning. 2022. *Die Strafverfolgung internationaler Verbrechen durch den Internationalen Strafgerichtshof. Eine Rekonstruktion ihrer Struktur in der Weltgesellschaft*. Weilerswist: Velbrück.

Wagner, Gerhard. 1994. Am Ende der systemtheoretischen Soziologie. Niklas Luhmann und die Dialektik. *Zeitschrift für Soziologie* 23, 4, 275–291.

Wagner, Gerhard. 1996. Differenzierung als absoluter Begriff? Zur Revision einer soziologischen Kategorie. *Zeitschrift für Soziologie* 25, 2, 89–105.

Wagner, Gerhard und Heinz. Zipprian. 1992. Identität oder Differenz? Bemerkungen zu einer Aporie in Niklas Luhmanns Theorie selbstreferentieller Systeme. *Zeitschrift für Soziologie* 21, 6, 394–405.

Wassermann, Rudolf. 1985. *Recht, Gewalt, Widerstand. Vorträge und Aufsätze*. Berlin: Berlin Verlag Arno Spitz.

Weber, Max. 1975. *Wissenschaft als Beruf*. Berlin: Duncker & Humblot, 1975.

Weber, Max. 1921. *Politik als Beruf. Gesammelte Politische Schriften*. Hg. Johannes Winckelmann, Tübingen: Mohr 1988.

Weber, Max. 1922. *Wirtschaft und Gesellschaft. Grundriß der verstehenden Soziologie*. 5., revidierte Auflage, besorgt von Johannes Winckelmann. Tübingen: J.C.B. Mohr (Paul Siebeck) 1980.

Wegrich, Kai. 2010. *Das Leitbild ‚better regulation': Ziele, Instrumente, Wirkungsweise*. Berlin: edition sigma.

Wegrich, Kai und Martin Lodge. 2012. *Managing Regulation: Regulatory Analysis, Politics and Policy*. London: Palgrave Macmillan.

Wehling, Peter. 2004. Reflexive Wissenspolitik: Öffnung und Erweiterung eines neuen Politikfeldes. *Technikfolgenabschätzung – Theorie und Praxis* 13, 3, 63–71.

Wehrsig, Christof und Veronika Tacke. 1992. Funktionen und Folgen informatisierter Organisationen. In: Malsch, Thomas und Ulrich Mill (Hg.), *ArBYTE. Modernisierung der Industriesoziologie?* Berlin: Edition Sigma, 219–239.

Weick, Karl. 1969. *The social psychology of organizing*. Reading, Mass. u. a.: Addison-Wesley.

Weingart, Peter. 1999. Scientific expertise and political accountability: paradoxes of science in politics. *Science and Public Policy* 26, 3, 151–161.

Weingart, Peter. 2001. *Die Stunde der Wahrheit? Zum Verhältnis der Wissenschaft zu Politik, Wirtschaft und Medien in der Wissensgesellschaft*. Weilerswist: Velbrück Wissenschaften.

Weisenbacher, Uwe. 1993. *Moderne Subjekte zwischen Mythos und Aufklärung. Differenz und offene Rekonstruktion*. Pfaffenweiler: Centaurus.

Werle, Raymund. 1982. Aspekte der Verrechtlichung. *Zeitschrift für Rechtssoziologie* 3, 1, 2–13.

Werner, Micha H. 2006. Verantwortung. In: Düwell, Marcus, Christoph Hübenthal und Micha Werner (Hg.), *Handbuch Ethik*. Stuttgart: J. B. Metzler, 521–527.

Weyer, Johannes. 2008. *Techniksoziologie. Genese, Gestaltung und Steuerung soziotechnischer Systeme*. Weinheim: Juventa

Wiesenthal, Helmut. 1993. "Die 'Politische Ökonomie' des fortgeschrittenen Transformationsprozesses und die (potentiellen) Funktionen intermediärer Akteure. Max-Planck-Gesellschaft. Arbeitsgruppe Transformationsprozesse in den neuen Bundesländern", Arbeitspapiere AG TRAP 93/1 (I).

Williamson, Oliver E. 1975. *Markets and Hierarchies*. New York: Free Press.

Willke, Helmut. 1987. Kontextsteuerung durch Recht? Zur Steuerungsfunktion des Rechts in polyzentrischer Gesellschaft. In: Glagow, Manfred und Helmut Willke (Hg.), *Dezentrale Gesellschaftssteuerung. Probleme der Integration polyzentrischer Gesellschaft*. Pfaffenweiler: Centaurus, 3–26.

Willke, Helmut. 1992a. *Ironie des Staates. Grundlinien einer Staatstheorie polyzentrischer Gesellschaft*. Frankfurt am Main: Suhrkamp.

Willke, Helmut 1992b. Societal Governance Through Law? In. Febbrajo, Alberto und Gunther Teubner (Hg.), *State, Law and Economy as Autopoietic Systems. Regulation and Autonomy in a New Perspective*. Milano: Giuffrè, 353–387.

Willke, Helmut. 1995. Politische Steuerung der Wissensgesellschaft? *Zeitschrift für Rechtssoziologie* 16, 1, 94–106.

Willke, Helmut. 1997. *Supervision des Staates*. Frankfurt am Main: Suhrkamp.

Willke, Helmut. 2006. *Global Governance*. Bielefeld: transcript.

Winter, Gerd. (Hg.)., 1986. *Grenzwerte. Interdisziplinäre Untersuchungen zu einer Rechtsfigur des Umwelt-, Arbeits- und Lebensmittelschutzes*. Düsseldorf: Wemer.

Winter, Gerd. 1991. Entfesselungskunst. Eine Kritik des Gentechnik-Gesetzes. *Kritische Justiz* 24, 1, 18–30.

Winter, Gerd. 1992. Brauchen wir das? Von der Risikominimierung zur Bedarfsprüfung. *Kritische Justiz* 25, 4, 389–404.

Wolf, Rainer. 1986. *Der Stand der Technik. Geschichte, Strukturelemente und Funktion der Verrechtlichung technischer Risiken am Beispiel des Immissionsschutzes*. Opladen: Westdeutscher Verlag.

Wolf, Rainer. 1987. Zur Antiquiertheit des Rechts in der Risikogesellschaft. *Leviathan* 15, 3, 357–391.

Wolf, Rainer. 1991. Im Fiaker der Moderne. Von den Schwierigkeiten ökologischer Gerechtigkeit. *Kritische Justiz* 24, 3, 351–362.

Wrase, Michael. 2013. Wie wirkt Recht? Überlegungen zur Rechtswirkungsforschung unter den Bedingungen konsolidierter und begrenzter Staatlichkeit, SFB-Governance Working Paper Series Nr. 57, DFG-Sonderforschungsbereich 700, Berlin, June 2013.

Wrase Michael. 2019. Rechtswirkungsforschung revisited. In: Boulanger, Christian, Julika Rosenstock und Tobias Singelnstein (Hg.), *Interdisziplinäre Rechtsforschung*. Wiesbaden: Springer VS, 127–141.

Xinhua, Liangy. 2019. Beijing Internet court launches AI judge. (Pressemeldung) Xin-hua, 27. Juni 2019. http://www.xinhuanet.com/english/2019-06/27/c_138178826.htm.

Zeitlin, Jonathan und Philippe Pochet. 2005. *The open method of co-ordination in action: the European employment and social inclusion strategies*. Bruxelles: Peter Lang.

Zilleßen, Horst, Peter C. Dienel und Wendelin Strubelt. (Hg.). 1993. *Die Modernisierung der Demokratie*. Opladen: Westdeutscher Verlag.

Zippelius, Reinhold. 1999. *Allgemeine Staatslehre (Politikwissenschaft)*. 13. neubearbeitete Auflage. München: C.H. Beck.

Žižek, Slavoj. 1991a. *Der erhabenste aller Hysteriker. Psychoanalyse und die Philosophie des deutschen Idealismus*. Wien: Turia & Kant.

Žižek, Slavoj. 1991b. *Liebe Dein Symptom wie Dich selbst! Jacques Lacans Psychoanalyse und die Medien*. Berlin: Merve.

Zsidai, Agnes. 1996. Legitimität kraft Legalität. Funktionswandel des Rechts in Ungarn. *Zeitschrift für Rechtssoziologie* 17, 2, 249–258.

Zürn, Michael. 2008. Governance in einer sich wandelnden Welt – eine Zwischenbilanz. In: Schuppert, Gunnar Folke und Michael Zürn (Hg.), *Governance in einer sich wandelnden Welt*. Wiesbaden: *Verlag* für Sozialwissenschaften, 553–580.

The manufacturer's authorised representative in the EU is Springer
Nature Customer Service Centre GmbH, Europaplatz 3, 69115 Heidelberg,
Germany. If you have any concerns regarding our products, please
contact ProductSafety@springernature.com

Printed and bound by CPI Group (UK) Ltd, Croydon, CR0 4YY
28/04/2026
02098502-0004